C++. Der Einstieg

Arnold Willemer

# C++
# Der Einstieg

WILEY

**Bibliografische Information der Deutschen Nationalbibliothek**

Die Deutsche Nationalbibliothek verzeichnet diese Publikation in der Deutschen Nationalbibliografie; detaillierte bibliografische Daten sind im Internet über http://dnb.d-nb.de abrufbar.

1. Auflage 2014



Wir möchten Sie mit diesem Buch optimal unterstützen und freuen uns daher über Ihre Anregungen und Verbesserungsvorschläge. Notwendige Korrekturen veröffentlichen wir im Interesse aller Leser umgehend unter *www.wrox-press.de* und berücksichtigen sie bei der nächsten Auflage. Herzlichen Dank für Ihre Unterstützung!

Ihr Wrox-Lektoratsteam
*lektorat@wrox-press.de*

MIX
Papier aus verantwortungsvollen Quellen
FSC® C006701
FSC www.fsc.org

**ISBN** 978-3-527-76044-2

**Coverbild** © Fotolia/Stephan Koscheck
**Umschlaggestaltung** Susan Bauer, Mannheim
**Korrektur** Petra Heubach-Erdmann und Jürgen Erdmann, Düsseldorf
**Satz** inmedialo, Plankstadt
**Druck und Bindung** CPI – E&S GmbH, Ulm

# Inhaltsverzeichnis

## Anhänge

# Vorwort

Dieses Buch ist nicht wirklich ganz neu. Im Jahr 2003 erschien die erste Auflage unter dem Titel »Einstieg in C++«, damals noch in einem anderen Verlag. Insofern ist dies eigentlich die fünfte Auflage. Viele Korrekturen hat das Buch erfahren, viele Leser haben Hinweise gegeben, wie das Buch noch besser werden könnte, und dank der Mitarbeit so vieler Menschen erfreute es sich recht großer Beliebtheit.

Anlässlich des Verlagswechsels habe ich das Buch noch einmal intensiver durchgesehen und immer noch die ein oder andere Verbesserungsmöglichkeit gefunden. Ich bin dennoch vorsichtig vorgegangen, damit der Charakter des Buches erhalten bleibt.

Mein Anspruch an dieses Buch ist, dass es leicht verständlich ist. Wenn ein Anfänger C++ lernen will, sollte er mit anschaulichen Beispielen an C++ herangeführt werden. Und wenn aus dem Anfänger ein Fortgeschrittener geworden ist, sollte er die meisten Fragen, die mit dem Handwerkszeug C++ zu tun haben, auch in diesem Buch beantwortet finden. Ich mag Bücher nicht, die bei der Hälfte aufhören.

Ich setze voraus, dass Sie wissen, was ein Computer ist, dass Sie damit grundlegend umgehen können, Lust haben, sich auf das Programmieren einzulassen, und natürlich lesen können. Ich gehe nicht davon aus, dass Sie bereits irgendeine Programmiersprache beherrschen.

Diese Auflage basiert auf dem Stand von C++11, einem Standard, der 2011 festgeschrieben wurde. Leider klafft immer wieder eine gewisse Lücke zwischen dem Standard und der Umsetzung der real existierenden Compiler. Darum weise ich an den entsprechenden Stellen auf Versionsabhängigkeiten hin. Die Varianten der älteren Standards funktionieren meist problemlos, da bei der Gestaltung der Sprache C++ auf Rückwärtskompatibilität geachtet wird.

Zum leichteren Verständnis der Sprachkonstrukte habe ich Syntaxgraphen verwendet. Diese sind in den letzten Jahren bedauerlicherweise aus der Mode gekommen. In der aktuellen Literatur sind sie jedenfalls kaum zu finden. Dennoch halte ich sie wegen ihrer Anschaulichkeit für eine wertvolle Hilfe, insbesondere für den Anfänger.

Auch die Nassi-Schneidermann-Diagramme habe ich wieder aufleben lassen, weil ich denke, dass sie besonders in Kapitel 2, »Ablaufsteuerung«, ein Gefühl für sauber strukturierte Abläufe vermitteln.

Sie finden im Anhang einen Schnelleinstieg in C++. Er ist für Leute gedacht, die etwas ungeduldig gern schnell zu Ergebnissen kommen möchten. Er könnte auch als Basis-Skript für C++-Kurse dienen, die ja auch nicht jedes Detail berücksichtigen können. Da in diesem Kapitel manches sehr knapp behandelt wird, wird immer wieder auf die Stellen im Buch verwiesen, die ein Thema ausführlicher behandeln.

**Hinweis**

Sie finden bei vielen Listings hinter der Überschrift in Klammern einen Dateinamen. Dann können Sie das Listing aus dem Internet unter der folgenden URL herunterladen: *http://www.downloads.wrox-press.de*

Hin und wieder wundern sich Leser, dass das Buch keine Einführung in die Programmierung grafischer Oberflächen enthält. Der Hintergrund ist, dass die grafischen Oberflächen Windows, Mac OS, KDE oder GNOME sehr unterschiedlich sind und darum kein einheitlicher Standard für C++ existiert. Im Abschnitt 5.8.9 habe ich dargestellt, welche Wege Sie beschreiten können, um nach dem Erlernen von C++ auch grafische Programme für die verschiedenen Systemumgebungen zu erstellen.

Dieses Buch wurde von Christine Siedle begleitet und unterstützt. Christoph Kecher und Prof. Dr. Ernst-Günter Hoffmann haben frühere Auflagen kritisch durchgesehen und verbessert.

Ich hoffe nun, dass das Buch Ihnen bei Ihren ersten Schritten zu C++ ein guter Begleiter ist und Ihnen später ein auskunftsfreudiges Nachschlagewerk wird.

**Arnold Willemer**
Norgaardholz

# Kapitel 1
# Einstieg in die Programmierung

**Inhalt**

- Wie entsteht ein Programm?
- Algorithmus ist eine Ablaufbeschreibung
- Die Eigenschaften von C++
- Programmgerüst, Variablen, Konstanten und Typen
- Zuweisungen, Ein- und Ausgabe

Sie wollen programmieren lernen. Wahrscheinlich haben Sie schon eine klare Vorstellung davon, was ein Programm ist. Ihre Textverarbeitung beispielsweise ist ein Programm. Sie können einen Text eintippen. Das Programm richtet ihn nach Ihren Wünschen aus, und anschließend können Sie das Ergebnis auf Ihrer Festplatte speichern oder auf Papier ausdrucken. Damit ist der typische Ablauf eines Programms bereits umschrieben.

## 1.1 Programmieren

Ein Programm nimmt Eingaben des Anwenders entgegen, verarbeitet sie nach Verfahren, die vom Programmierer vorgegeben wurden, und gibt die Ergebnisse aus. Damit wird deutlich, dass sich der Anwender in den Grenzen bewegt, die der Programmierer vorgibt. Wenn Sie selbst programmieren lernen, übernehmen Sie die Kontrolle über Ihren Computer. Während Sie bisher nur das mit dem Computer machen konnten, was die gekaufte Software zuließ, können Sie als Programmierer frei gestalten, was der Computer tun soll.

### 1.1.1 Start eines Programms

Ein Programm ist zunächst eine Datei, die Befehle enthält, die der Computer ausführen kann. Diese Programmdatei befindet sich typischerweise auf der Festplatte oder auf einem sonstigen Datenträger. Wenn ein Programm gestartet wird, wird es zunächst von der Festplatte in den Hauptspeicher geladen. Nur dort kann es gestartet werden. Ein gestartetes Programm nennt man Prozess. Es wird vom Prozessor, der auch CPU (Central Processing Unit) genannt wird, abgearbeitet. Der Prozessor besitzt einen Programmzeiger, der auf die Stelle zeigt, die als Nächstes bearbeitet wird. Beim Starten des Prozesses wird dieser Zeiger auf den ersten Befehl des Programms gesetzt. Befehle weisen den Prozessor beispielsweise an, Werte aus dem Speicher zu lesen, zu schreiben oder zu berechnen. Der Prozessor kann Werte in Speicherstellen vergleichen und in Abhängigkeit davon mit der Abarbeitung an einer anderen Stelle fortfahren.

#### Maschinensprache

Die Befehle, die vom Prozessor derart interpretiert werden, sind der Befehlssatz der Maschinensprache dieses Prozessors. Der Hauptspeicher enthält also sowohl die Daten als auch die Programme. Der Hauptspeicher ist der Speicher, der unter Gedächtnisschwund leidet, wenn es ihm an Strom fehlt. Er kann eigentlich nur ganze Zahlen aufnehmen. Entsprechend bestehen die Befehle, die der Prozessor direkt interpretieren kann, nur aus Zahlen. Während Prozessoren solche Zahlenkolonnen lieben, ist es nicht jedermanns Sache, Programme als Zahlenfolgen zu schreiben. Die Programme laufen nur auf dem Prozessor, für den sie geschrieben sind, da die verschiedenen Prozessoren unterschiedliche Befehlssätze haben.

#### Assembler

Wenn tatsächlich Software in Maschinensprache entwickelt werden soll, dann verwendet man als Hilfsmittel eine Sprache namens Assembler. Diese Sprache lässt sich 1:1 in Maschinensprache übersetzen, ist aber für den Menschen leichter lesbar. So entspricht der Sprungbefehl einer 6502-CPU der Zahl 76. Der passende Assembler-Befehl lautet `JMP`. `JMP` steht für »jump«, zu Deutsch »springe«. Ein Übersetzungsprogramm, das ebenfalls Assembler genannt wird, erzeugt aus den für Menschen lesbaren Befehlen Maschinensprache.

Heutzutage werden Maschinensprache und Assembler nur noch sehr selten eingesetzt, da die Entwicklungszeit hoch ist und die Programme nur auf dem Computertyp laufen, für den sie geschrieben sind. Der Vorteil von Assembler-Programmen ist, dass sie extrem schnell laufen. Da die Computer aber sowieso immer schneller werden, spart man sich lieber die hohen Entwicklungskosten. So wird Assembler heutzutage fast nur noch eingesetzt, wenn es darum geht, Betriebssystembestandteile zu schreiben, die durch Hochsprachen nicht abzudecken sind.

### 1.1.2 Eintippen, übersetzen, ausführen

Wenn ein Programmierer ein Programm schreibt, erstellt er eine Textdatei, in der sich Befehle befinden, die sich an die Regeln der von ihm verwendeten Programmiersprache halten. Die heutigen Programmiersprachen sind in erster Linie aus englischen Wörtern und einigen Sonderzeichen aufgebaut. Der Programmtext wird mithilfe eines Editors eingetippt. Ein Editor ist eine Textverarbeitung, die nicht mit dem Ziel entwickelt wurde, Text zu gestalten, sondern um effizient Programme schreiben zu können. Der Programmtext, den man als Source oder Quelltext bezeichnet, darf nur reinen Text enthalten, damit er einwandfrei weiterverarbeitet werden kann. Sämtliche Formatierungsinformationen stören dabei nur. Darum können Sie auch kein Word-Dokument als Quelltext verwenden. Bei den integrierten Entwicklungsumgebungen ist ein solch spezialisierter Editor bereits enthalten. Die Mindestanforderung an einen Programm-Editor ist, dass er Zeilennummern anzeigt, da die Compiler die Position des Fehlers in Form von Zeilennummern angeben.

Die von den Programmierern erstellten Quelltexte werden vom Computer nicht direkt verstanden. Wie schon erwähnt, versteht er nur die Maschinensprache. Aus diesem Grund müssen die Quelltexte übersetzt werden. Dazu wird ein Übersetzungsprogramm gestartet, das man Compiler nennt. Der Compiler erzeugt aus den Befehlen im Quelltext die Maschinensprache des Prozessors. Aus jeder Quelltextdatei erzeugt er eine sogenannte Objektdatei.

Im Falle von C und C++ besitzt der Compiler noch eine Vorstufe, die Präprozessor genannt wird. Der Präprozessor bereitet den Quelltext auf, bevor der eigentliche Compiler ihn in Maschinensprache übersetzt. Er kann textuelle Ersetzungen durchführen, Dateien einbinden und nach bestimmten Bedingungen Quelltextpassagen von der Übersetzung ausschließen. Sie erkennen Befehle, die an den Präprozessor gerichtet sind, an einem vorangestellten #.

In der Praxis besteht ein Programmierprojekt normalerweise aus mehreren Quelltextdateien. Diese werden durch den Compiler in Objektdateien übersetzt. Anschließend werden sie vom Linker zusammengebunden. Hinzu kommt, dass ein Programm nicht nur aus dem Code besteht, den der Programmierer selbst schreibt, sondern auch Standardroutinen wie Bildschirmausgaben enthält, die immer wieder gebraucht werden und nicht immer neu geschrieben werden müssen. Diese Teile liegen dem Compiler-Paket als vorübersetzte Objektdateien bei und sind zu Bibliotheken zusammengefasst. Eine solche Bibliothek wird auch Library genannt. Der Linker entnimmt den Bibliotheken die vom Programm benötigten Routinen und bindet sie mit den neuen Objektdateien zusammen. Das Ergebnis ist ein vom Betriebssystem ausführbares Programm.

Der typische Alltag eines Programmierers besteht darin, Programme einzutippen und dann den Compiler zu starten, der den Text in Prozessor-Code übersetzt. Nach dem Binden wird das Programm gestartet und getestet, ob es die Anforderungen erfüllt. Danach wendet sich der Programmierer wieder den Quelltexten zu, um die gefundenen Fehler zu korrigieren.

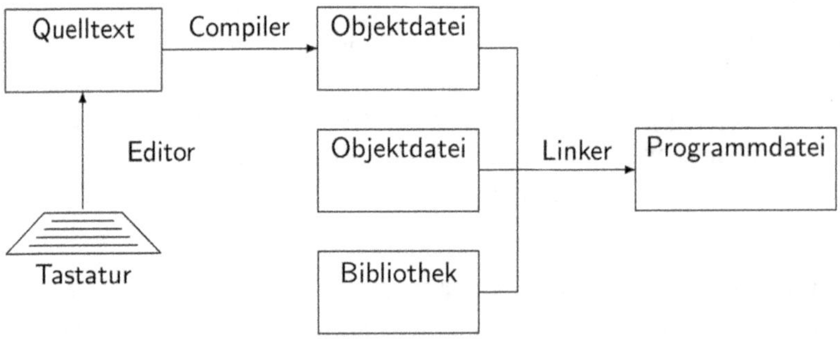


**Abbildung 1.1** Entwicklungsweg eines Programms

Es sollte nicht unerwähnt bleiben, dass einige Programmierer dazu neigen, vor dem Eintippen zu denken. Ja, manche Entwickler machen richtige Entwürfe dessen, was sie programmieren wollen. Sie behaupten, dass sie dann letztlich schneller zum Ziel kommen. Und im Allgemeinen haben sie sogar Recht.

### 1.1.3 Der Algorithmus

Nachdem der Weg beschrieben ist, wie Sie vom Programmquelltext zu einem ausführbaren Programm kommen, sollte die Frage beantwortet werden, wie Programme inhaltlich erstellt werden.

Ein Programm ist eine sehr formale Beschreibung eines Ablaufs. Der Computer hat keine Fantasie und keine Erfahrungen. Darum kann er Ihren Anweisungen nur dann korrekt folgen, wenn Sie ihm zwingend vorschreiben, was er tun soll, und dabei keine Missverständnisse zulassen. Alle Voraussetzungen müssen ausformuliert werden und gehören zum Ablauf dazu. Eine solche Verfahrensbeschreibung nennt man einen Algorithmus. Algorithmen werden gern mit Kochrezepten verglichen. Die Analogie passt auch ganz gut, sofern es sich um ein Kochbuch für Informatiker handelt, das davon ausgeht, dass der Leser des Rezepts eventuell nicht weiß, dass man zum Kochen oft Wasser in den Topf füllt und dass zum Braten gern Öl oder anderes Fett verwendet wird.

Wer das erste Mal einen Algorithmus entwirft, stellt dabei fest, wie schwierig es ist, ein Verfahren so zu beschreiben, dass der Ausführende zwingend zu einem bestimmten Ergebnis kommt. Als kleine Übung sollten Sie jetzt kurz die Lektüre unterbrechen und beschreiben, wie Sie zählen. Der besseren Kontrolle halber sollen die Zahlen von 1 bis 10 auf einen Zettel geschrieben werden.

Fertig? Prima! Dann sollte auf Ihrem Zettel etwa Folgendes stehen:

1. Schreibe die Zahl 1 auf den Zettel.
2. Lies die Zahl, die zuunterst auf dem Zettel steht.
3. Wenn diese Zahl 10 ist, höre auf.
4. Zähle zu dieser Zahl 1 hinzu.
5. Schreibe diese Zahl auf den Zettel unter die letzte Zahl.
6. Fahre mit Schritt 2 fort.

Sie können sich darin üben, indem Sie alltägliche Abläufe formalisiert beschreiben. Notieren Sie beispielsweise, was Sie tun, um sich anzukleiden oder um mit dem Auto zur Arbeit zu fahren. Stellen Sie sich dann vor, jemand führt die Anweisungen so aus, dass er jeden Freiraum zur Interpretation nutzt, um den Algorithmus zum Scheitern zu bringen. Testen Sie es mit Verwandten oder wirklich guten Freunden aus: Die kennen in dieser Hinsicht erfahrungsgemäß die geringsten Hemmungen.

### 1.1.4 Die Sprache C++

Offensichtlich ist Ihre Entscheidung für C++ bereits gefallen. Sonst würden Sie dieses Buch ja nicht lesen. Je nachdem, ob Sie C++ aus eigenem Antrieb lernen oder aufgrund eines zarten Hinweises Ihres Arbeitgebers, werden Sie mehr oder weniger über C++ als Sprache wissen. Darum erlaube ich mir hier ein paar Bemerkungen.

#### Compiler-Sprache

C++ ist eine Compiler-Sprache. Das bedeutet, dass die vom Programmierer erstellten Programmtexte vor dem Start des Programms durch den Compiler in die Maschinensprache des Prozessors übersetzt werden, wie das in Abbildung 1.1 dargestellt ist.

Einige andere Programmiersprachen wie beispielsweise BASIC oder die Skriptsprachen werden während des Programmablaufs interpretiert. Das bedeutet, dass ein Interpreter den Programmtext lädt und Schritt für Schritt übersetzt und ausführt. Wird eine Zeile mehrfach ausgeführt, muss sie auch mehrfach übersetzt werden. Da die Übersetzung während der Laufzeit stattfindet, sind Programme, die in Interpreter-Sprachen geschrieben wurden, deutlich langsamer.

Daneben gibt es noch Mischformen. Der bekannteste Vertreter dürfte Java sein. Hier wird der Quelltext zwar auch vor dem Ablauf übersetzt. Allerdings ist das Ergebnis der Übersetzung nicht die Maschinensprache des Prozessors, sondern eine Zwischensprache, die sehr viel schneller interpretiert werden kann als die ursprünglichen Quelltexte.

Jede dieser Vorgehensweisen hat Vor- und Nachteile. Der Vorteil einer Compiler-Sprache liegt zum einen in der Ausführungsgeschwindigkeit der erzeugten Programme. Der Programmtext wird genau einmal übersetzt, ganz gleich, wie oft er durchlaufen wird, und die Übersetzung wird nicht zur Laufzeit des Programms durchgeführt. Ein weiterer Vorteil besteht zum anderen darin, dass viele Fehler bereits beim Kompilieren entdeckt werden. Interpreter haben den Vorteil, dass ein Programmierfehler nicht sofort das Programm abstürzen lässt. Der Interpreter kann stoppen, den Programmierer auf den Ernst der Lage hinweisen und um Vorschläge bitten, wie die Situation noch zu retten ist. Gerade Anfänger schätzen diese Vorgehensweise sehr, weil sie Schritt für Schritt ihr Programm ausführen lassen und sehen können, was der Computer tut. In Compiler-Sprachen können Sie das auch, benötigen dazu allerdings die Hilfe eines Debuggers (siehe Abschnitt 6.5). Die Sprachen, die mit virtuellen Maschinen arbeiten, bieten die Möglichkeit, ein fertig übersetztes Programm auf verschiedensten Computern laufen zu lassen. Da die Programme vorübersetzt sind, sind sie deutlich schneller als reine Interpreter-Sprachen.

### Wurzeln in C

Bjarne Stroustrup hat C++ aus der Programmiersprache C weiterentwickelt. C wurde in den 70er-Jahren von Kernighan und Ritchie im Zusammenhang mit der Entwicklung von UNIX entwickelt. Bis dahin waren Betriebssysteme in Assembler geschrieben worden. Dadurch waren die Betriebssysteme auf das Engste mit den Prozessoren und den anderen Hardware-Gegebenheiten ihrer Entwicklungsmaschinen verbunden. Für die Entwicklung von UNIX wurde eine Sprache geschaffen, die in erster Linie ein »portabler Assembler« sein sollte. Der erzeugte Code musste schnell und kompakt sein. Es war erforderlich, dass auch maschinennahe Aufgaben gelöst werden konnten. Auf diese Weise mussten nur kleine Teile von UNIX in Assembler realisiert werden, und das Betriebssystem konnte leicht auf andere Hardware-Architekturen portiert werden.

Bei dem Entwurf der Sprache C wurden die Aspekte der seinerzeit modernen Programmiersprachen berücksichtigt. So konnten in C die damals entwickelten Grundsätze der strukturierten und prozeduralen Programmierung umgesetzt werden. Die Sprache C entwickelte sich im Laufe der 80er- und 90er-Jahre zum Standard. Seit dieser Zeit wurden immer mehr Betriebssysteme in C geschrieben. Die meisten APIs (API ist die Abkürzung für *Application Programming Interface* und bezeichnet die Programmierschnittstelle vom Anwendungsprogramm zur Systemumgebung) sind in C formuliert und in dieser Sprache auf dem direktesten Wege zu erreichen. Aber auch in der Anwendungsprogrammierung wurde vermehrt C eingesetzt. Immerhin hatte C in den Betriebssystemen bewiesen, dass es sich als Entwicklungssprache für große Projekte eignete.

### Strukturierte, modulare und objektorientierte Programmierung

Große Projekte erfordern, dass das Schreiben des Programms auf mehrere Teams verteilt wird. Damit ergeben sich automatisch Abgrenzungsschwierigkeiten. Projekte, an denen viele Programmierer arbeiten, müssen so aufgeteilt werden können, dass jede kleine Gruppe einen klaren eigenen Auftrag bekommt. Zum Schluss wäre es ideal, wenn man die fertigen Teillösungen einfach nur noch zusammenstecken müsste. Die Notwendigkeit von Absprachen sollte möglichst reduziert werden, da einer alten Regel zufolge die Dauer einer Konferenz mit dem Quadrat ihrer Teilnehmer ansteigt.

Um die Probleme großer Projekte in den Griff zu bekommen, haben die Entwickler von Programmiersprachen immer wieder neue Lösungsmöglichkeiten entworfen. Was sich bewährte, wurde in neuere Programmiersprachen übernommen und erweitert.

#### Strukturierte Programmierung

Die strukturierte Programmierung sagte dem wilden Springen zwischen den Programmteilen den Kampf an. Sie fasste Schleifen und Bedingungen zu Blöcken zusammen, sodass Sprungbefehle nicht nur überflüssig wurden, sondern sogar als Zeichen schlampiger Programmierung gebrandmarkt wurden. Abläufe, die immer wieder auftauchten, wurden zu Funktionen zusammengefasst. Klassische strukturierte Programmiersprachen sind PASCAL und C.

#### Modulare Programmierung

Die modulare Programmierung fasste Funktionen themenorientiert zu Modulen zusammen. Dabei besteht ein Modul aus einer Schnittstelle und einem Implementierungsblock. Die Schnittstelle beschreibt, welche Funktionen das Modul nach außen zur Verfügung stellt und wie die Programmierer anderer Module sie verwenden. Die Implementierungsblöcke sind so unabhängig vom Gesamtprojekt und können von verschiedenen Programmiererteams entwickelt werden, ohne dass sie sich gegenseitig stören. MODULA-2 ist eine typische Sprache für modulare Programmierung.

#### Objektorientierte Programmierung

Darauf aufbauend werden auch in der objektorientierten Programmierung Module gebildet. Dazu kommt allerdings der Grundgedanke, Datenobjekte in den Mittelpunkt des Denkens zu stellen und damit auch als Grundlage für die Zergliederung von Projekten zu verwenden. Lange Zeit waren Programmierer auf die Algorithmen fixiert, also auf die Verfahren, mit denen Probleme gelöst werden können. Mit der objektorientierten Programmierung ändert sich der Blickwinkel. Statt des Verfahrens werden die Daten als Dreh- und Angelpunkt eines Programms betrachtet. So werden in der objektorientierten Programmierung die Funktionalitäten an die Datenstrukturen gebunden. Durch das Konzept der Vererbung ist es möglich, dass ähnliche Objektklassen auf existierenden aufbauen, ihre Eigenschaften übernehmen und nur das implementiert wird, was neu ist.

Die Unterstützung der objektorientierten Programmierung durch die Einführung der Klassen ist der wichtigste Teilaspekt, der C++ von C abhebt. Gleichzeitig erlebte die objektorientierte Programmierung mit der Einführung von C++ ihre große Popularität. Heutzutage darf sich kaum noch eine Programmiersprache auf die Straße trauen, wenn sie nicht objektorientiert ist.

### C++11

Auch C++ wurde inzwischen mehrfach standardisiert. Da jede programmierte Zeile investiertes Geld bedeutet, achtet man darauf, dass ältere Programme mit den aktuellen Compilern wenn möglich übersetzt werden können. Derzeit gilt die Überarbeitung von 2011, die als C++11 bezeichnet wird. Allerdings dauert es eine Weile, bis sich die Änderungen in den Compilern niederschlagen. Im Einzelfall müssen die Neuerungen am Compiler erst aktiviert werden.

### C++ und die anderen Sprachen

Keine Frage, objektorientierte Programmierung ist in. C++ hat die objektorientierte Programmierung zwar nicht eingeführt, aber zumindest populär gemacht. Puristen der objektorientierten Programmierung werfen C++ vor, dass es eine Hybrid-Sprache ist. Das bedeutet, dass C++ nicht nur objektorientierte Programmierung zulässt, sondern es auch erlaubt, in klassischem C-Stil zu programmieren. Das ist aber durchaus so gewollt. C++ unterstützt die objektorientierte Programmierung, erzwingt sie aber nicht. Bjarne Stroustrup sah dies wohl eher als Vorteil. Er wollte eine Programmiersprache schaffen, die den Programmierer darin unterstützt, seiner Strategie zu folgen. Dieser sehr pragmatische Ansatz ist vielleicht auch ein Grund, warum C++ trotz Java und C# in der professionellen Entwicklung noch immer eine wesentliche Rolle spielt. Mit C++ ist es einem Anfänger möglich, kleine Programme zu schreiben, ohne zuerst die objektorientierte Programmierung verstehen zu müssen. Und gerade damit hat C++ den Erfolg der objektorientierten Programmierung vermutlich erst möglich gemacht. Denn so können Programmierer in kleinen Schritten die Vorteile der objektorientierten Programmierung kennenlernen und dann nutzen.

#### Effizienz

Ein anderer Vorteil von C++ ist seine Geschwindigkeit. Stroustrup legte großen Wert darauf, dass die Schnelligkeit und Kompaktheit von C erhalten bleibt. Damit bleibt C++ die Sprache erster Wahl, wenn es um zeitkritische Programme geht.

#### Portabilität

Natürlich können Sie in C++ portabel programmieren, aber es ist kein Dogma, wie etwa in Java. Java schränkt Sie in allen Bereichen ein, die nicht in der virtuellen Maschine implementiert sind. Da Ihr Programm aber vermutlich nicht unverändert auf einem Handy und einem Großrechner laufen soll, erlaubt C++ den direkten Zugriff auf das umgebende Betriebssystem und sogar auf die Hardware. Ordentliche Programmierer kapseln so etwas in eigenen Klassen, die bei der Portierung auf eine andere Plattform angepasst werden müssen.

Zuletzt hat die nach wie vor stabile Position von C++ auch etwas mit Marktstrategien zu tun. Java wurde entwickelt, um einmal geschriebenen Code auf allen Plattformen ohne Neukompilierung laufen lassen zu können. Dies konnte Microsoft nicht recht sein. So versucht der Konzern seit Jahren, diese Sprache zu unterlaufen. Der letzte Schlag ist die Entwicklung einer eigenen Konkurrenzsprache namens C#. So haben Projektleiter die Entscheidung, ob sie die Sprache Java verwenden, die auf allen Plattformen läuft, aber von Windows nur lieblos unterstützt wird. Oder sie verwenden die Sprache C#, die von Windows intensiv unterstützt wird, aber von allen anderen Plattformen nicht. Der lachende Dritte ist C++. Jedenfalls blieben die Forderungen nach C++-Kenntnissen bei Freiberuflern in den letzten Jahren stabil. In Bereichen, die mit wenig Ressourcen auskommen müssen wie Embedded Systems, und in Bereichen, in denen es auf extreme Performance ankommt wie bei Computerspielen, geht kaum ein Weg an C++ vorbei.

## 1.2 Compiler beschaffen und einrichten

Damit Sie die Beispiele aus dem Buch nachvollziehen können, benötigen Sie einen Compiler und am besten auch noch eine Entwicklungsumgebung (kurz IDE für *Integrated Development Environment*), die Sie bei der Entwicklung unterstützt. Eine sehr brauchbare Entwicklungsumgebung nennt sich Code::Blocks und ist sogar kostenlos erhältlich. Besonders angenehm ist, dass Code::Blocks nicht nur für Windows, sondern auch für Linux und Macintosh zur Verfügung steht.

Unter der Haube von Code::Blocks arbeitet der GNU-Compiler, der auf allen namhaften Plattformen erhältlich ist. Ohne die IDE kann er von der Kommandozeile aufgerufen werden. Eine nähere Beschreibung des Umgangs mit Entwicklungswerkzeugen finden Sie in Kapitel 6, in den folgenden Abschnitten steht aber schon mal das Wichtigste in Kürze, damit Sie Ihre ersten Programme schreiben und ausführen können.

### 1.2.1 Installation

Code::Blocks ist wie erwähnt eine kostenlose Open-Source-IDE. Sie finden es unter der URL *http://www.codeblocks.org/downloads*. Dort finden Sie einen Link, der mit *Download the binary release* bezeichnet ist. Er verweist auf eine Seite, auf der Sie für Ihr Betriebssystem die passende Version zum Download finden.

Linux-Benutzer können sich Code::Blocks auch über ihren Standard-Paket-Dienst installieren, den die Distribution mitbringt. Das vereinfacht die Installation erheblich und sorgt automatisch dafür, dass die Version zum Betriebssystem passt und Updates immer passend zum System erfolgen.

Windows-Benutzer können zwischen zwei unterschiedlichen Varianten wählen. Die eine enthält nur die IDE ohne einen Compiler. Das wird für Sie vermutlich nicht interessant sein. Darum wählen Sie die größere Datei, die »mingw« im Namen enthält.

Nach dem erfolgreichen Download starten Sie die Datei und Sie sehen sich einem normalen Installationsprogramm gegenüber, wie Sie es von vielen anderen Pro grammen her kennen.

Wenn Sie der GNU-Lizenz zustimmen und ansonsten NEXT anklicken, gelangen Sie irgendwann an den Dialog, den Sie mit INSTALL bestätigen müssen. Es entsteht ein Symbol auf Ihrem Desktop und ein Eintrag im Programm-Menü. Dann fragt Sie das Installationsprogramm, ob Code::Block gleich gestartet werden soll. Bei seinem ersten Start sucht es nach Compilern. Sie wählen aus der Liste den GNU-Compiler aus und werden dann noch gefragt, ob Code::Blocks automatisch die Verantwortung für alle CPP-Dateien übernehmen soll. Danach ist Ihre IDE fertig eingerichtet (siehe Abbildung 1.2).

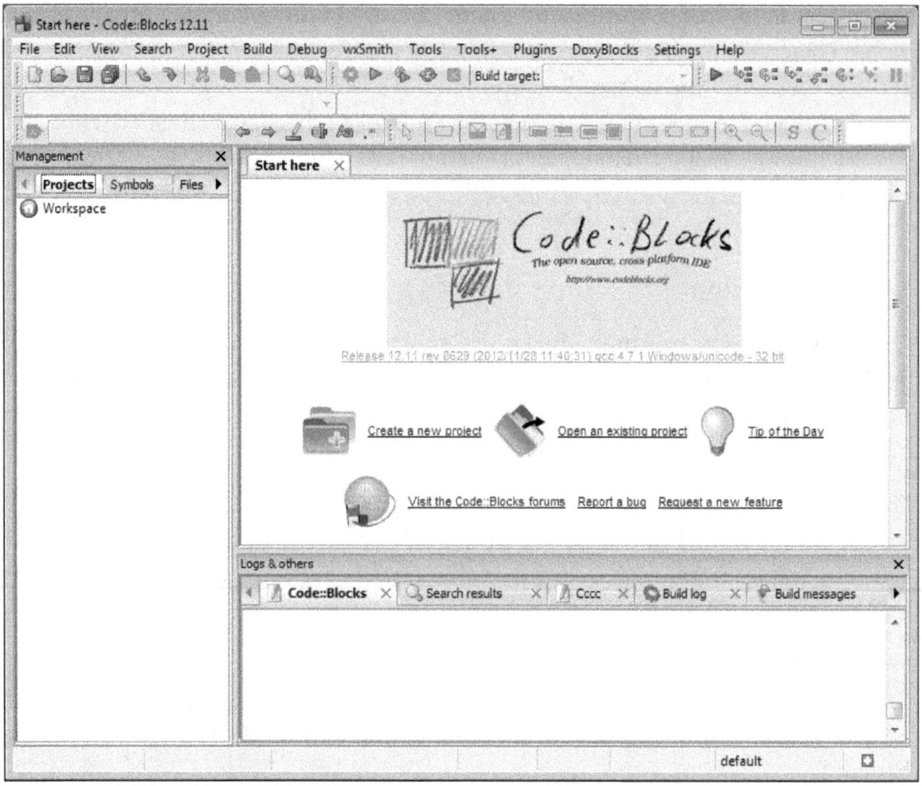


**Abbildung 1.2** Das Programm Code::Blocks

### 1.2.2 IDE-Aufbau

Wie bei vielen IDEs findet sich im Zentrum ein Editor, in dem die Quelltexte erfasst werden können. Über die Tabs am oberen Rand kann zwischen den Dateien umgeschaltet werden, wenn Sie mit mehr als einer Quelltextdatei arbeiten.

Auf der linken Seite gibt es eine Projektliste. Jedes Projekt lässt sich aufklappen, um seine Elemente zu bearbeiten. Unten ist das Anzeigefeld. Hier erscheinen Feldermeldungen und Warnungen, aber auch die Ausgaben des fertigen Programms.

### 1.2.3 Ein Projekt anlegen

Bevor Sie den Quelltext Ihres Programms erfassen, müssen Sie ein Projekt anlegen. Ein Projekt enthält alle Informationen, die für das Erstellen eines Programms erforderlich sind. Über die Menüpunkte FILE | NEW | PROJECT... gelangen Sie zu einem Dialog, der Ihnen verschiedene Projektarten anbietet. Für die Beispiele im Buch wählen Sie eine Konsolenapplikation (Console application).

Nun gelangen Sie zu einer Folge von Dialogen, die genauere Einstellungen Ihres neuen Projektes abfragt. Sie werden gefragt, ob Sie in C oder C++ programmieren möchten. Hier wählen Sie natürlich C++. Im Folgedialog sollen Sie das Projekt benennen und Code::Blocks wird aus diesem Namen auch gleich die Pfade generieren, wo Ihre Dateien stehen werden.

Nun sollen Sie festlegen, welchen Compiler Sie verwenden wollen. Relevant ist das nur, wenn auf dem Computer mehrere Compiler installiert sind. Hier ist der GNU-Compiler eine gute Wahl. Sie sehen, dass die IDE sowohl eine Debug- als auch eine Release-Version erstellen will. Die Debug-Version ist hilfreich, wenn Sie in größeren Projekten nach Fehlern suchen. Eine Release-Version ist schlanker und für die Auslieferung an den Kunden gedacht.

Anschließend steht in der Projektliste links das neue Projekt unter dem von Ihnen gewählten Namen. Sie können das Projekt aufblättern. Sie finden dann einen Unterordner namens SOURCES und darunter ist bereits je nach Projektart und -optionen der Rahmen für ein kleines Hello-Programm unter dem Namen *main.cpp* erzeugt worden.

### 1.2.4 Übersetzen und starten

Damit das Programm in ausführbaren Code übersetzt wird, müssen Sie die Menüpunkte BUILD | BUILD oder alternativ [Strg]-[F9] drücken. Unterhalb des Editierfensters sehen Sie die Compilermeldungen. Sollten sich Fehler eingeschlichen haben, können Sie auf den Fehler klicken und landen an der Stelle in Ihrem Quelltext, wo sich der Fehler befindet.

Sobald Ihr Programm fehlerfrei ist, können Sie es direkt aus der IDE heraus starten. Dazu wählen Sie die Menüpunkte BUILD | RUN. Da Sie eine Konsolenanwendung geschrieben haben, startet zunächst ein Konsolenfenster, das schwarz mit weißer Schrift ist. Darin sehen Sie die Ausgabe »Hello World«. Es folgt eine kurze Statistik, ob Ihr Programm fehlerfrei durchlaufen wurde und wie lange es lief. Wenn Sie die [↵]-Taste drücken, wird das Fenster wieder geschlossen und Sie befinden sich wieder in der IDE.

## 1.3 Grundgerüst eines Programms

Ein Programm ist eine Aneinanderreihung von Befehlen, die dem Computer zur Abarbeitung zugeführt werden können. Wie schon erwähnt, wird ein C++-Programm in einem Texteditor geschrieben und dann von einem Compiler in ausführbaren Code übersetzt. Danach kann es gestartet werden. In diesem Fall ist mit dem Compiler übrigens der komplette Übersetzer gemeint, der aus Compiler und Linker besteht. Diese Ungenauigkeit ist im allgemeinen Sprachgebrauch durchaus üblich.

#### main()

Ein C++-Programm besteht mindestens aus der Funktion `main()`. Die Silbe »main« ist englisch und bedeutet so viel wie die deutsche Vorsilbe »Haupt«. Was in C++ genau unter einer Funktion zu verstehen ist, wird später noch sehr viel ausführlicher behandelt und soll Sie hier nicht verwirren. Wichtig ist, dass Sie in jedem C++-Programm irgendwo den Namen `main` mit einem Klammernpaar finden werden, dem die Silbe `int` voransteht. In manchen Fällen stehen zwischen den Klammern ein paar kryptisch anmutende Zeichen. Aber auch das sollte Sie zu Anfang nicht stören. Ignorieren Sie es von ganzem Herzen, bis Sie wissen, wozu Sie es brauchen.

Die Hauptfunktion beginnt direkt nach einer öffnenden geschweiften Klammer und endet mit der schließenden Klammer. Zwischen den geschweiften Klammern stehen die Befehle der Hauptfunktion. Sie werden nacheinander ausgeführt. Das folgende kurze Listing enthält nichts und ist damit das kleinste denkbare C++-Programm. Als Listing bezeichnet man den Quelltext eines Programms.

```
int main()
{
}
```

**Listing 1.1** Ein Minimalprogramm, das nichts tut

Dieses Programm tut gar nichts. Wenn Sie es später um ein paar Tätigkeiten erweitern wollten, würden Sie die Befehle zwischen die geschweiften Klammern schreiben.

### 1.3.1 Kommentare

Wenn wir schon einmal ein Programm haben, das nichts tut, wollen wir es auch um Befehle erweitern, die nichts tun: Kommentare.

Sie können in das Programm Kommentare einfügen, die vom Compiler völlig ignoriert werden. Die Kommentare sollen dokumentieren, warum das Programm so und nicht anders geschrieben wurde, und richten sich an Programmierer. Dies können Kollegen sein, die Ihr Programm korrigieren oder erweitern sollen. Aber noch öfter helfen Sie sich selbst damit. In der Praxis ist es so, dass Sie vermutlich auch herangezogen werden, wenn eines Ihrer Programme nicht korrekt läuft oder ergänzt werden soll. Da Sie zwischendurch andere Programme geschrieben haben werden, vielleicht geheiratet haben, umgezogen sind und noch drei weitere Programmiersprachen gelernt haben, werden Sie sich nicht mehr an jedes Detail erinnern. Sie werden dankbar sein, wenn Sie in den Programmen ausführliche Hinweise finden, wie und warum es so funktioniert oder zumindest funktionieren soll.

### Zeilenweise

Es gibt zwei Arten, einen Text davor zu schützen, dass der Compiler versucht, ihn als Programm zu interpretieren. Die einfachere Art der Kommentierung ist es, zwei Schrägstriche direkt hintereinanderzusetzen. Damit gilt der Rest der Zeile als Kommentar.

```
int main()
{
    // Hier beginnt der Kommentar.

    // Die nächste Zeile braucht
    // ihr eigenes Kommentarzeichen.
}
```

**Listing 1.2** Zeilenweises Kommentieren

### Kommentarblock

Daneben gibt es die Möglichkeit, einen größeren Text in Kommentarklammern einzuschließen und damit dem Compiler zu entziehen. Der Anfang des Kommentars wird durch den Schrägstrich, gefolgt von einem Stern, festgelegt. Der Kommentar endet mit der umgekehrten Zeichenfolge, also mit einem Stern und einem darauf folgenden Schrägstrich.

```
int main()
{
  /* Hier beginnt der Kommentar.
     Die nächste Zeile braucht kein
```

```
        eigenes Kommentarzeichen.
    */
}
```

**Listing 1.3** Blockweises Kommentieren

Sie können diese Kommentarklammern nicht verschachteln. Mit dem ersten Auftreten der Kombination von Schrägstrich und Stern beginnt der Kommentar. Er endet mit dem ersten Auftreten der Kombination aus Stern und Schrägstrich. Dazwischen liegende Kommentaranfangzeichen gehören zum Kommentar. Der Compiler wird den folgenden Text als Programm ansehen und versuchen, ihn zu übersetzen.

```
int main()
{
    /* Hier beginnt der Kommentar
        /*
            Die nächste Zeile braucht kein
            eigenes Kommentarzeichen
        */
        Dies wird der Compiler wieder übersetzen wollen.
    */
}
```

**Listing 1.4** Das geht schief!

Mit `/*` und `*/` können nicht nur große Blöcke, sondern auch kurze Teile innerhalb einer Zeile kommentiert werden. Diese Möglichkeit haben Sie mit dem doppelten Schrägstrich nicht, weil dieser Kommentar ja immer bis zum Ende der Zeile geht. Im folgenden Beispiel ist die schließende Klammer von `main()` außerhalb des Kommentars.

```
int main( /* hier könnte auch noch etwas stehen */ )
{
}
```

#### Inhalt der Kommentare

In vielen Programmierkursen und auch in einigen Firmen finden Sie umfangreiche Beschreibungen, die sich darüber auslassen, wo Kommentare erscheinen und was sie beinhalten sollen. Der Zweck dieser Vorschriften ist, dass die Investition in die Programmierung nicht verloren geht. Wenn ein unverständlicher Programmcode später kontrolliert wird, kann es sein, dass dann Fehler eingebaut werden, nur weil der Programmierer nicht verstanden hat, was der Zweck des Programmteils war. Die einfachste Regel in der Kommentierung lautet darum:

**Tipp**

Goldene Regel der Kommentierung: Kommentieren Sie nicht, *was* Sie gemacht haben, sondern *warum* Sie es so gemacht haben!

Ein Kommentar »Zwei Werte werden addiert« ist nutzlos. Denn jeder Programmierer, der die Sprache C++ auch nur halbwegs kennt, kann das direkt im Quelltext ablesen. Dagegen ist die Aussage »Ermittle den Bruttobetrag aus Nettobetrag und MwSt« hilfreich, da dadurch jeder Leser weiß, warum diese Werte addiert werden.

### 1.3.2 Anweisungen

Ein Programm besteht nicht nur aus dem Rahmen und aus Kommentaren, sondern auch aus Anweisungen. Eine Anweisung kann dazu dienen, etwas zu lesen, zu speichern, zu berechnen, zu definieren oder auf dem Bildschirm auszugeben. Anweisungen sind die Grundeinheiten, aus denen Programme bestehen.

Anweisungen können in C++ beliebig formatiert werden. Es besteht keine Verpflichtung, sie in einer bestimmten Position anzuordnen. Auch können Anweisungen über beliebig viele Zeilen gehen. Allerdings besteht der Compiler extrem kleinlich darauf, dass Anweisungen immer mit einem Semikolon abgeschlossen werden.

### 1.3.3 Blöcke

Mehrere Anweisungen können zu einem Block zusammengefasst werden. Ein Block wird durch geschweifte Klammern eingefasst. Der Compiler wird einen Block wie eine einzige Anweisung behandeln.

Sicher ist Ihnen schon aufgefallen, dass die Hauptfunktion `main()` ebenfalls solche geschweiften Klammern hat. In der Tat ist dies der Block, in dem die Befehle des Programms zusammengefasst werden.

Um die Übersicht zu erhöhen, pflegt man alle Befehle innerhalb eines Blocks einzurücken. Achten Sie vor allem am Anfang darauf, dass die zusammengehörigen geschweiften Klammern auf einer Ebene stehen. Das folgende Beispiel mit Pseudobefehlen zeigt korrektes Einrücken.

```
int main()
{
    Hier sind Pseudo-Anweisungen;
    Diese gehört dazu;
    {
        Neuer Block, also einrücken;
        Wir bleiben auf diesem Niveau;
        Das kann ewig weitergehen;
    }
    Nun ist die Klammer geschlossen;
    Und die Einrückung ist auch zurück;
}
```

**Listing 1.5** Eingerückte Blöcke

Wie weit Sie einrücken, ist Geschmackssache. Eine Einrückung von einem Zeichen ist kaum erkennbar. Zwei Leerschritte sind das absolute Minimum. Drei oder vier Schritte sind weit verbreitet. Auch wenn viele Editoren acht Schritte für den Tabulator verwenden, wird der Code damit oft unübersichtlich, weil er zu weit nach rechts herausragt.

## 1.4 Variablen

Der Abschnitt zum Thema Variablen enthält viele Details, die an dieser Stelle ausgeführt werden müssen. Wenn Sie als Anfänger diesen Abschnitt zum ersten Mal lesen, brauchen Sie sich nicht alle Informationen zu merken. Versuchen Sie, ein grundlegendes Verständnis für Variablen, Typen und Konstanten zu entwickeln. Sie sind jederzeit eingeladen, wieder hierher zurückzukommen, wenn Sie später einmal Wissenslücken auffüllen möchten.

In jedem Programm werden Informationen verarbeitet. Diese Informationen liegen im Hauptspeicher, der auch RAM (Random Access Memory) genannt wird. Höhere Programmiersprachen greifen nicht direkt auf den Speicher zu, sondern verwenden Variablen. Variablen sind also die Behälter, in denen das Programm Zahlen und Texte ablegt. Eine Variable hat drei wichtige Eigenschaften:

- **Speicher** – Die Variable benötigt zum Ablegen ihrer Informationen immer Speicher. Über Lage und Größe des Speichers braucht sich der Programmierer normalerweise nicht zu kümmern. Der Compiler ermittelt die benötigte Größe aus dem Typ der Variablen.

- **Name** – Die Variable wird im Programm über einen weitgehend frei wählbaren Namen angesprochen. Dieser Name identifiziert die Variable eindeutig. Verschiedene Namen bezeichnen verschiedene Variablen. Die Namensregeln finden Sie ausführlich ab Abschnitt 1.4.3.
- **Typ** – Der Typ einer Variablen bestimmt, welche Informationen abgelegt werden können. So kann eine Variable je nach ihrem Typ beispielsweise einen Buchstaben oder eine Zahl speichern. Der Typ bestimmt natürlich auch die Speichergröße, die benötigt wird. Der Typ bestimmt aber auch, welche Operationen auf die Variable angewendet werden können. Zwei Variablen, die Zahlen enthalten, können beispielsweise miteinander multipliziert werden. Enthalten die Variablen dagegen Texte, ist eine Multiplikation nicht besonders sinnvoll.

### 1.4.1 Variablendefinition

Das folgende Beispiel zeigt eine Variablendefinition innerhalb der Hauptfunktion `main()`:

```
int main()
{
    int einkommen;
}
```

**Listing 1.6** Variablendefinition

#### Typ

Eine Variablendefinition beginnt immer mit dem Typ der Variablen. Hier heißt der Typ `int`. Dieser Typ steht für eine ganze Zahl mit Vorzeichen, aber ohne Nachkommastellen (Integer).

Durch ein Leerzeichen abgesetzt, beginnt der Name der Variablen. Den Namen sollten Sie immer so wählen, dass Sie auf den Inhalt schließen können. Hier lässt der Name `einkommen` bereits auf die Verwendung der Variablen im Programm schließen. Verwenden Sie ruhig lange Namen. Abkürzungen ersparen zwar Tipparbeit, Sie werden aber auf lange Sicht mehr Zeit verschwenden, wenn Sie darüber nachdenken müssen, was in welcher Variablen abgelegt ist. Das gilt auch dann, wenn Sie extrem langsam tippen. Noch mehr Zeit werden Sie brauchen, wenn Sie einen Fehler suchen müssen, der entstand, weil Sie zwei Variablen verwechselt haben, nur weil der Name unklar war. Zu guter Letzt folgt das Semikolon. Damit wird jede Anweisung abgeschlossen, auch eine Variablendefinition.

### Initialisierung

Sie können Variablen gleich bei ihrer Definition mit einem Wert vorbelegen. Dazu setzen Sie hinter den Variablennamen ein Gleichheitszeichen. Das initialisiert die Variable mit dem nachfolgenden Wert.

```
int einkommen=0;
```

Hier wird die Variable `einkommen` gleich bei der Definition auf 0 gesetzt. Die Initialisierung von Variablen muss nicht zwingend durchgeführt werden. Allerdings ergeben sich viele Programmfehler daraus, dass Variablen nicht korrekt initialisiert waren. Es ist keineswegs gesichert, dass eine neu angelegte Variable den Wert 0 hat, solange Sie das nicht explizit festlegen. Anstatt eine Initialisierung mit dem Gleichheitszeichen durchzuführen, kann in C++ auch eine Klammer verwendet werden. Das obige Beispiel sähe in dieser Syntax so aus:

```
int einkommen(0);
```

### Initialisierung seit C++11

Seit C++11 können Sie statt der runden Klammern auch geschweifte Klammern verwenden und dann auch noch das Gleichheitszeichen hinzufügen. Diese Vielfalt mag jetzt irritierend sein, hat aber seinen Grund darin, dass auch komplexere Datenstrukturen über geschweifte Klammern initialisiert werden können.

```
int einkommen{0};
int ausgaben={0};
```

### Mehrfache Definition

Es können mehrere Variablen gleichen Typs direkt hintereinander definiert werden, indem sie durch Kommata getrennt werden.

```
int i, j=0, k;
```

Hier werden die Variablen i, j und k definiert. j wird mit 0 initialisiert. Diese Schreibweise ist mit der folgenden gleichwertig:

```
int i;
int j=0;
int k;
```

Den Syntaxgraph zur Variablendefinition finden Sie in Abbildung 1.5.

### 1.4.2 Geltungsbereich

Sie können in C++ eine Variable erst verwenden, nachdem Sie sie definiert haben. (Um genau zu sein, reicht es, sie deklariert zu haben. Das bedeutet, dass Sie dem Compiler mitteilen, dass er diese Variable verwenden kann und welchen Typ sie hat. Sie kann dann an anderer Stelle definiert werden. Siehe Abschnitt 4.7.1) Der Compiler prüft, ob die Variable ihrem Typ gemäß verwendet wird. Es gibt Programmiersprachen, die eine Variable automatisch anlegen, sobald sie das erste Mal verwendet wird. Dieser Komfort wird tückisch, wenn Sie eine Variable namens `abteilungsNr` versehentlich an anderer Stelle ohne s, also als `abteilungNr` bezeichnen. Sie werden vom Compiler nicht auf Ihren Tippfehler hingewiesen. Stattdessen arbeiten Sie mit zwei unterschiedlichen Variablen, ohne es zu ahnen. Das kann Ihnen in C++ nicht passieren. Der Compiler wird sofort nörgeln, dass er die Variable `abteilungNr` überhaupt nicht kennt, und er wird sich weigern, mit einer solchen Variablen irgendetwas zu tun. Sie werden also sofort auf Ihren Fehler hingewiesen und können ihn korrigieren.

#### Blockgrenzen

Während in C Variablendefinitionen nur am Blockanfang vor der ersten Anweisung erlaubt sind, kann in C++ eine Variable überall definiert werden. Sie gilt dann für den gesamten restlichen Bereich des aktuellen Blocks und aller darin verschachtelten Blöcke.

Es können sogar in verschachtelten Blöcken Variablen mit dem gleichen Namen verwendet werden. Dabei überdeckt die innen liegende Definition diejenige, die außerhalb des Blocks liegt. Das folgende Beispiel macht das deutlich:

```
{
    int a = 5;
    {
        // Hier hat a den Inhalt 5.
        int a = 3;
```

```
            // Hier hat a den Inhalt 3.
            {
                // a ist immer noch 3.
            }
        }
        // Hier ist a wieder 5.
    }
```

**Listing 1.7** Zwei Variablen

### Lokale Variable

Jede Variable, die innerhalb eines Blocks definiert wird, wird als lokale Variable bezeichnet. Sie ist lokal für den Bereich des Blocks definiert. Für ihren Geltungsbereich überdeckt die innen definierte Variable `a` die außen liegende Variable `a`. Die außen liegende Variable existiert durchaus noch, aber aufgrund der Namensgleichheit mit der lokalen Variablen kann man bis zu deren Auflösung nicht auf sie zugreifen. Sobald das Programm den Block verlässt, in dem die lokale Variable definiert ist, wird die äußere Variable wieder sichtbar. Alle Operationen auf der lokalen Variablen berühren die äußere Variable nicht.

Variablen, die außerhalb jedes Blocks definiert werden, nennt man globale Variablen. Sie gelten für alle Blöcke, die nach der Definition im Quelltext auftreten, sofern darin nicht eine Variable gleichen Namens lokal definiert wird.

```
int einkommen=0; // globale Variable
int main()
{
    int ausgaben=0; // lokale Variable
}
```

**Listing 1.8** Variablendefinition

Globale Variablen werden bei C++ grundsätzlich vom Compiler mit 0 initialisiert, sofern das Programm nicht eine eigene Initialisierung vornimmt. Dagegen ist der Inhalt lokaler Variablen bei ihrer Definition unbestimmt und meist nicht 0.

Das Thema der globalen und lokalen Variablen spielt im Bereich der Funktionen (siehe Kapitel 4) eine besondere Rolle. Daher wird dieses Thema dort noch einmal aufgenommen.

### 1.4.3 Namensregeln und Syntaxgraph

In C++ unterliegen alle Namen, die vom Programmierer gewählt werden können, den gleichen Regeln. Diese Regeln gelten nicht nur für Variablen, sondern auch für Funktionen oder Klassen. In der englischen Literatur werden diese Namen als »identifier« bezeichnet. Das wird meist mit »Bezeichner« übersetzt. Ein Name muss mit einem Buchstaben oder einem Unterstrich beginnen und darf anschließend beliebig viele Buchstaben, Unterstriche und Ziffern enthalten. Das erste Zeichen darf keine Ziffer sein, damit der Compiler einen Namen leichter von einer Zahl unterscheiden kann. Die Buchstaben können klein oder groß sein. In C und C++ wird zwischen Groß- und Kleinschreibung unterschieden. Die Variable `Anton` ist eine andere Variable als die Variable `ANTON` oder `anton`.

In Abbildung 1.3 wird die Regel zur Bildung eines Namens grafisch dargestellt. Zur Bildung eines Namens dürfen Sie dem Graphen in Pfeilrichtung immer entlang der Kurven folgen. Wenn Sie den Graphen auf der rechten Seite verlassen haben, haben Sie einen zulässigen Namen gebildet. Sie werden feststellen, dass alle Namen mindestens ein Zeichen haben müssen, das entweder ein Buchstabe oder ein Unterstrich ist, und dass dann beliebig viele Zeichen in beliebiger Reihenfolge verwendet werden dürfen. Dann dürfen zu den Buchstaben und dem Unterstrich auch Ziffern hinzukommen.

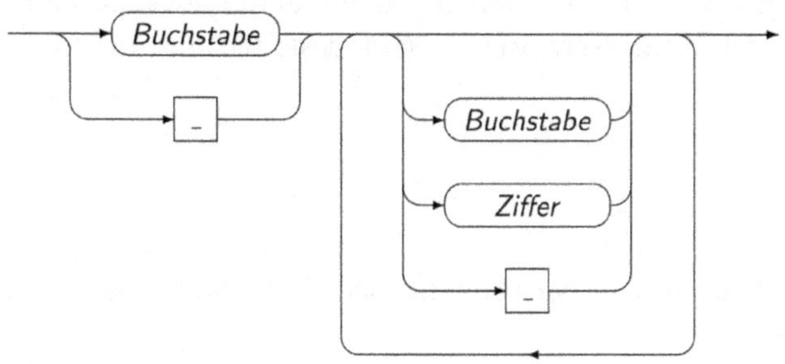


**Abbildung 1.3** Syntaxgraph eines Namens

In rechteckigen Feldern finden Sie in Fettschrift sogenannte *Terminale*. Das sind Zeichen oder Zeichenketten, die nicht weiter aufgelöst werden, sondern so eingesetzt werden, wie sie sind. Im obigen Beispiel ist das der Unterstrich. In ovalen Feldern finden Sie in Kursivschrift Nonterminale, also Elemente, die einer näheren Beschreibung bedürfen. Diese folgt dann entweder im Text oder in weiteren Syntaxgraphen. Hier sind das die Buchstaben und Ziffern. Der entsprechende Graph ist in Abbildung 1.4 zu sehen.

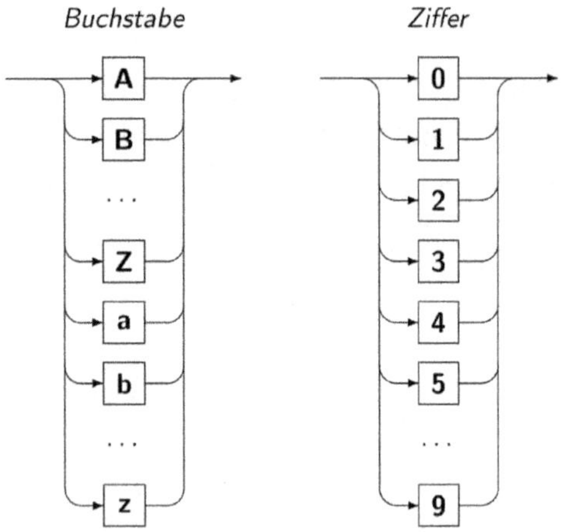


**Abbildung 1.4** Syntaxgraph für *Buchstabe* und *Ziffer*

Wie Sie sehen, gehen die Buchstaben von A bis Z und von a bis z. Grundsätzlich ist die Verwendung nationaler Sonderzeichen in Namen nicht erlaubt. Umlaute oder ein ß im Variablennamen führen also immer zu einer Fehlermeldung.

Zu guter Letzt dürfen keine Befehle der Sprache C++ als Namen verwendet werden. Auch wenn Sie noch nicht alle Befehle von C++ kennen, können Sie dies ganz einfach umgehen, indem Sie Variablennamen wählen, die mindestens einen Großbuchstaben enthalten. Die Schlüsselwörter in C++ bestehen nur aus Kleinbuchstaben.

#### Schlüsselwörter

Die folgende Liste enthält die unter C++ verwendeten Schlüsselwörter. Sie dürfen nicht als Namen verwendet werden.

| | | | |
|---|---|---|---|
| `alignas` | `alignof` | `and` | `and_eq` |
| `asm` | `auto` | `bitand` | `bitor` |
| `bool` | `break` | `case` | `catch` |
| `char` | `char16_t` | `char32_t` | `class` |
| `compl` | `const` | `constexpr` | `const_cast` |
| `continue` | `decltype` | `default` | `delete` |
| `do` | `double` | `dynamic_cast` | `else` |
| `enum` | `explicit` | `export` | `extern` |
| `false` | `float` | `for` | `friend` |
| `goto` | `if` | `inline` | `int` |

```
long        mutable          namespace     new
noexcept    not              not_eq        nullptr
operator    or               or_eq         private
protected   public           register      reinterpret_cast
return      short            signed        sizeof
static      static_assert    static_cast   struct
switch      template         this          thread_local
throw       true             try           typedef
typeid      typename         union         unsigned
using       virtual          void          volatile
wchar_t     while            xor           xor_eq
```

**Listing 1.9** Schlüsselwörter von C++

### 1.4.4 Typen

Variablen haben immer einen Typ. Der Typ besagt, welche Informationen eine Variable aufnehmen kann. Der Typ bestimmt, wie viel Speicher für eine Variable benötigt wird. Ohne Typ können Sie keine Variable definieren. Der Compiler will zum Zeitpunkt der Übersetzung wissen, wie groß der erforderliche Speicher ist. Er überprüft auch, ob der Variablentyp im Kontext überhaupt passt. Diese Nörgeleien des Compilers sind nur zum Besten des Programmierers. Der Compiler erkennt so Flüchtigkeitsfehler, bevor sie Schaden anrichten können. In gewissen Grenzen ist C++ allerdings großzügig. Ähnliche Typen werden direkt ineinander überführt, sofern kein Informationsverlust auftreten kann.

#### Informationsspeicherung

Die Informationen, die in den Variablen stehen, werden im Hauptspeicher des Computers abgelegt. Wie funktioniert der Hauptspeicher eines Computers? Ein Computer arbeitet digital. Er verarbeitet also zwei Zustände: An und Aus. Der kleinste Speicher im Computer kann sich genau diese Information merken. Man kann »An« als 1 und »Aus« als 0 interpretieren. Die Informationseinheit, die eine Information 1 und 0 unterscheiden kann, nennt man Bit.

Aus praktischen Gründen stellt man mehrere Bits zusammen. Dadurch ist es möglich, Zahlen darzustellen, die größer als 1 sind. Das Verfahren ist analog zu dem, das in unserem Zehnerzahlensystem angewandt wird, um Zahlen darzustellen, die größer als 9 sind: Man verwendet eine weitere Stelle und multipliziert diese mit der Anzahl der Ziffern, die zur Verfügung stehen. Im Zehnersystem sind das zehn, im Binärsystem sind das zwei. Mit einem Bit lassen sich 0 und 1 darstellen. Mit zwei Bits gibt es die Kombinationen 00, 01, 10 und 11. Damit sind also mit zwei Bits die Zahlen 0, 1, 2 und 3 darstellbar. Ein weiteres Bit verdoppelt wiederum die Anzahl der Kombinationen. Die möglichen Kombinationen sind 000, 001, 010, 011, 100, 101, 110 und 111 und entsprechen den Zahlen von 0 bis 7. Aus technischen Gründen ist das Byte eine übliche Größe für die kleinste Zusammenfassung von Bits. Es besteht aus acht Bits und kann damit $2^8 = 256$ Zustände annehmen, also beispielsweise die Zahlen von 0 bis 255 oder von –128 bis 127.

### Ganze Zahlen

Ein häufig benötigter Typ ist eine ganze Zahl, also eine ungebrochene Zahl ohne Nachkommastellen. Im Englischen und insbesondere im Computer-Umfeld spricht man von einem Integer. Der Typ einer Integer-Variablen heißt `int`. Um eine Variable vom Typ `int` zu definieren, wird zuerst der Typ `int` genannt, dann folgt ein Leerraum und dann der Name der Variablen. Abgeschlossen wird die Definition durch ein Semikolon.

```
int zaehler;
```

Die Zahl, die die Variable `zaehler` aufnimmt, kann positiv oder negativ sein. Sie können aber auch Variablen definieren, die nur positive Zahlen einschließlich der 0 zulassen. Dazu stellen Sie das Schlüsselwort `unsigned` vor den Typ `int`.

```
unsigned int zaehler;
```

Auf diese Weise wird nicht nur verhindert, dass die Variable `zaehler` negativ wird. Der Zahlenbereich ins Positive wird verdoppelt.

Es gibt zwei besondere Fälle von ganzen Zahlen: `short` und `long`. Beide Modifizierer können dem Typ `int` vorangestellt werden. Die Namen der Modifizierer beziehen sich auf die Größe der maximal darstellbaren Zahl und damit auf den Speicher, der einer solchen Variablen zur Verfügung gestellt wird. Seit C++11 kann sogar `long long` vorangestellt werden, wenn besonders große Zahlen benötigt werden. Variablen vom Typ `short` oder `long` können vorzeichenlos definiert werden. Dann wird auch ihnen das Schlüsselwort `unsigned` vorangestellt.

```
unsigned short int zaehler;
```

Wenn ein Modifizierer wie `short` oder `unsigned` verwendet wird, kann das Schlüsselwort `int` auch weggelassen werden. Damit sind auch folgende Definitionen zulässig und werden vom Compiler als attributierte Integer-Variablen verstanden:

```
unsigned short zaehler;
short Wenig;
unsigned Positiv;
```

**Listing 1.10** Integer-Variablen ohne int

Eine Variable vom Typ `short` belegt immer mindestens zwei Bytes. Eine Variable vom Typ `int` ist mindestens so groß wie ein `short`. Eine Variable vom Typ `long` umfasst mindestens vier Bytes und ist mindestens so groß wie ein `int`. Wie viele Bytes die verschiedenen Typen annehmen, ist nicht festgelegt, sondern liegt im Ermessen des Compiler-Herstellers.

### Zahlenkodierung

Ganzzahlige Werte werden binär kodiert. Belegt eine Integer-Variable zwei Bytes, so stehen 16 Bits zur Verfügung. Zur Darstellung der Zahl 0 werden alle Bits auf 0 gesetzt. Die Zahl 1 wird durch 15 Nullen und eine 1 kodiert. Die in Tabelle 1.1 dargestellten Zahlen zeigen die Binärkodierung.

| Dual | Dezimal |
|---|---|
| 0000000000000000 | 0 |
| 0000000000000001 | 1 |
| 0000000000000010 | 2 |
| 0000000000000011 | 3 |
| 0000000000000100 | 4 |
| 0000000000000101 | 5 |
| 0111111111111111 | 32.767 |

**Tabelle 1.1** Binärkodierung positiver Werte

Die binären Zahlen kann ein Computer leicht addieren und subtrahieren. Das Addieren funktioniert genau so, wie unsere Schulkinder das Addieren im Zehnersystem lernen. Allerdings gibt es nur zwei Ziffern. So lassen sich die einstelligen Additionen leicht aufzählen: 0 + 0 ergibt 0. 1 + 0 ergibt 1. Das ist auch bei 0 + 1 so. 1 + 1 ergibt allerdings nicht 2, denn die gibt es ja nicht, sondern 0 mit einem Übertrag, also 10. Wenn eine weitere binäre Stelle berechnet wird, fließt der Übertrag in die Berechnung ein. Sind alle Bits durchgerechnet und es bleibt immer noch ein Übertrag, verfällt er.

Analog funktioniert das Subtrahieren. 0 – 0 ergibt wie 1 – 1 naheliegenderweise 0. 1 – 0 ergibt 1. 0 – 1 ergibt 1 und einen Übertrag, der auf die nächste Stelle übernommen wird, wenn es eine gibt.

Nachdem die Kodierung der positiven Zahlen klar ist, stellt sich die Frage, wie negative Zahlen auf Bit-Ebene aussehen. Die Kodierung muss mit den üblichen Berechnungen möglichst kompatibel sein. Wenn Sie –1 und 1 addieren, soll möglichst 0 herauskommen. Dazu errechnen wir die –1, indem wir von 0 die Zahl 1 abziehen. Wenn wir mit der Stelle ganz rechts beginnen, ist 0 – 1 = 1. Dabei entsteht ein Übertrag, der auf die nächste Stelle umgelegt wird. Dadurch entsteht auch in der nächsten Stelle die Aufgabe 0 – 1, was wiederum 1 und einen Übertrag ergibt.

```
          0000
-         0001
Übertrag: 111
          ----
Ergebnis: 1111
```

**Listing 1.11** Binäre Berechnung von 0 – 1

Der Übertrag setzt sich also durch alle Stellen fort. Daraus ergibt sich, dass die Zahl –1 binär dargestellt wird, indem alle Bits auf 1 gesetzt werden. Sollte Ihnen das unlogisch erscheinen, überlegen Sie, welche Zahl 0 ergibt, wenn Sie eine 1 hinzuaddieren. Hier sehen Sie die Kontrollrechnung:

```
          1111
+         0001
Übertrag: 111
          ----
Ergebnis: 0000
```

**Listing 1.12** Binäre Berechnung von –1 + 1

Die Zahlen –2, –3 und so weiter ergeben sich durch jeweiliges Dekrementieren, wie Tabelle 1.2 zeigt.

Dabei lässt sich leicht erkennen, dass das Vorzeichen der Zahl am ersten Bit abzulesen ist. Steht hier eine 1, ist die Zahl negativ. Anhand der Kodierung lässt sich auch ermitteln, wie groß die größten und kleinsten Werte sind. Bei zwei Bytes

| Dual | Dezimal |
| --- | --- |
| 0000000000000000 | 0 |
| 1111111111111111 | –1 |
| 1111111111111110 | –2 |
| 1111111111111101 | –3 |
| 1111111111111100 | –4 |
| 1111111111111011 | –5 |
| 1000000000000000 | –32.768 |

**Tabelle 1.2** Binärkodierung negativer Werte

geht der Wert von –32.768 bis +32.767. Werden vier Bytes eingesetzt, ergeben sich –2.147.483.648 bis +2.147.483.647.

**Hinweis**

Ist das erste Bit einer binär kodierten Zahl 1, so ist die Zahl negativ.

Zur Kontrolle berechnen wir noch einmal –3 + 5. Das Ergebnis sollte 2 sein.

```
           1101
+          0101
Übertrag:  1 1
           ----
Ergebnis:  0010
```

**Listing 1.13** Binäre Berechnung von –3 + 5

Werden die Variablen ohne Vorzeichen verwendet, ist die 0 die kleinste Zahl. Das erste Bit wird dann nicht zur Vorzeichenkodierung verwendet, sondern erhöht den maximalen Wert. Dadurch hat eine `short`-Variable einen Wertebereich von 0 bis 65.535. Wird die obere Grenze um 1 erhöht, ergibt sich wieder die 0.

**Warnung**

Etwas tückisch ist die Tatsache, dass Sie vor einem Überlauf der Grenzen von Integer-Werten nicht gewarnt werden. Enthält eine Integer-Variable den maximal darstellbaren Wert und wird diese dann um 1 erhöht, so enthält sie anschließend den kleinstmöglichen Wert. Damit kann das Programm wunderbar weiterarbeiten. Es kann aber sein, dass Sie das nicht beabsichtigt haben. Es ist Ihre Aufgabe, dafür zu sorgen, dass ein solcher Überlauf nicht versehentlich auftritt.

| Dual | Dezimal |
|---|---|
| 0000000000000000 | 0 |
| 0000000000000001 | 1 |
| 0000000000000010 | 2 |
| 0000000000000011 | 3 |
| 0000000000000100 | 4 |
| 0000000000000101 | 5 |
| 1111111111111110 | 65.534 |
| 1111111111111111 | 65.535 |

**Tabelle 1.3** Binärkodierung vorzeichenloser Werte

### Zeichen

C++ verfügt über den Datentyp `char`, der Buchstaben und andere Zeichen aufnehmen kann. Dieser Datentyp ist genau ein Byte groß. Ein Byte kann 256 Zustände annehmen. Das heißt, es gibt 256 unterschiedliche Kombinationen von Nullen und Einsen. Damit können beispielsweise die Zahlen von 0 bis 256 kodiert werden. Es gibt 26 Buchstaben, jeweils klein und groß, also werden mindestens 52 Zeichen benötigt. Dazu kommen die zehn Ziffern und einige Sonderzeichen. Die ersten 128 Zeichen sind international genormt und bei allen ASCII-Zeichensätzen gleich. Die verbleibenden 128 Zustände werden für nationale Sonderzeichen wie die deutschen Umlaute oder die französischen Sonderzeichen verwendet.

Solange die nationalen Sonderzeichen nur diejenigen von Westeuropa umfassen, reicht ein Byte pro Buchstabe. Dieser Zeichensatz ist als ISO 8859-1 genormt. Für russische oder türkische Zeichen gibt es wiederum einen anderen Zeichensatz. Aber mit welchem Recht kann man die arabischen, japanischen und hebräischen Zeichen ausschließen? Was passiert, wenn ein Programm russische, deutsche und hebräische Zeichen gleichzeitig benötigt? Für diese vielen Zeichen ist in einem einzelnen Byte kein Platz mehr.

Mit zunehmender Internationalisierung entsteht der Bedarf nach einheitlicher Kodierung der jeweils nationalen Sonderzeichen. Seit Anfang der 1990er Jahre wurde UNICODE vorangetrieben, um möglichst alle Schriftzeichen der Welt in einem System zu kodieren. Schnell war klar, dass die Anzahl der Zeichen nicht in einem Byte Platz findet. Also legte man zwei Bytes fest. In die 16 Bits passen bis zu 65.536 Zeichen. Für solche Zeichensätze besitzt C++ einen speziellen Datentyp namens `wchar_t`. Wie viele Bytes er belegt, ist implementierungsabhängig. Mit dem Standard C++11 wurde für 16-Bit UNICODE der Typ `char16_t` eingeführt. Die Annahme, zwei Bytes könnten alle Zeichen der Welt fassen, hat sich allerdings als Illusion herausgestellt, da vor allem die asiatischen Sprachen sehr viele Schriftzeichen besitzen. Dazu gibt es einen 32-Bit-UNICODE, der in C++11 mit dem Typ `char32_t` unterstützt wird. Aber warum sollte auf einem amerikanischen Computer die vierfache Speichermenge reserviert werden, nur für den Fall, dass dieser eines Tages von chinesischen Sonderzeichen heimgesucht wird, die dessen Besitzer vermutlich nicht einmal lesen kann? Darum wird meist UTF-8 eingesetzt. Hier wird der UNICODE in einzelnen Bytes, also im Typ `char`, abgelegt. Der Vorteil liegt auf der Hand: Auch Programme, die sich nicht um internationale Zeichen kümmern, können noch eingesetzt werden.

#### Zahl oder Ziffer?

Besonders verwirrend ist für den Anfänger oft die Unterscheidung zwischen Zahl und Ziffer. Eine Ziffer ist ein Zeichen (also quasi ein Buchstabe), das zur Darstellung von Zahlen (also Werten) dient. Im Zusammenhang mit der Programmierung ist eine Ziffer im Allgemeinen vom Typ `char`, also das Zeichen, das die Ziffer beispielsweise auf dem Bildschirm darstellt. Eine Zahl ist dagegen ein Wert, mit dem gerechnet werden kann.

Um die Verwirrung komplett zu machen, sind Buchstaben intern eigentlich auch Zahlen. Jeder Buchstabe wird durch eine Zahl repräsentiert, die in ein Byte passt, also durch eine Zahl zwischen 0 und 255. Die Ziffern als Buchstaben sind ebenfalls intern als Zahl kodiert, aber nicht etwa gleich ihrem Zahlenwert. Sie finden im ASCII-Zeichensatz ihre Position ab der Nummer 48. Die Ziffer '0' wird also als 48 kodiert, die Ziffer '1' als 49 und so fort. Dies muss besonders berücksichtigt werden, wenn Zahleneingaben von der Tastatur verarbeitet werden sollen. Wenn die einzelnen Ziffern als Buchstaben eingelesen werden, muss 48, also der Gegenwert der Ziffer '0' abgezogen werden, um ihren Zahlenwert zu erlangen. Übrigens ist ASCII nicht der einzige Zeichensatz. Beispielsweise ist auf den IBM-Großrechnern der Zeichensatz EBCDIC gebräuchlich. Das Beste ist, man trifft als Programmierer keine Annahmen darüber, wie die Ziffern kodiert sind.

#### Mit char rechnen

Besonders verwirrend scheint es, dass C++ durchaus erlaubt, mit Variablen vom Typ `char` zu rechnen. Tatsächlich stört es C++ auch nicht, wenn Sie einer Integer-Variablen einen Buchstaben zuweisen. Der Typ `char` besagt in erster Linie, dass ein

Byte Speicher zur Verfügung steht. Der Inhalt kann sowohl als Zeichen als auch als kleine Zahl interpretiert werden.

Da eine Variable vom Typ `char` eigentlich nur eine kleinere `int`-Variable ist, gibt es auch ein Vorzeichen. Wie bei `int` ist auch die `char`-Variable zunächst vorzeichenbehaftet. Das hat Konsequenzen bei Umlauten. Wie oben erwähnt, liegen die nationalen Sonderzeichen in den hinteren 128 Positionen. Also steht bei einem nationalen Sonderzeichen das erste Bit auf 1. Das wird aber bei einer normalen `char`-Variablen als Zeichen für eine negative Zahl interpretiert. Um Missinterpretationen dieser Art zu vermeiden, sollten Sie eine `char`-Variable im Zweifelsfall mit dem Modifizierer `unsigned` versehen. Ansonsten kann es sein, dass ein `'ß'` kleiner ist als ein `'a'`, da es durch das gesetzte erste Bit als negativ interpretiert wird. Eine Sortierung würde dann alle nationalen Sonderzeichen vor den eigentlichen Buchstaben erscheinen lassen. (Bei Verwendung von `unsigned` werden die nationalen Sonderzeichen hinter dem `'z'` einsortiert, was auch etwas gewöhnungsbedürftig ist.)

#### Fließkommazahlen

In der realen Welt sind ganzzahlige Werte oft nicht ausreichend. Bei Gewichten, Geschwindigkeiten und anderen Werten aus der Physik ist immer mit Nachkommastellen zu rechnen. Und auch bei Preisen werden Nachkommastellen benötigt. Dieser Tatsache kann sich auch eine Computersprache nicht entziehen. Um eine Fließkommazahl darzustellen, gibt es eine Normalform, in der das Komma vor die erste Ziffer geschoben wird. Damit die Zahl gleich bleibt, wird sie mit Zehnerpotenzen multipliziert. Die folgenden Zahlen sind identisch:

$823{,}25 = 823{,}25 * 1 = 823{,}25 * 10^0$
$823{,}25 = 82{,}325 * 10 = 82{,}325 * 10^1$
$823{,}25 = 8{,}2325 * 100 = 8{,}2325 * 10^2$
$823{,}25 = 0{,}82325 * 1000 = 0{,}82325 * 10^3$

#### Mantisse und Exponent

Die unterste Zahl, bei der die erste signifikante Ziffer hinter dem Komma steht, ist die Standarddarstellung. Von dieser Darstellung ausgehend, hat eine Fließkommazahl zwei Komponenten. Die eine ist die Mantisse, hier 82325. Eine Mantisse ist der Zahlenanteil einer Fließkommakonstanten ohne Exponenten. Die andere Komponente ist der Exponent zur Basis 10, hier 3. Der Exponent wird oft durch ein kleines oder großes E abgetrennt. So würde unsere Zahl als 0.82325E3 dargestellt. Das Komma ist aus Sicht des Computers ein Punkt.

Der einfachste Typ mit Nachkommastellen heißt `float`. Auch die Zahlen dieses Typs sind binär kodiert, damit sie effizient im Computer verarbeitet werden können. Die Zahl lässt ganzzahlige, aber auch negative Exponenten zu. Dadurch sind nicht nur sehr große Zahlen darstellbar, sondern auch sehr kleine Brüche. Die Speicheranforderung einer `float`-Variablen ist nicht sehr hoch, typischerweise liegt sie bei vier Bytes. Dennoch können Zahlen in der Größenordnung von etwa $10^{38}$ dargestellt werden. Dafür geht eine solche Variable Kompromisse in der Genauigkeit der Mantisse ein.

Reicht die Genauigkeit nicht aus oder werden Größenordnungen benötigt, die über die Kapazität einer `float`-Variablen hinausgehen, steht der Typ `double` zur Verfügung. Der Name bedeutet »doppelt« und bezieht sich auf die Genauigkeit. Die Genauigkeit geht zulasten des Speichers. Auf vielen Compilern belegt eine `double`-Variable auch doppelt so viel Speicher wie eine `float`-Variable. Und natürlich erhöht die Berechnung doppelt genauer Werte auch die Laufzeit eines Programms.

Werden besonders genaue Werte benötigt, verfügt ein ANSI-C++-Compiler über einen Datentyp, der noch genauer ist als der Typ `double`. Das ist der Typ `long double`. Dieser belegt je nach Compiler 10 bis 16 Bytes.

Beim Umgang mit Fließkommazahlen ergeben sich leicht Genauigkeitsprobleme. Das beruht zum einen auf der begrenzten Zahl von Stellen der Mantisse. Bei dezimalen Nachkommastellen kann aber zum anderen auch die interne binäre Kodierung eine der Ursachen sein. Sie können dies feststellen, wenn Sie eine Variable auf –1,0 setzen und schrittweise um 0,1 erhöhen. Sie werden auf diese Weise auf den meisten Systemen den Wert 0,0 nicht exakt treffen. Der Grund ist, dass 0,1 in binärer Darstellung ebenso eine Periode darstellt wie ein Drittel in Dezimaldarstellung.

#### Das 0,1-Problem

Um 0,1 dezimal im binären Zahlensystem darzustellen, müssen binäre Nachkommastellen verwendet werden. Binäre Nachkommastellen müssen Sie sich so vorstellen, dass 0,1 ein Halb, 0,01 ein Viertel und 0,001 ein Achtel ist. Zur Darstellung eines Zehntels ist ein Achtel zu viel. Ein Sechszehntel ist 0,0625. Es verbleiben 0,0375 zu einem Zehntel. Ein Zweiunddreißigstel ist 0,03125. Es bleiben 0,00625. Ein 256stel ist 0,00390625. Durch Weiterberechnen kommen Sie auf eine binäre Darstellung von 0,00011001100110011 und noch immer bleibt etwas übrig. Wenn Sie das Ganze zu Ende rechnen, werden Sie feststellen müssen, dass es niemals aufgeht. Und so wie einige Taschenrechner ein Problem damit haben, bei drei Dritteln auf ein Ganzes zu kommen, haben Computer mit ihren binär kodierten Fließkommazahlen ein Problem bei der Berechnung von zehn Zehnteln.

In einigen Programmiersprachen und auch in Datenbanken gibt es explizite Typen mit einer dezimalen Anzahl von Nachkommastellen. Solche Werte sind vor allem bei Währungen sehr exakt. Allerdings hat die Genauigkeit bereits an der nächsten Tankstelle ihr Ende, wo der Literpreis auch 0,9 Cent enthält. C++ kennt keine Nachkommavariablen, sondern nur Fließkommatypen. Das heißt, dass so viele Nachkommastellen gebildet werden, wie benötigt werden und darstellbar sind.

### Größen und Limits

Die Sprache C++ legt die Speicheranforderung der meisten Typen nicht fest. Solche Implementierungsdetails werden den Compilern überlassen. Lediglich die Qualitätsunterschiede zwischen den Typen werden gesichert. Sie können sich also darauf verlassen, dass ein `short` nicht größer ist als ein `long`. Tabelle 1.4 gibt eine Übersicht, welche Größenordnungen in der Praxis derzeit üblich sind.

| Typ | Typische Größe | Typische Verwendung |
|---|---|---|
| `char` | 1 Byte | Buchstaben, Zeichen und Ziffern |
| `wchar_t` | 2 oder 4 Bytes | Internationale Zeichencodierung |
| `char16_t` | 2 Bytes | UNICODE 16 Bit |
| `char32_t` | 4 Bytes | UNICODE 32 Bit |
| `short int` | 2 Bytes | Zahlen für Nummerierungen oder Positionen |
| `int` | 2 oder 4 Bytes | Standardgröße für ganze Zahlen |
| `long int` | 4 oder 8 Bytes | Große Werte ohne Nachkommastellen |
| `long long int` | 8 Bytes | Sehr große Werte ohne Nachkommastellen |
| `float` | 4 Bytes | Analog ermittelte Werte mit Nachkommastellen |
| `double` | 8 Bytes | Berechnungen und höhere Preise |
| `long double` | 12 Bytes | Berechnungen höherer Genauigkeit |

**Tabelle 1.4** Übliche Speichergröße der Typen

Welche Größe welcher Typ letztlich wirklich hat, hängt nicht von der Laune eines Compiler-Herstellers ab, sondern beispielsweise auch von der Hardware- oder Betriebssystemarchitektur. Die gängigen Maschinen hatten bislang meist eine Wortbreite von 32 Bits, also vier Bytes. Entsprechend können vier Bytes sehr effizient verarbeitet werden. Die heutigen Modelle werden als 64-Bit-Systeme ausgeliefert.

Auf solchen Systemen wird der Typ `long` typischerweise mit acht Bytes implementiert, da ein kürzerer Typ ineffizient wäre. Zu den Zeiten, als C++ entstand, waren 16-Bit-Maschinen die Regel. Hätte man damals den Typ `int` auf zwei Bytes festgelegt, würden die zukünftigen Compiler einen höheren Aufwand betreiben müssen, nur um einen 64-Bit-Speicherplatz auf 16 Bits zu begrenzen.

#### sizeof()

Wenn Sie konkret die Größe eines Typs wissen müssen, können Sie die Funktion `sizeof()` verwenden. Diese liefert die Größe eines Typs oder einer Variablen. Die folgende Beispielzeile gibt aus, wie viele Bytes der Typ `double` auf Ihrem System beansprucht.

```
cout << sizeof(double) << endl;
```

Genauso kann zwischen die Klammern von `sizeof()` eine Variable oder ein selbstdefinierter Typ gestellt werden. Das Ergebnis ist immer der Speicherbedarf in Bytes. (In dieser Flexibilität hat `sizeof()` eine Sonderstellung. Ansonsten können Funktionen nur Werte oder Variablen übergeben werden. Deren Typ wird zudem vom Compiler geprüft.)

In der Datei *limits.h* werden die Größen der Grundtypen festgelegt. So findet sich hier die Definition von `INT_MAX`. Dies ist der höchste Wert, den eine Integer-Variable annehmen kann. Mit `CHAR_MAX` erfahren Sie die gleiche Information zum Typ `char`. Es wird Sie nicht verwundern, dass der Wert `LONG_MAX` den maximalen Wert liefert, den eine Variable vom Typ `long` annehmen kann. Dafür könnte ich Sie wahrscheinlich mit `SHRT_MAX` als dem größten Wert für eine `short`-Variable überraschen. Denn Sie würden nach den Vorgaben vermuten, dass noch ein O darin vorkommt.

Zu all diesen Definitionen gibt es also auch eine passende Variation mit der Nachsilbe `MIN`, mit der Sie erfahren, welches der kleinstmögliche Wert des entsprechenden Typs ist. Schließlich können Sie den jeweiligen Definitionen ein großes U voranstellen, um zu erfahren, welches der größte Wert ist, wenn der Typ den Modifizierer `unsigned` trägt. Wenn Sie Ihre Kollegen einem kurzen Intelligenztest unterziehen wollen, fragen Sie doch mal, warum `ULONG_MIN` nicht definiert wurde.

| Konstante | Bedeutung |
|---|---|
| INT_MAX | Höchster Wert einer int-Variablen |
| INT_MIN | Niedrigster Wert einer int-Variablen |
| UINT_MAX | Höchster Wert einer unsigned int-Variablen |
| CHAR_MAX | Höchster Wert einer char-Variablen |
| CHAR_MIN | Niedrigster Wert einer char-Variablen |
| WCHAR_MAX | Höchster Wert einer wchar_t-Variablen |
| WCHAR_MIN | Niedrigster Wert einer wchar_t-Variablen |
| UCHAR_MAX | Höchster Wert einer unsigned char-Variablen |
| SHRT_MAX | Höchster Wert einer short-Variablen |
| SHRT_MIN | Niedrigster Wert einer short-Variablen |
| USHRT_MAX | Höchster Wert einer unsigned short-Variablen |
| LONG_MAX | Höchster Wert einer long-Variablen |
| LONG_MIN | Niedrigster Wert einer long-Variablen |
| ULONG_MAX | Höchster Wert einer unsigned long-Variablen |

**Tabelle 1.5** Limit-Konstanten

### 1.4.5 Syntax der Variablendefinition

Der Syntaxgraph in Abbildung 1.5 zeigt die Variablendefinitionen der grundlegenden Typen. Zuerst wird der Typ der Variablen genannt. Es folgt der Name der Variablen, der bereits als Syntaxgraph in Abbildung 1.3 dargestellt wurde. Durch Anhängen eines Gleichheitszeichens und einer Konstanten kann eine Initialisierung erfolgen. Die Variablendefinition wird durch ein Semikolon abgeschlossen. Es können mehrere Variablen in einer Anweisung definiert werden, indem man sie durch ein Komma voneinander trennt.

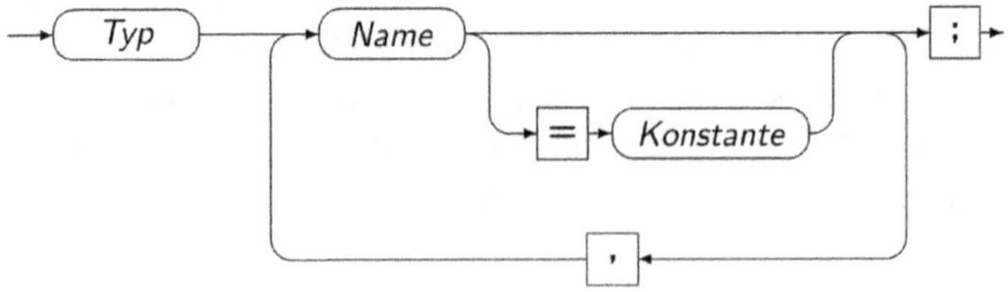


**Abbildung 1.5** Syntaxgraph einer Variablendefinition

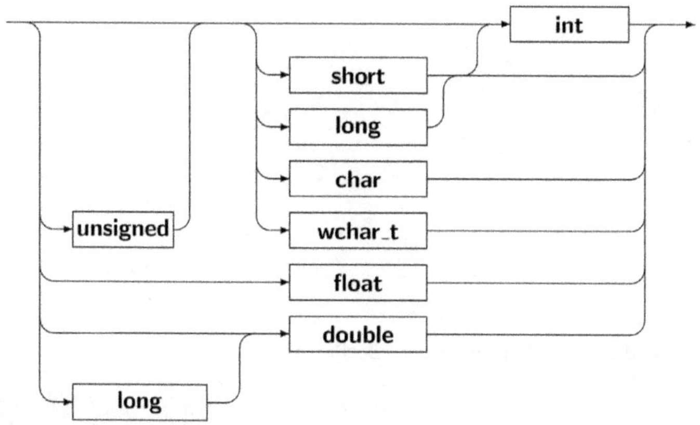


**Abbildung 1.6** Syntaxgraph einer Typbeschreibung

Die gängigsten Typen werden in dem Syntaxgraphen in Abbildung 1.6 dargestellt. Es ist zu erkennen, dass der Typ `char`, `wchar_t`, `int`, `float` oder `double` sein kann. Vor `char` und den Integer-Typen darf `unsigned` gestellt werden. Vor `int` können die Modifizierer `long` und `short` verwendet werden. Wird einer dieser beiden Modifizierer verwendet, muss `int` nicht mehr explizit genannt werden.

### 1.4.6 Konstanten

Eine Konstante ist ein unveränderlicher Wert. Alle Zahlen in einem Programm sind Konstanten, da ihr Wert, im Gegensatz zu Variablen, nicht geändert werden kann. In C++ muss auch Konstanten ein Typ zugewiesen werden.

#### Ganze Zahlen

Am einfachsten sind ganzzahlige Konstanten zu verstehen. Es sind Zahlen wie 5, –3, 17 oder 5498. Dabei ist nur darauf zu achten, dass eine Zahlkonstante nur aus Ziffern besteht und keine Leerzeichen oder andere Sonderzeichen enthält. Einer negativen Zahl wird das Minuszeichen vorangestellt. Bei positiven Zahlen ist das Pluszeichen erlaubt, aber nicht erforderlich. Im Syntaxgraphen in Abbildung 1.7 wird das Symbol *Ziffern* verwendet. Dieses steht für eine beliebige Folge von dezimalen Ziffern.

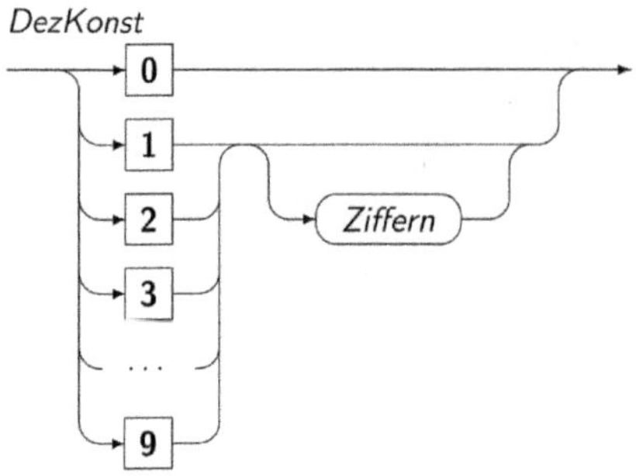


**Abbildung 1.7** Syntaxgraph einer dezimalen Zahlkonstanten (DezKonst)

**Hinweis**

Eine dezimale, ganzzahlige Konstante ist 0 oder beginnt mit einer Ziffer ungleich 0. Ihr folgen beliebig viele weitere Ziffern einschließlich der 0.

Der Syntaxgraph in Abbildung 1.8 beschreibt diese dezimale Ziffernfolge. Das »Auslagern« dieses Teils des Syntaxgraphen hat seinen Grund darin, dass er später auch zur Definition der Nachkommakonstanten noch benötigt wird.

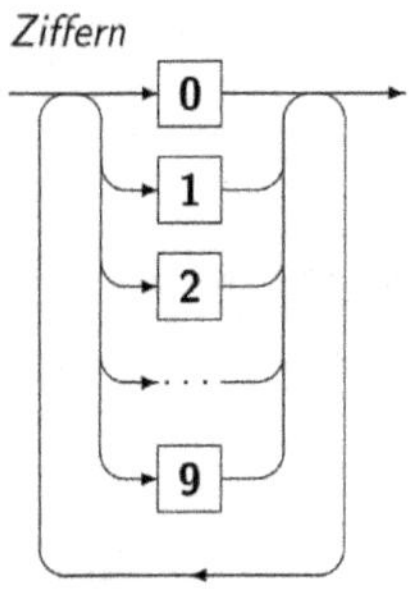


**Abbildung 1.8** Syntaxgraph einer dezimalen Ziffernfolge (Ziffern)

Wie schon erwähnt, darf einer Zahlkonstanten ein Plus- oder Minuszeichen vorangestellt werden. Im Syntaxgraphen in Abbildung 1.9 wird *DezKonst* noch um die Vorzeichen ergänzt.

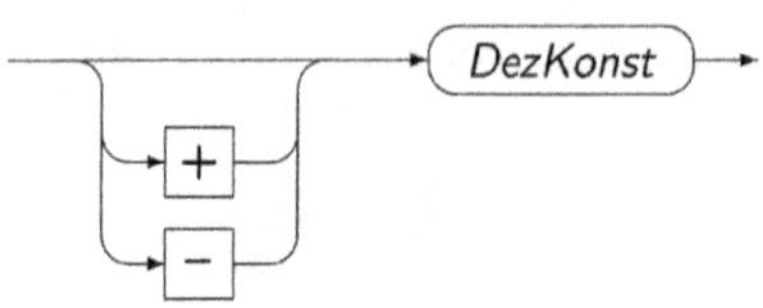


**Abbildung 1.9** Syntaxgraph einer dezimalen Zahlkonstanten mit Vorzeichen

Tabelle 1.6 zeigt einige Beispiele unzulässiger Zahlkonstanten.

| Konstante | Grund |
|---|---|
| `1 234` | Es befindet sich ein Leerzeichen zwischen 1 und 2. |
| `1,234` | Das Komma darf nie in einer Konstanten stehen. |
| `1-` | Das Vorzeichen muss vor der Zahl stehen. |
| `12kg` | Einheiten sind nicht erlaubt. |

**Tabelle 1.6** Unzulässige ganzzahlige Konstanten

### Führende Null

Neben den Dezimalzahlen gibt es in C++ auch die Möglichkeit, das oktale und das hexadezimale Zahlensystem zur Darstellung von Konstanten zu verwenden. Diese Möglichkeit ist in erster Linie für Programmierer interessant, die auf Controller-Ebene programmieren. Als Programmieranfänger wird Sie das vielleicht nicht besonders interessieren, und Sie können mit den Fließkommakonstanten im Abschnitt 1.4.6 fortfahren. Aber auch für den Anfänger ist folgende Regel wichtig:

**Warnung**

Jede ganzzahlige Konstante, die mit einer 0 beginnt, wird als nicht dezimale Konstante interpretiert. Vermeiden Sie also, einer Konstanten eine überflüssige 0 voranzustellen, sofern Sie nicht genau wissen, was Sie tun.

Beginnt eine Zahlkonstante mit 0 und folgt der 0 ein x, ist es eine hexadezimale Konstante. Das ist eine Zahl zur Basis 16, die die Ziffern 0 bis 9 und die Buchstaben A bis F für die Ziffern 10 bis 15 verwendet. In diesem Fall dürfen auch die Kleinbuchstaben a bis f verwendet werden. Folgt der 0 eine Ziffer, ist es eine Oktalzahl, also eine Zahl zur Basis 8. Erlaubte Ziffern sind die Ziffern von 0 bis 7. Tabelle 1.7 zeigt den unterschiedlichen Wert der Ziffernfolge 11.

| Konstante | Zahlensystem | Dezimaler Wert |
|---|---|---|
| `11` | dezimal (Basis 10) | $1*10^1 + 1*10^0 = 1*10 + 1*1 = 11$ |
| `011` | oktal (Basis 8) | $1*8^1 + 1*8^0 = 1*8 + 1*1 = 9$ |
| `0x11` | hexadezimal (Basis 16) | $1*16^1 + 1*16^0 = 1*16 + 1*1 = 17$ |

**Tabelle 1.7** Zahlensysteme

Die Berechnung der Werte anderer Zahlensysteme erfolgt genau so, wie Sie es intuitiv mit dem normal üblichen, dezimalen Zahlensystem auch tun. Im Dezimalsystem multiplizieren Sie jede Stelle mit der zugehörigen Zehnerpotenz. Der Exponent beginnt rechts mit der 0. Damit ist der Faktor, mit der die äußerste rechte Ziffer multipliziert wird, $10^0$ oder 1. Die zweite Stelle von rechts wird mit $10^1$, also 10, multipliziert. Es folgt $10^2$ gleich 100, $10^3$ gleich 1.000 und so weiter.

#### Hexadezimale Zahlen

Die hexadezimalen[1] Zahlen haben die Basis 16. Damit reichen die dezimalen Ziffern 0 bis 9 nicht für eine hexadezimale Ziffer aus. Darum werden die Buchstaben A bis F zu Hilfe genommen. A hat den Wert 10, B ist 11 und so weiter. Schließlich hat F als höchste Ziffer den Wert 15. Das Vorgehen zur Ermittlung des Wertes einer hexadezimalen Konstanten entspricht dem im dezimalen System. Die äußerste rechte Stelle bleibt, weil auch $16^0 = 1$ ist. Die nächste Stelle wird mit 16 multipliziert, die darauf folgende Stelle mit $16^2 = 256$ und so fort. Damit wäre 0x168 gleich 1 * 256 + 6 * 16 + 8, also dezimal 360.

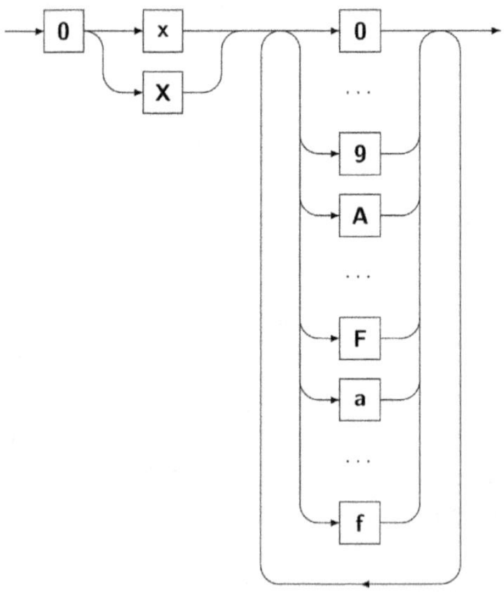


**Abbildung 1.10** Syntaxgraph einer hexadezimalen Zahlkonstante

1 Es gibt einige Programmierer mit humanistischer Bildung, die darauf bestehen, dass es eigentlich sedezimal heißen müsste, weil »hexa« aus dem Griechischen und »decem« aus dem Lateinischen stamme. Sie werden sich nicht viele Freunde machen, wenn Sie diese Erkenntnis verbreiten und Ihre Kollegen damit auf ihre Bildungslücken in Latein und Griechisch stoßen. Also sollten Sie diese Anmerkung schnell wieder vergessen.

**Hinweis**

Eine hexadezimale, ganzzahlige Konstante beginnt mit der Zeichenfolge 0x oder 0X. Ihr folgen beliebig viele weitere Ziffern zwischen 0 und 9 beziehungsweise A bis F. Die Ziffern A bis F dürfen auch als Kleinbuchstaben dargestellt werden.

#### Oktale Zahlen

Oktale[2] Zahlen bestehen aus den Ziffern 0 bis 7. Hier werden die Stellen mit Achterpotenzen berechnet. Sie haben von rechts nach links also die Faktoren 1, 8, 64 und so fort. Die Konstante 0167 wäre umgerechnet also 1 * 64 + 6 * 8 + 7. Damit entspricht die Konstante 0167 dem dezimalen Wert 119.

**Hinweis**

Eine oktale, ganzzahlige Konstante beginnt immer mit der 0. Ihr folgen beliebig viele weitere Ziffern zwischen 0 und 7.

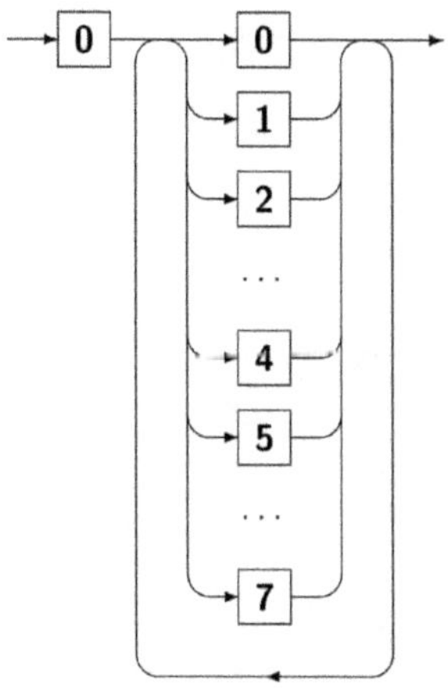


**Abbildung 1.11** Syntaxgraph einer oktalen Zahlkonstanten

2 Der Begriff »oktal« leitet sich von Oktopus (Krake) her. Da Kraken nur acht Arme haben, können sie nicht bis zehn zählen und haben darum dieses Zahlensystem erfunden, damit es die Krakenkinder leichter in der Schule haben.

### Fließkommakonstanten

Fließkommazahlen sind Zahlen mit Nachkommastellen. Leider ist das Komma als Dezimaltrennzeichen international nicht üblich. Vor allem im englischsprachigen Raum wird stattdessen der Punkt verwendet. Dementsprechend versteht C++ die Schreibweise 1,2 nicht, sondern bevorzugt 1.2.

Eine Fließkommakonstante beginnt mit der Mantisse. Die Mantisse ist der Anteil einer Fließkommakonstanten ohne Exponenten. Sie hat optional ein Vorzeichen, auf das eine dezimale Ganzzahl folgt. Dann können der Dezimalpunkt und die Nachkommastellen als dezimale Ganzzahl erscheinen. Steht vor dem Dezimalpunkt nur eine 0, kann sie weggelassen werden.

Wie bei einem Taschenrechner lassen sich auch Exponenten verwenden. Dabei wird als Basis stillschweigend 10 vereinbart. Um den Exponenten von der Mantisse zu trennen, wird ein großes oder kleines E verwendet. Der Exponent selbst ist eine ganzzahlige Dezimalkonstante, kann also auch negativ sein. Tabelle 1.8 zeigt ein Beispiel.

| Exponentialdarstellung | Wert | Darstellung ohne Exponenten |
|---|---|---|
| `1E3` | $10^3$ | `1000.0` |
| `1E0` | $10^0$ | `1.0` |
| `1E-3` | $10^{-3}$ | `0.001` |

**Tabelle 1.8** Exponentialdarstellung

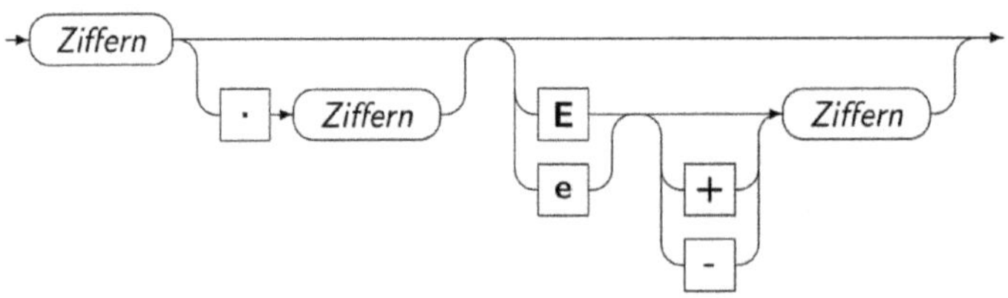


**Abbildung 1.12** Syntaxgraph einer Fließkommakonstanten

Im Syntaxgraphen in Abbildung 1.12 wird dreimal auf *Ziffern* verwiesen. Dabei handelt es sich um eine dezimale Ziffernfolge, wie sie im Syntaxgraphen in Abbildung 1.8 beschrieben ist.

Eine ganzzahlige Konstante wird durch Anhängen von `.0` zu einer Fließkommakonstanten vom Typ `double`. Wird ein f angehängt, erhält sie den Typ `float`.

### Zeichenkonstanten

Einzelne Zeichen, also Konstanten vom Typ `char`, werden in Hochkommata gesetzt. Diese Form der Darstellung verbessert die Lesbarkeit für den Menschen. Intern verwendet der Computer für Buchstaben Zahlen.

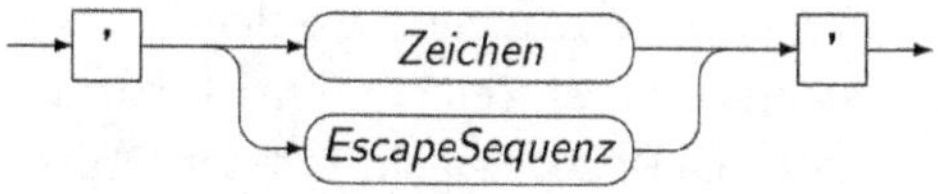


**Abbildung 1.13** Syntaxgraph einer Zeichenkonstanten

Soll die Konstante explizit für den Typ `wchar_t` gesetzt werden, wird vor das erste Hochkomma ein großes L gesetzt. Bei Konstanten für den Typ `char16_t` wird ein kleines u und für `char32_t` ein großes U vor das erste Hochkomma gestellt.

### ASCII

Welche Zeichen auf welche Zahlen abgebildet werden, hängt vom Zeichensatz ab. Auf den meisten Systemen wird heute ASCII (American Standard Code for Information Interchange) verwendet. Die folgende Tabelle stellt die ersten 127 Zeichen dar. Zur Ermittlung der Kodierung steht vor jeder Zeile die Nummer des ersten Zeichens in dezimaler und hexadezimaler Schreibweise. Über den Zeichen steht die Zahl, die zu der Spaltennummer addiert werden muss. So hat der Buchstabe `'Z'` die dezimale Nummer 80 + 10, also 90. Hexadezimal ist dies 0x50 + 0x0A, also 0x5A.

<table>
<tr><td>dez</td><td></td><td>0</td><td>1</td><td>2</td><td>3</td><td>4</td><td>5</td><td>6</td><td>7</td><td>8</td><td>9</td><td>10</td><td>11</td><td>12</td><td>13</td><td>14</td><td>15</td></tr>
<tr><td></td><td>hex</td><td>0</td><td>1</td><td>2</td><td>3</td><td>4</td><td>5</td><td>6</td><td>7</td><td>8</td><td>9</td><td>A</td><td>B</td><td>C</td><td>D</td><td>E</td><td>F</td></tr>
<tr><td>00</td><td>0</td><td></td><td>^A</td><td>^B</td><td>^C</td><td>^D</td><td>^E</td><td>^F</td><td>^G</td><td>^H</td><td>^I</td><td>^J</td><td>^K</td><td>^L</td><td>^M</td><td>^N</td><td>^O</td></tr>
<tr><td>16</td><td>10</td><td>^P</td><td>^Q</td><td>^R</td><td>^S</td><td>^T</td><td>^U</td><td>^V</td><td>^W</td><td>^X</td><td>^Y</td><td>^Z</td><td></td><td></td><td></td><td></td><td></td></tr>
<tr><td>32</td><td>20</td><td></td><td>!</td><td>"</td><td>#</td><td>$</td><td>%</td><td>&</td><td>'</td><td>(</td><td>)</td><td>*</td><td>+</td><td>,</td><td>-</td><td>.</td><td>/</td></tr>
<tr><td>48</td><td>30</td><td>0</td><td>1</td><td>2</td><td>3</td><td>4</td><td>5</td><td>6</td><td>7</td><td>8</td><td>9</td><td>:</td><td>;</td><td><</td><td>=</td><td>></td><td>?</td></tr>
<tr><td>64</td><td>40</td><td>@</td><td>A</td><td>B</td><td>C</td><td>D</td><td>E</td><td>F</td><td>G</td><td>H</td><td>I</td><td>J</td><td>K</td><td>L</td><td>M</td><td>N</td><td>O</td></tr>
<tr><td>80</td><td>50</td><td>P</td><td>Q</td><td>R</td><td>S</td><td>T</td><td>U</td><td>V</td><td>W</td><td>X</td><td>Y</td><td>Z</td><td>[</td><td>\</td><td>]</td><td>^</td><td>_</td></tr>
<tr><td>96</td><td>60</td><td>`</td><td>a</td><td>b</td><td>c</td><td>d</td><td>e</td><td>f</td><td>g</td><td>h</td><td>i</td><td>j</td><td>k</td><td>l</td><td>m</td><td>n</td><td>o</td></tr>
<tr><td>112</td><td>70</td><td>p</td><td>q</td><td>r</td><td>s</td><td>t</td><td>u</td><td>v</td><td>w</td><td>x</td><td>y</td><td>z</td><td>{</td><td>|</td><td>}</td><td>~</td><td></td></tr>
</table>

Im ASCII-Zeichensatz werden die ersten Positionen für Kontrollzeichen verwendet. In der Tabelle werden sie durch die Tasten angedeutet, die gedrückt werden müssen, um sie zu erzeugen. Dabei wird ^ als Zeichen für die [Strg]- oder [Ctrl]-Taste verwendet. Werden diese Zeichen ausgegeben, steuern sie das Ausgabegerät. Darin befindet sich beispielsweise das Zeilenendezeichen mit der Nummer 10 oder das Piepzeichen mit der Nummer 7.

Ab der Nummer 32 beginnen die druckbaren Zeichen. Das sind die Zeichen, die einfach ausgegeben werden und vom Drucker nicht als Steuerungszeichen ausgewertet werden. Kurioserweise ist gerade das erste dieser Zeichen unsichtbar: das Leerzeichen mit der Nummer 32 oder hexadezimal 0x20. Es geht mit dem Ausrufezeichen und anderen Sonderzeichen weiter.

Ab der Nummer 48 beginnen im ASCII-Zeichensatz die Ziffern. Die `'0'` ist als 48 kodiert, die `'1'` als 49. So geht es fort bis zur `'9'` als 57. Als Programmierer sollten Sie sehr genau zwischen einer `'0'` und einer 0 unterscheiden. Wenn der Anwender Zahlen eintippt, so sind diese eine Folge von Buchstaben. Um aus diesen Buchstaben Zahlen zu berechnen, müssen Sie den Wert der Ziffer `'0'` abziehen. Aus der `'3'` wird eine 3, indem Sie den Wert `'0'` subtrahieren. Sie finden dazu ein Programmbeispiel im Abschnitt 3.1.3.

Die Buchstaben beginnen mit dem Großbuchstaben `'A'` ab 65. Danach folgen die Kleinbuchstaben mit `'a'` ab Nummer 97. Die Buchstaben sind durchgehend aufsteigend sortiert von A bis Z. Internationale Sonderzeichen wie die deutschen Umlaute befinden sich jenseits der 128. Wo sich beispielsweise das `'ö'` befindet und ob es überhaupt vorhanden ist, hängt vom Zeichensatz ab. In der westlichen Welt finden Sie unter UNIX, Linux und MS-Windows meist den Zeichensatz ISO 8859-1 (Latin-1). Osteuropäische Sprachen verwenden Latin-2, und ISO 8859-9 beispielsweise ist ein türkisch angepasster Latin-1-Zeichensatz.

Verlassen Sie sich nicht blind auf die Position der einzelnen Zeichen im Zeichensatz. Zwar ist der ASCII-Zeichensatz auf allen PCs und allen gängigen UNIX-Maschinen zu Hause, aber beispielsweise IBM-Großrechner arbeiten üblicherweise mit dem EBCDIC-Zeichensatz, der völlig anders aufgebaut ist. Sie können sich bestenfalls darauf verlassen, dass Buchstaben und Ziffern in sich aufsteigend sortiert sind und dass die Ziffern lückenlos aufeinanderfolgen. Im folgenden Beispiel liegt ein Zeichen in der Variablen `ZiffernZeichen` vor. Daraus soll der Ziffernwert bestimmt werden.

```
ZiffernWert = ZiffernZeichen - '0';  // richtig
ZiffernWert = ZiffernZeichen - 48;   // nur bei ASCII!
```

In der ersten Zeile wird das Zeichen `'0'` abgezogen. Daraus bildet der Compiler auf einer Maschine mit ASCII-Zeichensatz den Wert 48. Übersetzen Sie diese Zeile auf einer Maschine mit einem anderen Zeichensatz, wird der dort verwendete Code für die Ziffer '0' eingesetzt. Da C++ garantiert, dass alle Ziffern direkt aufeinander folgen, ist das Ergebnis für alle Ziffern korrekt. Wenn stattdessen, wie in der zweiten Zeile, direkt 48 kodiert wird, funktioniert dies nur auf einer Maschine mit ASCII-Zeichensatz. Hinzu kommt, dass in der ersten Zeile die Idee des Programmierers wesentlich besser zum Ausdruck kommt.

Um vom Zeichensatz der Maschine unabhängig zu sein, definiert C++ einige wichtige Sonderzeichen durch Voranstellen eines Backslashs (\). Der Backslash ähnelt dem Schrägstrich (/), den man auf einer deutschen Tastatur über der 7 findet, steht aber in der umgekehrten Richtung. Auf deutschen Tastaturen erzeugt man ihn durch die Kombination der Tasten [AltGr] und [ß]. Zum Backslash gehört immer mindestens ein Zeichen, das die Bedeutung der Sequenz kodiert. Die Tabelle 1.9 zeigt die wichtigsten Sonderzeichen.

| Sequenz | Bedeutung |
|---|---|
| `\n` | Neue Zeile (line feed) |
| `\r` | Zeilenrücklauf (carriage return) |
| `\t` | Tabulatorzeichen |
| `\b` | Backspace, also Zeichen rückwärts |
| `\f` | Seitenvorschub |
| `\0` | Echte 0, also nicht die Ziffer '0' |
| `\\` | Ausgabe eines Backslashs |
| `\"` | Ausgabe eines Anführungszeichens |
| `\'` | Ausgabe eines Hochkommas |
| `\0nnn` | Oktalzahl nnn bestimmt das Zeichen. |
| `\0xnn` | Hexadezimalzahl nn bestimmt das Zeichen. |
| `\unnnn` | Hexadezimalzahl nnnn bestimmt das Unicode-Zeichen. |

**Tabelle 1.9** Kontrollzeichen

#### Zeichenketten

Zeichenketten bestehen aus mehreren, aneinandergehängten Buchstaben. Alles, was zur Zeichenkettenkonstanten gehören soll, wird in Anführungszeichen eingeschlossen. In einer Zeichenkette können alle Zeichen verwendet werden, die auch in einer Buchstabenkonstanten verwendet werden, also auch die Kontrollzeichen. Beispielsweise würde die folgende Zeichenkette zwei Zeilen darstellen:

```
"Dies ist eine Zeichenkette\n aus zwei Zeilen"
```

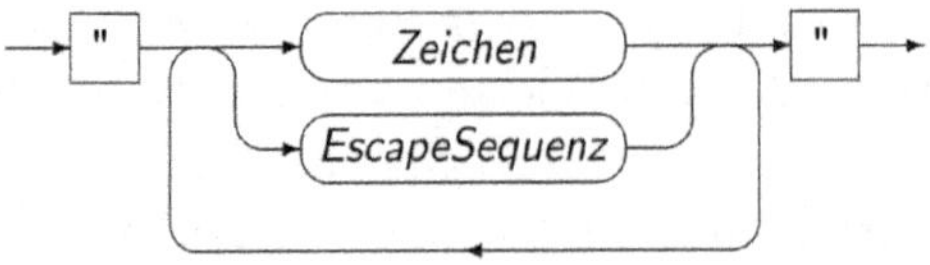


**Abbildung 1.14** Syntaxgraph einer Zeichenkettenkonstante

Manchmal sind Texte etwas länger und passen nicht in eine Zeile. Darum ist es möglich, mehrere Zeichenkettenkonstanten hintereinander auf mehrere Zeilen zu verteilen. Der Compiler ist so clever und setzt sie zu einer Zeichenkettenkonstanten zusammen.

```
"Dies ist eine Zeichenkette, die so lang ist, dass sie "
"nur schlecht in eine Zeile passt. Aber das ist kein "
"Problem. Fahren Sie einfach in der Folgezeile fort!"
```

Da Zeichenketten zusammengesetzte Elemente sind, können sie nicht so einfach behandelt werden wie Zahlen oder einzelne Buchstaben. Zunächst werden sie hier im Buch darum nur als Konstanten für die Ausgabe der Programme verwendet. Wie man Variablen für Zeichenketten definiert und wie man sie zuweist und verarbeitet, wird im Abschnitt 3.1.2 beschrieben, wenn es um zusammengesetzte Typen geht.

#### Symbolische Konstanten

Zahlkonstanten, die ohne weiteren Kontext im Programm stehen, haben keinen Dokumentationswert und führen zu Verwechslungen. Verwenden Sie an einer Stelle im Programm eine 8, so wird sich sofort jeder Leser fragen, was diese 8 eigentlich bedeuten soll. Nehmen wir an, es handele sich um die Regelarbeitszeit pro Tag, so würde es die Lesbarkeit des Programms wesentlich verbessern, wenn Sie statt der 8 das Wort »RegelArbeitsZeit« verwenden. Damit wird sofort deutlich, was die Zahl zu bedeuten hat.

Um das Wort mit der Zahl zu verbinden, deklarieren Sie eine Konstante. Eine Konstante entspricht in C++ einer unveränderbaren Variablen. Sie hat einen Typ und einen Namen wie eine Variable, kann aber nicht geändert werden. Da die Konstante nicht änderbar ist, muss sie bei ihrer Deklaration initialisiert werden. Eine Konstantendeklaration sieht also aus wie eine Variablendefinition mit Initialisierung, der man das Schlüsselwort `const` vorangestellt hat. (Zum Unterschied zwischen den Begriffen »Deklaration« und »Definition« finden Sie Hinweise im Glossar)

```
const int RegelArbeitsZeit = 8;
```

**Listing 1.14** Deklaration einer Konstanten

Konstanten benötigen im Gegensatz zu Variablen keinen Speicher, da sie nur einen Namen für einen konstanten Wert einführen, der nach der Kompilierung restlos verschwindet.

Es gibt zwei wichtige Gründe dafür, Konstanten zu deklarieren. Erstens führt die Verwendung von Konstanten zu einer besseren Lesbarkeit des Programms. Zweitens ist bei Änderung des Wertes einer Konstanten nur eine Stelle im Programm zu korrigieren. Würde im obigen Beispiel die Regelarbeitszeit eines Tages nicht mehr acht, sondern sieben Stunden betragen, müssten Sie das Programm nur an einer Stelle ändern. Hätten Sie aber im Programm überall die Zahl stehen, müssten Sie nach jedem Vorkommen der 8 suchen. Dabei müssten Sie zusätzlich aufpassen, ob diese 8 auch wirklich die Regelarbeitszeit ist und nicht vielleicht die maximale Größe einer Arbeiterkolonne oder den Mindesttariflohn der Reinigungskräfte darstellt. Es gibt eine Faustregel, die besagt, dass alle Zahlen außer 0 und 1 mit Namen deklariert werden sollten.

### Alte Form per #define

Diese Form der Deklaration von Konstanten gibt es in C erst seit Einführung des ANSI-Standards. Vorher wurden Konstanten über den Präprozessor des Compilers gesetzt, der mit dem Befehl `#define` eine textuelle Ersetzung herbeiführen kann. So würde der folgende Befehl die Regelarbeitszeit von oben definieren.

```
#define RegelArbeitsZeit  8
```

**Listing 1.15** Deklaration einer Konstanten

Das führt dazu, dass der Präprozessor im Quelltext, kurz bevor der Compiler ihn übersetzt, überall eine 8 einsetzt, wo der Programmierer das Wort »RegelArbeitsZeit« geschrieben hat. Auf den ersten Blick ist der Effekt derselbe. In zwei wichtigen Aspekten unterscheiden sich die Mechanismen: Erstens legt die C++-Schreibweise auch den Typ der Konstanten fest, und zweitens können die C++-Konstanten auch mit Werten initialisiert werden, die vorher im Programm errechnet wurden.

## 1.5 Verarbeitung

Es gibt also Variablen und es gibt Konstanten. Im folgenden Abschnitt wird beschrieben, wie die Konstanten in die Variablen kommen, wie Variablen kopiert und miteinander verrechnet werden können. Es kommt also Leben in den Computer.

### 1.5.1 Zuweisung

Bei der Initialisierung wurde bereits das Gleichheitszeichen verwendet, um eine Variable mit einem Wert vorzubelegen. Das Gleichheitszeichen wird auch dann verwendet, wenn eine Variable einen neuen Wert bekommen soll.

Links vom Gleichheitszeichen steht immer eine Variable als Ziel der Zuweisung. Auf der rechten Seite des Gleichheitszeichens steht die Datenquelle. Das kann eine andere Variable, ein Zahlenwert oder eine Berechnung sein. Man bezeichnet die Datenquelle auf der rechten Seite einer Zuweisung allgemein als Ausdruck. Die englische Bezeichnung dafür ist »expression«. Das folgende Beispiel zeigt mehrere Zuweisungen. Dabei wird auch schon den Rechenoperationen ein wenig vorgegriffen.

```
MwStSatz = 19.0;
Netto = 200.0;
MwStBetrag = Netto * MwStSatz / 100;
Brutto = Netto + MwStBetrag;
```

**Listing 1.16** Zuweisungen

#### L-Value

Steht auf der linken Seite des Gleichheitszeichens etwas anderes als eine Variable, werden die meisten Compiler eine Fehlermeldung bringen, die `L-Value expected` oder ähnlich lautet. Direkt übersetzt heißt die Meldung, dass ein »Linkswert« erwartet wird, also etwas, was auf der linken Seite einer Zuweisung stehen kann. Der L-Value muss etwas sein, dem etwas anderes zugewiesen werden kann. Wie Sie später noch sehen werden, werden nicht alle Variablenkonstrukte als L-Value akzeptiert.

C++ hat die Besonderheit, dass Sie in einer Anweisung mehreren Variablen den gleichen Wert zuweisen können. Sie müssen sich das so vorstellen, dass eine Zuweisung ihren Wert nach links durchreicht. Diese Fähigkeit ermöglicht eine Zeile wie die folgende:

```
a = b = c = d = 5 + 2;
```

**Listing 1.17** Kaskadierende Zuweisung

Die Anweisung wird von der Datenquelle her abgearbeitet. 5 + 2 ergibt 7. Diese 7 wird der Variablen `d` zugewiesen. Das Ergebnis der Zuweisung ist eben dieser Wert 7, der dann `c` zugewiesen wird. Von dort geht es weiter zur Variablen `b` und schließlich zur Variablen `a`. Im Ergebnis enthalten alle aufgeführten Variablen den Wert 7.

### 1.5.2 Rechenkünstler

In Listing 1.16 haben Sie bereits gesehen, wie Sie in einem Programm rechnen können. Letztlich sieht es nicht sehr viel anders aus, als würden Sie eine Rechenaufgabe auf einen Zettel schreiben. Etwas ungewohnt ist lediglich, dass auf der linken Seite das Zuweisungsziel und ein Gleichheitszeichen stehen. Das Multiplikationszeichen ist der Stern und das Divisionszeichen der Schrägstrich. Plus- und Minuszeichen sehen so aus, wie man es erwartet. Sie können sogar das Minuszeichen wie gewohnt als Vorzeichen verwenden.

Eine besondere Rechenart ist die Modulo-Rechnung. Sie liefert den Rest einer ganzzahligen Division. Wenn Sie sich daran erinnern, wie Sie in den ersten Schulklassen dividiert haben, dann fallen Ihnen vielleicht noch Sätze ein wie: »25 geteilt durch 7 sind 3, Rest 4«. Diese Restberechnung gibt es auch unter C++. Man bezeichnet sie als die Modulo-Rechnung. Als Operatorzeichen wird das Prozentzeichen verwendet.

```
Rest = 25 % 7; // Rest ist also 4
```

Auch in C++ werden die Gesetze der Mathematik beachtet. So wird die alte Regel »Punktrechnung geht vor Strichrechnung« auch hier eingehalten. Diese Regel sagt aus, dass die Multiplikation und die Division vor einer Addition oder Subtraktion ausgeführt werden, wenn beide gleichwertig nebeneinanderstehen.

Binäre Operatoren, also Rechensymbole, die zwei Ausdrücke miteinander verknüpfen, sind im Allgemeinen linksbindend. Das bedeutet, dass sie von links nach rechts ausgeführt werden, wenn die Priorität gleich ist. Das heißt, dass `a*b/c` als `(a*b)/c` ausgewertet wird. Eine Ausnahme ist die Zuweisung. Hier wird `a=b=c` als `a=(b=c)` ausgewertet. Der Zuweisungsoperator ist also rechtsbindend. Auch einstellige Operatoren sind rechtsbindend. Dazu gehört auch der Operator ++, den Sie im Laufe des Abschnitts noch kennenlernen werden.

#### Unklare Reihenfolge

In ganz besonderen Spezialsituationen ist nicht eindeutig zu klären, in welcher Reihenfolge die einzelnen Operatoren ausgeführt werden. Das folgende Beispiel kann auf verschiedene Weisen interpretiert werden.

```
a = 1;
b = (a*2) + (a=2);
```

**Warnung**

Die Zuweisung `a=2` in der rechten Klammer ergibt als Ergebnis 2, wie zuvor bei den kaskadierenden Zuweisungen schon erwähnt wurde. Aber ob die Zuweisung vor oder nach der linken Klammer ausgeführt wird, bleibt unklar. Die Variable `b` könnte nach dieser Zeile also sowohl 4 als auch 6 enthalten.

Programme entwickeln ohnehin eine erhebliche Komplexität. Darum sollten Sie Mehrdeutigkeiten vermeiden, wo es geht. Wenn Ausdrücke unübersichtlich werden, sollten Sie Klammern benutzen oder die Berechnung sogar in mehrere Zwischenschritte aufteilen. Sie sollten das Ziel verfolgen, Ihr Programm so einfach und übersichtlich wie möglich zu halten. Im englischen Sprachraum gibt es dafür die KISS-Regel: »Keep It Small and Simple« (»Halte es klein und einfach«). Ein Programm, das aus einer Sammlung der raffiniertesten Kniffe besteht, wird unlesbar und ist damit unwartbar und darum unprofessionell.

### 1.5.3 Abkürzungen

Der Mensch neigt zur Bequemlichkeit. Nicht anders geht es Programmierern. Sie handeln nach dem Grundgedanken, niemals etwas zu tun, was ein Computer für sie tun kann, und so ist es naheliegend, dass es Mittel und Wege gibt, wiederkehrende Aufgaben möglichst kurz zu formulieren. Um den Wert einer Variablen um 1 zu erhöhen, können Sie die folgende Zeile schreiben:

```
zaehler = zaehler + 1;
```

**Listing 1.18** Der Inhalt der Variablen `zaehler` erhöht sich um 1.

Das bedeutet, dass sich der neue Wert der Variablen `zaehler` aus dem alten Wert der Variablen `zaehler` plus 1 bildet. Es wird zuerst die rechte Seite des Gleichheitszeichens ausgewertet, bevor sie der Variablen auf der linken Seite zugewiesen wird. Insgesamt bewirkt die Zeile, dass sich der Inhalt der Variablen `zaehler` um 1 erhöht.

Es kommt häufiger vor, dass sich der neue Wert einer Variablen aus ihrem bisherigen Wert ergibt, der mit einem anderen Wert verrechnet wird. Immer wenn ein Wert erhöht, vermindert, verdoppelt oder halbiert wird, kann eine kürzere

Variante verwendet werden. In der folgenden Zeile wird wiederum der Wert der Variablen `zaehler` um 1 erhöht:

```
zaehler += 1;
```

**Listing 1.19** Schreibfaules Inkrementieren

Hier wird das Pluszeichen mit dem Gleichheitszeichen kombiniert. Damit das Plus nicht fälschlicherweise als Vorzeichen der 1 interpretiert wird, muss es vor dem Gleichheitszeichen stehen. Zwischen Plus- und Gleichheitszeichen darf kein Leerzeichen stehen. Die Bedeutung der Zeile ist also: »Addiere der Variablen `zaehler` den Wert 1 hinzu.«

Der Gedanke liegt nahe, dass dies nicht nur für das Addieren funktioniert. Sie können es beim Subtrahieren, beim Multiplizieren, bei der Division und der Modulo-Rechnung verwenden.

| Kurze Schreibweise | Lange Schreibweise |
|---|---|
| a += b | a = a + b |
| a -= b | a = a - b |
| a *= b | a = a * b |
| a /= b | a = a / b |
| a %= b | a = a % b |

**Tabelle 1.10** Kurzschreibweisen

In dem besonderen Fall, dass der Wert um 1 erhöht wird, kann der Ausdruck noch weiter verkürzt werden. Dazu werden an die Variable einfach zwei Pluszeichen angehängt.

```
zaehler++;
```

**Listing 1.20** Sehr schreibfaules Inkrementieren

Sie werden schon ahnen, dass dieses Doppelplus der Sprache C++ den Namen gegeben hat. C++ entspricht der Sprache C, die um 1 erhöht wurde.

Wie fast nicht anders zu erwarten, gibt es auch ein Doppelminus. Es tut genau das, was Sie schon vermuten: Es zieht von der Variablen den Wert 1 ab. Warum es weder einen Doppelstern noch einen Doppelschrägstrich gibt, werde ich Ihnen nicht verraten. Betrachten Sie es als eines der letzten Geheimnisse unserer Erde.

Sie können das doppelte Plus oder Minus auch auf der rechten Seite einer Zuweisung verwenden. Dann wird nach der Variablenauswertung ihr Wert erhöht respektive herabgesetzt. Betrachten Sie das folgende Beispiel:

```
zaehler = 5;
summe = 2 + zaehler++; // summe enthält 7!
```

**Listing 1.21** Inkrementieren auf der rechten Seite

Klar ist, dass die Variable `zaehler` nach diesen Befehlen den Wert 6 enthält. Etwas unklarer ist dagegen, welchen Wert die Variable `summe` hat. Wenn Sie auf 7 tippen, liegen Sie richtig. Wie oben erwähnt, wird das Inkrementieren der Variablen `zaehler` erst nach der Auswertung durchgeführt. Sie können allerdings auch das Doppelplus vor die Variable stellen. Dann wird die Variable erst ausgewertet, nachdem sie inkrementiert worden ist.

```
zaehler = 5;
summe = 2 + ++zaehler; // summe enthält 8!
```

**Listing 1.22** Ein anderes Ergebnis

In diesem Fall wird die Variable `summe` den Wert 8 haben. Falls Sie das Ganze etwas unübersichtlich finden, spricht das für Ihren Geschmack. Ich würde eine solche Konstruktion im Programm vermeiden. Schreiben Sie lieber ein paar Zeichen mehr. Dann wird ein Kollege später schneller verstehen, was Sie geschrieben haben. Die folgenden Zeilen bewirken das Gleiche und sind viel einfacher zu lesen:

```
zaehler = 5;
++zaehler;
summe = 2 + zaehler;
```

**Listing 1.23** Das Gleiche, leichter lesbar

Das Voranstellen des Inkrementoperators nennt man Präfix. Es bewirkt, dass die Variable zuerst inkrementiert und dann ausgewertet wird. Das Nachstellen des Operators heißt Postfix. Die Variable wird zuerst ausgewertet und dann erst inkrementiert. Übrigens ist die Präfixvariante ein klein wenig effizienter zu implementieren. In Tabelle 1.11 finden Sie eine Übersicht über die mathematischen Operatoren in aufsteigender Priorität.

| Operator | Bedeutung | Beispiel |
| --- | --- | --- |
| + | Addition | `a = 11 + 5; (16)` |
| - | Subtraktion | `a = 11 - 5; (6)` |
| * | Multiplikation | `a = 11 * 5; (55)` |
| / | Division | `a = 11 / 5; (2)` |
| % | Modulo | `a = 11 % 5 (1)` |
| ++ | Inkrementieren | `++a; oder a++;` |
| -- | Dekrementieren | `--a; oder a--;` |

**Tabelle 1.11** Mathematische Operatoren

### 1.5.4 Funktionen am Beispiel der Zufallsfunktion

Neben den Grundoperationen bietet Ihnen C++ auch eine Reihe von Funktionen an, auf die später in den entsprechenden Abschnitten detailliert eingegangen wird. Eine Funktion unterscheidet sich rein optisch von einer Variablen durch ein Klammernpaar, das dem Funktionsnamen angehängt ist. Ein Funktionsaufruf führt dazu, dass das Programm den aktuellen Ablauf unterbricht und zunächst den Code der Funktion durchläuft und dann zurückkehrt. In den meisten Fällen liefert die Funktion dabei einen Ergebniswert zurück. Bei einigen Funktionen können Sie in den Klammern Parameter an die Funktion übergeben. So würde der Aufruf der Sinusfunktion beispielsweise so aussehen:

```
f = sin(45);
```

Der Name der Funktion lautet `sin`, als Parameter wird 45 übergeben, und das Ergebnis wird in der Variablen `f` abgelegt.

Als erstes Beispiel für mathematische Funktionen betrachten wir die Zufallsfunktion. Für einige Beispielprogramme werden sich Zufallszahlen als nützlich erweisen. Auch in der Praxis leisten sie gute Dienste. Sie können damit Daten erzeugen, um Programmteile zu testen.

Eine vom Computer erzeugte Zufallszahl ist nicht wirklich zufällig, sondern wird durch eine Funktion generiert. Gute Zufallszahlen haben zwei Eigenschaften: Sie sind möglichst schwer vorhersehbar und gleichmäßig verteilt. Immerhin werden sie nicht nur zum Würfeln oder für Kartenspiele gebraucht, sondern auch für Simulationen, die Millionen Mal durchlaufen werden.

Damit Versuchsreihen wiederholbar sind, gibt es eine Startfunktion. Sie erhält einen Startwert als Parameter. Wenn der gleiche Startwert verwendet wird, wird anschließend immer die gleiche Folge von Zufallszahlen generiert.

Mit dem Aufruf der Funktion `srand()` wird der Zufallszahlengenerator initialisiert. Die Funktion hat als Parameter eine ganze Zahl, die als Startwert dient.

Nachdem mit der Funktion `srand()` der Zufallszahlengenerator einmal initialisiert wurde, kann durch den Aufruf von `rand()` beliebig oft ein quasi zufälliger Rückgabewert vom Typ `long` abgerufen werden. Bei jedem Neuaufruf liefert die Funktion einen neuen Zufallswert. Beide Funktionen stammen aus der Standardbibliothek `cstdlib`.

Das folgende kleine Programm startet einmal die Zufallszahlen mit irgendeinem x-beliebigen Wert. Dann wird zweimal die Funktion `rand()` aufgerufen und der Rückgabewert der Variablen `zufall` zugewiesen.

```
// Programm zur Demonstration der Zufallsfunktion
#include <cstdlib>
using namespace std;

int main()
{
    const int IrgendEinStartWert=9;
    long zufall;      // Hier wird das Ergebnis stehen.
    srand(IrgendEinStartWert);  // Würfel schütteln
    zufall = rand();            // Einmal werfen
    zufall = rand();            // Noch mal werfen
}
```

**Listing 1.24** Zufallszahlen

Der Rückgabewert der Funktion `rand()` ist, wie bereits erwähnt, eine positive, ganze Zahl, die nach jedem Aufruf anders lauten kann. Das Ergebnis ist minimal 0. Der größtmögliche Rückgabewert ist die durch den Compiler festgelegte Konstante RAND_MAX. In der Praxis ist RAND_MAX gleich LONG_MAX, also meist etwa 2 Millionen.

Damit können die meisten Programme aber wenig anfangen. Typischerweise wollen die Programme einen Würfel, eine Lottozahl oder eine Spielkarte simulieren. Um die großen Zahlen auf die Werte 6, 49 oder 52 herunterzubrechen, gibt es eine einfache Methode: Sie verwenden die Modulo-Rechnung. Wollen Sie einen Würfel simulieren, so berechnen Sie Modulo 6 und erhalten einen Wert zwischen 0 und 5. Nun müssen Sie nur noch eine 1 addieren, und Sie erhalten die gewohnten Augenzahlen zwischen 1 und 6.

```
augen = rand() % 6 + 1;
```

Falls Sie für ein Spiel einen wirklich nicht vorhersehbaren Startwert brauchen, empfehle ich Ihnen die Zeitfunktionen (siehe Abschnitt 9.2). Die Sekunden seit dem 1.1.1970 sind prima als Startwert geeignet. Und falls Ihnen das als noch zu kalkulierbar erscheint, verwenden Sie doch die Millisekunden modulo 1000, die in dem Zeitraum vergangen sind, die der Benutzer für seine Eingabe benötigte.

### 1.5.5 Typumwandlung

Hin und wieder ist es notwendig, Werte eines Typs in eine Variable eines anderen Typs zu speichern. So ergibt das Dividieren zweier ganzer Zahlen eine ganze Zahl. Wird 3 durch 4 geteilt, ergibt sich also 0 (mit dem Rest 3, der hier verloren geht). Wollen Sie stattdessen aber als Ergebnis 0,75 haben, müssen Sie einen der beiden Operanden zum Fließkommawert wandeln, damit C++ auch die Fließkommadivision verwendet. Ein solches Umwandeln des Typs nennt man *Casting*[3].

Um einen Ausdruck eines bestimmten Typs in einen anderen umzuwandeln, gibt es zwei Schreibweisen. Die eine Schreibweise ist ein Erbstück der Sprache C. Dort wurde dem Ausdruck der Zieltyp in Klammern vorangestellt. In C++ wurde die Schreibweise eingeführt, dass auf den Namen des Typs eine Klammer folgt, in der der zu konvertierende Ausdruck steht.

```
int Wert;
Wert = (int)IrgendWas; // klassisches C-Casting
Wert = int(IrgendWas); // C++
```

Einige Umwandlungen führt C++ direkt durch, ohne darüber zu reden. Das geschieht immer dann, wenn die Umwandlung ohne jeden Informationsverlust des Inhalts gewährleistet ist. So wird eine `short`-Variable oder -Konstante direkt einer `long`-Variablen zugewiesen. Hier gibt es keine Interpretationsprobleme, und es kann jeder beliebige `short`-Wert in einer `long`-Variablen abgelegt werden. Der umgekehrte Weg ist schwieriger. Die Zahl 200.000 passt nicht in eine `short`-Variable, wenn diese nur aus zwei Bytes besteht. Hier wird der Compiler im Allgemeinen eine Warnung absetzen, dass relevante Informationen verloren gehen könnten.

3 Der Name leitet sich von den gleichnamigen Shows her, in denen Menschen in andere Typen umgebrochen werden.

Besonders tückisch kann es sein, wenn der Compiler statt Fließkommazahlen ganzzahlige Werte verwendet. Als Beispiel soll ein klassischer Dreisatz verwendet werden. Drei Tomaten kosten 4 Euro. Wie viel kosten fünf Tomaten? Im Programm würde das wie folgt umgesetzt:

```
float SollPreis = (4/3)*5;
```

Der Inhalt der Variablen `SollPreis` dürfte überraschen: Er ist 5. Der Grund ist, dass der Compiler den Ausdruck `4/3` als Integer-Berechnung ausführt und die Nachkommastellen abschneidet. Also ist das Ergebnis der Division 1. Multipliziert mit 5 ergibt sich das oben genannte Ergebnis. Dennoch würden Sie eher erwarten, dass Sie an der Kasse 6,67 Euro zahlen müssen, und der Kaufmann wird sich Ihrer Ansicht gewiss anschließen. In solchen Fällen können Sie mit einer Typumwandlung eingreifen. Es muss mindestens ein Operand der Division zum `float`-Wert konvertiert werden, um eine `float`-Berechnung zu erzwingen.

```
float SollPreis = (float(4)/3)*5;
```

Nach dieser Anpassung ergibt die Berechnung die erwarteten 6.66667.

Am Rande sei erwähnt, dass die Klammern um `4/3` aus Sicht von C++ zwar überflüssig sind, weil der Ausdruck nur Punktrechnung enthält und darum von links nach rechts ausgeführt wird. Dafür haben diese Klammern aber einen nicht unerheblichen Dokumentationswert. Jemand, der später einen Fehler in dem Programm sucht, sieht sofort, wie der Autor die Prioritäten setzen wollte. Wenn also irgendwo Zweifel über die Prioritäten bei Ausdrücken entstehen könnten, ist es besser, ein paar Klammern zu viel als zu wenig zu setzen. Das Programm wird dadurch nicht langsamer. Der Compiler wird die Klammern sowieso wegoptimieren.

## 1.6 Ein- und Ausgabe

Es wird Sie gewiss mit Freude erfüllen, dass der Computer so wunderbar rechnen kann. Aber selbst wenn Neugierde nicht zu Ihren Untugenden gehört, werden Sie irgendwann einmal wissen wollen, was der Computer denn herausgefunden hat. Eine Ausgabefunktion muss her!

### 1.6.1 Ausgabestrom nach cout

C++ verwendet für die Ein- und Ausgabe das Datenstrommodell. Die Variablen werden quasi auf ein Ausgabeobjekt umgeleitet. Dieses Ausgabeobjekt heißt `cout`.

Der Datenstrom zur Ein- und Ausgabe wird in einer eigenen Bibliothek behandelt. Vor der ersten Verwendung müssen die folgenden Zeilen im Programm stehen:

```
#include <iostream>
using namespace std;
```

In der ersten Zeile wird mit dem Kommando `#include` die Datei `iostream` in das Programm eingebunden. Der Dateiname ist hier in spitzen Klammern eingeschlossen. Das bedeutet für den Compiler, dass die Datei nicht im gleichen Verzeichnis liegt wie das zu übersetzende Programm, sondern in den voreingestellten Pfaden des Compilers.

Die zweite Zeile besagt, dass der Namensraum `std` verwendet wird. Namensräume ermöglichen es, gleiche Namen gegeneinander abzugrenzen. Damit die Namen der Standardbibliotheken auch in den eigenen Programmen oder in anderen Bibliotheken verwendet werden können, wurden sie in den Namensraum `std` gelegt. Sie können so bei jedem einzelnen Namen festlegen, ob Sie ihn aus `std` oder einem anderen Namensraum verwenden wollen. Da eine Kollision aber eher selten auftritt, kann durch den `using namespace` Befehl erreicht werden, dass auf alle Elemente des Namensraums `std` direkt zugegriffen werden kann. Namensräume werden im Abschnitt 7.2 behandelt.

Alte Programme binden manchmal noch die Datei *iostream.h* ein. Diese verwendet nicht den Namensraum `std`. Sie sollten solche Programme umstellen, weil die aktuelleren Compiler dies nicht mehr unterstützen.

Um Daten anzuzeigen, werden sie auf die Datenausgabe `cout` geleitet. Das »out« in `cout` ist englisch und bedeutet »aus«. Es ist also das Ausgabeobjekt, auf das umgeleitet wird. Das »c« steht davor, weil es der Lieblingsbuchstabe von Bjarne Stroustrup ist. Darum hat er seine Sprache ja auch C++ genannt. Zunächst wird das Datenziel genannt. Dann werden zwei Kleiner-Zeichen verwendet, um die Daten auf die Ausgabe zu lenken.

```
cout << meinZahlenWert;
cout << endl;
```

**Listing 1.25** Ausgabe einer Variablen

Im Beispiel wird der Inhalt der Variablen `meinZahlenWert` ausgegeben. In der Zeile darunter wird `endl` auf den Datenstrom gesendet. Dies ist keine selbst definierte Variable, sondern eine vordefinierte Konstante für das Zeilenende. Die Verwendung von `endl` sorgt dafür, dass eine neue Zeile angefangen wird und dass alle anzuzeigenden Daten sofort auf dem Bildschirm erscheinen.

Der Übersicht halber oder um sich Tipparbeit zu sparen, können mehrere Ausgabeobjekte direkt hintereinander, durch die doppelten Kleiner-Zeichen getrennt, aufgeführt werden.

```
cout << meinZahlenWert << endl;
```

**Listing 1.26** Ausgabekette

Sie können nicht nur Variablen, sondern auch Konstanten auf diesem Weg ausgeben. Das ist besonders interessant bei Zeichenkettenkonstanten, mit denen Sie Ihren Programmausgaben ein paar erläuternde Texte beifügen können.

```
cout << "Ergebnis: " << meinZahlenWert << endl;
```

**Listing 1.27** Ausgabekette

Dieses gekonnte Beispiel trockener Informatiker-Poesie sagt dem Anwender, dass der Wert, der jetzt auf dem Bildschirm erscheint, das Ergebnis des Programms ist. Solche Informationen sind es, die ein benutzerfreundliches Programm ausmachen.

Für Fehlerausgaben ist das Objekt `cerr` vorgesehen. Normalerweise gelangt die Ausgabe genau wie bei `cout` auf den Bildschirm. Wenn der Benutzer aber die Standardausgabe eines Programms umleitet, gehen die Fehlermeldungen nicht in den Ausgabestrom, sondern erscheinen weiterhin auf dem Bildschirm. Entsprechend sollten Sie die weiterverwertbaren Ausgaben Ihres Programms an `cout` leiten und Fehlermeldungen des Programs an `cerr`.

### 1.6.2 Formatierte Ausgabe

Wenn Sie mehrere Zahlenwerte nacheinander an `cout` umleiten, so werden Sie feststellen, dass sie ohne Trennzeichen direkt nebeneinander dargestellt werden. Die Ausgabe eines Wertes 8 und die darauf folgende Ausgabe von 16 erschiene also als 816. Entsprechend sollten Sie zumindest ein paar Leerzeichen oder ein paar erläuternde Worte dazwischen setzen:

```
cout << "Eingabe war: " << Input
     << " Das Doppelte ist: " << Output << endl;
```

Aufwendiger wird es, wenn Sie Tabellen anzeigen wollen. Um zu wissen, wie viele Leerzeichen Abstand zwischen die Zahlen gesetzt werden muss, müssten Sie zunächst ermitteln, wie viele Stellen jede Zahl hat. Um dies zu vereinfachen, gibt es einen sogenannten Manipulator namens `setw()`. (`setw` steht für »set width«, übersetzt »setze Breite«. Das w hat also nichts mit meinem Lieblingsbuchstaben zu tun.) Dieser wird vor der eigentlichen Ausgabe an `cout` gesendet und bereitet die Formatierung der folgenden Ausgabe vor. Zwischen die Klammern von `setw()` schreiben Sie die Anzahl der Stellen, die für die nachfolgende Ausgabe reserviert werden sollen. Alle Stellen, die nicht von der Zahl selbst belegt werden, werden mit Leerzeichen so aufgefüllt, dass die Zahl rechtsbündig erscheint.

Bevor Sie allerdings mit Manipulatoren arbeiten können, müssen Sie die Datei *iomanip* durch eine `include`-Anweisung einbinden. Die folgenden Zeilen sollten also gleich zu Anfang Ihres Programms stehen:

```
#include <iostream>
#include <iomanip>
using namespace std;
```

Das folgende Beispiel sollte demnach dafür sorgen, dass die Zahlen der beiden Ausgabezeilen hübsch rechtsbündig nebeneinander stehen.

```
cout << setw(7) << 3233 << setw(6) << 128 << endl;
cout << setw(7) << 3 << setw(6) << 1 << endl;
```

Als Ergebnis dieser Anweisungen wird auf dem Bildschirm Folgendes erscheinen:

```
   3233   128
      3     1
```

Weitere Informationen zu Manipulatoren finden Sie im Abschnitt 8.2.2.

### 1.6.3 Eingabestrom aus cin

Um Eingaben von der Tastatur zu lesen, wird die Datenquelle `cin` auf die Variable umgeleitet. (Das »in« in `cin` steht für »ein«. Es ist also das Eingabeobjekt. Die Herkunft des c wurde ja bereits bei `cout` erläutert.) Der Eingabeoperator besteht genau spiegelverkehrt zum Ausgabeoperator aus zwei Größer-Zeichen. Sie weisen quasi von `cin` auf die Variable, in der die Eingabe abgelegt werden soll.

```
// Demonstration von Ein- und Ausgabe
#include <iostream>
using namespace std;

int main()
{
    int Zahleingabe;
    int Doppel;

    cout << "Bitte geben Sie eine Zahl ein!" << endl;
```

```
    cin >> Zahleingabe;
    Doppel = Zahleingabe * 2;
    cout << "Das Doppelte dieser Zahl ist "
        << Doppel << "." << endl;
}
```

**Listing 1.28** Ein einfacher Benutzerdialog (*reinraus.cpp*)

## 1.7 Übungen

1 Schreiben Sie einen Algorithmus für das Kochen von Kaffee. Bitten Sie einen Freund, diesen Anweisungen zu folgen, die Sie durch die geschlossene Tür geben. Welche Anweisungen führten zu Fehlern? Welche Anweisungen waren fehlinterpretierbar? Würden Sie den Algorithmus anders schreiben, wenn der Freund nicht wüsste, was Kaffee ist und wofür man ihn braucht (den Kaffee, nicht den Freund)?

2 Warum ist ein Programm, das mit einem Interpreter übersetzt wird, typischerweise langsamer als eines, das vom Compiler übersetzt wurde?

3 Schreiben Sie Listing 1.28 ab. Übersetzen und starten Sie es. Im Abschnitt 1.2 ist beschrieben, wie Sie Ihren Compiler einrichten. In Kapitel 6 finden Sie weitere Hilfe für Ihre ersten Schritte mit Compilern. Geben Sie unterschiedliche Werte ein.

4 Ändern Sie das Programm, indem Sie Teile löschen. Überlegen Sie, was Ihre Änderung bewirken wird. Falls Sie eine Fehlermeldung des Compilers erhalten, lesen Sie die Meldung. Versuchen Sie, den Zusammenhang zwischen Ihrer Änderung und der Compiler-Meldung herzustellen.

5 Schreiben Sie ein Programm, das die beiden Wörter »Hallo Benutzer« auf dem Bildschirm ausgibt.

6 Schreiben Sie ein Programm *mwst.cpp*, das nach der Eingabe eines Nettopreises die Mehrwertsteuer berechnet und ausgibt. Seien Sie einmal Finanzminister, und legen Sie den Satz der Mehrwertsteuer für Ihr Programm selbst fest.

7 Ergänzen Sie das Programm *mwst.cpp* dahingehend, dass auch der Bruttopreis ausgegeben wird.

Lösungen zu nicht-selbsterklärenden Aufgaben finden Sie in Anhang B.

# Kapitel 2
# Ablaufsteuerung

Kapitel 2

Inhalt



Bisher bestanden die Programme nur aus aneinandergehängten Anweisungen. Auch das Vorgehen beim Kaffeekochen könnte man als eine Folge von Anweisungen beschreiben:

```
Filtertüte in den Filter stecken
6 Löffel Kaffeepulver in die Filtertüte einfüllen
1 Liter Wasser in den Wasserbehälter einfüllen
Maschine einschalten
Warten
Maschine ausschalten
Kaffee entnehmen
```

Das ist allerdings eine sehr unvollständige Beschreibung des Ablaufs. In der Praxis werden Abläufe in Abhängigkeit von Zuständen erfolgen und Vorgänge wiederholt. Eine detailliertere Beschreibung des Kaffeekochens sieht so aus:

```
Wenn noch eine benutzte Filtertüte in der Maschine steckt
{
    Entnimm die Filtertüte
    Wirf sie in den Müll
}
Neue Filtertüte aus der Packung nehmen
Filtertüte in den Filter stecken
Wiederhole 6-mal:
{
    fülle einen Löffel Kaffeepulver in die Filtertüte
}
1 Liter Wasser in den Wasserbehälter einfüllen
Maschine einschalten
Wiederhole:
{
    Warte eine Minute
} bis kein Kaffee mehr aus dem Filter tropft
Maschine ausschalten
Kaffee entnehmen
```

In diesem Kapitel wird beschrieben, wie Programmabläufe durch das Prüfen von Variableninhalten gesteuert und Abschnitte mehrfach durchlaufen werden können.

## 2.1 Verzweigungen

Es gibt diverse Gründe, warum ein Programm in Abhängigkeit von Variablen bestimmte Operationen nicht ausführen soll. Hier sind ein paar typische Beispiele zusammengestellt:

- Ganz offensichtlich darf ein Programm nicht dividieren, wenn der Nenner 0 ist.
- Vor dem Ziehen einer Wurzel ist es sinnvoll, zu prüfen, ob der Operand negativ ist.
- Das Programm darf nicht mehr auf Aliens schießen, wenn die letzte Rakete des eigenen Raumschiffs verschossen ist.

Das Programm soll in all diesen Fällen in Abhängigkeit von einem Variableninhalt seinen Ablauf ändern. Dazu brauchen wir einen Befehl, der unter einer Bedingung eine Anweisung oder einen Anweisungsblock ausführt. Um die Bedingung zu formulieren, brauchen wir Operatoren, mit denen wir Werte vergleichen können.

### 2.1.1 Nur unter einer Bedingung: if

Mit dem Befehl `if` ist es möglich, eine Befehlssequenz unter einer Bedingung auszuführen. Das Schlüsselwort `if` kommt aus dem Englischen und bedeutet »falls« oder »wenn« Die Syntax der `if`-Anweisung ist in Abbildung 2.1 dargestellt.

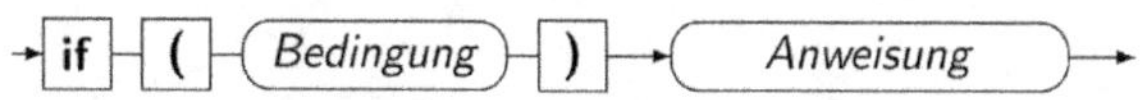


**Abbildung 2.1** Syntaxgraph `if`

Dem Schlüsselwort `if` folgt eine Klammer, in der die Bedingung formuliert wird, unter der die folgende Anweisung ausgeführt wird. Eine Anweisung ist entweder eine einzelne Anweisung oder sie besteht aus mehreren Anweisungen, die durch geschweifte Klammern zu einem Anweisungsblock zusammengefasst werden.

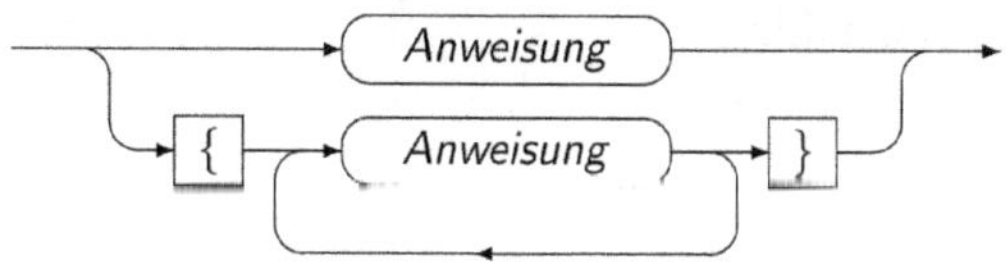


**Abbildung 2.2** Syntaxgraph eines Anweisungsblocks (AnwBlock)

#### Einrücken

Es hat sich bewährt, Anweisungen, die unter Bedingungen oder in Schleifen ausgeführt werden, einzurücken. Einige Programmeditoren führen dies automatisch durch. Für das Einrücken können die Tabulatortaste oder Leerzeichen verwendet werden. Sofern Sie mit unterschiedlichen Editoren oder gar Systemen arbeiten, sollten Sie Leerzeichen verwenden, weil nicht alle Editoren die Tabulatoren gleich interpretieren.

#### Beispiel

Im ersten Beispiel soll der Inhalt zweier Variablen durch einander geteilt werden. Das Programm würde an dieser Stelle abstürzen, wenn der Divisor 0 wäre. Aus diesem Grund wird ein vorsichtiger Programmierer vor der Berechnung eine Prüfung vornehmen, ob der Divisor ungleich 0 ist. Das Zeichen für Ungleichheit ist ein Ausrufezeichen, gefolgt von einem Gleichheitszeichen.

```
if (divisor != 0)
    ergebnis = dividend / divisor;
```

**Listing 2.1** Sicherheitsabfrage

Die Division wird nur durchgeführt, wenn die Bedingung zutrifft, also der Divisor ungleich 0 ist.

#### Verschachtelt

Die Anweisung, die hinter der `if`-Bedingung steht, kann selbst wieder eine `if`-Anweisung sein. Sie wird nur ausgeführt, wenn die erste `if`-Bedingung eintritt. Eine solche Folge von Abfragen nennt man Verschachtelung. Das folgende Beispiel zeigt zwei verschachtelte `if`-Anweisungen. Hier werden die Variablen auf Gleichheit geprüft. Das Zeichen für Gleichheit besteht aus zwei Gleichheitszeichen, um es von dem Zuweisungszeichen zu unterscheiden.

```
c=2;
if (a==0)
    if (b==0)
        c=0;
cout << c << endl;
```

**Listing 2.2** Verschachteltes `if`

Die Abfrage, ob die Variable `b` 0 enthält, wird nur gestellt, wenn die Variable `a` den Inhalt 0 hat. Nur wenn beide Variablen 0 sind, wird die Variable `c` auf 0 gesetzt. Ansonsten enthält sie weiterhin 2.

### 2.1.2 Andernfalls: else

Kehren wir zum Divisionsbeispiel zurück. Es wäre schön, wenn das Programm nicht nur prüft, ob der Divisor ungleich 0 ist, sondern den Anwender darüber informieren würde, dass es die Division gar nicht durchführt. Diese Meldung sollte genau dann erscheinen, wenn die `if`-Bedingung nicht zutrifft. Das könnten Sie erreichen, indem Sie zwei gegensätzliche `if`-Konstruktionen hintereinandersetzen:

```
if (divisor != 0)
    ergebnis = dividend / divisor;
if (divisor == 0)
    cout << "Divisor ist 0! Keine Berechnung!";
```

**Listing 2.3** Sicherheitsabfrage und Gegenfrage

Da solche Konstruktionen immer wieder gebraucht werden, bietet C++ einen eigenen Befehl an, um den gegenteiligen Fall der Bedingung abzudecken. Das Schlüsselwort dazu heißt `else`.

```
if (divisor != 0)
    ergebnis = dividend / divisor;
else
    cout << "Divisor ist 0! Keine Berechnung!";
```

**Listing 2.4** Gegenfrage vereinfacht

Abbildung 2.3 zeigt den vollständigen Syntaxgraph für `if` mit `else`.

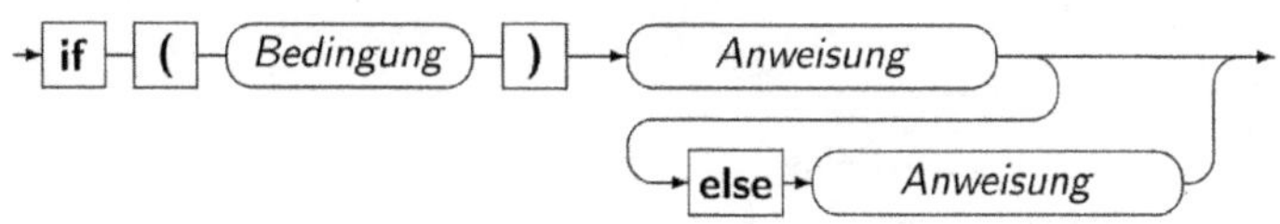


**Abbildung 2.3** Syntaxgraph `if-else`



## Struktogramm

Programme mit verschachtelten Abfragen und Schleifen werden schnell unübersichtlich. Um den Ablauf von Programmen anschaulich darzustellen, sind verschiedene Diagramme entworfen worden. In diesem Buch wird das Nassi-Schneidermann-Diagramm verwendet. Diese Diagramme sind ein Design-Werkzeug, um wohlstrukturierte Programme zu entwickeln.

Ein Nassi-Schneidermann-Diagramm stellt ein Programm oder ein Teilprogramm als großes Rechteck dar. Jeder Programmteil wird oben gestartet und endet stets unten. Seitenausstiege gibt es nicht. Ein Programm, das keine Abfragen oder andere Kontrollstrukturen hat, sieht aus wie ein von der Seite betrachteter Stapel Ziegelsteine.

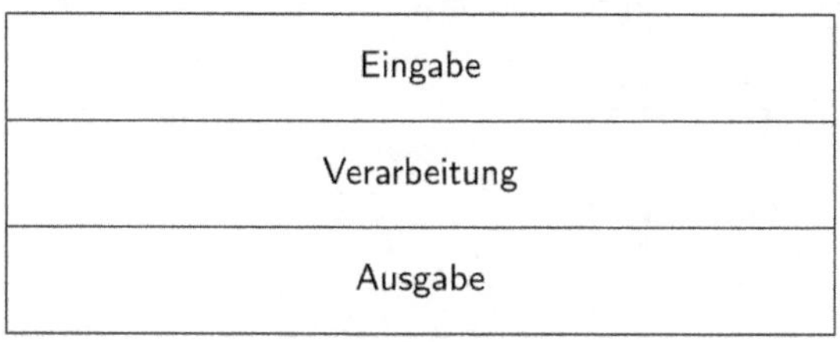


**Abbildung 2.4** Einfaches Struktogramm

Bei einer Abfrage wird der Block in senkrechter Richtung geteilt. Der linke Block enthält die Anweisungen, die ablaufen, wenn die Abfrage zutrifft, und der rechte Block wird im anderen Fall durchlaufen. Die Abfrage schreibt man in ein oberhalb der geteilten Anweisung stehendes auf der Spitze stehendes Dreieck. Abbildung 2.5 zeigt eine verschachtelte Abfrage. Darin wird beschrieben, wie man sich verhält, wenn man mal für kleine Programmierer muss.

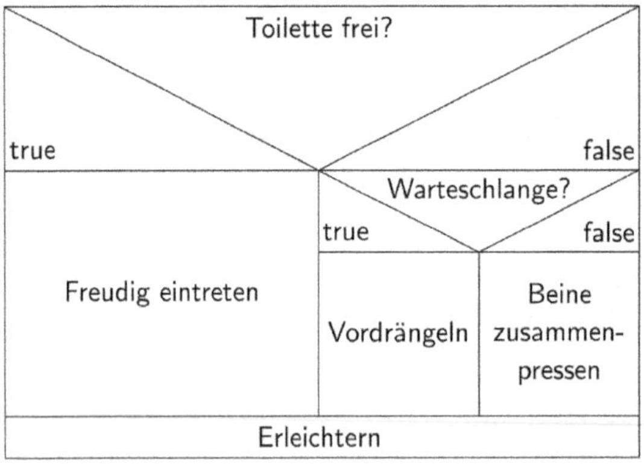


**Abbildung 2.5** Verschachtelte `if`-Abfragen als Struktogramm

**Beispiel**

Betrachten wir das Struktogramm im Zusammenhang mit einem Programmbeispiel aus dem Bankbereich. Ein Kunde bekommt 3 % Zinsen auf seine Spareinlagen. Legt er Geld 3 Jahre oder länger fest an, bekommt er 4 %, und bei Festlegung von 6 Jahren oder mehr sogar 5 %.

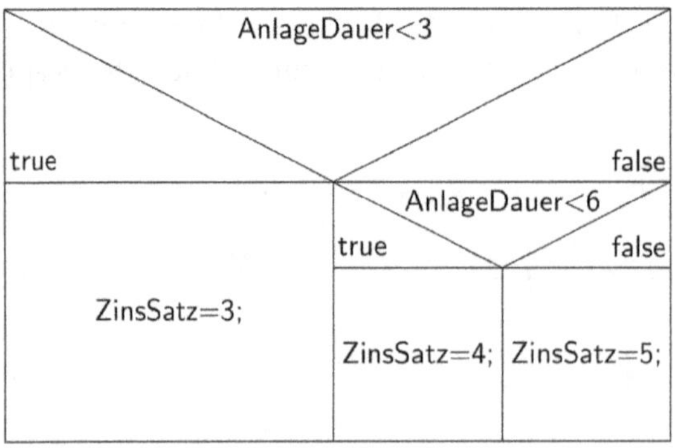


**Abbildung 2.6** Zinsstaffel als Struktogramm

Das Diagramm kann direkt in ein Programm umgesetzt werden.

```
if (anlageDauer<3)
{
    zinsSatz=3;
}
else
{
    if (anlageDauer<6)
    {
        zinsSatz=4;
    }
    else
    {
        zinsSatz=5;
    }
}
```

**Listing 2.5** Verschachteltes `if`

### Dangling else

Eine besondere Problematik ergibt sich bei zwei verschachtelten Abfragen, wenn es nur ein `else` gibt. Dann stellt sich die Frage, zu welchem `if` das `else` gehört. Diese Problematik nennt man das »Dangling-Else«-Problem. *Dangling else* könnte man mit »baumelndem else« übersetzen.

```
if (a == 0)
    if (b == 0)
        c=5;
else
    cout << "Wohin gehöre ich?";
```

**Listing 2.6** Dangling else

Sie werden vielleicht spontan denken, dass das `else` zu der Abfrage der Variablen `a` gehört. Das liegt aber nur an der etwas boshaften Einrückung. Da das `else` in der gleichen Spalte steht wie die Abfrage nach `a`, wird suggeriert, dass es auch zu dieser Abfrage gehört. Das ist aber falsch. Die Sprache C++ definiert in diesem Fall, dass das `else` das letzte `if` bedient und damit zur inneren Abfrage der Variablen `b` gehört.

**Blockbildung klärt**

Dieselbe Situation wird auf den ersten Blick eindeutig, wenn die Anweisungen hinter dem `if` in geschweifte Klammern geschrieben werden. Die beiden möglichen Varianten sind zur besseren Übersicht nebeneinandergesetzt worden. Die Einrückung ist in beiden Fällen die gleiche. Im linken Beispiel gehört das `else` zur Abfrage der Variablen `a` und im rechten Beispiel zur inneren Abfrage auf Variable `b`.

```
if (a == 0)
{
    if (b == 0)
    {
        c=5;
    }
}
else
    cout << "Wohin?";
```

```
if (a == 0)
{
    if (b == 0)
    {
        c=5;
    }
    else
        cout << "Wohin?";
}
```

**Listing 2.7** Geschweifte Klammern klären die Zugehörigkeit.

Durch das Einfügen der Blockgrenzen wird die Situation sofort klar. Sobald Sie den Einrückungsregeln folgen, wird auch aus der Einrückungstiefe deutlich, wohin das `else` gehört.

Sie sehen an diesem Beispiel sehr gut, dass das Verwenden von geschweiften Klammern die Zugehörigkeit der Anweisungen verdeutlicht. Schon aus diesem Grund würde ich Ihnen empfehlen, bei der Verwendung von `if` nicht an den geschweiften Klammern zu sparen.

### 2.1.3 Fall für Fall: switch case

Die Abfrage mit `if` ermöglicht die Unterscheidung zweier Fälle. Wenn aufgrund verschiedener Werte unterschiedliche Anweisungen ausgeführt werden sollen, können mehrere verschachtelte `if`-Anweisungen hintereinandergesetzt werden, oder es kann eine spezielle Fallunterscheidung verwendet werden. Ein schönes Beispiel ist ein Fahrstuhl in einem Kaufhaus, in dem eine Vielzahl von Stockwerken zur Auswahl stehen und in jedem Stockwerk andere Waren angeboten werden.

Zunächst wird die Aufgabe durch kaskadierende `if`-Anweisungen gelöst:

```
if (stockwerk == 1)
{
     cout << "Süßigkeiten, Bücher" << endl;
}
else if (stockwerk == 2)
{
    cout << "Bekleidung" << endl;
}
else if (stockwerk == 3)
{
    cout << "Bekleidung" << endl;
}
else if (stockwerk == 4)
{
    cout << "Spielzeug" << endl;
}
else if (stockwerk == 5)
{
    cout << "Unterhaltungselektronik" << endl;
}
else
{
    cout << "Garage" << endl;
}
```

**Listing 2.8** Kaskadierende `if`-Anweisungen

Wenn Sie es genau nehmen, habe ich etwas bei der Einrückung geschummelt. Eigentlich hätte der Quelltext nach jedem `else` und jedem `if` ein Stück eingerückt werden müssen. Dadurch wäre das Listing aber in diesem besonderen Fall auch nicht übersichtlicher geworden. Sie finden diese abgewandelte Form der Einrückung häufiger in Listings, wenn ein `if` direkt auf ein `else` folgt. Diese Konstruktion lässt sich durch die Fallunterscheidung vereinfachen.

```
switch (stockwerk)
{
    case 1:
        cout << "Süßigkeiten, Bücher" << endl;
        break;
```

```
    case 2:
    case 3:
        cout << "Bekleidung" << endl;
        break;
    case 4:
        cout << "Spielzeug" << endl;
        break;
    case 5:
        cout << "Unterhaltungselektronik" << endl;
        break;
    default:
        cout << "Garage" << endl;
        break;
}
```

**Listing 2.9** `case`-Anweisung

Die Fallunterscheidung beginnt mit dem Schlüsselwort `switch`. In der darauf folgenden Klammer steht der ganzzahlige Ausdruck, dessen Ergebnis die Verzweigung steuert. Ein Ausdruck kann eine Variable sein, wie im Beispiel die Variable `stockwerk`. Hier könnte aber auch eine Berechnung stehen, die zu einem ganzzahligen Ergebnis führt. Es können auch Buchstaben verwendet werden, da Buchstaben aus Sicht von C++ letztlich nichts anderes als getarnte Zahlen sind. Im Beispiel wird die Variable `stockwerk` ausgewertet, die offensichtlich eine ganze Zahl aufnehmen kann.

In dem auf das Schlüsselwort `switch` folgenden Block gibt es Ansprungpunkte, die mit dem Schlüsselwort `case` gekennzeichnet sind. Darauf folgt eine Konstante, die für den Wert steht, der hier behandelt wird. Zum Abschluss des Ansprungpunktes steht ein Doppelpunkt. Stimmt der Wert des ganzzahligen Ausdrucks mit der Konstanten überein, setzt das Programm seine Ausführung an dieser Stelle fort, bis es auf ein `break`-Kommando stößt. Dann wird der Block verlassen. Eine weitere `case`-Anweisung mit einer anderen Konstanten stoppt das Programm keineswegs. Erscheint kein `break`, läuft das Programm unaufhaltsam bis zum Ende des Blocks.

Findet sich kein passender `case`-Zweig, setzt das Programm beim Schlüsselwort `default` seinen Ablauf fort. Es empfiehlt sich, immer einen `default`-Zweig einzurichten. Zwingend ist dies aber nicht. In Abbildung 2.7 ist der Syntaxgraph der Fallunterscheidung dargestellt.

**Abbildung 2.7** Syntaxgraph der Switch-Anweisung

Der Case-Block wird in einem separaten Syntaxgraphen in Abbildung 2.8 dargestellt.

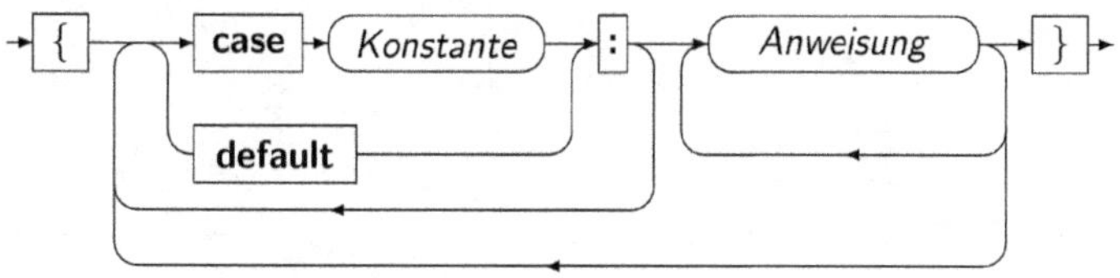


**Abbildung 2.8** Syntaxgraph für den Case-Block



**Warnung**

In einer Hinsicht ist der Syntaxgraph nicht ganz korrekt: Danach wäre es erlaubt, `default` mehrfach in einem Case-Block zu verwenden. Sinnvollerweise darf aber nur ein `default`-Zweig in einem Case-Block auftreten. Dies ließe sich durch einen etwas komplexeren Syntaxgraphen noch darstellen. Spätestens die Regel, dass jede Konstante nur einmal verwendet werden darf, ist durch den Syntaxgraphen nicht mehr umsetzbar. Um der Übersicht willen bleibe ich bei dieser etwas vereinfachten Darstellung.

Das Stockwerk-Beispiel könnte den Eindruck erwecken, dass alle Fälle lückenlos behandelt werden müssten. Das ist keineswegs erforderlich. Es ist auch nicht notwendig, dass die Fälle in aufsteigender Reihenfolge sortiert sind. Auch muss der `default`-Zweig nicht zwingend als letzter Fall angeführt werden.

In der Praxis kommt die Fallunterscheidung besonders bei der Reaktion auf Kommandos oder Ereignisse zum Zuge. In der Programmierung grafischer Oberflächen sind solche Fallunterscheidungen häufig zu finden. Grafische Applikationen warten auf ein Ereignis, das durch Tastatur, Maus oder andere Quellen ausgelöst wird, unterscheiden anhand einer Nachricht vom System, was der Benutzer ausgelöst hat, und reagieren entsprechend. Die Nachrichten sind üblicherweise ganzzahlige Werte.

**Beispiel**

Im folgenden Beispiel wird davon ausgegangen, dass in der Variablen `zeichen` ein Buchstabe steht. Die Fallunterscheidung interessiert sich für die Buchstaben `'3'` bis `'6'` und `'9'`. Der einfachste Fall ist der, wenn eine `'6'` in `zeichen` vorliegt. Dann wird die Variable `e` mit 1 belegt. Auch die Ziffer `'5'` ist noch recht einfach. Hier wird der Variablen `d` eine 2 zugewiesen.

```
switch (zeichen)
{
case '3':
case '4':
case '9':
   a = 4;
case '5':
   d = 2;
   break;
case '6':
   e = 1;
   break;
}
```

**Listing 2.10** Fallunterscheidung

Befindet sich `'3'`, `'4'` oder `'9'` in der Variablen `zeichen`, so wird zuerst die Variable `a` auf 4 gesetzt. Da danach kein `break` erfolgt, wird auch `d` mit 2 belegt. Erst dann stoppt ein `break` den weiteren Ablauf. Da es zulässig ist, `break` wegzulassen, erhalten Sie auch keine Fehlermeldung, wenn es fehlt. Solche Fehler sind schwer zu finden, da man dazu neigt, den Befehl `case` auch als Ende des vorigen Falles anzusehen.

An dem Beispiel ist auch zu erkennen, dass ein `default` nicht zwingend erforderlich ist. Alle nicht explizit genannten Fälle werden dann einfach nicht behandelt.

### 2.1.4 Kurzabfrage mit dem Fragezeichen

Mithilfe des Fragezeichens können `if`-Abfragen verkürzt werden, die lediglich den Wert einer Berechnung beeinflussen. Wenn Sie also einen Ausdruck benötigen, der sich in Abhängigkeit von einer Bedingung verändert, kann er mit dem Fragezeichen extrem kurz formuliert werden.

Eine typische Anwendung findet das Fragezeichen in der Berechnung der Betragsfunktion. Die Betragsfunktion liefert immer den positiven Betrag eines Wertes.

Ist der Eingabewert negativ, muss er mit –1 multipliziert werden. Mit einer `if`-Anweisung würde das so formuliert werden:

```
if (wert >= 0)
{
    betrag = wert;
}
else
{
    betrag = -wert;
}
```

**Listing 2.11** Betrag mit if

Mithilfe eines Fragezeichens können Sie das wesentlich kürzer ausdrücken. Zunächst formulieren Sie die Bedingung (hier: `wert>=0`). Dann folgt das Fragezeichen. Als Nächstes wird der Ausdruck genannt, der verwendet werden soll, wenn die Bedingung zutrifft (hier: `betrag=wert`). Durch einen Doppelpunkt abgetrennt, wird der Ausdruck aufgeführt, der verwendet werden soll, wenn die Bedingung nicht zutrifft (hier: `betrag=-wert`).

```
betrag = wert>=0 ? wert : -wert;
```

**Listing 2.12** Betrag mit dem Fragezeichen

Grundsätzlich kann der Fragezeichen-Ausdruck an jeder Stelle stehen, die einen Ausdruck, also eine Auswertung, erwartet. Der Fragezeichen-Ausdruck hat folgenden Aufbau:

**Abbildung 2.9** Syntaxgraph für den Fragezeichen-Ausdruck

Der Fragezeichen-Ausdruck ist für viele Programmierer sehr irritierend, die andere Sprachen gewohnt sind, die sich nicht von C herleiten, weil es dort nichts Vergleichbares gibt.

### Beispiel: Minimum

Das folgende Beispiel berechnet das Minimum aus den Variablen `a` und `b` und zeigt, wie der Fragezeichen-Operator Programme verkürzen kann.

```
minimum = a < b ? a : b;
```

Vor dem Fragezeichen wird geprüft, ob `a` kleiner als `b` ist. Ist das der Fall, dann steht in der Variablen `a` der kleinere Wert, und diesen Wert liefert der Ausdruck zwischen dem Fragezeichen und dem Doppelpunkt. Im anderen Fall muss `b` den kleineren Wert enthalten, und darum steht `b` auch hinter dem Doppelpunkt.

## 2.2 Boolesche Ausdrücke

»Was ist Wahrheit?«, fragt Pontius Pilatus in Joh. 18, 38. Für ein C++-Programm erledigt sich die Suche nach der Wahrheit in der Auswertung eines booleschen Ausdrucks. In der `if`-Abfrage und im Fragezeichen-Ausdruck wurden bereits solche booleschen Ausdrücke verwendet, die man auch als Bedingungen ansprechen kann. Sie werden auch in den Schleifen verwendet, sodass es an der Zeit ist, sie näher zu betrachten.

Eine Bedingung kann zwei Zustände annehmen: Es kann wahr oder falsch sein. Für den Zustand »wahr« verwendet C++ das Schlüsselwort `true`, und für »falsch« lautet es `false`. Die Sprache C kannte diese beiden Schlüsselwörter nicht, sondern interpretierte den Zahlenwert 0 als falsch und jeden anderen Zahlenwert als richtig. Dieses Verhalten hat C++ geerbt, sodass sowohl `false` als auch 0 für »falsch« steht. Alles andere gilt als »wahr«.

### 2.2.1 Variablen und Konstanten

Da C++ eigene Konstanten für die Wahrheitswerte kennt, ist es naheliegend, dass es dafür einen eigenen Datentyp gibt. Dieser trägt den Namen `bool` und kann die Werte `true` oder `false` annehmen. Obwohl für eine solche Variable theoretisch nur ein Bit benötigt wird, belegt sie in der Praxis mindestens ein Byte.

```
bool kleiner = true;
kleiner = a < b;
if (kleiner)
{
    ...
```

**Listing 2.13** Boolesche Variablen

Auch in C-Programmen findet man manchmal boolesche Typen und Konstanten. Im Windows-Bereich sind vor allem BOOL, TRUE und FALSE verbreitet. Dies sind allerdings keine Sprachelemente, sondern sie wurden mithilfe von Makros (siehe Abschnitt 6.2.3) definiert. Dabei steckt hinter dem FALSE eine 0, hinter TRUE meist eine 1 und hinter BOOL ein `char` oder gar ein `int`.

### 2.2.2 Operatoren

Die einfachste Art, eine Bedingung zu formulieren, ist es, zwei Zahlenwerte miteinander zu vergleichen. Um zu erfragen, ob die erste Zahl kleiner als die zweite ist, wird ein Kleiner-Zeichen (<) zwischen die Operanden gestellt. Als Eselsbrücke können Sie sich vorstellen, dass das Kleiner-Zeichen aus einem Gleichheitszeichen geformt wurde, indem links (in Leserichtung am Anfang gesehen) der Abstand der beiden Striche verkleinert wurde. Eine andere Eselsbrücke funktioniert über die deutsche Tastatur. Größer- und Kleiner-Zeichen liegen auf der gleichen Taste. Um das Größer-Zeichen zu bekommen, müssen Sie die Taste drücken, mit der Sie auch Großbuchstaben erzeugen.

```
if (a < b)
```

Die nachfolgende Anweisung wird nur ausgeführt, wenn der Inhalt der Variablen `a` kleiner als der Inhalt von `b` ist.

Durch Anhängen eines Gleichheitszeichens kann aus dem Kleiner-Zeichen ein »Kleiner-gleich« gemacht werden, das abfragt, ob der linke Wert »kleiner oder gleich« dem rechten Wert ist.

```
if (a <= b)
```

Um das »Größer-gleich« zu erzeugen, muss erst das Größer-Zeichen und dann das Gleichheitszeichen gesetzt werden. Zwischen beiden darf kein Leerzeichen stehen.

#### Gleichheit

Um die Gleichheit zwischen zwei Werten abzufragen, verwendet C++ zwei direkt aufeinanderfolgende Gleichheitszeichen. Das ist erforderlich, um es von dem Zuweisungszeichen zu unterscheiden.

```
if (a == b)
```

Die nachfolgende Anweisung wird nur ausgeführt, wenn der Inhalt der Variablen `a` und der Inhalt von `b` gleich ist. Leider lauert hier eine böse Falle. Sehen Sie sich den folgenden Code an:

```
if (a=1) // Vorsicht! Zuweisung, nicht Abfrage!
{
    a=5;
}
```

**Listing 2.14** Üble Falle!

Auf den ersten Blick sieht es so aus, als würde der Variablen a genau dann eine 5 zugewiesen werden, wenn der Inhalt der Variablen a gleich 1 ist. Tatsächlich handelt es sich aber bei a=1 um eine Zuweisung. Die Variable a enthält also nach dem Durchlaufen der if-Anweisung den Wert 1. Das war vermutlich nicht im Sinne des Programmierers. Darüber hinaus ist das Ergebnis des Klammerinhalts ebenfalls 1, weil ja der Zuweisungswert immer nach links weitergereicht wird. Da aber eine Zahl ungleich 0 immer als wahr interpretiert wird, ist die Bedingung immer wahr, und die Zuweisung a=5 wird in jedem Fall ausgeführt. Korrekt muss es also wie folgt heißen:

```
if (a==1)
{
    a=5;
}
```

**Listing 2.15** Entschärft

Aufgrund der besonderen Heimtücke dieser Situation reagieren die meisten Compiler mit einer Warnung, wenn in der Bedingung eine Zuweisung steht. Ein Fehler ist es nicht, denn aufgrund seines C-Erbes ist es in C++ durchaus zulässig, Zahlenwerte auch als boolesche Werte zu verwenden. Manche Programmierer haben es sich zur Gewohnheit gemacht, bei Abfragen die Konstante zuerst zu nennen, denn a==1 ist das Gleiche wie 1==a. Wenn man allerdings doch einmal das zweite Gleichheitszeichen vergisst, ergibt 1=a sofort einen Compiler-Fehler. Auf der anderen Seite kann man davon ausgehen, dass ein Programmierer, der daran denkt, die Abfrage in dieser Form aufzuschreiben, mit an Sicherheit grenzender Wahrscheinlichkeit auch daran denkt, ein zweites Gleichheitszeichen zu setzen.

### Ungleichheit

Das Zeichen für Ungleichheit ist ein Ausrufezeichen, gefolgt von einem Gleichheitszeichen. Das Ausrufezeichen stellt das Zeichen für die Verneinung dar.

| Operator | Bedeutung |
|---|---|
| a == b | a gleich b? |
| a != b | a ungleich b? |
| a > b | a größer als b? |
| a >= b | a größer oder gleich b? |
| a < b | a kleiner als b? |
| a <= b | a kleiner oder gleich b? |

**Tabelle 2.1** Vergleich numerischer Werte

**Warnung**

Sie können immer nur zwei Operanden miteinander vergleichen. Wenn Sie prüfen wollen, ob der Wert der Variablen a zwischen 5 und 10 liegt, muss dies in zwei Vergleichen stattfinden. Die folgende Abfrage wird vom Compiler zwar zugelassen, ergibt aber eine völlig andere Interpretation.

```
if (5<=a<=10) // funktioniert nicht!
{
    // Tu irgendetwas;
}
```

**Listing 2.16** Noch eine üble Falle!

Zunächst wird der Compiler den Ausdruck 5<=a auswerten. (Für die Experten: Die Vergleichsoperatoren sind linksassoziativ.) Dies kann wahr oder falsch sein, ergibt also 0 oder 1. Dieser Wert wird nun mit <=10 weiterverknüpft. Da 0 und 1 kleiner als 10 sind, wird der obere Ausdruck als Ganzes immer wahr sein. Korrekterweise muss aber verglichen werden, ob a größer oder gleich 5 ist und ob a kleiner oder gleich 10 ist.

Kapitel 2

```
if (5<=a)
{
    if (a<=10)
    {
        // Tu irgendetwas;
    }
}
```

**Listing 2.17** Lösung durch Verschachtelung

Die Ausdrücke sind nun so verknüpft, dass beide Ausdrücke zutreffen müssen, damit der innere Block erreicht wird.

### 2.2.3 UND, ODER, NICHT – Verknüpfung von booleschen Ausdrücken

Wenn zwei Bedingungen zutreffen müssen, damit die Gesamtbedingung wahr ist, dann spricht man von einer UND-Verknüpfung. Beispiel: Wenn ein Wert innerhalb eines Intervalls liegen soll, muss er zwei Bedingungen erfüllen: Der Wert muss mindestens das Minimum erreichen und darf das Maximum nicht übersteigen. Beide Teilbedingungen müssen erfüllt sein, damit die Gesamtbedingung wahr ist. Diese Verknüpfung heißt UND und wird in C++ mit zwei kaufmännischen Und-Zeichen dargestellt.

```
if (5<=a && a<=10)
{
    // Tu irgendetwas;
}
```

**Listing 2.18** Lösung durch UND-Verknüpfung

Ein anderes Beispiel: Eine Firma zahlt vielleicht nur dann Weihnachtsgeld aus, wenn der Mitarbeiter fest angestellt und bereits seit einem halben Jahr in der Firma ist. Auch hier müssen beide Bedingungen erfüllt sein. Es handelt sich also auch hier um eine UND-Verknüpfung. Die Wahrheitstabelle 2.2 zeigt alle denkbaren Kombinationen der beiden Operanden und welches Ergebnis die UND-Verknüpfung liefert.

| a | b | a && b |
|---|---|---|
| `true` | `true` | `true` |
| `true` | `false` | `false` |
| `false` | `true` | `false` |
| `false` | `false` | `false` |

**Tabelle 2.2** Wahrheitstabelle UND

Eine andere Sache ist es, wenn Sie prüfen wollen, ob ein Wert außerhalb eines Intervalls liegt. Der Wert kann schlecht sowohl größer als das Maximum als auch kleiner als das Minimum sein. Hier ist die UND-Verknüpfung Unsinn. Es wird ausreichen, dass eine von beiden Bedingungen zutrifft. Ist der Wert kleiner als das Minimum des Intervalls, liegt er bereits außerhalb. Auch die Teilbedingung, dass der Wert über dem Maximum liegt, reicht aus, damit der Wert außerhalb des Intervalls ist. Eine Verknüpfung, die wahr ist, wenn eine der Teilbedingungen wahr ist, heißt ODER-Verknüpfung und wird durch zwei senkrechte Striche dargestellt.

```
if (5>a || a>10)
{
    // Tu irgendetwas;
}
```

**Listing 2.19** ODER-Verknüpfung

Zu unserem anderen Beispiel: Eine etwas großzügigere Firma könnte der Regelung folgen, dass sowohl Angestellte ab dem ersten Tag ihrer Betriebszugehörigkeit als auch Aushilfen, die schon seit mehr als zwei Jahren für das Unternehmen tätig sind, Weihnachtsgeld bekommen. In diesem Fall würde bereits das Erfüllen einer

Teilbedingung ausreichen, um die Gesamtbedingung zu erfüllen. Hier wird die ODER-Verknüpfung eingesetzt.

| a | b | a \|\| b |
|---|---|---|
| `true` | `true` | `true` |
| `true` | `false` | `true` |
| `false` | `true` | `true` |
| `false` | `false` | `false` |

**Tabelle 2.3** Wahrheitstabelle ODER



Der dritte logische Operator negiert einen booleschen Wert. Das NOT oder NICHT wirkt auf einen Operanden und wird in C++ durch das Ausrufezeichen dargestellt. Ist der Ausdruck, vor dem das Ausrufezeichen steht, wahr, so ist der Gesamtausdruck falsch.

| a | !a |
|---|---|
| `true` | `false` |
| `false` | `true` |

**Tabelle 2.4** Wahrheitstabelle NICHT

**Spicker**

UND ist erfüllt, wenn alle Teilbedingungen wahr sind.
ODER ist erfüllt, wenn mindestens eine der Teilbedingungen erfüllt ist.

Achten Sie genau auf die Definition der beiden Verknüpfungen UND und ODER. Die sprachliche Verwendung ist da oft sehr viel schlampiger. Wenn Sie beispielsweise in einem Museum auf einem Schild sehen, dass Rollschuhlaufen und Eisessen verboten ist, dürften Sie aus Sicht der booleschen Algebra durchaus Rollschuh laufen. Sie dürften auch Eis essen. Sie dürften nur nicht beides tun. Allerdings werden Sie damit vermutlich keinen der Aufseher überzeugen können. Rechnen Sie lieber damit, dass deren mathematische Kenntnisse nicht so ausgeprägt sind, ihnen aber dafür die Angst um die Ausstellungsstücke im Nacken sitzt. Im umgangssprachlichen Bereich wird auch schnell die ODER-Verknüpfung zu einem Entweder-oder verschärft. Der Unterschied liegt darin, dass ODER wahr ist, wenn mindestens ein Teilausdruck wahr ist. Entweder-oder sagt dagegen aus, dass genau ein Teilausdruck wahr ist.

C++ stellt keinen eigenen Operator für die Entweder-oder-Verknüpfung zur Verfügung. Eine solche Verknüpfung wird oft auch XOR genannt. Natürlich ist es möglich, mithilfe von UND und ODER diesen Operator nachzubilden. Dazu erstellen Sie zunächst eine Tabelle, in der Sie festhalten, wann die Verknüpfung wahr und wann sie falsch wird:

| a | b | a XOR b |
|---|---|---|
| true | true | false |
| true | false | true |
| false | true | true |
| false | false | false |

**Tabelle 2.5** Wahrheitstabelle Entweder-oder

Es gibt zwei Ideen, wie Sie die Lösung finden können. Die erste Idee besteht darin, alle Zeilen die wahr sind, nachzubilden und diese Nachbildungen mit ODER zu verknüpfen. Im Beispiel sind das die beiden mittleren Zeilen. Die erste Zeile lautet »a UND NICHT b«, da a wahr und b falsch ist. Die zweite Zeile ist »NICHT a UND b«. Zuletzt werden die beiden Ausdrücke durch ODER verbunden. Zur Kontrolle können Sie eine Wahrheitstabelle erstellen:

| a | b | a && !b | !a && b | (a && !b) \|\| (!a && b) |
|---|---|---|---|---|
| true | true | false | false | false |
| true | false | true | false | true |
| false | true | false | true | true |
| false | false | false | false | false |

**Tabelle 2.6** Wahrheitstabelle (a UND NICHT b) ODER (NICHT a UND b)

Die zweite Idee versucht, alle wahren Zeilen zusammenzufassen. Werden dabei ein paar falsche Zeilen eingeschlossen, muss man sie eben wieder ausschließen. Im Beispiel würde »a ODER b« die oberen drei Zeilen umfassen. Nur die erste Zeile passt nicht auf »a XOR b«, also schließt man sie mit »UND NICHT« aus. Der Ausdruck lautet dann: »(a ODER b) UND NICHT (a UND b)«. Auch hier beweist die Wahrheitstabelle, ob der Ausdruck stimmt:

| a | b | a \|\| b | a && b | (a \|\| b) && !(a && b) |
|---|---|---|---|---|
| true | true | true | true | false |
| true | false | true | false | true |
| false | true | true | false | true |
| false | false | false | false | false |

**Tabelle 2.7** Wahrheitstabelle (a ODER b) UND NICHT (a UND b)

XOR ist immer dann wahr, wenn sich die beiden Operanden unterscheiden, wenn sie also ungleich sind. Tatsächlich ergibt die Verwendung des Ungleich-Zeichens den gewünschten Effekt, auch wenn es nicht als XOR bezeichnet wird.

### 2.2.4 De Morgan

Bei der Negation verknüpfter Ausdrücke können einige Überraschungen auftreten. Es gelten nämlich nach dem Gesetz von De Morgan die folgenden Regeln:

**Spicker**

`!( a && b )` ist äquivalent zu `!a || !b`
`!( a || b )` ist äquivalent zu `!a && !b`



#### Beispiel

Als Beispiel soll eine Abfrage negiert werden, die prüft, ob ein Wert innerhalb eines Intervalls liegt. Das Ergebnis der Negation wäre also eine Abfrage, ob der Wert außerhalb des Intervalls liegt. Da Sie beide Abfragen schon gesehen haben, können Sie den Schritt der Negation an diesem Beispiel leicht prüfen.

```
if (a>=2 && a<=5)
```

Die einfachste Form, die Negation zu bilden, besteht darin, eine Klammer um den Gesamtausdruck zu legen und ihren Inhalt durch das Ausrufezeichen zu negieren.

```
if (!(a>=2 && a<=5))
```

Das mag unsportlich wirken, ist aber ohne Frage korrekt. Darum sollten Sie lieber eine solche, wenig elegante Lösung verwenden als eine elegante, die den Schönheitsfehler hat, falsch zu sein. Falsch wäre es beispielsweise, einfach nur die Vergleichsoperatoren umzukehren:

```
if (a<2 && a>5) // schnell, aber falsch!
```

Hier würde geprüft, ob die Variable `a` sowohl kleiner als 2 als auch größer als 5 ist. Naheliegenderweise kann ein Wert nicht beides sein. Wenn Sie dagegen die Regel von De Morgan anwenden, werden die Teilausdrücke negiert und UND wird durch ODER ersetzt:

```
if (!(a>=2) || !(a<=5))
```

Nun können die Teilausdrücke vereinfacht werden: `!(a>=2)` ist leicht in `a<2` zu überführen. Genauso ist `!(a<=5)` äquivalent zu `a>5`. Also lautet die korrekt umgesetzte Bedingung:

```
if (a<2 || a>5) // richtige Negation!
```

Die Variable `a` liegt außerhalb des Intervalls, wenn sie kleiner als 2 oder größer als 5 ist. Wenn eine der Aussagen wahr ist, ist der Gesamtausdruck wahr. Liegt `a` doch im Intervall, sind beide Teilausdrücke falsch, und damit ist auch der Gesamtausdruck falsch.

Daraus ergibt sich, dass eine UND-Verknüpfung negiert wird, indem jeder Teilausdruck negiert wird und das UND durch ein ODER ersetzt wird. Das Gleiche gilt umgekehrt: Um eine ODER-Verknüpfung zu negieren, werden die Teilausdrücke negiert und das ODER durch ein UND ersetzt.

#### Kurzschluss

Das Programm muss bei der Abarbeitung von verknüpften Bedingungen nicht in jedem Fall alle Teilbedingungen auswerten. Scheitert zum Beispiel bei einer UND-Verknüpfung bereits die erste Teilbedingung, so ist es nicht erforderlich, die anderen Teilbedingungen zu prüfen, denn der Gesamtausdruck kann nur noch falsch sein. Das Gleiche gilt, wenn sich bei einer ODER-Verknüpfung bereits der erste Teilausdruck als wahr erweist. Dann brauchen die anderen Teilbedingungen nicht mehr geprüft zu werden. Der Gesamtausdruck muss wahr sein.

Diese Erkenntnis wird in C++ effizienzsteigernd umgesetzt. Das Programm wird in einer solchen Situation die weitere Analyse abbrechen und sofort seine Schlüsse ziehen. In den allermeisten Fällen wird Sie dieses Verhalten kaum berühren. Den geringfügigen Geschwindigkeitszugewinn werden Sie vermutlich nicht einmal bemerken. Schwieriger wird es jedoch, wenn der zweite Teilausdruck neben der Wahrheitsfindung noch etwas anderes tut.

```
if ((gehalt<2000) && (personalNr++>10))
{
    ...
```

**Listing 2.20** Kurzschluss

Normalerweise wird nach dem Durchlaufen dieser Abfrage die Variable `personalNr` um 1 erhöht. Tatsächlich ist dies aber keineswegs der Fall, wenn das Gehalt nicht kleiner als 2.000 ist. Sollte also beabsichtigt sein, dass auch bei kleinen Gehältern die Variable `personalNr` inkrementiert wird, muss die Reihenfolge der Bedingungen umgedreht werden.

```
if ((personalNr++>10) && (gehalt<2000))
{
    ...
```

**Listing 2.21** Und die Reihenfolge ist doch wichtig!

**Warnung**

Wesentlich sinnvoller ist es allerdings, solche Situationen grundsätzlich zu vermeiden. Innerhalb einer Bedingung sollten Abfragen und deren Verknüpfungen stehen. Arithmetische und andere Operationen sollten Sie sicherheitshalber vor oder hinter die Bedingung setzen.

```
personalNr++;
if ((personalNr>10) && (gehalt<2000))
{
    ...
```

**Listing 2.22** Ende des Verwirrspiels

Aber selbst wenn Sie tatsächlich die Logik verwenden wollen, die der Compiler umsetzen wird, empfielt es sich, dies deutlich herauszustellen. Das erreichen Sie, indem Sie die verknüpfte Abfrage in zwei Abfragen zerlegen.

```
if (gehalt<2000)
{
    if (personalNr++>10)
    {
        ...
```

**Listing 2.23** Identisch, aber übersichtlicher

Hier wird deutlich, was Sie beabsichtigt haben. So verhindern Sie, dass jemand bei der Wartung Fehler einbaut, nur weil er meint, der Programmierer habe vielleicht nicht gewusst, wie der Compiler die Konstruktion umsetzt.

## 2.3 Immer diese Wiederholungen: Schleifen

Es gibt viele Aufgaben, in denen Befehle wiederholt werden sollen, bis ein bestimmtes Ergebnis erzielt wird. Eine solche Wiederholung nennt man in Programmen eine Schleife. Jede Form des Zählens wird im Programm in einer Schleife realisiert. Bei der Nullstellenberechnung nach Regula Falsi werden immer neue

Annäherungen in einer Schleife berechnet, bis die Nullstelle der Funktion in der vorgegebenen Genauigkeit gefunden wird. In Computerspielen dürfen Sie so lange ballern, bis Ihr letztes Raumschiff abgeschossen wird. Eine Schleife hat den Wiederholungscharakter, enthält aber auch immer eine Bedingung, unter der die Schleife verlassen wird, oder positiv formuliert: Die Schleife wird so lange durchlaufen, wie die Schleifenbedingung gilt.

Achten Sie besonders auf die richtige Schleifenbedingung. Nicht nur Anfängern passiert es, dass die Schleife nicht endet, weil die Schleifenbedingung niemals unwahr wird. Eine solche Schleife wird Endlosschleife genannt. Eine andere Ursache für eine Endlosschleife kann darin bestehen, dass die Bedingung zwar richtig formuliert ist, der Programmierer aber vergisst, die Daten, die in der Bedingung abgefragt werden, innerhalb der Schleife zu ändern.

### 2.3.1 Kopfgesteuert: while

Die einfachste Schleife wird durch das Schlüsselwort `while` eingeleitet. Die deutsche Übersetzung lautet »solange«. Und damit lässt sich bereits gut beschreiben, wie eine solche Schleife arbeitet. Sie wiederholt Vorgänge, solange eine bestimmte Bedingung erfüllt ist. Auch im Alltag verwenden wir solche Schleifen. Solange die Suppe noch nicht salzig genug ist, schütten wir noch einen Teelöffel Salz hinein. Und wie in diesem Beispiel zuerst der Salzgehalt geprüft wird, so prüft auch die `while`-Schleife als Erstes die Bedingung und führt erst danach die Anweisung aus.

Die Syntax ähnelt sehr der einer `if`-Anweisung. Und tatsächlich bestehen die Unterschiede nur darin, dass die Schleife die Anweisung wiederholt. Ist die Bedingung von vornherein nicht erfüllt, verhält sich die Schleife exakt wie die `if`-Anweisung: Sie führt die Anweisung einfach nicht aus.

Die Schleife beginnt mit dem Schlüsselwort `while`. In Klammern folgt die Bedingung, unter der die direkt anschließende Anweisung ausgeführt wird. Auch hier können mehrere Anweisungen zu einem Anweisungsblock zusammengefasst werden, wenn sie in geschweiften Klammern stehen. Abbildung 2.10 zeigt den entsprechenden Syntaxgraphen.

**Abbildung 2.10** Syntaxgraph für `while`

### Zählen für Anfänger

Als erstes Beispiel bringen wir dem Computer das Zählen bei. Denken Sie darüber nach, was Sie tun, wenn Sie zählen. Zunächst beginnen Sie bei einer bestimmten Zahl, typischerweise bei 1. Dann folgt die Wiederholung, in der Sie immer den bisherigen Wert um 1 erhöhen. Da Sie auch irgendwann einmal etwas anderes tun wollen als zählen, werden Sie bei einem bestimmten Wert die Wiederholung abbrechen.

Im Programm verwenden Sie eine Variable, die Sie mit dem Startwert vorbesetzen. Dieser Startwert muss vor der Schleife gesetzt werden, sonst würde die Variable in jeder Runde auf ihren Ausgangspunkt zurückgesetzt und die Schleife ewig rotieren. Danach soll das Programm in die Schleife eintreten, in der die Variable immer um 1 erhöht wird. Die Schleife beginnt mit dem Schlüsselwort `while`. Direkt dahinter wird in Klammern die Bedingung formuliert. Solange diese Bedingung gilt, bleibt das Programm innerhalb der Schleife. Wenn Sie bis 10 zählen wollen, müssen Sie hier prüfen, ob die Variable kleiner oder gleich 10 ist. Direkt anschließend an die Bedingung können Sie eine Anweisung angeben, die in der Schleife wiederholt werden soll. Da Sie ja einerseits die Variable um 1 erhöhen und andererseits den aktuellen Stand auf dem Bildschirm ausgeben wollen, brauchen Sie aber zwei Anweisungen, die in der Schleife ausgeführt werden sollen. Das kann jedoch leicht mit einem Block, also mit geschweiften Klammern gelöst werden. In den Block werden demzufolge die Ausgabe der Variablen und die anschließende Erhöhung der Variablen gesetzt.

```
#include <iostream>
using namespace std;
int main()
{
    int i = 1; // Startwert vor der Schleife setzen
    while (i <= 10) // Schleifenbedingung
    {
        cout << i << endl;  // Aktion
        i++; // Ohne diese Zeile wird es eine Endlosschleife
    }
}
```

**Listing 2.24** Zählen

### Grenzfragen

Leicht entstehen Fehler bei der Festlegung der Schleifengrenzen. Würden Sie statt <= nur das Kleiner-Zeichen verwenden, würde das Programm nur bis 9 zählen. Der Grund ist folgender: Sobald der Inhalt von `i` den Wert 10 erreicht, gilt die Bedingung nicht mehr und damit wird das Schleifeninnere nicht mehr betreten. Sie können auch eine Schleife bilden, die zehnmal durchläuft, indem Sie bei 0 beginnen und abfragen, ob die Variable kleiner als zehn ist. Dann würde die Variable `i` von 0 bis 9 laufen. Wenn Sie `i` allerdings vor der Ausgabe erhöhen, erhalten Sie wieder die Zahlen von 1 bis 10.

```
#include <iostream>
using namespace std;
int main()
{
    int i = 0;
    while (i < 10)
    {
        i++;
        cout << i << endl;
    }
}
```

**Listing 2.25** Zählen, die Zweite

Die `while`-Schleife prüft die Bedingung am Schleifenkopf. Das bedeutet, dass die Anweisungen in der Schleife gar nicht ausgeführt werden, wenn die Bedingung vor dem Betreten der Schleife unwahr ist.

Das Struktogramm der `while`-Schleife sehen Sie in Abbildung 2.11. Die Abfrage, ob die Schleife weiter durchlaufen wird, findet sich zu Anfang und »umfasst« die Anweisung oder den Anweisungsblock, der innerhalb der Schleife ausgeführt wird.

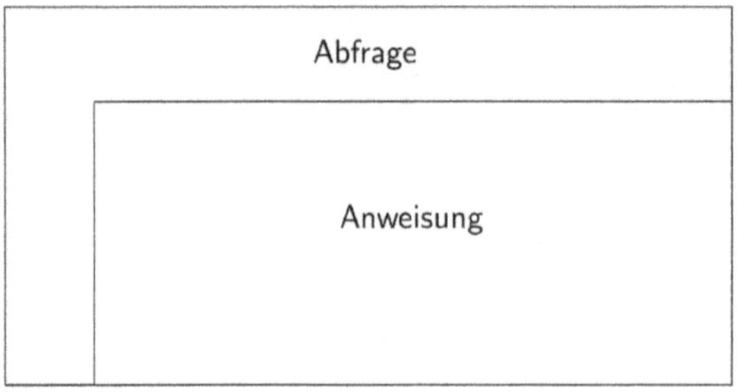


**Abbildung 2.11** Struktogramm der `while`-Schleife

**Beispiel**

Als weiteres Beispiel wird noch einmal gezählt, diesmal aber rückwärts.

```
int i = 10;
while (i > 0)
{
    i--;
}
```

**Listing 2.26** Rückwärtszählen



Hier wird die Zählvariable i mit 10 vorbesetzt. In der Schleifenbedingung wird geprüft, ob i größer als 0 ist. Das ist wahr, also wird die Schleife betreten und der Schleifenkörper ausgeführt. Darin wird lediglich die Variable i um 1 vermindert, sodass i nach dem ersten Durchlauf immer noch 9 enthält. Das ist ohne Zweifel größer als 0. Die Schleife wird so oft durchlaufen, bis i durch das Dekrementieren 0 wird. Bei der nächsten Prüfung am Schleifenkopf ist die Bedingung nicht mehr gültig und die Schleife wird sofort verlassen.

In Listing 2.26 fehlt die Ausgabe. Als kleine Übung können Sie darüber nachdenken, was wohl ausgegeben wird, wenn Sie die Ausgabeanweisung vor oder nach dem Dekrementieren von i in die Schleife setzen. Wenn Sie sicher sind, was passieren wird, probieren Sie es aus!

### 2.3.2 Fußgesteuert: do…while

In manchen Situationen ist die Prüfung am Kopf der Schleife ungünstig. Manchmal wollen Sie eine Aktion durchführen und werden erst an ihrem Ende erkennen können, ob die Aktion wiederholt werden soll. Ein Kind wird beispielsweise seinen Opa so lange um Süßigkeiten anbetteln, bis dieser keine mehr hat.[1] Das Kind wird in jedem Fall erst einmal betteln, ansonsten kann es die Bedingung gar nicht prüfen. In diesem Fall findet die Prüfung also erst nach dem Durchlauf des Schleifenkörpers statt.

1 Erfahrene Eltern werden zu Recht einwerfen, dass die Abschlussbedingung von dem System »Opa« nicht eingehalten wird.

### Einsatz für Eingabeprüfungen

In Programmen findet eine fußgesteuerte Schleife besonders bei Eingabeprüfungen eine typische Anwendung. Innerhalb der Schleife fordert das Programm vom Anwender eine Eingabe an. Erst dann wird geprüft, ob die Eingabe korrekt ist. Ist die Eingabe nicht zufriedenstellend, wird die Schleife wiederholt.

Ein weiteres Beispiel ist das Spiel Minesweeper. Der Benutzer soll auf ein Feld klicken. Solange unter dem Feld keine Mine liegt, darf er weiterspielen. Sie können erst am Ende der Schleife feststellen, wohin der Benutzer geklickt hat. Der Syntaxgraph der `do-while`-Schleife ist in Abbildung 2.12 zu sehen.

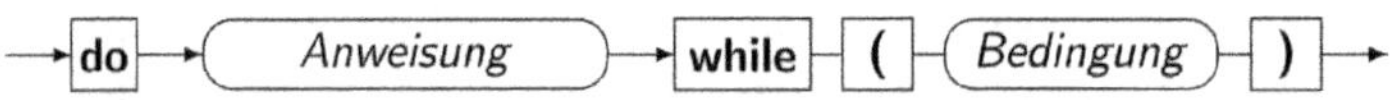


**Abbildung 2.12** Syntaxgraph `do-while`

Auch hier werden Sie in den meisten Fällen einen Block aus geschweiften Klammern verwenden, da eine Schleife meist mehrere Anweisungen umfasst. Das Struktogramm unterscheidet sich von dem der `while`-Schleife darin, dass die Bedingung nun am Ende steht.

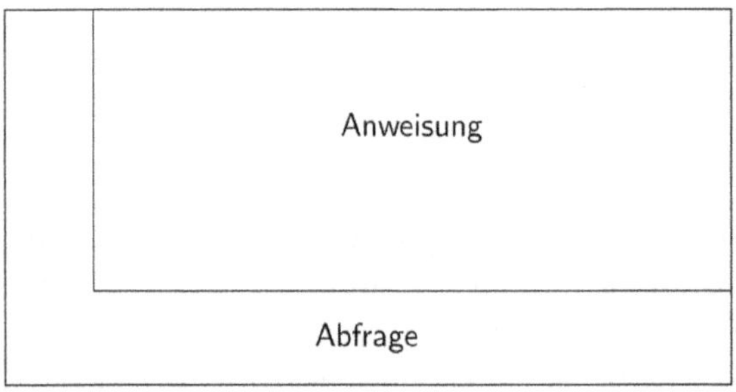


**Abbildung 2.13** Struktogramm der `do-while`-Schleife

Im folgenden Beispiel wird rückwärtsgezählt. Betrachten Sie das Listing, und überlegen Sie, ob die Zahlen 10, 1 und 0 ausgegeben werden! Prüfen Sie anschließend, ob Ihre Vermutungen stimmen!

```
#include <iostream>
using namespace std;

int main()
{
    int i = 10;
    do
    {
        cout << i << endl;
        i--;
    }
    while(i>0);
}
```

**Listing 2.27** `do-while`-Schleife



### 2.3.3 Abgezählt: for

Die beiden bisher gezeigten Schleifen benötigten drei Elemente:

- Eine Initialisierung vor Beginn der Schleife
- Eine Bedingung, unter der die Schleife durchlaufen wird
- Eine Aktion, die die Bedingung verändern kann

Fehlt eines dieser Elemente oder ist es nicht korrekt, ist das Risiko einer Endlosschleife groß. Die `for`-Schleife enthält alle drei Elemente in ihrem Kopf. So sind sie an einer Stelle zusammengefasst und können leichter unter Kontrolle gehalten werden.

Eine sehr typische Anwendung für Schleifen ist das Zählen; und gerade hier zeigt sich besonders die Übersichtlichkeit der `for`-Schleife. Das folgende Beispiel zählt von 0 bis 9.

```
int i;
for (i=0; i<10; i++)
{
    cout << i << endl;
}
```

**Listing 2.28** Zählen mit der `for`-Schleife

In der Klammer, die dem Schlüsselwort `for` folgt, findet sich als Erstes eine Startanweisung, die die Variable `i` auf 0 setzt. Bei den `while`-Schleifen wurde diese

Initialisierung vor der Schleife durchgeführt. Als Zweites ist die Schleifenbedingung zu erkennen. Die dritte Anweisung ist das Inkrementieren der Zählervariablen, die üblicherweise am Ende der Schleife steht. Diese drei Elemente werden jeweils durch ein Semikolon getrennt. Die `for`-Schleife ist folgendermaßen strukturiert:

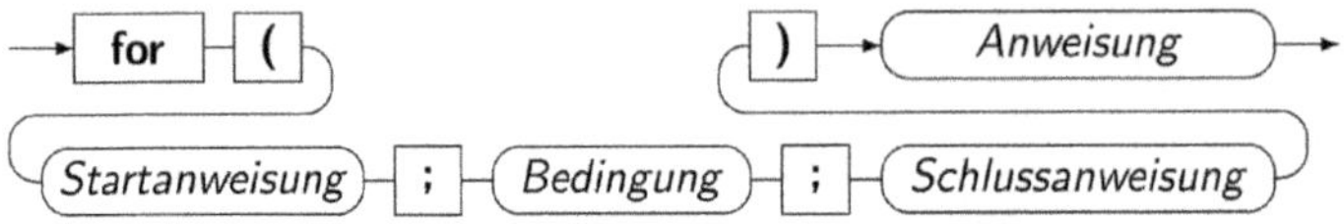


**Abbildung 2.14** Syntaxgraph für `for`

Die `for`-Schleife ist der `while`-Schleife sehr ähnlich. Sie verpackt ihre Fähigkeiten nur eleganter und bewirkt, dass der Programmierer nicht so leicht wichtige Elemente vergisst. Sie könnten das obige Schema leicht auch als `while`-Schleife darstellen.

**Spicker**

```
Startanweisung;
while (Bedingung)
{
        Schleifenkörper;
        Schlussanweisung;
}
```

Entsprechend unterscheidet sich das Struktogramm nicht von dem der `while`-Schleife. Es wird lediglich der Kopf der Schleife inhaltlich in den Abfragebereich geschrieben.

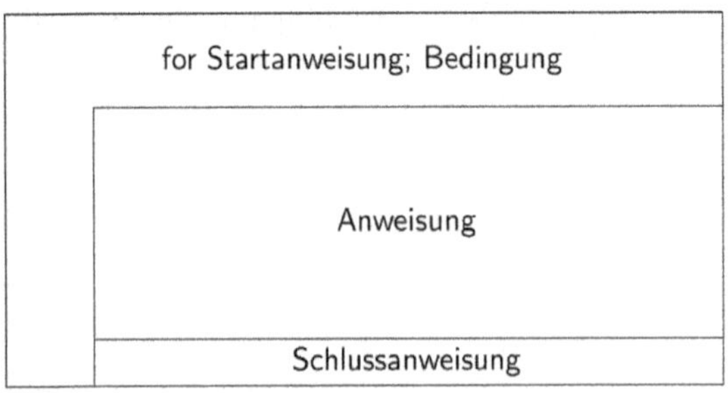


**Abbildung 2.15** Struktogramm der `for`-Schleife

**Hinweis**

Diese Darstellung entspricht nicht der Norm, hilft aber meines Erachtens beim Verständnis. In der genormten Variante wird die Schlussanweisung weggelassen beziehungsweise im Schleifenkopf dargestellt.

Manche Programmierer setzen beim Struktogramm die Schlussanweisung in das Feld des `for`-Befehls zu Startanweisung und Bedingung.

Wenn Sie mehrere Anweisungen in der Start- oder Schlussanweisung benötigen, können Sie nicht einfach einen Block mit geschweiften Klammern in die runde Klammer setzen. Allerdings ist es möglich, mehrere Anweisungen in die Start- oder Schlussanweisung zu stellen, indem man sie durch ein Komma trennt. Das folgende Beispiel illustriert dies.

```
#include <iostream>
using namespace std;

int main()
{
    int i, a;

    for (i=0, a=10; i<5; i++, a--)
    {
       cout << i << "-" << a << endl;
    }
}
```

**Listing 2.29** Mehrere Anweisungen im `for`-Kopf

Der Hintergrund ist, dass das Komma ein Ausdrucksoperator ist, der zwei Ausdrücke voneinander trennt. Der Wert des Gesamtausdrucks entspricht dem Wert des letzten Ausdrucks. Entsprechend ist aus Sicht des Compilers `i=0, a=10` *eine* Anweisung, die aus zwei Ausdrücken besteht, die wiederum durch einen Komma-Operator getrennt sind.

Die drei Elemente in der Klammer der `for`-Schleife müssen nicht besetzt werden. Wenn Sie keine Startanweisung benötigen, lassen Sie sie einfach weg und setzen nur ein Semikolon. Auch die Schlussanweisung kann weggelassen werden. Dann folgt nach dem zweiten Semikolon gleich die schließende Klammer.

Eine besondere Variante der `for`-Schleife werden Sie vielleicht hin und wieder in Programmbeispielen sehen. Will ein Programmierer bewusst eine Endlosschleife programmieren, so verwendet er oft die `for`-Schleife und schreibt in die Klammer nichts außer den beiden Semikola. Die leere Bedingung wird von C++ als wahr empfunden. C++ ist also offensichtlich grundlegend optimistisch eingestellt. Da die Schleifenbedingung nie unwahr wird, wird solch eine Schleife nie verlassen. Diese Art Endlosschleifen hat im Allgemeinen einen anderen Ausstieg als den über die Kopfbedingung. Dazu gehört beispielsweise der Befehl `break`, der im nächsten Abschnitt beschrieben wird.

```
for (;;) // läuft bis zum nächsten Stromausfall
{
    ...
}
```

### 2.3.4 Schleifensprünge: break und continue

Normalerweise sollte allein die Schleifenbedingung bestimmen, wann eine Schleife verlassen wird. Dadurch hat die Schleife einen klar definierten Ausstieg. Einen Sonderfall ermöglicht der Aufruf von `break`. Er bewirkt ein sofortiges Verlassen der Schleife. Typischerweise wird er in der Mitte eines Schleifenkörpers eingesetzt, wenn eine besondere Situation, beispielsweise ein Fehler, eintritt.

```
fehler=0;
while (a>0)
{
    ...
    c=4;
    if (fehler==9)
    {
        break;
    }
    a++;
    ...
}
```

**Listing 2.30** `break` unterbricht Schleifen.

Dieser Mechanismus ist natürlich ungeheuer praktisch. Sie können sofort auf Ereignisse reagieren, die das Verlassen der Schleife erfordern. Allerdings hat diese Konstruktion zwei Schönheitsfehler: Erstens ist nicht mehr allein an der Schleifenbedingung hinter dem `while` erkennbar, unter welchen Bedingungen die Schleife beendet wird, und zweitens scheinen die Anweisungen vor und hinter der `if`-

Abfrage auf der gleichen Ebene zu stehen. Dennoch wird die Anweisung a++ nicht unter den gleichen Bedingungen ausgeführt wie c=4.

Eine allzu häufige Verwendung von break zeugt von mangelnder Planung. Anstatt eine Bedingung sorgfältig zu formulieren und durch eine if-Abfrage den Ablauf zu steuern, wird die Schleife spontan abgebrochen. Der folgende Ablauf ist äquivalent zu dem vorigen, hat aber den Vorteil, dass der Ablauf und das Ende der Schleife deutlicher werden.

```
fehler=0;
while (fehler!=9 && a>0)
{
    // ...
    c=4;
    if (fehler!=9)
    {
        a++;
        // ...
    }
}
```

**Listing 2.31** Alternative zu break

Bevor Sie break verwenden, um eine Schleife zu verlassen, sollten Sie darüber nachdenken, ob Sie den Ablauf nicht eleganter gestalten können. Wenn Sie dennoch gute Gründe haben, mit break zu arbeiten, sollten Sie wenigstens am Schleifenkopf durch einen Kommentar auf diese Abnormität hinweisen.

Die einzig wirklich sinnvolle Anwendung des break-Befehls findet sich in der switch-Anweisung. Hier liegt es in der Natur der Sache, dass nach dem Abarbeiten eines Falles die Anweisung per Sprung verlassen wird.

### continue

In eine ähnliche Kategorie fällt der Befehl continue. Dieser verlässt die Schleife allerdings nicht, sondern springt sofort an das Schleifenende. Der dem Befehl continue folgende Teil des Schleifenkörpers wird also nicht bearbeitet.

```
while (a>0)
{
    // ...
    c=4;
```

```
    if (fehler==9)
    {
        continue;
    }
    a++;
    // ...
}
```

**Listing 2.32** `continue` überspringt den restlichen Schleifenkörper.

Die Verwendung von `continue` lässt sich noch leichter umgehen als die von `break`. Der einzige Vorteil, den `continue` gegenüber der Verwendung einer `if`-Abfrage hat, ist die Verringerung der Einrückungstiefe für die Anweisung `a++`. Aber genau das ist gleichzeitig der Nachteil: Man kann nicht an der Einrückung ablesen, dass diese Befehle nur dann ausgeführt werden, wenn die Variable `fehler` nicht den Wert 9 enthält.

```
while (a>0)
{
    // ...
    c=4;
    if (fehler!=9)
    {
        a++;
        // ...
    }
}
```

**Listing 2.33** Alternative zu `continue`

### 2.3.5 Der brutale Sprung: goto

Die Anweisung `goto` kann an eine beliebige Stelle innerhalb der gleichen Funktion (zu Funktionen siehe Abschnitt 4) springen. Als Sprungziel wird ein sogenanntes Label gesetzt. Ein Label besteht aus einem Namen und einem Doppelpunkt. Hinter jedem Label muss mindestens eine Anweisung stehen.

```
if (a==0)
{
    a++;
    goto Dazwischen;
}
```

```
b+=2;
if (b>6)
{
    goto GanzHinten;
    Dazwischen:
    // hier ist b>6 oder a==1
    b=4;
}
else
{
    c=2;
}
GanzHinten:
a++;
```

**Listing 2.34** Wilde Sprünge



Der Sprung an die Stelle `Dazwischen:` zeigt, welcher Unfug mit der `goto`-Anweisung möglich ist. Obwohl dieser Sprung vom Compiler nicht bemängelt wird, fällt es schwer vorherzusagen, was passiert. Wenn Sie schon einen `goto`-Befehl verwenden, dann sollten Sie ihn höchstens zum Verlassen von verschachtelten Schleifen einsetzen und nicht in andere Blöcke hineinspringen. Ein Sprung erschwert die Nachvollziehbarkeit des Programmablaufs. Darum sollten Sie ihn vermeiden.

Wenn Sie in Ihren Programmen häufiger `goto` verwenden, werden Sie den gleichen Blick in den Gesichtern Ihrer Kollegen feststellen, den Sie hervorrufen, wenn Sie in der Kantine Ihr Schnitzel mit einer Streitaxt teilen.

In alten (wirklich alten) Programmiersprachen gab es nur den absoluten Sprung, um eine andere Stelle im Programm zu erreichen. Da diese Programme sehr unübersichtlich wurden, bildete sich in den 70er-Jahren ein Kreuzzug gegen die Verwendung des `goto`. Moderne Sprachen haben durch Abfragen und Schleifen alles an Bord, um auf den Befehl `goto` verzichten zu können.

## 2.4 Beispiele

Schleifen und Abfragen sind ein Grundbestandteil jedes Programms. Sie brauchen einige Übung, um in den Aufgabenstellungen Abfragen und Schleifen zu erkennen und zu lernen, wie sie kombiniert werden. Zu diesem Zweck werden in diesem Abschnitt einige Beispiele betrachtet. Die Beispiele sind so gewählt, dass sie zeigen, wie Schleifen und Abfragen ineinander verschachtelt werden. Die Nassi-Schneidermann-Diagramme werden zur Veranschaulichung, aber auch als Design-Werkzeuge eingesetzt.

### 2.4.1 Primzahlen

Primzahlen sind Zahlen, die nur durch sich selbst und durch 1 teilbar sind. Für die Berechnung der Primzahlen gibt es keine Formel. Man muss für jede kleinere Zahl prüfen, ob sie sich ohne Rest dividieren lässt. Das Beispielprogramm soll alle Primzahlen zwischen 2 und 100 ausgeben. Es gibt also eine große Zählschleife für alle Kandidaten.

```
#include <iostream>
using namespace std;

int main()
{
    const int MAXPRIMZAHL=100; // Ende der Berechnung
    int primzahl;   // Testkandidat

    for (primzahl=2; primzahl<=MAXPRIMZAHL; primzahl++)
    // Durchlaufe alle Kandidaten
    {
        // Prüfe, ob primzahl wirklich eine Primzahl ist.
        // Testausgabe:
        cout << primzahl << " ";
    }
    cout << endl;
}
```

**Listing 2.35** Primzahlen mit erster Schleife

In die Schleife wird erst einmal eine Testausgabe gesetzt. Damit können Sie sehen, dass die Primzahlkandidaten tatsächlich von 2 bis 100 laufen. Wenn Sie unsicher sind, ob Programmteile das tun, was Sie von ihnen erwarten, sollten Sie solche Testhilfen ruhig in Ihr Programm einbauen. Sie können sie ja später wieder löschen. Sollte Ihnen die Menge der Ausgaben zu groß werden, reduzieren Sie einfach MAXPRIMZAHL für die Testphase auf 10!

Im nächsten Schritt soll jeder Kandidat in der Schleife geprüft werden. Dazu wird er durch alle Zahlen zwischen 2 und seinem eigenen Wert minus 1 dividiert. Wenn bei dieser Division kein Rest bleibt, sind die Zahlen durcheinander teilbar und der Kandidat ist keine Primzahl. Sie brauchen also eine weitere Schleife innerhalb der Schleife. In dieser Schleife wird der Divisor hochgezählt. Er startet bei 2 und läuft bis `primzahl-1`.

```
#include <iostream>
using namespace std;

int main()
{
    const int MAXPRIMZAHL=100;
    int primzahl, divisor;


    for (primzahl=2; primzahl<=MAXPRIMZAHL; primzahl++)
    {
        // Prüfe, ob primzahl wirklich eine Primzahl ist.
        for (divisor=2; divisor<=primzahl-1; divisor++)
        {
            // Testausgabe
            cout << divisor << " ";
        }
        cout << endl;
    }
    cout << endl;
}
```

**Listing 2.36** Primzahlen mit innerer Schleife

Nun muss geprüft werden, ob `primzahl` durch `divisor` teilbar ist. Dazu kennen Sie bereits den Befehl % für die Modulo-Rechnung. Sie liefert 0, wenn beim Teilen kein Rest bleibt. Wir müssen also eine Abfrage konstruieren, die prüft, ob `primzahl` und `divisor` restlos teilbar sind.

```
#include <iostream>
using namespace std;

int main()
{
    const int MAXPRIMZAHL=100;
    int primzahl, divisor;
```

```
    for (primzahl=2; primzahl<=MAXPRIMZAHL; primzahl++)
    {
        // Pruefe, ob Primzahl wirklich eine Primzahl ist
        for (divisor=2; divisor<primzahl; divisor++)
        {
            // Ist das restlos teilbar?
            if (0==primzahl % divisor)
            {
                // Zahl ist teilbar, ist also keine Primzahl!
                // Testausgabe:
                cout << primzahl << "-" << divisor << endl;
            }
        }
        cout << endl;
    }
    cout << endl;
}
```

**Listing 2.37** Primzahlen mit Teilbarkeitsabfrage

Sie sind der Lösung schon recht nahe. Wenn Sie das Programm laufen lassen, können Sie sehen, wie die Primzahlkandidaten mit ihren Teilern angezeigt werden. Es werden also die Zahlen angezeigt, die keine Primzahlen sind, denn Primzahlen haben keine Teiler. Wenn sich das Programm nun merkt, dass es an diese Stelle gekommen ist, weiß es, dass dieser Kandidat keine Primzahl ist. Um sich Zustände zu merken, verwenden Sie am besten eine boolesche Variable.

```
#include <iostream>
using namespace std;

int main()
{
    const int MAXPRIMZAHL=100;
    int primzahl, divisor;
    bool istEinePrimzahl;

    for (primzahl=2; primzahl<=MAXPRIMZAHL; primzahl++)
    {
        istEinePrimzahl = true;
        // Pruefe, ob primzahl wirklich eine Primzahl ist.
```

```
        for (divisor=2; divisor<primzahl; divisor++)
        {
            // Ist das restlos teilbar?
            if (0==primzahl % divisor)
            {
                // Zahl ist teilbar, ist also keine Primzahl!
                istEinePrimzahl = false;
            }
        }
        // Pruefung ist beendet.
        // Wenn es eine Primzahl ist, ausgeben!
        if (istEinePrimzahl)
        {
            cout << ", " << primzahl;
        }
    }
    cout << endl;
}
```

**Listing 2.38** Primzahlenberechnung komplett (*primzahl.cpp*)

Dieses Programm erfüllt die Anforderungen, die wir gestellt hatten. Zu Anfang wird eine boolesche Variable namens `istEinePrimzahl` definiert. Für jeden neuen Kandidaten wird diese Variable auf `true` gesetzt. Sobald ein Teiler gefunden wird, wird sie auf `false` gesetzt. Nachdem alle Divisoren durchgetestet worden sind, wird der Kandidat ausgegeben, sofern `istEinePrimzahl` immer noch `true` ist.

Allerdings ist diese Lösung nicht optimal. So wird die innere Schleife auch dann noch bis zum Ende durchlaufen, wenn der Kandidat bereits durch 2 teilbar ist. Das können Sie leicht abstellen, indem die Schleife eine zusätzliche Bedingung erhält. Es wird wie bisher geprüft, ob alle Divisoren für den Kandidaten durchlaufen wurden, und ergänzend, ob bisher noch keine Teilbarkeit festgestellt werden konnte.

```
#include <iostream>
using namespace std;

int main()
{
    const int MAXPRIMZAHL=100;
    int primzahl, divisor;
    bool istEinePrimzahl;
```

```
    for (primzahl=2; primzahl<=MAXPRIMZAHL; primzahl++)
    {
        istEinePrimzahl = true;
        // Pruefe, ob primzahl wirklich eine Primzahl ist
        for (divisor=2; istEinePrimzahl && divisor<primzahl;
             divisor++)
        {
            // Ist das restlos teilbar?
            if (0==primzahl \% divisor)
            {
                // Zahl ist teilbar, ist also keine Primzahl!
                istEinePrimzahl = false;
            }
        }
        // Pruefung ist beendet.
        // Wenn es eine Primzahl ist, ausgeben!
        if (istEinePrimzahl)
        {
            cout << ", " << primzahl;
        }
    }
    cout << endl;
}
```

**Listing 2.39** Optimierte Primzahlenberechnung

Dieses Programm liefert dieselben Ergebnisse, läuft aber wesentlich effizienter. Vielleicht bemerken Sie das erst, wenn Sie MAXPRIMZAHL auf 10.000 setzen. Zum Abschluss sehen Sie in Abbildung 2.16 das Struktogramm des Primzahlprogramms.

### 2.4.2 Größter gemeinsamer Teiler

Der größte gemeinsame Teiler (ggT) zweier Zahlen ist die größte der Zahlen, durch die beide Zahlen restlos teilbar sind. Die Berechnung des größten gemeinsamen Teilers wird vor allem zum Kürzen von Brüchen eingesetzt. Werden Zähler und Nenner jeweils durch den größten gemeinsamen Teiler dividiert, ist der Bruch optimal gekürzt. Der Algorithmus zur Berechnung des größten gemeinsamen Teilers könnte auf einer Primzahlberechnung basieren. Dazu würde man beide Zahlen in ihre Primfaktoren zerlegen und alle gemeinsamen Primfaktoren multiplizieren.

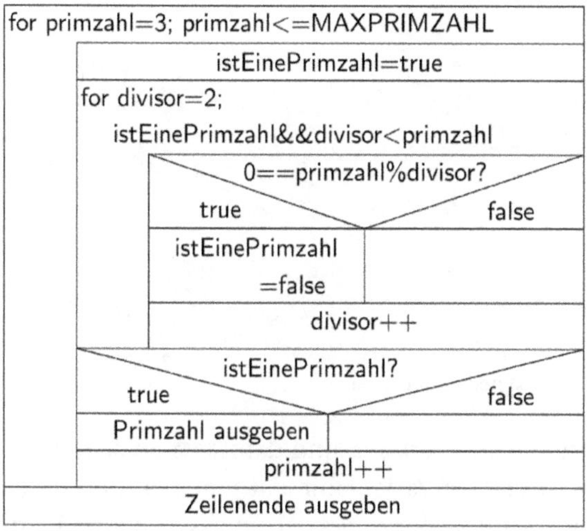


**Abbildung 2.16** Struktogramm des Primzahlprogramms



Aber es geht noch einfacher. Euklid hat bereits vor über 2000 Jahren ein sehr leicht umzusetzendes Verfahren beschrieben, wie der ggT zu berechnen ist.

Die beiden Zahlen, deren ggT zu suchen ist, nennen wir a und b. Die Idee beruht auf der Erkenntnis, dass der ggT nicht nur Teiler von a und b ist, sondern auch von b und (a – b), sofern a größer als b ist. (Ich nehme mal an, dass Sie nicht an einem Beweis dieser Erkenntnis interessiert sind.) Man kann also, statt a und b zu untersuchen, auch b und (a – b) untersuchen. Damit braucht die größere der beiden Zahlen schon nicht mehr untersucht zu werden. Mit den beiden neuen Zahlen kann man aber wieder genauso verfahren wie mit a und b. Wieder wird statt der größeren Zahl die Differenz der beiden Zahlen weiterverwendet. Wenn man dieses Verfahren so lange wiederholt, bis die kleinere Zahl 0 ist, muss die andere Zahl der ggT sein.

In diesem Beispiel soll die Entwicklung des Programms mit dem Struktogramm beginnen. Zunächst werden die beiden Kandidaten eingelesen. Danach läuft eine Schleife so lange, wie der kleinere Wert größer als 0 ist. Innerhalb der Schleife muss geprüft werden, welche die größere der beiden Zahlen ist. Gegebenenfalls werden die Werte noch getauscht, bevor sie voneinander abgezogen werden.

Damit ist die allgemeine Beschreibung des Algorithmus formalisiert und kann in dem Struktogramm in Abbildung 2.17 zusammengefasst werden. Dieses lässt sich wiederum leicht direkt in C++-Code umsetzen. Lediglich das Tauschen des Variableninhalts muss näher beschrieben werden, bevor es in Programmcode umgesetzt

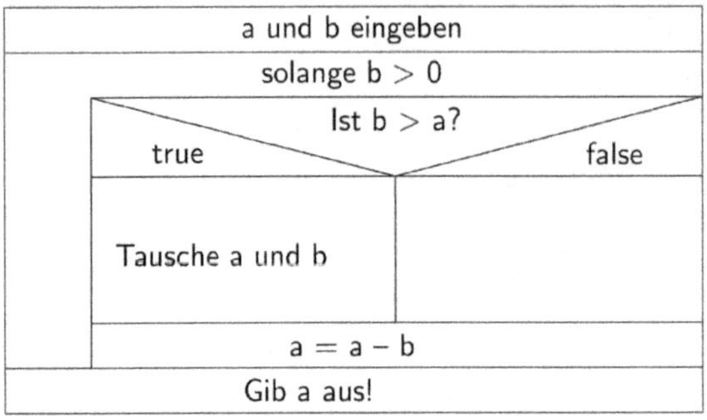


**Abbildung 2.17** Struktogramm für den größten gemeinsamen Teiler

werden kann. Der spontane Gedanke wäre, erst `a=b` und dann `b=a` zu schreiben. Das wird aber nicht funktionieren, weil der Variableninhalt von `a` in der ersten Zuweisung überschrieben wird und damit verloren geht. Es muss also eine Hilfsvariable verwendet werden, in die zuerst der Inhalt von `a` gesichert wird, bevor er überschrieben wird.

```
hilf = a;
a = b;
b = hilf;
```

**Listing 2.40** Tauschen von Variableninhalten

Der Tauschvorgang wird jetzt noch in das Struktogramm eingefügt. Gleichzeitig werden die Bezeichnungen der Syntax von C++ angenähert.

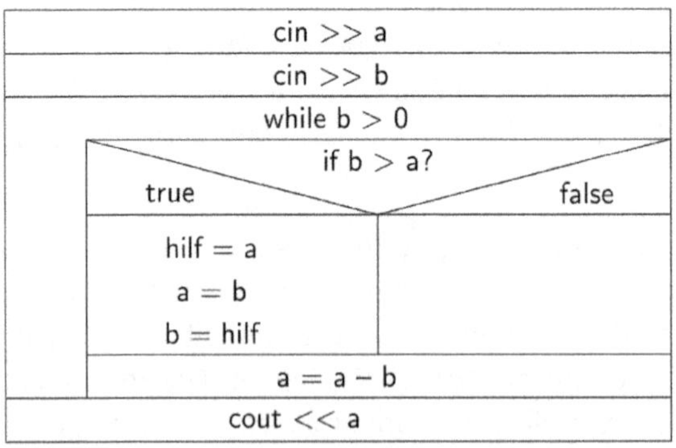


**Abbildung 2.18** Verfeinertes Struktogramm für ggT

Nun ist es eine leichte Übung, dieses Struktogramm in ein entsprechendes C++-Programm zu überführen. Das Struktogramm kann also eine Hilfe sein, ein Programm zu entwickeln, vor allem, wenn komplexere Abläufe vorliegen.

```
#include <iostream>
using namespace std;
int main()
{
    int a, b, hilf;

    cin >> a;
    cin >> b;
    while (b>0)
    {
        if (b>a)
        {
            // Tausche a und b
            hilf = a;
            a = b;
            b = hilf;
        }
        a = a - b;
    }
    cout << a << endl;
}
```

**Listing 2.41** C++-Programm ggT

## 2.5 Übungen

1 Ergänzen Sie das Programm *mwst.cpp* aus Listing B.1 dahingehend, dass das Programm prüft, ob der Nettopreis größer als 0 ist, und nur dann die Berechnung durchführt.

2 Fügen Sie dem Programm *mwst.cpp* eine Fehlermeldung hinzu, die ausgegeben wird, wenn der Benutzer eine falsche Eingabe vorgenommen hat.

3 Zinseszins: Sie zahlen auf ein Konto zu einem Zinssatz von 5 % jedes Jahr 5.000 Euro ein. Erstellen Sie eine Tabelle mit der Jahreszahl links und dem Kontostand rechts.

4 Zahlenraten: Lassen Sie den Computer eine zufällige Zahl zwischen 1 und 1.000 auswählen. Der Anwender gibt einen Tipp, und der Computer meldet, ob der

Tipp größer, kleiner oder richtig war. Das wird so lange wiederholt, bis der Tipp die Zahl getroffen hat.

5 Bei der Berechnung des ggT in Listing 2.41 wird die Anweisung `a=a-b` verwendet. Das Verfahren arbeitet schneller, wenn Sie die Anweisung `a=a%b` einsetzen. Überlegen Sie, warum in diesem Fall die Anweisung ersetzbar ist und warum das Programm schneller wird. Ändern Sie das Programm entsprechend.

Ausgewählte Musterlösungen finden Sie im Anhang B.

# Kapitel 3
# Datentypen und -strukturen

**Inhalt**

- Gleichartige Variablen zu einem Array zusammenfassen
- Verweise auf Daten: Zeiger und Referenzen
- Strukturen aus unterschiedlichen Variablen werden zur Struktur
- Dynamische Daten wie Listen und Bäume



Dieses Kapitel ist eine Bastelstunde für Datentypen. Basistypen werden zusammengestellt und aus mehreren Variablen neue geschaffen. Um Daten der Realität abbilden zu können, reichen die Basistypen der Sprache C++ nicht aus. Es ist aber möglich, diese Typen zusammenzustellen. Durch das Zusammensetzen der Basistypen zu neuen Datenstrukturen versucht der Programmierer, die Daten der Wirklichkeit in seinem Programm nachzubilden.

## 3.1 Das Array

Ein Array ist eine Kombination mehrerer Variablen gleichen Typs. Die Elemente des Arrays werden über ihre Positionsnummer angesprochen. Der Begriff »Array« wird in der deutschen Fachliteratur oft mit dem Wort »Feld« übersetzt. Leider ist das nicht sehr markant, sodass viele Programmierer »Array« bevorzugen. Zu diesen gehöre auch ich und darum halte ich es auch in diesem Buch so.

Sie können mit einem Array demnach eine Reihe gleicher Elemente ansprechen. Ein Beispiel sind die Lottozahlen. Es werden immer sechs ganze Zahlen gezogen. Wenn Sie also die Lottozahlenziehung in einem Programm simulieren wollen, bietet es sich an, ein Array von sechs Integern zu verwenden.

| | | | | | |
|---|---|---|---|---|---|
| 1 | 5 | 13 | 27 | 43 | 44 |
| [0] | [1] | [2] | [3] | [4] | [5] |

**Abbildung 3.1** Lottozahlen in einem Array

In Abbildung 3.1 sehen Sie, wie die Lottozahlen nebeneinander stehen. Unter jedem Kasten befindet sich in eckigen Klammern die Position jeder Lottozahl. Entgegen der Gewohnheit der meisten Menschen beginnt ein Array immer bei der Position 0. Wenn also sechs Zahlen im Array stehen, befindet sich die letzte an Position 5.

#### Definition

Um das Array für die Lottozahlen im Programm zu definieren, geben Sie zunächst den Typ eines einzelnen Elements an. Als Nächstes kommt der Name des Arrays. Es folgt in eckigen Klammern die Anzahl der Elemente, die das Array maximal aufnehmen können soll.

```
int lotto[6];
```

Es scheint ein wenig boshaft, dass der höchste Index 5, die Arraygröße aber 6 ist. Dieser Zusammenhang muss Ihnen aber in Fleisch und Blut übergehen, sodass Sie den Hinweis noch einige Male lesen werden. Auch wichtig ist, dass diese Definition an dieser Stelle den Speicher für die sechs Integer anfordert und reserviert. Bei Verlassen des Blocks, in dem die Definition steht, wird der Speicher automatisch wieder freigegeben.

#### Zugriff

Wenn Sie auf ein Element des Arrays zugreifen wollen, nennen Sie zuerst den Namen des Arrays. Es folgt in eckigen Klammern die Position des Elements, auf das Sie zugreifen wollen. Denken Sie dabei daran, dass die Array-Positionen immer bei 0 beginnen.

```
lotto[2] = rand() % 49 + 1;
cout << lotto[0];
```

Die erste Zeile zeigt, wie das dritte Element – nicht das zweite – mit einer Zufallszahl zwischen 1 und 49 gefüllt wird. Die zweite Zeile gibt das erste Element auf dem Bildschirm aus.

Das syntaktische Erkennungszeichen eines Arrays sind die eckigen Klammern. Sie werden bei der Definition eines Arrays verwendet, um anzugeben, wie viele Variablen zu dem Array gehören. Die eckigen Klammern werden auch verwendet, wenn auf ein Element zugegriffen werden soll. Darum werden die eckigen Klammern Indexoperator genannt. Das Beispiel zeigt, wie das Lottozahlen-Array mit Zufallszahlen gefüllt wird:

```
#include <iostream>    // die Bildschirmausgabe
#include <cstdlib>     // die Zufallsfunktionen
using namespace std;

int main()
{
    int lotto[6];
    srand(0);
    for (int i=0; i<6; i++)
    {
        lotto[i] = rand() % 49 + 1;
        cout << lotto[i] << endl;
    }
}
```

**Listing 3.1** Lottozahlen als Array

Die Variable `lotto` ist ein Array für den Typ Integer. Die eckigen Klammern mit der 6 in der Mitte sagen aus, dass hier sechs Integer-Variablen definiert sind. Wie man auf diese sechs Werte zugreift, sehen Sie in der `for`-Schleife. Dort wird den sechs Variablen nacheinander eine Zufallszahl zwischen 1 und 49 zugewiesen. Welche der sechs Variablen verwendet wird, steht in den eckigen Klammern. Die Positionsnummer nennt man auch Index. Der Index beginnt bei C++ immer bei 0. Da es sechs Elemente gibt, läuft der Index von 0 bis 5.

Da die Elemente zufällig bestückt wurden, ist es möglich, dass zwei der Elemente gleich sind. Im nächsten Entwicklungsschritt soll bei Gleichheit zweier Zahlen neu gezogen werden. Sie können in einer Schleife alle bisherigen Zahlen durchlaufen und prüfen, ob die neue Zahl bereits gezogen wurde. Das folgende Programm garantiert, dass die gezogenen Lottozahlen nicht doppelt auftreten:

```
#include <iostream>   // die Bildschirmausgabe
#include <cstdlib>    // die Zufallsfunktionen
using namespace std;

int main()
{
    int lotto[6];
    int i, j;
    bool neueZahl;

    srand(0);
    for (i=0; i<6; i++) // Ziehe nacheinander sechs Zahlen.
    {
        do  // Wiederhole die Ziehung, bis die neue Zahl
        {   // nicht mit einer der vorigen identisch ist.
            lotto[i] = rand() % 49 + 1;
            neueZahl = true; // positive Grundeinstellung
            for (j=0; j<i; j++)
            {  // durchlaufe alle bisher gezogenen Kugeln
                if (lotto[j]==lotto[i])
                { // Hier wurde ein Doppelter entdeckt.
                    neueZahl = false;
                }
            }
        } while (!neueZahl);
        cout << lotto[i] << endl;
    }
}
```

**Listing 3.2** Lottozahlen als Array (*lotto.cpp*)

Die äußere Schleife mit der Variablen `i` als Index durchläuft die Anzahl der zu ziehenden Lottozahlen. Die Ziehung selbst erfolgt innerhalb der `do-while`-Schleife, denn sie soll so lange wiederholt werden, bis man eine Zahl findet, die bisher noch nicht gezogen wurde. Die Entscheidung kann also erst nach der Aktion im Schleifenkörper gefällt werden. Damit ist eine fußgesteuerte Schleife die Idealbesetzung. Nach der Ziehung erfolgt die Prüfung. In einer inneren `for`-Schleife werden alle bisher gezogenen Zahlen durchlaufen. Das bedeutet, der Index `j` startet bei 0 und bleibt kleiner als `i`, das heißt kleiner als der Index für die aktuell gezogene Zahl. Im Falle einer Gleichheit mit den bisher gezogenen Zahlen wird die boolesche Variable `neueZahl` auf `false` gesetzt. Das führt zu einer Wiederholung der Ziehung. Nach jeder Ziehung muss diese Variable auf `true` gesetzt werden, sonst wird die Schleife nie verlassen, sobald einmal eine Doppelziehung entdeckt wurde.

#### Index und Größe

Wie schon erwähnt, beginnt jedes Array mit dem Index 0. Das ist für den allgemeinen Sprachgebrauch oft irritierend, da das erste Element nicht den Index 1, sondern den Index 0 hat. Ein Array mit sechs Elementen hat 5 als höchsten Index. Um die Verwirrung komplett zu machen: Bei der Deklaration wird bei einem Array mit sechs Elementen wiederum eine 6 zwischen die rechteckigen Klammern geschrieben. Beim Zugriff darf zwischen den eckigen Klammern aber maximal eine 5 stehen.

```
int lotto[6];
lotto[0] = 1; // erstes Element!
...
lotto[5] = 3; // sechstes Element, ok!
lotto[6] = 4; // Das siebte Element: Fehler!!!
```

**Listing 3.3** Grenzüberschreitung

**Warnung** ×

Ein solcher Griff über den Rand eines existierenden Arrays hinaus wird weder vom Compiler verhindert noch während der Laufzeit erkannt. Aus diesem Grund ist es besonders wichtig, dass Sie kontrollieren, ob sich das Programm an die Grenzen der Arrays hält. Bevor Sie über den immer schlechteren Service in der Dienstleistungswüste lamentieren, sollten Sie bedenken, dass eine Kontrolle dieser Grenzen nicht umsonst zu haben ist. Das Laufzeitsystem müsste bei jedem Array-Zugriff prüfen, ob die Grenzen überschritten sind. Damit würde die Performance jedes Programms darunter leiden, dass einige Programmierer nicht willens sind, darauf aufzupassen, ob die Grenzen ihrer Arrays überschritten werden. Die Sprache C++ überlässt Ihnen die Verantwortung und bietet Ihnen als Entschädigung höchstmögliche Geschwindigkeit beim Zugriff.

### Arrays lieben die for-Schleife

Bereits zu Anfang des Abschnitts wurde die `for`-Schleife zur Bearbeitung von Arrays verwendet. Die `for`-Schleife und die Arrays gehören quasi zusammen. Es sind nur wenige Handgriffe zu beachten, um mit einer solchen Schleife ein Array zu durchlaufen. Zunächst muss die Indexvariable bei 0 beginnen. In der Bedingung muss die Indexvariable kleiner als die Größe des Arrays bleiben. In der Schlussanweisung wird die Indexvariable einfach hochgezählt. Besonders deutlich wird dies, wenn die Größe durch eine Konstante festgelegt wird, in diesem Fall MAXLOTTO.

```
const int MAXLOTTO=6;
int lotto[MAXLOTTO];
for (int i=0; i<MAXLOTTO; i++)
{
    lotto[i] = ...
}
```

**Listing 3.4** `for`-Schleife und Array

### Initialisierung

Auch Array-Variablen können initialisiert werden. Dazu werden die Konstanten für die Werte der einzelnen Elemente durch Kommata getrennt und in geschweiften Klammern zusammengefasst. Seit C++11 können Sie übrigens das Gleichheitszeichen bei der Array-Initialisierung weglassen.

```
const int MAXLOTTO=6;
int lotto[MAXLOTTO] = { 12, 7, 45, 2, 21, 9 };
```

**Listing 3.5** Initialisierung eines Arrays

Bei einer solchen Initialisierung können Sie die Dimension zwischen den rechteckigen Klammern weglassen. C++ ermittelt dann die Dimension automatisch aus der Anzahl der Elemente.

```
int lotto[] = { 12, 7, 45, 2, 21, 9 };
```

**Listing 3.6** Die Initialisierung gibt Dimension vor.

Hier muss darauf hingewiesen werden, dass dies nur bei einer Initialisierung und nicht bei einer Zuweisung funktioniert. Sie können an anderer Stelle im Programm einem Array nicht auf diese Art Werte zuweisen, sondern müssen dies elementweise tun.

Eine Besonderheit ist die Initialisierung mit Nullwerten. Sie können in C++ jede Datenstruktur bei ihrer Definition mit Nullwerten füllen, indem Sie sie mit {0} initialisieren. Dadurch wird der gesamte Speicherraum, den die Variable einnimmt, auf 0 gesetzt.

```
const int MAXLOTTO=6;
int lotto[MAXLOTTO] = {0};
```

**Listing 3.7** Initialisierung mit Nullen

Um die Größe des belegten Speichers zu ermitteln, können Sie auch bei Arrays die Pseudofunktion `sizeof()` verwenden. Das folgende Beispiel zeigt, wie damit die Größe eines Arrays, die Größe eines Elements und die Anzahl der Elemente ermittelt werden können.

```
#include <iostream>
using namespace std;
int main()
{
    double c[13];
    cout << "Gesamtspeicherbedarf von double c[13]: ";
    cout << sizeof(c) << endl;
    cout << "Speicherbedarf eines Elements: ";
    cout << sizeof(c[0]) << endl;
    cout << "Anzahl der Elemente: ";
    cout << sizeof(c) / sizeof(c[0]) << endl;
}
```

**Listing 3.8** `sizeof()` mit Array (*sizeof.cpp*)

Ein Array gehört zu den wenigen Variablenkonstrukten, die vom Standard nicht als L-Value akzeptiert werden. Arrays dürfen also nicht auf der linken Seite einer Zuweisung stehen.

### 3.1.1 Beispiel: Bubblesort

Gleichartige Daten in größerem Umfang wird man meist sortiert ausgeben wollen. So wird Ihnen das Sortieren in Ihrem Programmiererleben immer wieder begegnen. Aus diesem Grunde verfügt die Standard C++-Bibliothek auch über ein Sortierverfahren (siehe Abschnitt 10.8.2). Dieses würden Sie vermutlich auch sinnvollerweise in der Praxis einsetzen. Dennoch ist es nicht verkehrt, als Übung für den Umgang mit Arrays einmal unter die Haube zu schauen und einen einfachen Sortieralgorithmus selbst zu programmieren.

Damit Sie sich vorstellen können, wie ein Computer sortiert, sollten Sie fünf oder zehn Karten offen vor sich auf den Tisch legen und überlegen, wie ein Verfahren abläuft, das dazu führt, dass schließlich alle Karten sortiert vor Ihnen liegen. Dabei müssen Sie berücksichtigen, dass der Computer immer nur zwei Karten direkt miteinander vergleichen kann.

Ein praktikabler Weg ist es, alle Karten durchzugehen und jede mit ihrem rechten Nachbarn zu vergleichen. Ist die rechte Karte kleiner als die linke, so werden sie getauscht. Abbildung 3.2 zeigt, wie vier Karten in einem Durchlauf miteinander verglichen werden. Die Karten, die miteinander verglichen werden, sind unterstrichen, und die Pfeile sollen andeuten, an welche Position die Karten nach dem Vergleich kommen.

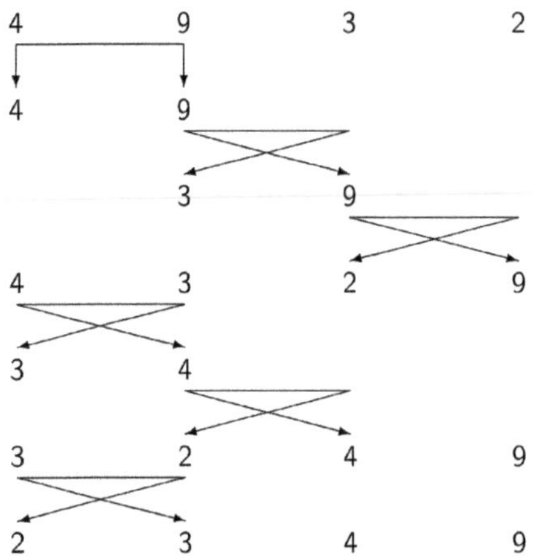


**Abbildung 3.2** Prinzip des Bubblesort

Sie sehen, dass sich die Zahlen bereits im ersten Durchlauf dahingehend geändert haben, dass nun die höchste Zahl nach rechts gewandert ist. Alle anderen Zahlen sind noch unsortiert, sodass der Vorgang wiederholt werden muss. Im nächsten Schritt müssen allerdings nur noch die ersten drei Karten bearbeitet werden, weil die höchste Karte ja bereits an der richtigen Position liegt. Auch im zweiten Durchgang wandert die höchste der verbleibenden Karten nach rechts. Zu guter Letzt müssen nur noch die ersten beiden Karten getauscht werden.

Der Bubblesort benötigt also zwei ineinander verschachtelte Schleifen. Die äußere Schleife gibt die Anzahl der Vergleiche vor. Im ersten Lauf startet sie mit drei Vergleichen. Da die Karte immer mit dem rechten Nachbarn verglichen wird, darf sie nicht mit 4 beginnen. In der zweiten Runde brauchen wir zwei Vergleiche und in der letzten Runde nur noch einen. Also zählt die äußere Schleife rückwärts. Die innere Schleife läuft immer vom linken Rand bis zur Begrenzung durch die äußere Schleife, also deren Index. Im Listing sieht das wie folgt aus:

```
for (i=MAX-1; i>0; i--)
{
    for (j=0; j<i; j++)
    {
        ...
    }
}
```

**Listing 3.9** Schleifen für den Bubblesort

Anstatt die Lösung im Listing zu entwickeln, ist es vielleicht klüger, ein Nassi-Schneidermann-Diagramm zu verwenden. Innerhalb der inneren Schleife wird das Element mit seinem rechten Nachbarn verglichen. Ist das linke Element größer als das rechte, müssen die Elemente getauscht werden.

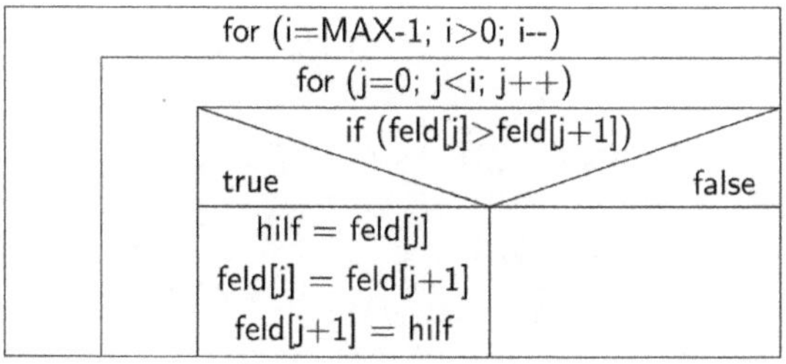


**Abbildung 3.3** Struktogramm Bubblesort

Nun muss das Struktogramm nur noch in C++-Code umgesetzt werden. Das folgende Listing zeigt das Programm inklusive der Erzeugung von zufälligen Testdaten und der Bildschirmausgaben.

```
#include <iostream>
#include <cstdlib>
using namespace std;

const int MAX=5;

int main()
{
    int feld[MAX], hilf;
    int i, j, k;
```

```
    srand(time(0)); // Zufallsgenerator vorbereiten
    for (i=0; i<MAX; i++)
    { // Array besetzen und anzeigen
        feld[i] = rand() % 100 + 1;
        cout << feld[i] << " ";
    }
    cout << endl;

    for (i=MAX-1; i>0; i--)
    {
        for (j=0; j<i; j++)
        {
            cout << "(" << j << "-" << j+1 << "): " ;
            if (feld[j]>feld[j+1])
            { // Tauschen erforderlich
                hilf = feld[j];
                feld[j] = feld[j+1];
                feld[j+1] = hilf;
            }
            cout << feld[j] << " - " << feld[j+1] << "  ";
        }
        // Zeige das Array in diesem Durchlauf
        cout << endl << MAX-i << ". Durchlauf beendet: ";
        for (k=0; k<MAX; k++)
        {
            cout << feld[k] << " ";
        }
        cout << endl;
    }
}
```

**Listing 3.10** Bubblesort (*bubble.cpp*)

Die folgenden Zeilen zeigen einen Probelauf des Programms. In der ersten Zeile sehen Sie die zufällig erzeugten Array-Werte. In der folgenden Zeile sehen Sie, wie die Werte verglichen werden. In der Klammer stehen jeweils die beteiligten Indizes, dahinter die Elemente nach dem Tausch. Nach jedem Durchlauf wird Bilanz gezogen und Sie sehen, dass jeweils das größte Element nach rechts wandert:

```
80 91 14 78 17
(0-1): 80 - 91  (1-2): 14 - 91  (2-3): 78 - 91  (3-4): 17 - 91
1. Durchlauf beendet: 80 14 78 17 91
(0-1): 14 - 80  (1-2): 78 - 80  (2-3): 17 - 80
2. Durchlauf beendet: 14 78 17 80 91
(0-1): 14 - 78  (1-2): 17 - 78
3. Durchlauf beendet: 14 17 78 80 91
(0-1): 14 - 17
4. Durchlauf beendet: 14 17 78 80 91
```

### 3.1.2 C-Zeichenketten

Da Texte aus einer Aneinanderreihung von Buchstaben bestehen, wurden diese schon zu Zeiten der ersten C-Compiler als ein Anwendungsgebiet des Arrays entdeckt. In einem Array aus `char`-Variablen können Wörter, Sätze und andere Texte gespeichert werden. Man nennt eine solche Folge von Buchstaben einen String.

Allerdings hat ein String durch seine Umsetzung als Array auch diverse Nachteile. So kann ein String nicht durch einfache Zuweisung in eine andere Stringvariable kopiert werden, da ein Array kein L-Value ist. Darum wurde in der C++-Standardbibliothek ein eigener Typ namens `string` zur Verfügung gestellt. Dieser wird ausführlich im Abschnitt 8.1.1 behandelt. Die Zeichenketten, die auf einem `char`-Array basieren, werden in Abgrenzung dazu auch C-Strings genannt. Sie sind nach wie vor auch in C++ gegenwärtig. So sind die Zeichenkettenkonstanten als C-Strings definiert. Auch viele Schnittstellen verwenden `char`-Arrays als Parameter. Da der Typ `string` Möglichkeiten anbietet, beide Formen ineinander zu überführen, können sie nebeneinander existieren. Insofern löst der Typ `string` den klassischen C-String nicht vollständig ab. Neuere Programme sollten aber grundsätzlich den Typ `string` verwenden.

Da C-Strings normale Arrays sind, können Sie auch deren Größe nicht während der Laufzeit ändern. Darum wird ein Programmierer das Array so groß dimensionieren, dass der Text auch im schlechtesten Fall noch hineinpasst.

#### Endemarkierung einer Zeichenkette

Um auch Texte in einem Array ablegen zu können, die kürzer sind als die Größe des Arrays, muss das Textende markiert werden. Dazu wird eine 0 abgelegt. Dabei handelt es sich nicht um eine Ziffer `'0'`, sondern um ein Nullbyte, das als `'\0'` oder als Zahlkonstante 0 dargestellt wird. Eine Stringkonstante impliziert immer als letztes Zeichen diese Abschluss-Null. Damit ist der leere String ("") nicht wirklich leer. Er enthält bereits ein Element, die 0. Im folgenden Beispiel wird ein C-String definiert und mit einer Stringkonstanten initialisiert:

```
char Vorname[6] = "Kai";
```

In diesem Fall sind sechs Zeichen für das Array reserviert worden. In den ersten drei Elementen befinden sich die Buchstaben `'K'`, `'a'` und `'i'`. Im vierten Element mit dem Index 3 befindet sich eine 0. Der Zustand der restlichen zwei Elemente ist unbestimmt. Dort können noch alte Speicherleichen herumliegen, hier durch ein `'z'` und ein `'M'` angedeutet.

| 'K' | 'a' | 'i' | 0 | 'z' | 'M' |
|---|---|---|---|---|---|
| [0] | [1] | [2] | [3] | [4] | [5] |

**Abbildung 3.4** Gefülltes `char`-Array

Sie können die Größe eines Arrays auch durch die Initialisierung festlegen. In diesem Fall steht kein Wert zwischen den eckigen Klammern. Das Array wird dann so groß, wie es die Zeichenkettenkonstante erfordert. Dabei wird die Endekennung mitberechnet. Im folgenden Beispiel würde also ein vierelementiges Array angelegt. Eine nachträgliche Änderung der Größe ist nicht möglich.

```
char Vorname[] = "Kai";
```

Zu den C-Strings gibt es eine große Zahl von Hilfsfunktionen (siehe Abschnitt 8.1.3), die nach wie vor häufig verwendet werden. In neueren Programmen wird allerdings mehr mit `string` (siehe Abschnitt 8.1.1) gearbeitet.

### 3.1.3 Beispiel: Zahleneingabe auswerten

Die Umwandlung von Zeichenketten in Zahlenwerte ist ein immer wiederkehrendes Thema. Benutzereingaben liegen oft als Zeichenketten vor. Das betrifft sowohl die Übergabe von Aufrufparametern (siehe Abschnitt 4.3.7) als auch Eingabefelder grafischer Oberflächen, die ihren Inhalt als Zeichenkette abliefern. Natürlich stellen bereits die C-Bibliotheken Funktionen wie beispielsweise `atoi()` zur Konvertierung zur Verfügung (siehe Abschnitt 8.1.3). Allerdings sind die Konvertierungsfunktionen nicht unbedingt sehr flexibel. Eine solche Konvertierung ist relativ einfach selbst geschrieben und kann später leicht erweitert werden.

**Beispiel**

Das folgende Beispiel liest eine Zeichenkette von der Konsole ein und konvertiert den Inhalt in eine `long`-Variable.

```
#include <iostream>
using namespace std;
const int MAX=256;
int main()
{
    char input[MAX];
    int i = 0;
    long Wert = 0;

    cin.getline(input, MAX);
    while (input[i]>='0' && input[i]<='9')
    {
        Wert *= 10;
        Wert += input[i] - '0';
        i++;
    }
    cout << Wert << endl;
}
```

**Listing 3.11** Integer einlesen (*intin.cpp*)



Betrachten wir nun im Einzelnen die wichtigsten Zeilen im Programm:

```
cin.getline(input, MAX);
```

Durch den Aufruf der Funktion `cin.getline(input, MAX)` wird eine Benutzereingabe eingeleitet und die komplette Zeile im `char`-Array `input` abgelegt. Die Eingabe wird auf `MAX` Zeichen begrenzt.

```
while (input[i]>='0' && input[i]<='9')
```

Die `while`-Schleife läuft über der Eingabezeile, solange das aktuelle Zeichen im Bereich der Ziffern liegt. Das wird durch die Bedingung gesichert. Das erste Zeichen, das keine Ziffer ist, bewirkt das sofortige Verlassen der Schleife. Damit ist gleichzeitig sichergestellt, dass nicht über das Ende der Zeichenkette hinausgelaufen wird, weil die Abschluss-Null ja nicht im Bereich der Ziffern liegt.

```
Wert *= 10;
Wert += input[i] - '0';
```

Das Ergebnis wird in der Variablen `Wert` abgelegt. Zunächst ist es wichtig, dass `Wert` mit 0 initialisiert wurde. Innerhalb der Schleife wird bei jedem Durchlauf das bisherige Ergebnis mit 10 multipliziert und damit quasi eine Stelle nach links geschoben. Die neue Ziffer muss zwischen 0 und 9 liegen. Durch das Subtrahieren von `'0'` wird erreicht, dass beispielsweise aus dem Buchstaben `'2'` die Zahl 2 wird. Dieser Wert wird dann zu dem bisherigen Wert addiert. Lassen Sie uns das einmal am Beispiel der Zeichenkette "735" durchspielen.

| i | Wert | input[i] | Nach dem Befehl |
|---|---|---|---|
| 0 | 0 | '7' | Wert *= 10; |
| 0 | 7 | '7' | Wert += input[i] – '0'; |
| 1 | 7 | '3' | i++; |
| 1 | 70 | '3' | Wert *= 10; |
| 1 | 73 | '3' | Wert += input[i] – '0'; |
| 2 | 73 | '5' | i++; |
| 2 | 730 | '5' | Wert *= 10; |
| 2 | 735 | '5' | Wert += input[i] – '0'; |
| 3 | 735 | '\0' | i++; |

**Tabelle 3.1** Fortschrittstabelle

#### Fließkommazahlen

Auf der Basis dieses Vorgehens ist es recht einfach, Fließkommazahlen einzulesen, deren Nachkommastellen durch ein Komma abgetrennt werden. Normalerweise geht C++ von der angloamerikanischen Schreibweise aus und verwendet den Punkt als Dezimaltrenner. Nach dem Durchlaufen der `while`-Schleife für die Vorkommastellen wird geprüft, ob das folgende Zeichen ein Komma ist. Dann wird fast die gleiche Schleife noch einmal durchlaufen. Allerdings wird in der Variablen `nachKomma` der Zehnerexponent ermittelt, durch den die nächste Ziffer zu dividieren ist, bevor sie zu `Wert` hinzuaddiert werden kann.

```
#include <iostream>
using namespace std;
const int MAX=256;
int main()
{
    char input[MAX];
    int i=0;
    double Wert = 0;
```

```
    cin.getline(input, MAX);
    while (input[i]>='0' && input[i]<='9')
    {
        Wert *= 10;
        Wert += input[i] - '0';
        i++;
    }
    if (input[i]==',')
    {
        double nachKomma = 1;
        i++;
        while (input[i]>='0' && input[i]<='9')
        {
            nachKomma *= 10;
            Wert += (input[i]-'0')/nachKomma;
            i++;
        }
    }
    cout << input << endl << Wert << endl;
}
```

**Listing 3.12** Zahlen mit Komma einlesen (*zahlinput.cpp*)



### 3.1.4 Mehrere Dimensionen

C++ ermöglicht auch mehrdimensionale Arrays. Bei der Definition eines mehrdimensionalen Arrays wird für jede Dimension eine weitere rechteckige Klammer angehängt. Eine solche Konstruktion ist ein Array von Arrays.

```
double matrix[MAXSPALTEN][MAXZEILEN];
```

Hier wird ein zweidimensionales Array definiert. Es gibt `MAXZEILEN` viele Zeilen, die jeweils wiederum `MAXSPALTEN` viele Spalten besitzen. Das Array nimmt einen Speicherraum von `sizeof(double) * MAXSPALTEN * MAXZEILEN` ein.

Auch der Zugriff auf das zweidimensionale Array erfolgt über zwei rechteckige Klammern. Wenn Sie das Element der vierten Spalte und der dritten Zeile verwenden wollen, greifen Sie durch `matrix[3][2]` darauf zu.

### 3.1.5 Beispiel: Bermuda

Als Programmierbeispiel für zweidimensionale Arrays bieten sich viele Spiele an, die ein zweidimensionales Spielfeld besitzen. Das hier vorgestellte Computerspiel Bermuda ähnelt dem klassischen Schiffeversenken, ist aber etwas anspruchsvoller. Während Sie beim Schiffeversenken auf Ihr Glück angewiesen sind, können Sie bei Bermuda aus den Ergebnissen Ihrer Anfragen schlussfolgern, wo die Schiffe verborgen sind. Das Spiel wird Ihnen in diesem Buch an verschiedenen Stellen begegnen. Hier implementieren wir zunächst das Spielfeld als Beispiel für mehrdimensionale Arrays.

#### Spielanleitung

In einem Spielfeld von neun mal sieben Feldern sind vier Schiffe versteckt. Der Spieler kann jede Position anfunken. Er bekommt entweder die Mitteilung, dass hier ein Schiff gefunden wurde, oder den Hinweis, in wie viele Richtungen von dieser Position aus Schiffe zu sehen sind. Dabei wird so lange nach links, rechts, oben, unten und in alle vier diagonalen Richtungen gepeilt, bis das erste Schiff entdeckt oder der Rand des Spielfelds erreicht wird. Zwei Schiffe, die hintereinander in einer Richtung liegen, werden nur als ein Schiff gezählt, weil der Peiler nicht sehen kann, was sich hinter dem ersten Schiff befindet.

#### Spielfeld anzeigen

Der erste Schritt besteht darin, das Spielfeld zu definieren. In einem zweidimensionalen Array werden die bisherigen Rateversuche des Spielers gespeichert. Für die Darstellung der Rateversuche eignet sich der Datentyp `char` am besten. Das folgende Listing zeigt, wie das Feld zunächst mit Punkten initialisiert wird. Anschließend läuft das Programm in eine Schleife, in der das Spielfeld angezeigt wird und in der der Anwender die Koordinaten eingeben kann. Dazu gibt er die Spaltennummer direkt gefolgt vom Zeilenbuchstaben an, beispielsweise 2C. In dieser Phase der Entwicklung werden zunächst alle durch die eingegebenen Koordinaten bezeichneten Felder mit einem x im Spielfeld markiert. Auf diese Weise haben Sie eine Rückmeldung, ob auch wirklich die richtigen Koordinaten angesprochen wurden.

```
#include <iostream>
using namespace std;

const int X=9;
const int Y=7;

int main()
{
    char spielfeld[X][Y];
    int x, y;
    char cx, cy;
    for (x=0; x<X; x++)
    {
        for (y=0; y<Y; y++)
        {
            spielfeld[x][y] = '.';
        }
    }
    // Anzeige und Eingabe
    bool schleifenEnde=false;
    int xin, yin;
    do
    {
        cout << "     1  2  3  4  5  6  7  8  9" << endl;
        for (y=0; y<Y; y++)
        {
            cout << (char)('A'+y) << "   ";
            for (x=0; x<X; x++)
            {
                cout << "  " << spielfeld[x][y];
            }
            cout << endl;
        }
        cin >> cx >> cy;
        xin = cx - '1';
        yin = cy - 'A';
```

```
            if (xin>=0 && xin<X && yin>=0 && yin<Y)
            {
                spielfeld[xin][yin] = 'x';
            }
            else
            {
                 schleifenEnde = true;
            }
        }
        while (!schleifenEnde);
}
```

**Listing 3.13** Spielfeld Bermuda

Wenn das Programm gestartet wird, zeigt es das Spielfeld umgeben von den Koordinaten. Das Programm stoppt zur Eingabeaufforderung. Nach der Eingabe von 2C – gefolgt von Return – erscheint an der entsprechenden Stelle ein x auf dem Bildschirm. Die Eingabe 6F führt dazu, dass an der Position 2C und 6F je ein x steht. Mit einer x-beliebigen Eingabe, die keiner Koordinate entspricht, wird das Programm beendet.

```
     1  2  3  4  5  6  7  8  9
A    .  .  .  .  .  .  .  .  .
B    .  .  .  .  .  .  .  .  .
C    .  .  .  .  .  .  .  .  .
D    .  .  .  .  .  .  .  .  .
E    .  .  .  .  .  .  .  .  .
F    .  .  .  .  .  .  .  .  .
G    .  .  .  .  .  .  .  .  .
2C
     1  2  3  4  5  6  7  8  9
A    .  .  .  .  .  .  .  .  .
B    .  .  .  .  .  .  .  .  .
C    .  x  .  .  .  .  .  .  .
D    .  .  .  .  .  .  .  .  .
E    .  .  .  .  .  .  .  .  .
F    .  .  .  .  .  .  .  .  .
G    .  .  .  .  .  .  .  .  .
6F
```

```
  1 2 3 4 5 6 7 8 9
A . . . . . . . . .
B . . . . . . . . .
C . x . . . . . . .
D . . . . . . . . .
E . . . . . . . . .
F . . . . . x . . .
G . . . . . . . . .
xx
```

## 3.2 Der Zeiger und die Adresse

Zeiger sind ganz besondere Variablen. Ihr Inhalt ist eigentlich nebensächlich. Viel interessanter ist, dass sie auf andere Variablen zeigen können. Sie betrachten also nicht die Zeigervariable selbst, sondern über die Zeigervariable den Inhalt einer anderen Variablen. Diese Indirektion ist zu Anfang nicht ganz leicht zu verstehen und gibt auch später durchaus Anlass zur Verwirrung.

#### Das moderne Parkhaus

Stellen Sie sich vor, Sie fahren jeden Tag mit dem Auto zur Arbeit und parken in einem hochmodernen Parkhaus. Um zu parken, fahren Sie das Auto in einen Fahrstuhl, steigen aus und drücken eine Taste. Daraufhin schließt sich die Fahrstuhltür und eine Automatik verfrachtet Ihr Auto selbsttätig auf einen freien Parkplatz. Sobald dieser Vorgang abgeschlossen ist, erhalten Sie eine Magnetkarte. Wenn Sie abends Ihr Auto wieder abholen, stecken Sie die Magnetkarte ein. Nach einiger Zeit öffnet der Fahrstuhl und darin steht Ihr Auto. Sie können einsteigen und nach Hause fahren.

Die Magnetkarte entspricht einer Zeigervariablen. Über die Magnetkarte kommen Sie an Ihr Auto, das irgendwo in dem großen Parkhaus steht. Wo das Auto steht und was wirklich auf der Karte steht, wissen Sie nicht. Es interessiert Sie eigentlich auch nicht, sofern Sie Ihr Auto später wieder zurückbekommen. Wenn Sie dagegen die Karte verlieren, ist das beinahe so, als ob Sie Ihr Auto verloren hätten. Es belegt zwar den Parkplatz und ist noch physisch vorhanden. Sie kommen aber nicht mehr an das Auto heran.

Weil es Menschen gibt, die für technische Neuerungen weniger aufgeschlossen sind als Sie, hat der Betreiber ein Info-Terminal eingerichtet. Dort können Sie die

Magnetkarte einschieben und erhalten die Daten, die über Ihr Auto beim Einparken gewonnen wurden. So wurde das Auto im Fahrstuhl gewogen, damit nicht jemand heimlich einen Panzer einstellt und damit die Statik überfordert. Per Lichtschranke wurde Höhe, Breite und Länge bestimmt, damit die Parkbuchten optimal genutzt werden können. Und schließlich wurde das Kennzeichen durch einen Scanner eingelesen. Stecken Sie also die Magnetkarte ins Terminal, erhalten Sie diese Informationen über Ihr Auto angezeigt: Gewicht, Höhe, Breite, Länge und Kennzeichen. Diese Daten sind nicht die Daten der Karte, sondern gehören zu dem Auto, auf das die Karte zeigt. Darüber hinaus hat der Parkhausbetreiber einen neuen Service eingerichtet. Die Besitzer, die ihre Karte verloren haben, können ihr Auto wieder bekommen, wenn sie das Kennzeichen eintippen.

### Variablen und Zeiger

Ihre Variablen verhalten sich wie die Autos. Sie befinden sich im Hauptspeicher, der mit dem Parkhaus vergleichbar ist. Wo sich Ihre Variablen tatsächlich im Speicher befinden, interessiert Sie normalerweise nicht. Sie sprechen sie normalerweise über den Variablennamen an, so wie Sie das Auto aus dem Beispiel auch über das Kennzeichen erreichen können. Sie können aber auch eine Zeigervariable definieren, die einer Magnetkarte entspricht. Wenn Sie der Zeigervariablen die Adresse einer Variablen zuweisen, können Sie über die Zeigervariablen auf diese Variable zugreifen. Das ist der gleiche Vorgang wie beim Beschriften der Magnetkarte. Der Parkhaus-Computer wird auf der Magnetkarte kodieren, wo er das Auto eingeparkt hat. Was auf der Magnetkarte wirklich steht, interessiert Sie genauso wenig wie der Inhalt der Zeigervariablen. Anstatt auf ihren direkten Inhalt zu achten, verwenden Sie diese dazu, auf die Variable zu schauen, auf die sie verweist. Verlieren Sie den Inhalt der Zeigervariablen, dann bleibt der Variableninhalt unerreichbar, sofern Sie nicht noch den Variablennamen haben.

**Spicker** ×

Ein Zeiger ist eine Variable, deren Inhalt die Position einer anderen Variablen im Hauptspeicher enthält. Eine Zeigervariable dient dazu, indirekt auf einen Speicherinhalt zu verweisen sowie auf ihn zuzugreifen.
Um eine Zeigervariable zu definieren, wird zunächst der Typ angegeben, auf den der Zeiger zugreifen kann. Es folgt ein Stern und dann der Name der Variablen:

```
char *charZeiger;
```

Die Variable `charZeiger` ist also ein Zeiger auf eine Variable vom Typ `char`. Anders ausgedrückt, kann in der Variablen `charZeiger` die Position der Speicherstelle abgestellt werden, an der sich eine `char`-Variable befindet.

#### Adressoperator

Eine Speicherposition wird Adresse genannt. Die Speicherstellen im Computer sind durchnummeriert, und so verbirgt sich hinter der Adresse einfach eine Zahl. Um die Adresse einer Variablen zu ermitteln, wird ihr ein kaufmännisches Und-Zeichen `&` vorangestellt. Dieser Adressoperator wird im Englischen als »Ampersand« bezeichnet und wird auch in Programmiererkreisen meist so genannt. Das folgende Beispiel zeigt, wie dem Zeiger `charZeiger` die Adresse der Variablen `buchstabe` zugewiesen wird.

```
char buchstabe = 'A';
charZeiger = &buchstabe;
```

#### Zugriff über den Zeiger

Wie erwähnt, interessiert uns der Inhalt der Zeigervariablen eigentlich gar nicht, sondern der Inhalt der Variablen, auf den der Zeiger zeigt. Nachdem die Zeigervariable mit der Adresse der Variablen gefüllt ist, können Sie darauf zugreifen, indem Sie der Zeigervariablen einen Stern voranstellen:

```
cout << *charZeiger;
```

Durch diese Anweisung würde das `'A'`, das in der Variablen `buchstabe` steht, auf dem Bildschirm ausgegeben. Sie können über die Zeigervariable sogar neue Inhalte in die Variable `buchstabe` schleusen:

```
*charZeiger = 'B';
cout << buchstabe;
```

Durch den Stern vor der Zeigervariablen wird deutlich gemacht, dass wir nicht auf den Inhalt der Zeigervariablen zugreifen, sondern auf den Speicherplatz, auf den der Zeiger zeigt. Da `charZeiger` immer noch die Adresse der Variablen `buchstabe` enthält, wird deren Inhalt nun verändert. Wenn die Variable `buchstabe` ausgegeben wird, erscheint auf dem Bildschirm jetzt ein »B«.

Abbildung 3.5 zeigt die Situation nach der Zuweisung des `'B'` über den Zeiger `charZeiger`. Oben rechts befindet sich die Variable `buchstabe`. Es wird hier einfach davon ausgegangen, dass sie an der Speicherstelle 17543 angelegt wurde. Genau diese Nummer enthält die Zeigervariable `charZeiger`, die ihrerseits an der Stelle 23164 im Speicher liegt. Auch das Größenverhältnis ist durchaus passend. Während eine Variable vom Typ `char` meist ein Byte belegt, benötigt eine Zeigervariable auf einem normalen PC vier oder acht Bytes.

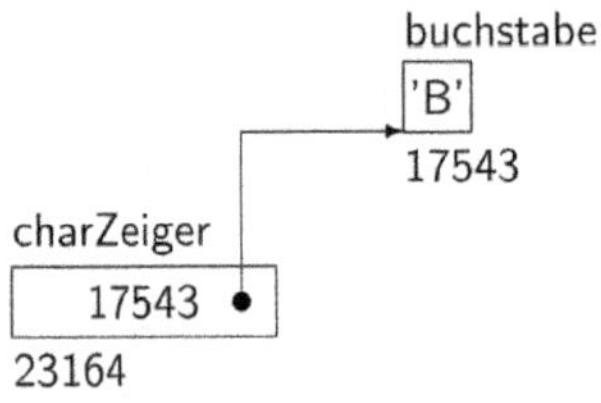


**Abbildung 3.5** Zeiger

Sie können sich sicher vorstellen, dass mit Zeigern sehr flexible Zugriffe auf die Variablen möglich sind. Und tatsächlich werden Zeiger recht häufig gebraucht. Hier einige typische Anwendungen für Zeiger, die Sie später im Buch wiederfinden werden.

1. Sie können ein Programmstück schreiben, das über einen Zeiger auf eine Variable zugreift. Sobald Sie den Zeiger auf die Adresse einer anderen Variablen »umbiegen«, arbeitet das gleiche Programmstück mit einer anderen Variablen. Sie werden dies noch im Zusammenhang mit Funktionsparametern kennenlernen.
2. Sie können im Laufe des Programms neuen Speicher anfordern. Wie Sie später sehen werden, wird dazu der Befehl `new` verwendet. Damit das Programm auf den neuen Speicher zugreifen kann, liefert `new` einen Zeiger darauf.
3. Sie können mithilfe von Zeigern komplexe Datenkonstrukte nachbilden. Dazu bilden Sie Variablenverbunde (siehe Abschnitt 3.3) aus Daten und Zeigern. Weist der Zeiger eines Variablenverbundes auf den nächsten, lassen sich daraus Ketten bilden, die man als lineare Liste bezeichnet. Wenn Sie in den Datenverbund mehrere Zeiger integrieren, können Sie ein baumartiges Gebilde erzeugen.

Es ist eine gute Idee, einen Zeiger, der noch keine konkrete Zieladresse hat, auf 0 zu setzen. An der Speicherstelle 0 kann sich definitiv keine Variable befinden und aus diesem Grund würde ein versehentlicher Zugriff über einen Nullzeiger immer zum sofortigen Absturz des Programms führen. Ein Ende mit Schrecken ist immer noch besser als ein Schrecken ohne Ende. Der Schrecken ohne Ende tritt ein, wenn der Zeiger auf einen zufälligen Wert verweist und das Programm versehentlich damit weiterarbeitet, ohne dass der Fehler bemerkt wird. Soll die Variable mit 0 initialisiert werden, können Sie wie bei einer Integer-Variablen einfach =0 zuweisen.

```
char *charZeiger;  // charZeiger definieren
charZeiger=0;      // als Nullzeiger sichern
```

#### Alte NULL und neuer nullptr

In C-Programmen finden Sie in diesem Zusammenhang oft eine Konstante namens NULL. Dabei handelt es sich um eine 0, die explizit für die Verwendung mit Zeigern deklariert ist. Aus guten Gründen wurde NULL nicht in C++ standardisiert. Dennoch definierten sich einige Programmierer ihre eigene NULL, um zu dokumentieren, dass dieser Zeiger auf keine gültige Stelle zeigt.

Der Ruf nach einer speziellen 0 für Zeiger wurde dann bei der Standardisierung von C++11 erhört. Dort wurde das reservierte Wort `nullptr` definiert.

```
char *charZeiger = nullptr; // C++11 erlaubt nullptr.
```

### 3.2.1 Indirekter Zugriff

Um über eine Zeigervariable auf den Inhalt einer anderen Variablen zugreifen zu können, wird dem Variablennamen ein Stern vorangestellt. Dadurch wird nicht auf die Zeigervariable selbst, sondern auf die Speicherstelle zugegriffen, deren Adresse die Zeigervariable enthält. Zur Wiederholung sind die im vorigen Abschnitt gezeigten Befehle noch einmal zusammengestellt:

```
char *charZeiger;            // Definition der Zeigervariablen
charZeiger = 0;              // Sichern als Nullzeiger
char buchstabe = 'A';        // Die Variable mit Inhalt
charZeiger = &buchstabe;     // Adresse von buchstabe zuweisen
*charZeiger = 'B';           // buchstabe enthält nun 'B'
```

#### Indirektionsoperator

Dieser Stern ist dasselbe Symbol, das auch bei der Multiplikation verwendet wird. Der Compiler erkennt aber aus dem Zusammenhang, wie der Stern zu interpretieren ist. Beim Zugriff über eine Zeigervariable steht er an der Position, wo man sonst ein Vorzeichen findet. Da ein Vorzeichen nur ein Plus oder ein Minus sein kann, erkennt der Compiler den Stern an dieser Stelle als Operator für den indirekten Zugriff. Man nennt den Stern darum auch Indirektionsoperator. Die folgenden Spielereien sollen Ihnen ein Gefühl dafür vermitteln, was Sie mit Zeigern alles machen können. In den Kommentaren ist beschrieben, was die einzelnen Anweisungen bewirken.

```
int main()
{
    int *intZeiger = 0;
    int intVar = 5;

    intZeiger = &intVar;
    // Der Zeiger bekommt die Adresse von intVar,
    // dann zeigt intZeiger auf intVar.
    *intZeiger = 1;
    // Die Variable, auf die intZeiger zeigt, wird
    // mit dem Wert 1 belegt. Damit ist nun der
    // Inhalt von intVar 1.
    intVar = *intZeiger + 1;
    // intVar berechnet sich aus 1 und dem Wert, auf den
    // intZeiger zeigt. Das ist aber intVar selbst.
    // Darum ist intVar anschließend 2.
}
```

Im Beispiel wurde die Zeigervariable wie empfohlen bereits bei ihrer Definition auf 0 gesetzt. Wenn die Zeigervariable lokal ist, kann sie ohne Initialisierung einen beliebigen Wert enthalten. Das bedeutet, sie zeigt auf eine zufällige Position im Hauptspeicher. Wird nun aus Versehen über diesen Zeiger zugegriffen, bevor er korrekt belegt wurde, greift das Programm an eine x-beliebige Stelle im Speicher. So werden unsinnige Daten ermittelt oder gar Daten geändert, ohne dass es sofort zu einem Fehler kommt. Das Programm läuft mit defekten Daten weiter und wird erst viel später einen Fehler liefern, dessen Ursprung dann aber nur schwer erkennbar ist. Wurde der Zeiger dagegen auf 0 gesetzt, wird der erste Zugriff darüber zum Absturz des Programms führen. Mithilfe eines Debuggers können Sie dann leicht feststellen, an welcher Stelle des Programms dieser Absturz ausgelöst wird. Sie können auch sofort sehen, dass der Zeiger auf 0 steht und werden sicher schnell erkennen, wo Sie vergessen haben, den Zeiger korrekt zu setzen.

### 3.2.2 Arrays und Zeiger

In C und C++ sind Arrays und Zeiger auf wundersame Weise miteinander verwandt. Sie können einer Zeigervariablen direkt ein Array zuweisen. Das Ergebnis ist, dass der Zeiger auf das erste Element des Arrays zeigt.

```
int zahlen[4];
int *zahlZeiger = 0;
zahlZeiger = zahlen;
```

Besonders interessant ist, dass Sie einer Zeigervariablen auch die eckigen Array-Klammern verpassen können. Und siehe da: Die Zeigervariable verhält sich, als wäre sie als Array geboren worden. Im folgenden Beispiel wird die Zeigervariable als Array-Variable verwendet:

```
zahlZeiger = zahlen;
zahlZeiger[3] = 4;
```

Diese Situation wird in Abbildung 3.6 dargestellt. Nicht ohne Grund wird auch die Array-Variable `zahlen` als Zeiger dargestellt. Der Arrayname kann nämlich als fester Zeiger auf das vorderste Arrayelement angesehen werden.

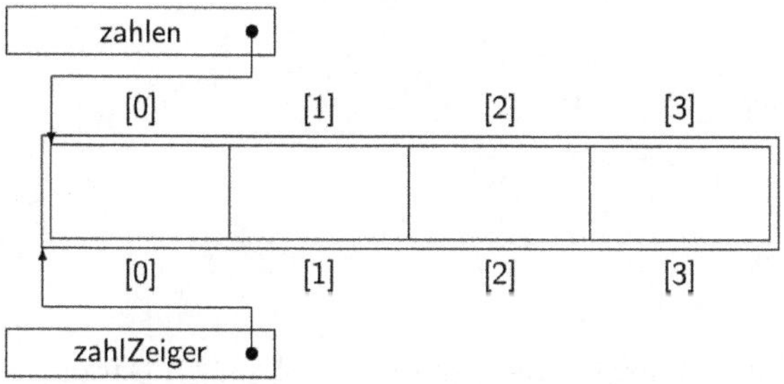


**Abbildung 3.6** Zeiger sind Array-kompatibel.

Die folgenden Konstruktionen werden Ihnen vielleicht den Angstschweiß auf die Stirn treiben; Ihrem Compiler wird es nicht einmal merkwürdig erscheinen. Die Ausgangssituation scheint zunächst ähnlich:

```
int zahlen[4];
int *zahlZeiger = 0;

zahlZeiger = zahlen;
zahlZeiger[3] = 5;
zahlZeiger = &zahlen[2];
zahlZeiger[1] = 3; // landet in zahlen[3]!
```

**Listing 3.14** Array und Zeiger

Die Zeile, in der der Zeiger auf die Adresse des dritten Array-Elements gesetzt wird, ist besonders originell:

```
zahlZeiger = &zahlen[2];
```

Das Verhältnis zwischen Arrays und Zeigern kann durch die folgenden Zusammenhänge ausgedrückt werden:

- `&zahlen[i]` ist identisch mit `zahlen+i`
- `zahlen[i]` ist identisch mit `*(zahlen+i)`

Da `zahlen[2]` nichts anderes als eine gewöhnliche Integer-Variable ist, kann der Zeiger natürlich auch auf deren Adresse gesetzt werden. Wenn Sie diesen Zeiger mit eckigen Klammern verwenden, verhält er sich wie das Array `zahlen`, allerdings um zwei Elemente nach rechts versetzt. Sie können die Situation in Abbildung 3.7 sehen.

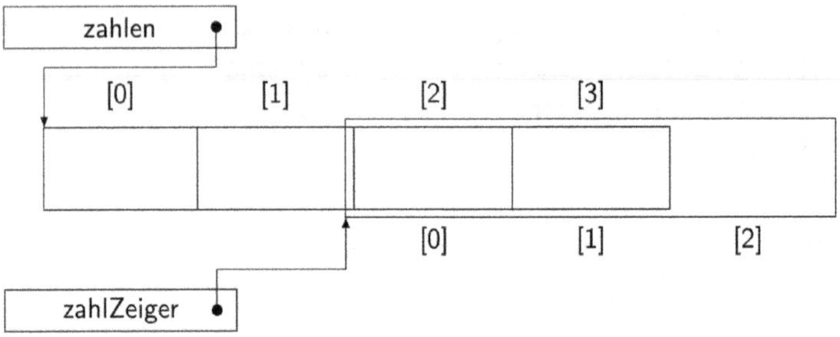


**Abbildung 3.7** Array mit verschobenem Zeiger

Durch die Verschiebung wird `zahlZeiger[0]` identisch mit `zahlen[2]`. Daraus resultiert, dass `zahlZeiger[1]` das letzte Element des Arrays `zahlen` ist. Würde also das Element `zahlZeiger[2]` verarbeitet, würde auf einen Speicherbereich zugegriffen werden, der außerhalb des für das Array reservierten Raums steht. Die Ergebnisse sind unvorhersehbar.

**Hinweis**

Der entscheidende Unterschied: Bei der Definition eines Arrays wird der Speicher für die Array-Elemente reserviert. Bei der Definition eines Zeigers wird nur Speicher für den Zeiger selbst angelegt.

### 3.2.3 Zeigerarithmetik

Sie können Zeiger inkrementieren und dekrementieren. Dadurch wird der Zeiger um so viele Bytes weitergesetzt, wie die Größe des Typs ist, auf den er zeigt. Wenn Sie also einen Zeiger haben, der auf den Anfang eines Arrays zeigt, wird er durch das Inkrementieren auf die nächste Position im Array gesetzt. Darum wird gern ein Zeiger verwendet, um ein Array zu durchstreifen.

#### Beispiel

Wenn Sie den Inhalt aller Elemente eines Arrays auf 0 setzen wollen, so können Sie dies über den Indexoperator tun.

```
int wert[MAX];
for (int i=0; i<MAX; i++)
{
    wert[i] = 0;
}
```

Alternativ können Sie einen Zeiger verwenden und ihn durch das Array laufen lassen.

```
int wert[MAX];
int *lauf = wert;
for (i=0; i<MAX; i++)
{
    *lauf = 0;
    lauf++;
}
```

Von den beiden Schleifen ist die zweite schneller. Das leuchtet sehr schnell ein, denn bei Verwendung des Zeigers muss dieser in jedem Durchlauf einmal erhöht werden. Dazu addiert der Prozessor die Größe des Typs zum Zeiger hinzu. In der ersten Schleife muss dagegen die Typgröße zunächst mit dem Index multipliziert werden und dann auf die Array-Adresse addiert werden, um den Zugriff auf das Element zu bekommen. Danach muss noch der Index erhöht werden, allerdings nur um 1.

Zeichenketten lassen sich sehr elegant mit der `for`-Schleife abarbeiten. In der Klammer hinter dem Schlüsselwort `for` stehen die Startanweisung, die Bedingung, unter der die Schleife läuft, und dann die Anweisung, die am Ende des Schleifenkörpers durchgeführt wird. Das folgende Beispiel geht davon aus, dass die Variable `quelle`

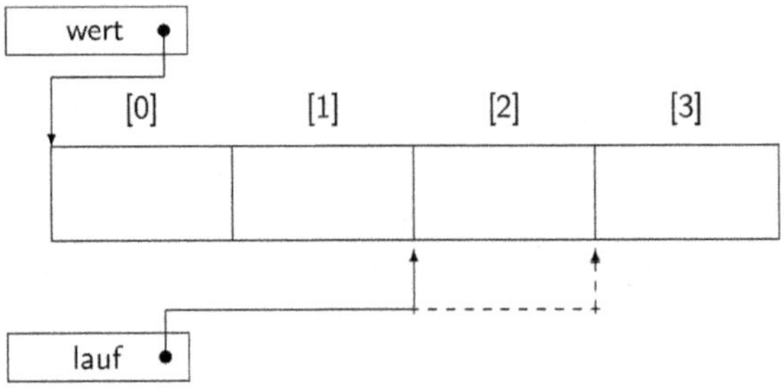


**Abbildung 3.8** Wandernder Zeiger

eine Zeichenkette enthält, und gibt sie Buchstabe für Buchstabe auf dem Bildschirm aus.

```
char quelle[MAX];
for (char *p = quelle; *p; p++)
{
    cout << *p ;
}
```

**Listing 3.15** `for`-Schleife für Strings

In der Startanweisung wird die Zeigervariable `p` lokal für die Schleife definiert und mit der Array-Variablen `quelle` initialisiert. Die nächste Anweisung ist die Bedingung, unter der die Schleife weiterläuft. Irritierend ist natürlich die Kürze. `*p` liefert das Zeichen, auf das der Zeiger `p` momentan zeigt. Das ist zwar kein boolescher Wert, aber Sie erinnern sich, dass C++ Nullwerte als falsch und alle anderen als wahr interpretiert. Das heißt hier, dass die Schleife weiterlaufen wird, bis sie auf die Abschluss-Null der Zeichenkette stößt. Erst durch die Abschluss-Null der Zeichenkette wird der Ausdruck `*p` falsch. Die Abschlussanweisung sorgt schließlich dafür, dass nach jedem Durchlauf des Schleifenkörpers die Variable `p` auf das nächste Zeichen vorrückt.

### Addition und Subtraktion

Zeiger können nicht nur inkrementiert oder dekrementiert werden. Es ist auch möglich, Zahlen aufzuaddieren. Dieses Addieren ist insofern konsistent zum Inkrementieren, als dass der hinzugezählte Wert als Einheit für die Typgröße behandelt wird. Der folgende Ausdruck verweist auf zwei Elemente hinter dem Element, auf das der Zeiger zeigt.

```
*(zeiger+2) = 4;
zeiger[2] = 4;
```

**Listing 3.16** Gleichwertige Anweisungen

In der zweiten Anweisung wird exakt das Gleiche durchgeführt wie in der ersten. Es wird auf das zweite Element hinter dem Anfangselement zugegriffen. Die Klammer in der ersten Zeile ist erforderlich, da der Indirektionsoperator eine höhere Priorität hat als das Pluszeichen.

### 3.2.4 Konstante Zeiger

Das Schlüsselwort `const` kennen Sie bereits von der Deklaration von Konstanten. Es kann auch im Zusammenhang mit Zeigern verwendet werden. Dabei kann es an zwei verschiedenen Stellen stehen und besitzt dann jeweils eine etwas andere Bedeutung.

#### Konstantes Ziel

```
const int *konstantesZiel = &zielVariable;
```

Dieser Zeiger ist so definiert, dass das Schlüsselwort `const` direkt vor dem Typ des Ziels steht. Über diesen Zeiger darf die Zielvariable nicht verändert werden. Der Zeiger selbst kann durchaus inkrementiert werden. Sie können damit beispielsweise ein Array durchlaufen und ausgeben.



#### Konstanter Zeiger

Der Zeiger `konstanterZeiger` darf bezüglich seines Ziels

```
int * const konstanterZeiger = &zielVariable;
```

nicht geändert werden. Das Schlüsselwort `const` steht direkt vor dem Namen des Zeigers und deutet darauf hin, dass er sich nicht bewegen darf. Darum muss der Zeiger bei der Definition bereits endgültig initialisiert werden. Die Variable, auf die er zeigt, kann allerdings beliebig verändert werden.

#### Alles konstant

```
const int * const komplettKonstant = &zielVariable;
```

Beim Zeiger `komplettKonstant` darf weder die referenzierte Variable noch der Zeiger selbst verändert werden.

Konstante Zeiger werden am häufigsten bei der Beschreibung von Funktionsparametern eingesetzt.

### 3.2.5 Anonyme Zeiger

Zeiger haben immer die gleiche Größe, egal, auf welche Daten sie zeigen. Letztlich enthalten sie immer eine Speicheradresse, und die ist für alle Typen gleich. Die Größe ist von der Maschinenarchitektur abhängig. So ist auf 32-Bit-Systemen ein Zeiger 32 Bits, also vier Bytes, groß. Auf welchen Typ ein Zeiger zeigt, ist aus Sicht des Computers völlig gleich. Der Compiler allerdings überwacht, dass ein Zeiger auf eine `char`-Variable nicht plötzlich dazu verwendet wird, um auf eine Variable vom Typ `float` zuzugreifen.

In bestimmten Situationen kann es sinnvoll sein, Zeiger zu speichern, deren Ziel nicht bekannt ist. Solche Zeiger werden als Zeiger auf den Datentyp `void` definiert.

```
void *zeiger;
```

Eine Variable vom Typ `void` gibt es nicht. Die Definition einer solchen Variablen würde also zu einem Fehler führen. Es ist aber durchaus erlaubt, einen Zeiger auf `void` zu definieren. Sie können einer als Zeiger auf `void` definierten Variablen einen beliebigen Zeiger zuweisen, ohne dass sich der Compiler darüber beklagt. Ansonsten verweigert C++ das Zuweisen von Zeigervariablen unterschiedlichen Typs. Meist wird ein Zeiger auf `void` als Transportvehikel für einen Zeiger verwendet, dessen Zieltyp sich erst noch im Laufe des Programms ergibt.

Wie erwähnt, Sie können jeden Zeiger einem `void`-Zeiger zuweisen. Wenn Sie aber umgekehrt einem Zeiger einen `void`-Zeiger zuweisen wollen, ist dies nur möglich, wenn Sie den `void`-Zeiger auf den Zieltyp casten (siehe Abschnitt 1.5.5).

```
void *voidZeiger;
int  *intZeiger;
voidZeiger = intZeiger;          // funktioniert problemlos
intZeiger  = (int *)voidZeiger; // explizites Casting notwendig
```

## 3.3 Der Variablenverbund: struct

Mit Arrays können Variablen gleichen Typs zusammengestellt werden. In der realen Welt gehören aber meist Daten unterschiedlichen Typs zusammen. So hat ein Auto einen Markennamen und eine Typbezeichnung, die als Zeichenkette unterzubringen sind. Dagegen eignet sich für Kilometerzahl und Leistung eher ein Integer-Typ. Für den Preis bietet sich der Typ `float` an. Bei bestimmten Autohändlern könnte auch `double` erforderlich sein. Alles zusammen beschreibt ein Auto.

Vielleicht werden Sie einwerfen, dass ein Auto noch mehr Bestandteile hat. Da gibt es Bremsscheiben, Turbolader und Scheibenwischer. Das ist in der Realität richtig. Ein Programm interessiert sich aber immer nur für bestimmte Eigenschaften, die der Programmierer mit dem Kunden zusammen festlegt. Unser Beispiel würde für einen kleinen Autohändler vielleicht schon reichen. Eine Autovermietung interessiert sich vielleicht überhaupt nicht für den Wert des Autos, möchte aber festhalten, ob es für Nichtraucher reserviert ist. Eine Werkstatt dagegen könnte sich tatsächlich für alle Teile interessieren. Ein Programm, das die Verteilung der Firmenfahrzeuge verwaltet, interessiert sich vielleicht nur für das Kennzeichen. Es entsteht also ein Modell eines Autos, das bestimmte Bestandteile enthält und andere vernachlässigt, je nachdem, was das Programm benötigt.

Bereits in C gab es für solche Zwecke die Struktur, die mehrere Variablen zu einer zusammenfasst. Das Schlüsselwort für die Bezeichnung solch zusammengesetzter Variablen lautet `struct`. Nach diesem Schlüsselwort folgt der Name des neuen Typs. In dem folgenden geschweiften Klammernblock werden die Bestandteile der neuen Struktur aufgezählt. Diese unterscheiden sich nicht von der bekannten Variablendefinition. Den Abschluss bildet ein Semikolon.

Um ein Auto zu modellieren, wird ein neuer Variablentyp geschaffen, der `AutoTyp` heißen soll und ein Verbund mehrerer Elemente ist.

```
struct AutoTyp // Definiere den Typ
{
    char marke[MaxMarke];
    char modell[MaxModell];
    long km;
    int kW;
    float preis;
};  // Hier vergisst man leicht das Semikolon!
```

**Listing 3.17** `struct` für ein Auto

Das Schlüsselwort `struct` leitet die Typdefinition ein. Es folgt der Name des neu geschaffenen Typs, hier `AutoTyp`. In dem nachfolgenden geschweiften Klammernpaar werden alle Bestandteile der Struktur nacheinander aufgeführt. Am Ende steht ein Semikolon, das man selbst als erfahrener Programmierer immer wieder einmal vergisst.

Damit haben wir den Datentyp `AutoTyp` geschaffen. Er kann in vieler Hinsicht verwendet werden wie der Datentyp `int`. Sie können beispielsweise eine Variable von diesem Datentyp anlegen. Ja, Sie können sogar ein Array und einen Zeiger von diesem Datentyp definieren.

```
AutoTyp meinRostSammler; // Variable anlegen
AutoTyp fuhrpark[100];   // Array von Autos
AutoTyp *parkhausKarte;  // Zeiger auf ein Auto
```

Die Variable `meinRostSammler` enthält nun alle Informationen, die in der Deklaration von `AutoTyp` festgelegt sind. Um von der Variablen auf die Einzelteile zu kommen, wird an den Variablennamen ein Punkt und daran der Name des Bestandteils gehängt.

```
// Auf die Details zugreifen
meinRostSammler.km = 128000;
meinRostSammler.kW = 25;
meinRostSammler.preis = 25000.00;
```

Wenn Sie über einen Zeiger auf ein Strukturelement zugreifen wollten, müssten Sie über den Stern referenzieren und dann über den Punkt auf das Element zugreifen. Da aber der Punkt vor dem Stern ausgewertet wird, müssen Sie eine Klammer um den Stern und den Zeigernamen legen.

```
AutoTyp *parkhausKarte = 0;        // Keine Zuordnung
parkhausKarte = &meinRostSammler; // zeigt auf ein Auto
(*parkhausKarte).preis = 12500;    // Preis für meinRostSammler
```

**Listing 3.18** Zeiger auf eine Struktur

Das mag zwar logisch sein, aber es ist weder elegant noch leicht zu merken. Zum Glück gibt es in C und C++ eine etwas hübschere Variante, über einen Zeiger auf Strukturelemente zuzugreifen. Dazu wird aus Minuszeichen und Größer-Zeichen ein Symbol zusammengesetzt, das an einen Pfeil erinnert.

```
parkhausKarte->preis = 12500;
```

**Listing 3.19** Zeiger auf eine Struktur, eleganter formuliert

Strukturen sind L-Values. Sie können also auf der linken Seite einer Zuweisung stehen. Andere Strukturen des gleichen Typs können ihnen zugewiesen werden. Dabei wird die Quellvariable Bit für Bit der Zielvariablen zugewiesen.

```
AutoTyp meinNaechstesAuto, meinTraumAuto;
...
meinNaechstesAuto = meinTraumAuto;
```

Obwohl die beiden Strukturvariablen nach dieser Operation ganz offensichtlich gleich sind, kann man dies nicht einfach durch eine Anwendung des doppelten Gleichheitszeichens nachprüfen.

Sie können bei Strukturen die Typdeklaration und die Variablendefinition zusammenfassen, indem der Name der Variablen direkt nach der geschweiften Klammer eingetragen wird.

```
struct // Hier wird kein Typ namentlich festgelegt.
{
    char marke[MaxMarke];
    char modell[MaxModell];
    long km;
    int kW;
    float preis;
} meinErstesAuto, meinTraumAuto;
```

**Listing 3.20** struct für ein Auto

Hier werden im Beispiel die Variablen `meinErstesAuto` und `meinTraumAuto` gleich mit ihrer Struktur definiert. Werden auf diese Weise gleich Variablen dieser Struktur gebildet, muss ein Name für den Typ nicht unbedingt angegeben werden. Damit ist dann natürlich keine spätere Erzeugung von Variablen dieses Typs möglich.

Auch Strukturen lassen sich initialisieren. Dazu werden wie bei den Arrays geschweifte Klammern verwendet. Auch hier werden die Werte durch Kommata getrennt.

```
AutoTyp jb = {"Aston Martin", "DB5", 12000, 90, 12.95};
AutoTyp gwb = {0};
```

Die Struktur ist bereits mit C eingeführt worden und ist dort die einzige Möglichkeit, Datenverbünde zu definieren. In C++ werden zu diesem Zweck normalerweise Klassen (siehe Kapitel 5) eingesetzt, die allerdings wesentlich mehr können als die C-Strukturen. Schon aus Kompatibilitätsgründen ist das Schlüsselwort in C++ noch vorhanden und wird auch erwartungsgemäß übersetzt. Allerdings kann eine Struktur in C++ wesentlich mehr. Sie ist dort so definiert, dass sie einer Klasse entspricht, deren Elemente öffentlich zugänglich sind.

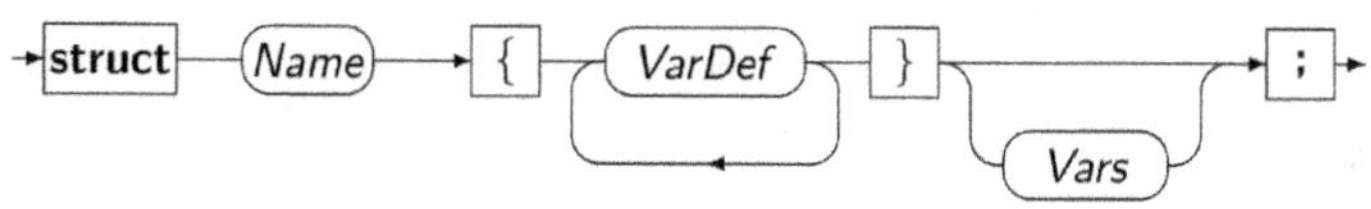


**Abbildung 3.9** Syntaxgraph `struct`

Den Syntaxgraphen für `VarDef` finden Sie im Abschnitt 1.5. An dieser Stelle befinden sich also Variablendefinitionen. Dabei sind auch Arrays, Zeiger oder weitere

Strukturen zulässig. Werden an der Stelle `Vars` Variablennamen aufgeführt, werden gleich Variablen dieser Struktur definiert. Hier dürfen auch Zeiger und Arrays der Struktur gebildet werden. Bei der Definition mehrerer Variablen müssen diese durch Komma getrennt werden.

### 3.3.1 Beispiel: Bermuda

Nachdem im Abschnitt 3.1.5 das Spielfeld modelliert wurde, sollen hier die Schiffe nachgebildet werden. Jedes Schiff hat eine x- und eine y-Koordinate. Des Weiteren müssen Sie ein Schiff markieren können, wenn es gefunden wurde. Also brauchen wir noch eine boolesche Variable namens `gefunden`. Um das Schiff in dieser Form zusammenzusetzen, wird eine Struktur verwendet. Nach der Spielanleitung gibt es im Spiel insgesamt vier Schiffe, sodass ein Array von Strukturen angelegt werden muss.

```
const int MAXSCHIFF=4;
struct Schiff
{
    int x;
    int y;
    bool gefunden;
};

Schiff schiff[MAXSCHIFF];
```

**Listing 3.21** Definition der Schiffe

Im nächsten Schritt müssen die Schiffe versteckt werden. Natürlich dürfen wie bei den Lottozahlen nicht zwei Schiffe die gleiche Position haben. Demzufolge muss wie dort verhindert werden, dass das neue Schiff auf einer bereits besetzten Position liegt. Hier sehen Sie das komplette Programm:

```
// Bermuda: Einführung der Strukturen
#include <iostream>
#include <cstdlib>
using namespace std;

const int X=9; // Spielfeldausdehnung waagerecht
const int Y=7; // Spielfeldausdehnung senkrecht
const int MAXSCHIFF=4; // Anzahl der Schiffe
```

```
struct Schiff
{ // Nachbildung eines Schiffes
    int x; // Position waagerecht
    int y; // Position senkrecht
    bool gefunden;
};

Schiff schiff[MAXSCHIFF]; // Unsere Flotte

int main()
{
    int i, j; // Zählervariablen
    bool neueZahl; // ist eine Position gefunden?

    srand(time(0));
    for (i=0; i<MAXSCHIFF; i++) // alle Schiffe
    {
        schiff[i].gefunden = false;
        // Bestimmung der Position
        do
        {
            // Einmal Position würfeln
            schiff[i].x = rand() % X;
            schiff[i].y = rand() % Y;
            neueZahl = true;
            // Prüfe, ob eines der bisherigen Schiffe die
            // Position schon innehat
            for (j=0; j<i; j++)
            {
                if (schiff[j].x==schiff[i].x
                    && schiff[j].y==schiff[i].y)
                {
                    // Da saß schon eins!
                    neueZahl = false;
                }
            }
        // erst bei neuer Position fertig
        } while (!neueZahl);
```

```
    }
    // Zur Kontrolle alle anzeigen
    for (i=0; i<MAXSCHIFF; i++)
    {
        cout << schiff[i].x << "," << schiff[i].y << " ";
    }
    cout << endl;
}
```

**Listing 3.22** Verstecken der Schiffe (*bermuda2.cpp*)

Nun sind die Datenstrukturen für das Bermuda-Programm geschaffen. Im nächsten Schritt wird es um das Gliedern der Funktionalität gehen.

## 3.4 Dynamische Strukturen

Normalerweise legen Sie beim Erstellen des Programms die Variablen fest, die im Programm verwendet werden. Dazu müssen Sie bereits vor dem Erstellen des Programms wissen, welche Daten Sie brauchen. Nehmen wir an, Sie wollen in Ihrem Programm eine Einkaufsliste führen. Dazu können Sie ein Array von Einkaufslisteneinträgen anlegen. Aber wie viele Einträge sollen es maximal werden? Egal, welchen Wert Sie wählen: Er ist zu klein, wenn Sie der Kaufrausch packt, und zu groß, wenn Sie nur noch einmal schnell Eier und Speck für ein improvisiertes Mittagessen brauchen. Für solche Fälle bietet C++ die Möglichkeit, während des Programmlaufs Speicher anzufordern, auf den dann über Zeiger zugegriffen wird.

### 3.4.1 Anlegen und Freigeben von Speicher

Der Befehl `new` fordert neuen Speicher an. Um auf ihn zugreifen zu können, liefert `new` einen Zeiger darauf zurück. Damit `new` weiß, wie viel Speicher angefordert werden soll, folgt dem Befehl der gewünschte Datentyp.

```
float *floatZeiger = new float;
```

Dieser Speicher wird aus dem Arbeitsspeicher des Programms genommen, dem sogenannten Heap. Die einzige Verbindung, die das Programm zu diesem Speicher hat, ist der Zeiger. Das Programm ist für diesen Speicher verantwortlich. Das bedeutet, dass der Speicher so lange über einen Zeiger erreichbar sein muss, wie er gebraucht wird, und dass er nach Gebrauch durch den Befehl `delete` wieder freigegeben werden muss.

#### Initialisierung

Der neu angeforderte Speicher kann gleich initialisiert werden. Dazu wird der Initialisierungswert in Klammern oder seit C++11 auch alternativ in geschweiften Klammern hinter dem Typ angegeben.

```
int *intZeiger = new int(2);  // Initialisierung oder ...
int *intZeiger = new int{2};  // Initialisierung seit C++11
```

Die Variable, auf die `intZeiger` zeigt, wird gleich nach ihrer Erzeugung mit dem Wert 2 belegt. Der angeforderte Speicher muss irgendwann wieder freigegeben werden. Insbesondere, wenn über den Zeiger neuer Speicher angefordert wird, bevor der alte freigegeben wurde, irren Speicherreste durch den Hauptspeicher, auf die nicht mehr zugegriffen werden kann. Da dies durchaus mit einem Auto vergleichbar ist, das Öl verliert, spricht man dann von einem *Speicherleck* (»memory leak«). Wie beim Ölverlust scheint der Speicherverlust in kleineren Mengen nicht tragisch und macht sich vielleicht höchstens durch einen minimalen Geschwindigkeitsverlust bemerkbar. Kritisch wird es erst, wenn der verbleibende Speicherrest unter ein gewisses Niveau sinkt. Dann kommt es zu dramatischen Geschwindigkeitseinbrüchen oder gar zum Programmabsturz. Aus diesem Grund sollten Sie darauf achten, dass jeder angeforderte Speicher auch wieder freigegeben wird. Dazu dient der Befehl `delete`. Dem Befehl folgt der Zeiger, der auf den freizugebenden Speicher weist:

```
delete floatZeiger;
```



#### Freigabe

Der Zeiger muss nicht der sein, mit dem der Speicher angefordert wurde. Er muss lediglich auf den richtigen Speicher zeigen und vom gleichen Typ sein. Nach der Speicherfreigabe durch `delete` empfiehlt es sich, die Zeigervariable auf 0 zu setzen. Damit wird verhindert, dass an einer anderen Stelle versehentlich eine weitere Freigabe erfolgt. `delete` erkennt, wenn die Zeigervariable 0 ist, und versucht dann erst gar nicht, deren Speicher freizugeben. Fast noch wichtiger ist aber die Tatsache, dass eine weitere Verwendung dieses Zeigers zum Auslesen oder Beschreiben des Speichers sofort zu einem Fehler führt und dieser somit auffindbar wird. Nach der Freigabe weist der Zeiger schließlich auf einen Speicherbereich, der nicht mehr gültig ist. Es kann sein, dass der Speicher später wieder vergeben wird. Wird der Zeiger nicht auf 0 gesetzt und arbeitet das Programm weiterhin mit diesem ungültigen Zeiger, wird Speicher verwendet, der vielleicht von anderen Programmteilen angefordert wurde. Da das Programm aber weiterläuft, als wäre alles in Ordnung, würde dieser Fehler nie gefunden.

### 3.4.2 Zur Laufzeit erzeugte Arrays

Mithilfe des Befehls `new` können auch Arrays dynamisch angefordert werden. Das Besondere daran ist, dass Sie die Größe des Arrays als Parameter angeben. In einigen Fällen kann das Programm erst nach dem Start wissen, wie groß das Array sein muss. Durch dynamisches Anfordern wird genau der Speicherplatz verwendet, der gebraucht wird.

Um ein Array während der Laufzeit zu erzeugen, wird dem Operator `new` in rechteckigen Klammern hinter dem Typ mitgeteilt, wie viele Elemente angefordert werden sollen. Der Zeiger, dem der neue Speicher zugeordnet wird, kann anschließend, aufgrund der Kompatibilität zwischen Zeiger und Array, genauso behandelt werden wie ein Array.

Wurde mit `new` ein Array angefordert, muss dessen Freigabe mit dem Array-Aufruf `delete[]` erfolgen. Obwohl ein normaler Aufruf von `delete` von den meisten Compilern nicht bemängelt wird, ist das Ergebnis undefiniert.

```
int *lotto = 0;        // Zeiger definieren und sichern
lotto = new int [6]; // Array mit sechs Elementen erzeugen
for (i=0; i<6; i++)  // Array durchlaufen
{
    lotto[i] = rand() % 49 + 1; // Lottozahl erzeugen
}
delete[] lotto;        // Freigabe des Speichers
lotto = 0;             // Zeiger sichern
```

**Listing 3.23** Zur Laufzeit angefordertes Array

### 3.4.3 Verkettete Listen

Wenn Sie mehrere Elemente eines Typs brauchen, werden Sie automatisch an ein Array denken. Wenn es aber vor der ersten Speicheranforderung schwer möglich ist, die maximale Anzahl der Elemente abzuschätzen, sind verkettete Listen eine gute Lösung. Wird ein neues Datenelement benötigt, wird es erzeugt und in die Liste eingefügt. Benötigen Sie ein Element nicht mehr, wird es gelöscht. Wie viele Elemente in der Liste sind, wird nur durch den verfügbaren Speicher beschränkt.

Der Zugriff auf die Elemente an einer bestimmten Positionsnummer ist allerdings aufwendiger als in einem Array.

Die Basis einer verketteten Liste ist eine Struktur, die einerseits die eigentlichen Daten und andererseits einen Zeiger enthält, um auf das nächste Element der Liste zu verweisen.

```
struct ListenKnoten
{
    int data;
    ListenKnoten *next;
};
```

Etwas verblüffend ist die Verwendung des Typs `ListenKnoten` innerhalb der Deklaration des Typs `ListenKnoten`. Dem Compiler muss an dieser Stelle das genaue Aussehen des Typs `ListenKnoten` noch nicht bekannt sein, da hier lediglich ein Zeiger darauf definiert wird. Ein Zeiger ist aber immer gleich groß, ganz gleich, auf was er zeigt. Für den flüchtigen Beobachter ist es vielleicht irritierend, dass in der Struktur ein Zeiger ist, der anscheindend auf sich selbst zeigt. Wie aber schon der Name `next` andeutet, verweist der Zeiger nicht auf den eigenen Verbund, sondern auf den nächsten, der allerdings vom gleichen Typ sein wird. Eine verkettete Liste sieht also etwa so aus, wie es in Abbildung 3.10 schematisch dargestellt ist.

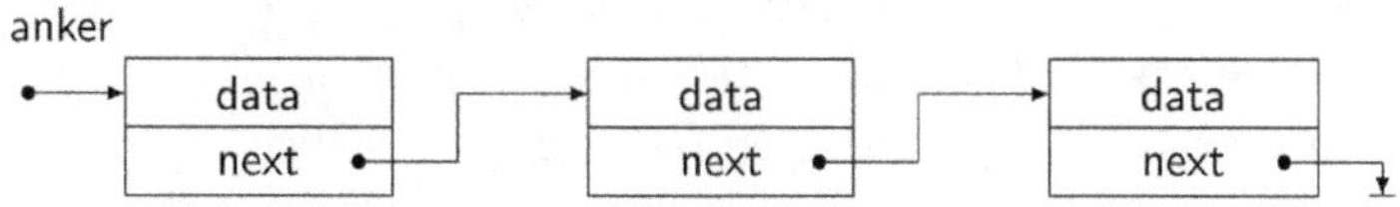


**Abbildung 3.10** Verkettete Liste

Die Variable `anker` ist ein Zeiger auf den Typ `ListenKnoten` und bildet die Basis für den Zugriff auf die verkettete Liste vom Programm aus. Über den Anker erreicht man den ersten Listenknoten. Dort enthält das Element `next` den Verweis auf den nächsten Listenknoten. So kann sich das Programm durch die Liste hangeln, bis `next` schließlich 0 ist. Damit wird das Ende der Liste angezeigt. Ist die gesamte Liste leer, muss die Variable `anker` 0 enthalten.

Ein neuer Listenknoten wird durch Aufruf von `new` erzeugt. Dabei muss darauf geachtet werden, dass der Zeiger `next` gleich korrekt gesetzt wird. Wenn Sie nicht sofort den Nachfolger einhängen können, setzen Sie den Zeiger auf 0.

```
#include <iostream>
using namespace std;
```

```
struct ListenKnoten
{
    int data;              // simuliert die Daten
    ListenKnoten *next;    // Verknüpfung zum Nachfolger
};

ListenKnoten *anker = 0; // Anfang der Liste

int main()
{
    int inhalt;
    ListenKnoten *old;
    // Fülle die Liste mit Zahlen, bis 0 eingegeben wird
    do
    {
        cout << "Zahl eingeben (0 für Ende)" << endl;
        cin >> inhalt;
        if (inhalt!=0)
        {
            // Neues Element für die Liste erzeugen:
            ListenKnoten *node = new ListenKnoten;
            node->data = inhalt; // Besetze die Daten
            node->next = anker;  // Hänge bisherige Liste an
            anker = node;        // Setze Anfangspunkt hierher
        }
    } while (inhalt!=0);

    // Gebe die Liste in umgekehrter Reihenfolge aus
    // und lösche dabei die ausgegebenen Elemente
    while (anker)    // ungleich 0! Die Liste ist nicht leer!
    {
        cout << anker->data << endl;
        old = anker;          // Sichere zum späteren Löschen
        anker = anker->next; // Nächstes Element nach vorn
        delete old;          // Lösche das ausgelesene Element
    }
}
```

**Listing 3.24** Programm zur Demonstration verketteter Listen (*kettdemo.cpp*)

Mit verketteten Listen lassen sich flexibelste Lösungen für die Ablage von Daten erzeugen. Sie können Daten an einem Ende der Liste einhängen und am anderen Ende entfernen. Damit ergibt sich ein Puffer. Wenn Sie das letzte Element einer Liste auf das erste zeigen lassen, ergibt sich eine Ringstruktur.

## 3.5 Die Union

Eine besondere Typkonstruktion ist die `union`. Man könnte sie als Entweder-oder-Verbund bezeichnen. In einer Union werden mehrere Variablen zusammengefasst, von denen nur eine gebraucht wird. Es kann also immer nur eines der angegebenen Elemente verwendet werden. Eine Union nimmt daher so viel Speicher ein, wie das größte ihrer Elemente benötigt.

#### Beispiel

In einer Union werden Informationen abgestellt, die alternativ zueinander stehen. So könnte die Bankverbindung durch eine Kreditkarte mit Nummer und Ablaufmonat oder ein Girokonto mit Kontonummer und Bankleitzahl angegeben werden.

```
union Bankverbindung
{
    KreditKarte karte;
    Girokonto kto;
};
```

**Warnung** ×

Die `union` enthält nur die reinen Daten. Sie speichert nicht, auf welche Variante zuletzt zugegriffen wurde. Es wird nicht verhindert, dass die eine Version geschrieben und die andere gelesen wird. Es ist also ohne Compiler-Warnung möglich, in `karte` zu schreiben und aus `kto` zu lesen. Dass das Ergebnis unsinnig ist, wird bestenfalls der Benutzer merken.

In manchen Programmen wird mithilfe der Union die Bytereihenfolge zwischen verschiedenen Maschinen getauscht. Ein Wort von 16 Bits besteht aus zwei Bytes. Nun kann die Reihenfolge dieser Bytes auf verschiedenen Maschinen unterschiedlich sein. Auf PCs wird beispielsweise das niedrigwertige Byte zuerst genommen; auf den meisten RISC-Prozessoren ist es genau umgekehrt.

```
#include <iostream>
using namespace std;

union Wandler
{
    struct
    {
        unsigned char hi;
        unsigned char lo;
    } byte;
    unsigned short word;
} wandler;

int main()
{
    wandler.word = 7656;
    cout << (int)wandler.byte.hi << endl;
    cout << (int)wandler.byte.lo << endl;
}
```

**Listing 3.25** *union.cpp*

Als Ergebnis liefert das Programm auf einem Intel-PC die Werte 232 und 29.

Die Verwendung einer `union` kann leicht zu Unübersichtlichkeiten führen. Darum sollten Sie sie nur einsetzen, wenn es dazu keine Alternative gibt.

## 3.6 Aufzählungstyp enum

Mit `enum` können Aufzählungstypen definiert werden. Dazu gehören beispielsweise Wochentage oder Farben. Den Elementen eines Aufzählungstyps werden Namen zugeordnet. Auf das Schlüsselwort `enum` folgt der Name des Aufzählungstyps. Zwischen den folgenden geschweiften Klammern werden die Namen aufgezählt, die zu diesem Typ gehören. Die Namen sind durch Kommata getrennt.

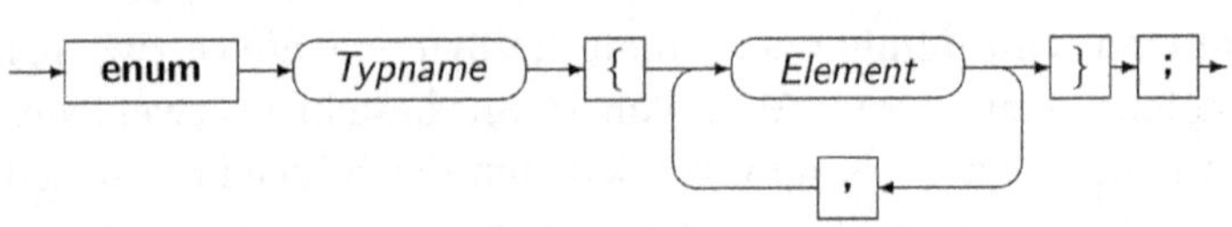


**Abbildung 3.11** Syntaxgraph für `enum`

Ein Aufzählungstyp für Farben könnte beispielsweise so definiert sein:

```
enum Farbe {ROT, GELB, GRUEN, BLAU};
```

Intern werden die Aufzählungswerte bei 0 beginnend durchnummeriert. `ROT` ist also 0, `GELB` ist 1 und so fort. Aus diesem Grund können die Aufzählungskonstanten auch ganzzahligen Variablen zugewiesen werden. Umgekehrt ist die Zuweisung einer Zahl an eine Aufzählungsvariable nicht erlaubt. Im folgenden Beispielprogramm wird der Zusammenhang zwischen dem Aufzählungstyp und den ganzen Zahlen demonstriert.

```
#include <iostream>
using namespace std;

enum Farbe {ROT, GELB, GRUEN, BLAU};

int main() {
   Farbe ampel = (Farbe)3; // casting!
   // ampel = 3; // gibt einen Fehler!
   if (ampel==BLAU) {
       cout << "blau" << endl;
   }
   cout << ampel << endl;
   int zahl = ROT;
   cout << zahl << endl;
}
```

**Listing 3.26** *enum.cpp*

Die numerischen Vorbelegungen können bei der Definition der Enumeration auch anders festgelegt werden, wie das folgende Beispiel zeigt:

```
enum Farbe {ROT=2, GELB, GRUEN=7, BLAU};
```

Das würde dazu führen, dass `ROT` 2, `GELB` 3, `GRUEN` 7 und `BLAU` 8 ist.

#### C++11 erweitert enum

Bestimmte Aspekte der Aufzählung sind nicht ganz typsicher. So könnten Sie den Wert `ROT` aus der Aufzählung `Farbe` gefahrlos mit dem `FREITAG` aus einer Aufzählung `Wochentag` vergleichen, ohne dass der Compiler das erwähnenswert fände, weil er automatisch die beiden Werten zu Zahlen konvertieren und diese miteinander vergleichen würde.

Um die Kompatibilität zu alten Programmen zu gewährleisten, wurde die neue Aufzählung durch die Kombination aus `enum` und `class` eingeleitet. Deren Elemente müssten nun durch den Namen der Aufzählung und zwei Doppelpunkte gekennzeichnet werden. Für das obige Beispiel hieße dies:

```
#include <iostream>
using namespace std;

enum class Farbe {ROT, GELB, GRUEN, BLAU};

int main() {
    Farbe ampel = Farbe(3);
    if (ampel==Farbe::BLAU) {
        cout << "blau" << endl;
    }
    cout << (int)ampel << endl;
    int zahl = (int)Farbe::ROT;
    cout << zahl << endl;
}
```

**Listing 3.27** *enumclass.cpp*

Nun ist bei der Umwandlung zwischen einer Aufzählung und einer ganzen Zahl immer ein Casting erforderlich, das dann natürich auf das Risiko dieser Vorgehensweise deutlich hinweist.

C++11 erlaubt die Kennzeichnung von Aufzählungskonstanten durch ihren Typ auch bei einem `enum` ohne `class`.

## 3.7 Typen definieren

Mit dem Befehl `typedef` können Sie Typen Namen zuweisen. Sehr beliebt ist es, lange Typnamen abzukürzen. So können Sie einen `unsigned char` einfach `uchar` taufen. Die Anweisung dazu lautet:

```
typedef unsigned char uchar;
```

Der Befehl `typedef` kann aber auch klären, wie ein Typ benutzt wird. Wird `uchar` im Sinne eines Bytes verwendet, kann dies durch die folgende Zeile im Programm deutlich dokumentiert werden:

```
typedef uchar byte;
```

## 3.8 Übungen

1 Ergänzen Sie das Lottoprogramm um den Bubblesort in der Weise, dass die Lottozahlen immer aufsteigend angezeigt werden.

2 Das Bubblesort-Programm kann noch optimiert werden. Wurde nämlich in einem Durchlauf von links nach rechts nicht getauscht, dann waren die Zahlen offensichtlich in der richtigen Reihenfolge, und es ist nicht nötig, weitere Sortierläufe durchzuführen.

3 Schreiben Sie ein Programm, das Brüche als Eingaben zulässt und sie in `double`-Variablen umrechnet. Der Nenner und der Zähler sollen durch einen Schrägstrich getrennt werden. Bei der Eingabe 3/4 sollte die Variable dann 0.75 enthalten.

Die Musterlösungen finden Sie in Anhang B.

# Kapitel 4
# Funktionen

**Inhalt**

- Funktionen als Zusammenfassung von Anweisungen
- Durch Parameter unterschiedliche Werte bearbeiten
- Mit Funktionen große Softwareprobleme in viele kleine zerlegen

Funktionen ermöglichen das Zusammenfassen von Anweisungen. Hier beginnt das kreative Entwerfen von Software, das über das technisch korrekte Aneinanderreihen von Befehlen hinausgeht. Sie kennen vermutlich Funktionen aus der Mathematik. Der Aufruf von Funktionen lehnt sich stark an dieses Vorbild an. So wird beispielsweise der Aufruf der Sinusfunktion im Programm genau so formuliert, wie Sie es aus der Mathematik kennen.

```
a = sin(alpha);
```

Dabei ist `sin` der Funktionsname. `alpha` ist der Parameter, den die Funktion vom Aufrufer übergeben bekommt, und die Funktion liefert ihr Ergebnis an die Variable `a`. Wie der Sinus eines Winkels berechnet wird, ist aus Sicht des Aufrufers nicht zu erkennen. Diese Details sind in der Funktion zusammengefasst. Im Grunde ist es für den Aufrufer eigentlich auch gar nicht interessant, wie der Sinus berechnet wird. Er weiß, was ein Sinus ist, und möchte gern das Ergebnis haben.

## 4.1 Anweisungen zusammenfassen

Wenn Sie eine Funktion selbst schreiben, fassen Sie mehrere Anweisungen unter einem Namen zusammen. Man nennt Funktionen aus diesem Grund auch Unterprogramme. Eine Funktion sollte möglichst so gebildet werden, dass sie eine klar abgegrenzte Aufgabe hat. Die Funktion lässt sich über ihren Namen von jeder erdenklichen Stelle des Programms aus beliebig oft aufrufen. Nach Ausführen der Funktion kehrt das Programm an den Ort zurück, von dem aus die Funktion aufgerufen wurde, und setzt die Verarbeitung in der nächsten Anweisung fort.

Eine Funktion war bereits in allen bisher betrachteten Programmen vorhanden: die Funktion namens `main()`. Diese Funktion wird vom Betriebssystem aufgerufen, um das Programm zu starten. Sie können aber auch weitere Funktionen hinzufügen und diese aus der Funktion `main()` heraus aufrufen. Innerhalb der Funktionen können wiederum weitere Funktionen aufgerufen werden.

Eine Funktion liefert typischerweise einen Rückgabewert. Dieser Wert wird beim Beenden der Funktion mithilfe des Befehls `return` an den Aufrufer gesendet. Welchen Typ der Rückgabewert hat, wird bei der Definition der Funktion angegeben. Die Funktion `main()` liefert beispielsweise einen Wert vom Typ `int` zurück. Der Rückgabewert der Funktion kann als Ergebnis einer Variablen zugewiesen werden. Im Falle von `main` ist der Aufrufer das Betriebssystem und dieses erhält die Fehlernummer des Programms zurück. 0 steht dabei für fehlerlos.

Auf den Rückgabetyp folgt der Name der Funktion. Er gehorcht den gleichen Spielregeln wie die Namen von Variablen (siehe Abschnitt 1.4.3). Er beginnt mit einem Buchstaben oder einem Unterstrich. Es folgen beliebig viele Buchstaben, Ziffern oder Unterstriche. Groß- und Kleinschreibung sind signifikant, werden also unterschieden. Da Funktionen häufig für Aktivitäten des Programms stehen, werden als Funktionsnamen Verben präferiert. Funktionen mit booleschen Rückgabewerten werden dagegen gern mit der Silbe `ist` begonnen, wie etwa `istPrimzahl()`.

Dem Funktionsnamen folgt ein Klammernpaar, das Parameter enthalten kann. Hat die Funktion keine Parameter, bleibt die Klammer leer oder enthält das Schlüsselwort `void`. Was Parameter sind und wie sie aufgebaut sind, wird später noch eingehend behandelt.

In geschweiften Klammern folgt der Funktionsrumpf. Das ist ein Anweisungsblock, der die Befehle enthält, die ausgeführt werden, wenn die Funktion aufgerufen wird.

Der Syntaxgraph einer Funktionsdefinition ist in Abbildung 4.1 zu sehen.

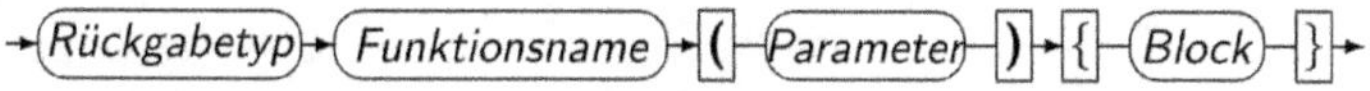


**Abbildung 4.1** Syntaxgraph für die Funktionsdefinition

- **Rückgabetyp:** Hier ist jeder Typ erlaubt, abgesehen von einem Array. Funktionen ohne Rückgabewert werden durch `void` gekennzeichnet.
- **Funktionsname:** Er beginnt mit einem Buchstaben oder einem Unterstrich. Danach folgen Buchstaben, Ziffern und Unterstriche in beliebiger Reihenfolge. Er entspricht somit dem Syntaxgraphen in Abbildung 1.3.
- **Parameter:** Eine Funktion hat entweder gar keinen oder annähernd beliebig viele Parameter, die durch Kommata getrennt sein müssen. Ein Parameter gleicht einer Variablendefinition. Diese wird in den nächsten Abschnitten näher erläutert.
- **Block:** Das ist die Folge von Anweisungen, die den Inhalt einer Funktion ausmacht. Diese Befehle werden durchlaufen, wenn eine Funktion aufgerufen wird.

Der Aufruf einer Funktion erfolgt durch Nennung des Funktionsnamens. An den Funktionsnamen schließt sich immer ein Klammernpaar an, das gegebenenfalls auch Parameter enthalten kann. Dieses Klammernpaar ist zwingend erforderlich. Die Parameter des Aufrufs müssen zu den Parametern der Funktion passen. Besitzt die Funktion einen Rückgabewert, kann der Funktionsaufruf als Ausdruck verwendet werden. Er kann also beispielsweise auf der rechten Seite einer Zuweisung stehen.

Das nächste Beispiel zeigt eine Funktion ohne Rückgabewert. Sie soll eine Trennlinie auf dem Bildschirm ausgeben, wenn sie aufgerufen wird. Dabei darf der Rückgabetyp keineswegs einfach weggelassen werden. Soll die Funktion keine Rückgabe liefern, muss hier das Schlüsselwort `void` angegeben werden. Das englische Wort *void* bedeutet so viel wie »leer« »bar« oder »nichtig«

```
#include <iostream>
using namespace std;

void trenne()
{
    cout << "------------------------" << endl;
}
```

```
int main()
{
    trenne();
    cout << "Programm zur Ermittlung..." << endl;
    trenne();
}
```

**Listing 4.1** Einfache Funktion trenne()

Die Definition der Funktion trenne() erfolgt vor ihrem ersten Aufruf. Das ist eine sinnvolle Vorgehensweise, weil der Compiler so die Funktion bereits vor ihrem ersten Aufruf kennt und prüfen kann, ob der Parameter und der Name in Ordnung sind. Ist das einmal nicht möglich, müssen Sie einen Prototyp vor dem Aufruf deklarieren. Informationen finden Sie im weiteren Verlauf des Kapitels.

In der Funktion main() wird die Funktion trenne() zweimal aufgerufen. An jeder Stelle des Aufrufs wird die Funktion durchlaufen und kehrt anschließend hinter die Aufrufposition zurück.

#### Hintergrund

Wie kommt es eigentlich, dass das Programm nach dem Aufruf einer Funktion immer die richtige Rücksprungadresse findet? Dafür besitzt jedes Programm einen sogenannten *Stack* (englisch für Stapel). Das ist eine Speicherstruktur, in der Daten abgelegt werden können, die beim Lesen in umgekehrter Reihenfolge wieder heruntergenommen werden. Einen solchen Stapel können Sie mit Büchern simulieren. Wenn Sie diese aufeinander stapeln, können Sie immer nur das oberste Buch lesen, und Sie bekommen die Bücher in der umgekehrten Reihenfolge zurück, wie sie aufgestapelt wurden. Auf die gleiche Weise wird bei jedem Aufruf einer Funktion die Adresse auf den Stack gelegt, von der dieser Aufruf erfolgte. Wenn eine Funktion endet, wird die letzte Adresse vom Stack wieder heruntergeladen und an diese Stelle zurückgekehrt. Egal, wie verschachtelt die Aufrufe auch sein mögen, die Rücksprünge sind gesichert.

Aus diesen Stack-Informationen kann im Falle eines Absturzes ein Debugger (siehe Abschnitt 6.5) entnehmen, über welche Funktionsaufrufe ein Programm seinen Weg in die ewigen Jagdgründe gefunden hat.

Die Möglichkeit, Abläufe, die an verschiedenen Stellen im Programm gebraucht werden, in einer Funktion zusammenzufassen und mehrfach aufzurufen, führt zu einer Verringerung der Fehlerquellen. Denn so sind Fehler ausgeschlossen, die beim Kopieren des Quelltexts an andere Stellen auftreten können. Von einer Korrektur an einer Funktion profitieren also alle Programmteile, die diese Funktion aufrufen.

Es kann aber durchaus sinnvoll sein, Funktionen zu bilden, auch wenn sie nur einmal aufgerufen werden. Funktionen dienen auch als Ordnungsmittel, um umfangreiche Detailprobleme in mehrere, überschaubare Aufgaben zu untergliedern. Dazu kommt, dass die Abgeschlossenheit einer Funktion die Übersicht erhöht und schon allein dadurch die Fehlerzahl vermindert.

## 4.2 Rückkehr und Rückgabewert

Eine Funktion endet, wo der Block ihres Funktionsrumpfes endet mit einer schließenden geschweiften Klammer. Der Befehl `return` kann jederzeit ein vorzeitiges Ende der Funktion herbeiführen.

Hat die Funktion einen Rückgabetyp, wird hinter dem Befehl `return` der Rückgabewert angegeben, der dem Typ der Rückgabe entsprechen muss. Eine Funktion, die nicht als `void` definiert ist, muss am Ende einen `return`-Befehl haben.

#### Beispiel

Die Funktion `gibNaechste()`. gibt bei jedem Aufruf eine Zahl zurück, die um eins höher ist als beim letzten Aufruf. Zum Zählen wird eine globale Variable namens `zaehler` eingesetzt, die innerhalb der Funktion inkrementiert wird. Anschließend wird deren Wert mit dem Befehl `return` zurückgegeben. Das Hauptprogramm ruft die Funktion mehrfach auf und gibt den Wert auf dem Bildschirm aus.

```
#include <iostream>
using namespace std;
int zaehler=0; // Diese Variable hält den Zählerstand.

int gibNaechste()
// Ändert die globale Variable zaehler
{
    zaehler++; // erhöht die globale Variable
    return zaehler;
}
```

```
int main()
{
    int n;
    n = gibNaechste();
    cout << n << endl;
    gibNaechste();          // hier wird n nicht verändert!
    cout << n << endl;
    n = gibNaechste();
    cout << n << endl;
}
```

**Listing 4.2** Funktion `gibNaechste()` (*naechste.cpp*)

Die Definition der Funktion `gibNaechste()` beginnt mit dem Rückgabetyp `int`.

#### Automatische Typisierung durch auto

Der Standard C++11 brachte die Möglichkeit, den Rückgabetyp zu deklarieren. Dabei wird vor den Funktionsnamen das Schlüsselwort `auto` geschrieben, das hier bedeuten soll, dass sich der Typ automatisch ergibt. Der wirkliche Typ wird hinter einem Zeigersymbol aus Minus und Größerzeichen an den Funktionsnamen angehängt. Die Funktion `gibNaechste()` sieht dann so aus:

```
auto gibNaechste() -> int
{
    return ++zaehler;
}
```

Im Falle des Rückgabetyps `int` erschließt sich der Sinn noch nicht. Bei komplizierteren Typen erleichtert dieses Verfahren das Auffinden des Funktionsnamens. Aber C++11 kann noch mehr. Durch den Befehl `decltype` kann C++ aus einem Ausdruck selbst ermitteln, welcher Typ hier passt. Bei der Funktion `gibNaechste()` ergibt sich der Typ aus der Variablen `zaehler`, die um 1 erhöht wird.

```
auto gibNaechste() -> decltype(zaehler+1)
{
    return ++zaehler; // erhöht die globale Variable
}
```

In diesem Fall übernimmt `auto` den Typ, den `decltyp` aus dem Ausdruck ermittelt, der in seinen Klammern steht.

### Konstante Rückgabe

In besonderen Fällen ist es wichtig, dass der Rückgabewert einer Funktion konstant bleibt, beispielsweise, wenn dieser für die Dimensionierung eines Arrays verwendet werden soll. Für solche Zwecke ermöglicht C++11 eine Deklaration als `constexpr`. Damit garantiert der Programmierer der Funktion, dass der Rückgabewert der Funktion konstant ist und der Compiler überprüft dies.

```
constexpr int holGroesse()
{
    return 6 * 2;
}
```

Ein solch konstanter Wert kann dann sogar für die Dimension von Arrays verwendet werden. Zwischen den rechteckigen Klammern bei der Definition eines Arrays darf nämlich nur eine Konstante stehen.

```
int feld[holGroesse()];
```

Auf diese Weise kann die Dimension eines Arrays in einem beliebigen anderen Modul des Programms hinter den Mauern einer Funktion festgelegt werden.

## 4.3 Parameter

Funktionen können Parameter haben. Sie dienen dazu, Werte an Funktionen durchzureichen. Diese Möglichkeit macht die Arbeit mit Funktionen um ein Vielfaches flexibler. Um aus der aufgerufenen Funktion auf die Werte des Aufrufers zuzugreifen, könnten Sie natürlich auch globale Variablen verwenden. Durch die Parameter wird aber offen dokumentiert, welche Informationen eine Funktion von außen bekommt. Man spricht auch von der Schnittstelle einer Funktion.

Die Parameterdefinition einer Funktion gleicht einer Variablendefinition. Der Typ der Parameter ist wichtig, um zu prüfen, ob die Aufrufparameter auch mit den Parametern der Funktion kompatibel sind. Über die Parameternamen wird von innen aus der Funktion heraus auf die Parameter zugegriffen.

Zur Veranschaulichung wird die Funktion `trenne()` so erweitert, dass der Aufrufer angeben kann, wie viele Bindestriche ausgegeben werden sollen.

```
#include <iostream>
using namespace std;

void trenne(int stellen)
{
    int i;
    for (i=0; i<stellen; i++)
    {
        cout << "-";
    }
    cout << endl;
}

int main()
{
    int breite = 45;
    trenne(breite);
    cout << "Programm zur Ermittlung..." << endl;
    trenne(45);
}
```

**Listing 4.3** Funktion `trenne()` mit Parameter (*trenne.cpp*)

Der Parameter `stellen` ist aus Sicht der Funktion eine ganz gewöhnliche lokale Variable, in die beim Funktionsaufruf der Wert des Aufrufers hineinkopiert worden ist. Da hier eine Kopie angefertigt wird, greift die Funktion nicht auf die übergebenen Variablen zu, sie erreicht lediglich die lokale Variable `stellen`. Diese Variable kann innerhalb der Funktion gelesen werden. Da sie lokal ist, könnte sie sogar verändert werden. Solche Änderungen an der Variablen `stellen` innerhalb der Funktion schlagen nicht auf die als Parameter verwendete Variable `breite` durch.

Der Aufrufer merkt nicht, was in der Funktion mit der Variablen geschieht. Der Wert, der bei einem Aufruf an die Funktion übergeben wird, wird kopiert. So ist es möglich, auch eine Konstante (hier 45) als Parameter zu übergeben.

Der Datenaustausch zwischen dem Aufrufer und der Funktion sollte immer über Parameter erfolgen. Auch wenn es manchmal bequemer erscheint, eine globale Variable zu verwenden, sollten Sie dies nur in wohlbegründeten Ausnahmesituationen tun. Die Veränderung globaler Variablen aus einer Funktion heraus nennt man *Seiteneffekt*. Dieser führt dazu, dass Zusammenhänge unübersichtlich werden. Darum sollten Sie ein solches Verhalten einer Funktion stets ausgiebig kommentieren.

Parameter werden als Werte an die Funktion übergeben. Das bedeutet, dass die Inhalte der Variablen, die der Aufrufer an Funktionen übermittelt, aus dessen Sicht nicht innerhalb der Funktion verändert werden können. Im Beispiel könnte in der Funktion `trenne()` der Wert der Variablen `stellen` verändert werden. Dies würde auch innerhalb der Funktion Wirkung zeigen. Der Wert 45, mit dem die Funktion aufgerufen wurde, wird nicht verändert. Genauso wenig ändert sich die Variable `breite`, die beim ersten Aufruf als Parameter übergeben wird.

**Hinweis**

Parametervariablen sind lokale Variablen der Funktion, die beim Funktionsaufruf durch eine Kopie der übergebenen Werte initialisiert werden.

#### Hintergrund

Die Parameter werden vor dem Funktionsaufruf zu der Rücksprungadresse auf den Stack kopiert. Dort kann man auf sie während der Laufzeit der Funktion wie auf alle anderen lokalen Variablen zugreifen. Beim Verlassen der Funktion wird der Speicher, den die Funktion verwendet hat, wieder freigegeben. Das betrifft die lokalen Variablen, die Parametervariablen und den Speicher, der für die Rücksprungadresse verwendet wurde. In Abbildung 4.2 wird noch einmal der Syntaxgraph von Abbildung 4.1 dargestellt. In Abbildung 4.3 wird dieser um die Funktionsparameter ergänzt.

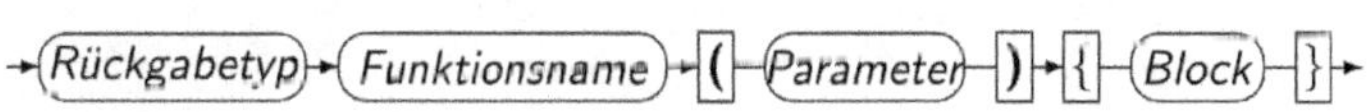


**Abbildung 4.2** Syntaxgraph Funktion

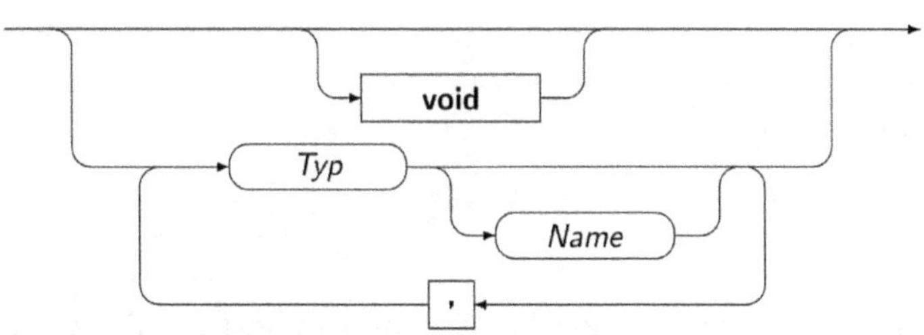


**Abbildung 4.3** Syntaxgraph Parameter

Überraschend ist, dass Sie auch einen Typ ohne passenden Variablennamen in die Parameterdefinition schreiben können. Naheliegenderweise kann dann aber innerhalb der Funktion nicht auf diesen Parameter zugegriffen werden. Es gibt allerdings Fälle, in denen Ihnen die Schnittstelle einer Funktion vorgegeben ist und Sie nur die Implementierung schreiben sollen. Im Zuge dessen kann sich herausstellen, dass ein Parameter gar nicht gebraucht wird. Da eine Änderung der Schnittstelle Auswirkungen auf andere Programmteile hat, bleibt unter Umständen der überflüssige Parameter stehen. Das wiederum kann zu einer Warnung des Compilers führen, der daraufhin der Meinung ist, dass alle Parameter in der Funktion verwendet werden sollten. Damit die Warnung verschwindet, können Sie den Variablennamen des Parameters weglassen. Sie signalisieren dem Compiler damit, dass Sie diesen Parameter absichtlich nicht verwenden.

Eine Funktion wird über ihren Namen aufgerufen. Der Aufrufer übermittelt seine Daten über die Parameter an die Funktion. Dabei werden die Daten des Aufrufers in die Parametervariablen kopiert. Liefert die Funktion Daten an den Aufrufer zurück, verwendet sie dazu den Befehl `return` gefolgt von dem zurückzugebenden Wert. Abbildung 4.4 zeigt dies schematisch.

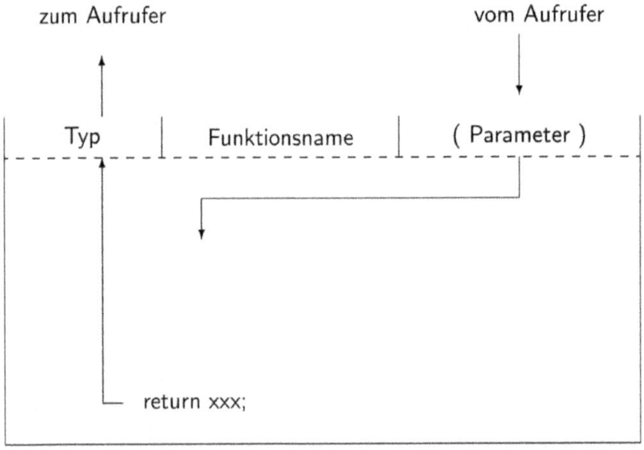


**Abbildung 4.4** Schnittstelle einer Funktion

### 4.3.1 Prototypen

Wenn eine Funktion im Quelltext erst hinter ihrem Aufruf steht, kann der Compiler nicht prüfen, ob der Aufruf korrekt ist. Darüber wird er sich mit Fehlermeldungen beschweren. Wenn es nicht möglich oder umständlich ist, die Funktionen nach ihren Aufrufen zu sortieren, können Sie die Funktion vor ihrem ersten Aufruf deklarieren. Solch eine Deklaration nennt man auch *Prototyp*. Eine Deklaration gleicht einer Funktionsdefinition, allerdings wird statt des Funktionskörpers in geschweiften Klammern einfach ein Semikolon gesetzt.

#### Beispiel

Im folgenden Beispiel wird die Funktion `trenne()` zunächst deklariert. Dann folgt in `main()` der Aufruf der Funktion `trenne()`, und erst zum Schluss wird die Funktion implementiert.

```
void trenne(int AnzahlStriche);

int main()
{
    int breite = 45;
    trenne(45);
    cout << "Programm zur Ermittlung..." << endl;
    trenne(breite);
}

void trenne(int stellen)
{
    // ...
}
```

**Listing 4.4** Prototyp

Bei Prototypen können die Variablennamen weggelassen werden oder, wie im Listing zu sehen ist, zur besseren Dokumentation geändert werden. Für den Compiler sind der Funktionsname, der Rückgabetyp und die Typen der Parameter relevant.

### 4.3.2 Zeiger als Parameter

Beim Aufruf einer Funktion werden die übergebenen Werte in die Parametervariablen kopiert. Damit befinden sie sich auf einer Einbahnstraße vom Aufrufer zur Funktion. In manchen Fällen ist es aber erwünscht, dass Funktionen Variablen der aufrufenden Funktion verändern können. Das erreicht man mit einem recht simplen Trick. Anstatt die Variable selbst zu übergeben, wird ihre Adresse verwendet. Diese Adresse wird dann in eine Zeigervariable kopiert, die die Funktion als Parameter definiert hat. Wird in der Funktion über diesen Zeiger referenziert, kann auf die Variable zugegriffen werden, deren Adresse übergeben wurde, und so wird es möglich, deren Inhalt zu ändern.

#### Beispiel

In der folgenden Funktion `inkrementiere()` wird eine Integer-Variable des Aufrufers erhöht. Dazu muss der Aufrufer die Adresse der Variablen übergeben, die er durch Voranstellen eines Ampersand `&` (kaufmännisches Und) ermittelt. Da der Aufrufer die Adresse einer Integer-Variablen übergibt, muss der Parametertyp ein Integer-Zeiger sein.

```
void inkrementiere(int *ziel)
{
    *ziel += 1;
}

int main()
{
    int meinWert = 5;
    inkrementiere(&meinWert); // danach ist meinWert 6
}
```

**Listing 4.5** Veränderlicher Parameter

Nach dem Aufruf von `inkrementiere()` wird der Inhalt der Variablen `meinWert` 6 sein. Beim Aufruf wird durch das kaufmännische Und deutlich, dass die Funktion Zugriff auf diese Variable erhält. Der Parameter ist ein Zeiger.

Abbildung 4.5 zeigt, wie der Aufrufer den Parameter `ziel` durch die Adresse der Variablen `meinWert` bedient und wie die Funktion mit `*ziel` den übergebenen Zeiger nutzt, um auf den Inhalt der Variablen `meinWert` zugreifen zu können.

**Hinweis**

Damit eine Funktion eine Variable des Aufrufers verändern kann, wird deren Adresse als Argument an die Funktion übergeben. Der entsprechende Parameter wird als Zeiger auf den Typ der Variablen definiert. Über diesen Zeiger kann innerhalb der Funktion der Inhalt der Variablen des Aufrufers verändert werden.

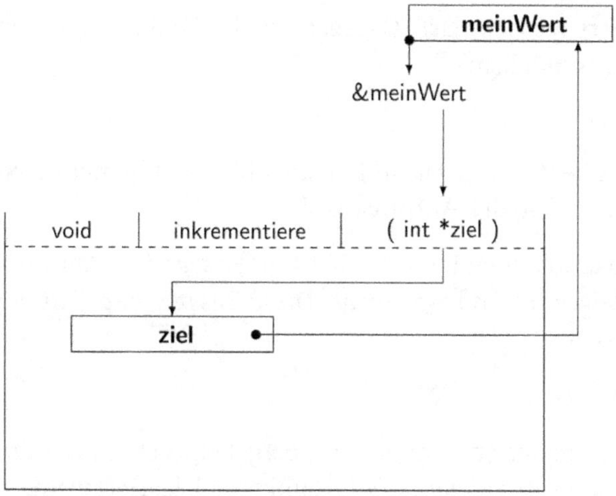


**Abbildung 4.5** Zeiger als Parameter

### Konstante Zeiger

Neben der Möglichkeit, Variablen des Aufrufers zu verändern, hat die Verwendung von Zeigern und Adressen bei großen Datenstrukturen den Vorteil, dass erheblich weniger Daten kopiert werden müssen. Ein Zeiger ist heutzutage auf einem PC vier oder acht Bytes groß. Insofern werden Zeiger auch manchmal verwendet, obwohl ein Zugriff auf die Daten des Aufrufers nicht beabsichtigt ist. Um dies gegenüber dem Aufrufer zu dokumentieren, kann der Zeiger als konstant deklariert werden. Im Abschnitt 3.2.4 wurde bereits gezeigt, dass Sie Zeigervariablen in zwei Varianten als Konstante deklarieren können. Diese Varianten gelten natürlich auch bei Parametern.

### Konstantes Ziel

```
const int *konstantesZiel;
```

Wenn das Schlüsselwort `const` vor dem Typ steht, bedeutet das, dass die Aufrufvariable über diesen Zeiger nicht verändert werden darf. Der Zeiger selbst darf aber innerhalb der Funktion inkrementiert werden, um beispielsweise durch ein Array zu laufen.

### Konstanter Zeiger

```
int * const konstanterZeiger;
```

Wenn das Schlüsselwort `const` vor dem Namen der Zeigervariablen steht, bedeutet das, dass der Zeiger `konstanterZeiger` selbst nicht verändert werden, also beispielsweise nicht inkrementiert werden darf. Dagegen ist die Veränderung von Aufrufvariablen damit durchaus möglich:

```
const int * const komplettKonstant;
```

Die letzte Variante kombiniert beides und verhindert sowohl das Inkrementieren des Zeigers als auch die Veränderung der Aufrufvariablen.

Die Verwendung von `const` hat dokumentierenden Nutzen. Es sagt dem Aufrufer, was die Funktion mit dem Zeiger tut und was nicht. Diese Zusage wird darüber hinaus vom Compiler überwacht.

### 4.3.3 Arrays als Parameter

Sie können auch Arrays als Parameter an Funktionen übergeben. Ein Array kann auf verschiedene Art und Weise als Parameter für eine Funktion deklariert werden. Gehen wir beispielsweise davon aus, dass ein Integer-Array mit fünf Elementen übergeben werden soll. Dann sind folgende Funktionsdeklarationen möglich.

```
void fa(int a[5]);
void fb(int a[]);
void fc(int *a);
```

**Hinweis**

Bei der Funktion `fa()` besagt die Parameterdefinition, dass die Funktion ein Array mit fünf Integer-Werten erwartet. Man sollte vermuten, dass diese fünf Elemente als Wert an die Funktion kopiert werden. Leider verhält es sich aber anders. Es wird nicht das Array kopiert, sondern die Adresse des Arrays übergeben. Änderungen, die innerhalb der Funktion an dem Array vorgenommen werden, schlagen direkt auf das Array in der Aufruffunktion durch. Der Compiler prüft nicht einmal, ob das übergebene Array wirklich fünf Elemente hat.

Der Parameter von `fb()` erwartet ein Array als Parameter. Da zwischen den eckigen Klammern kein Wert steht, kann man schon erahnen, dass hier nicht kontrolliert wird, wie groß das Array tatsächlich ist. Auch hier führt eine Änderung am Array innerhalb der Funktion zu einer Änderung am Original-Array. Der Parameter von `fc()` ist ein Zeiger auf eine Integer-Variable. Wie zu erwarten, lassen sich hier auch Arrays übergeben. Alle drei Parameter sind also kompatibel.

Auch wenn die Parameter der drei Funktionen keinen technischen Unterschied bewirken, sollten Sie die Möglichkeit nutzen, Ihre Parameter durch die rechteckigen

Klammern als Array zu dokumentieren. Dann wird selbst ein flüchtiger Leser davon ausgehen, dass Sie hier ein Array erwarten und nicht über einen Zeiger auf eine Variable des Aufrufers zugreifen wollen.

Soll eine Veränderung des Arrays innerhalb der Funktion verhindert werden, muss dem Parameter das Schlüsselwort `const` vorangestellt werden. Dann wird der Compiler jede Änderung am Array innerhalb der Funktion mit einer Fehlermeldung ahnden:

```
void fa(const int a[5])
{
    a[2] = 3; // Fehlermeldung des Compilers!
}
```

#### Mehrdimensionale Arrays

Bei mehrdimensionalen Arrays kann man nur die erste Dimension so offenhalten, wie das bei eindimensionalen Arrays der Fall ist. Die zweite Dimension muss festgelegt werden. Zulässig sind die folgenden Prototypen:

```
void fa(int a[5][4]);
void fb(int a[][4]);
void fc(int (*a)[4]);
```

Die Ähnlichkeit mit den Varianten der Array-Übergabe in der ersten Dimension sind unverkennbar. In der zweiten Dimension muss allerdings eine feste Größe angegeben werden.

Die Größe der zweiten Dimension muss angegeben werden, da es ansonsten innerhalb der Funktion nicht möglich ist, die korrekte Speicherstelle zu ermitteln. Beispielsweise ist `a[1][1]` in unserem Beispiel die siebte Position. Wäre die zweite Dimension aber 10, dann wäre `a[1][1]` die zwölfte Stelle. Im Falle eines zweidimensionalen Arrays wird die zweite Dimension auch vom Compiler geprüft. Der Aufruf einer dieser Funktionen mit einem Array, das als `b[5][3]` definiert wurde, wird vom Compiler entdeckt und verhindert.

Die Klammern um `*a` sind bei `fc` erforderlich, da der Parameter ansonsten nicht als zweidimensionales Integer-Array interpretiert wird, sondern als eindimensionales Array von Zeigern auf Integer.

### 4.3.4 Referenzparameter

In C++ gibt es eine Alternative, wie aus einer Funktion heraus auf Variablen des Aufrufers zugegriffen werden kann. Dazu wird statt einer Zeigervariablen eine Referenz als Parameter verwendet. Eine Referenz unterscheidet sich bei der Parameterdeklaration syntaktisch dadurch, dass statt des Sterns ein kaufmännisches Und vorangestellt wird.

Inhaltlich unterscheiden sich Zeigervariablen und Referenzen dadurch, dass bei einer Referenz nicht die Adresse kopiert, sondern direkt auf die Variable verwiesen wird. Die Referenzvariable enthält also keine Speicheradresse, sondern ist quasi ein anderer Name für das Objekt, das als Argument übergeben wird. Innerhalb der Funktion wird auf die übergebene Variable also nicht über einen Zeiger zugegriffen, sondern die Variable kann direkt bearbeitet werden. Konsequenterweise wird beim Aufruf auch nicht die Adresse, sondern die Variable selbst übergeben. Ob die übergebene Variable als Wert oder als Referenz übergeben wird und damit innerhalb der Funktion verändert werden kann, können Sie anhand des Funktionsaufrufs nicht unterscheiden. Der Aufruf mit einer Konstanten als Parameter ist nicht zulässig.

```
#include <iostream>
using namespace std;

int meineFunktion(int &refParameter)
{
    refParameter = refParameter + 4;
}

int main()
{
    int meineZahl = 5;
    meineFunktion(meineZahl);
    cout << meineZahl << endl; // Ausgabe: 9!
}
```

**Listing 4.6** Parameterübergabe per Referenz (*refpar.cpp*)

Der Unterschied zwischen einem Zeiger und einer Referenz als Parameter ist zunächst einmal gering. Auf den ersten Blick scheint es nur syntaktische Gründe zu geben. Und tatsächlich ist es in der Praxis oft möglich, das eine durch das andere zu ersetzen. Der eigentliche Unterschied liegt darin, dass Sie einem Zeiger jederzeit einen anderen Wert zuweisen können und damit auf eine andere Variable verweisen. Eine Referenz ist dagegen der Stellvertreter für die übergebene Variable und lässt sich nach der Parameterübergabe nicht mehr auf eine andere Zielvariable umbiegen.

Bei großen Datenstrukturen hat die Referenz einen Effizienzvorteil gegenüber einer Wertübergabe, da nicht die komplette Struktur kopiert werden muss. Aus diesem Grund wird gern eine Referenzübergabe verwendet, obwohl die Variable gar nicht verändert werden soll. Wenn Sie dem Aufrufer zusichern wollen, dass sein Wert von der aufgerufenen Funktion nicht verändert wird, setzen Sie das Schlüsselwort `const` ein.

```
int meineFunktion(const riesentyp &refPar)
{
    ...
}
```

**Tipp**

Aufgrund ihres Charakters als Stellvertreter für andere Variablen können Referenzen weder auf 0 noch per Zuweisung auf ein anderes Ziel gesetzt werden. Ihr Ziel erhalten Referenzen also entweder durch Initialisierung oder bei einem Funktionsaufruf. Eine Zuweisung führt immer zu einer Veränderung der Variablen, auf die eine Referenz weist.

Eine Referenz kann auch bei einem Rückgabewert verwendet werden. Dabei sollten Sie genau darauf achten, dass keinesfalls eine Referenz auf eine lokale Variable zurückgegeben wird. Nach dem Funktionsende wird diese nämlich wieder freigegeben (siehe Abschnitt 4.3). Damit verweist dann die Referenz auf eine ungültige Variable und führt früher oder später zu einer problematischen Situation.



### 4.3.5 Beispiel: Stack

Das folgende Beispiel realisiert einen Stapel oder Stack. Eine solche Datenstruktur nimmt Daten auf und gibt die Daten in der umgekehrten Reihenfolge zurück, in der sie abgelegt wurden. Die beiden zentralen Operationen eines Stapels sind `push()` (englisch für schieben), um Daten auf den Stack zu schieben, und `pop()` (englisch für abziehen), um ein Element vom Stack herunterzuholen. Als Daten werden Integer-Variablen verwendet. Es gibt nur einen Stack, auf den man über die globale Variable `anker` zugreifen kann.

```
#include <iostream>
using namespace std;

struct ListenKnoten
{
    int data;              // Simuliert die Daten.
    ListenKnoten *next;    // Verbindung zum Nachfolger
};

ListenKnoten *anker = 0; // Globaler Anfangspunkt des Stacks

void push(int data) // Füge ein neues Element hinzu.
{
    // Neues Element für die Liste erzeugen:
    ListenKnoten *node = new ListenKnoten;
    node->data = data;  // Besetze die Daten.
    node->next = anker; // Hänge die bisherige Liste an.
    anker = node;       // Setze den Anfangspunkt hierher.
}

int pop() // Entnehme das zuletzt eingefügte Element.
{
    int inhalt=0; // Zwischenspeicher für ein Element
    if (anker)    // ungleich 0! Die Liste ist nicht leer!
    {
        // Sichere Zeiger auf das später zu löschende Element:
        ListenKnoten *old = anker;
        anker = anker->next; // Nächstes Element nach vorn
        inhalt = old->data;  // Sichere die Daten.
        delete old;          // Lösche das Element.
    }
    return inhalt; // Liefere den Inhalt zurück.
}

int main() // Testen der Stack-Funktionen
{
    push(2); // Daten in den Stack schieben
    push(5); // Daten in den Stack schieben
    push(18); // Daten in den Stack schieben
```

```
    cout << pop() << endl; // muss 18 ausgeben
    cout << pop() << endl; // muss 5 ausgeben
    cout << pop() << endl; // muss 2 ausgeben
}
```

**Listing 4.7** Stack als verkettete Liste (*stackstruct.cpp*)

Sie können natürlich statt einer Integer-Variablen beliebige andere Datenstrukturen verwenden. Falls Sie in Ihrem Programm Stacks für verschiedene Datentypen benötigen, können Sie auch einen Zeiger anstelle der Daten verwenden. Wenn Sie einen Zeiger auf `void` verwenden, kann die Datenstruktur flexibel mit allen denkbaren Datentypen eingesetzt werden. Schließlich ändert sich die Funktionsweise von `push()` und `pop()` bei der Änderung der Daten nicht. Bevor Sie aber zu viel Schweiß in derartige Experimente stecken, sollten Sie sich vorher noch die Templates anschauen. Vielleicht lösen diese Ihr Problem wesentlich eleganter (siehe Abschnitt 7.1).

Im Abschnitt 5.3.2 wird das Thema Stack noch einmal im Zusammenhang mit Klassen dargestellt. Durch die Klassen ergeben sich leicht anwendbare Möglichkeiten, die verketteten Listen einfacher und sicherer zu realisieren.

### 4.3.6 Vorbelegte Parameter

C++ ermöglicht es, einzelne Parameter bereits bei der Definition mit Werten vorzubelegen. Beim Aufruf der Funktion können dann beliebig viele der letzten Parameter weggelassen werden. Sie erhalten dann die Werte, die die Funktion vorgegeben hat.

```
void PraeVar(int a, int b, int c=4, char d='A', float e=0.0)
{
    // ...
}

int main()
{
    PraeVar(5, 2, 5);
}
```

**Listing 4.8** Vorbelegte Parameter

Nach dem Aufruf der Funktion `PraeVar()` sind die Parameter innerhalb der Funktion folgendermaßen belegt:

- `a== 5` – Der Wert wurde vom Aufrufer festgelegt.
- `b== 2` – Der Wert wurde vom Aufrufer festgelegt.
- `c== 5` – Der Wert wurde vom Aufrufer festgelegt. Zwar besagt der vorbelegte Parameter, dass `c=4` sein soll. Dies wird aber nur gültig, wenn der Aufrufer höchstens zwei Parameter angibt.
- `d== 'A'` – Der Aufruf enthält nur drei Parameter, also wird der Vorgabewert verwendet.
- `e== 0.0` – Der Aufruf enthält nur drei Parameter, also wird der Vorgabewert verwendet.

### 4.3.7 Die Parameter der Funktion main

Nun ist der Zeitpunkt gekommen, einen näheren Blick auf die Hauptfunktion `main()` zu werfen. Diese Funktion hat nämlich ebenfalls Parameter und einen Rückgabetyp. Allerdings tolerieren es die meisten Compiler, wenn beides weggelassen wird. Der ANSI-Standard (siehe Glossar) schreibt vor, dass die Funktion `main()` mit dem Rückgabetyp definiert wird.

Der Rückgabewert von `main()` ist vom Typ Integer, der an das aufrufende Betriebssystem zurückgeliefert wird. Dabei zeigt die Rückgabe von 0 an, dass das Programm ohne Probleme gelaufen ist. Alle anderen Werte werden als Fehlernummern des Programms interpretiert. Was die Nummern im Einzelnen bedeuten, ist nicht festgelegt, sondern kann vom Programmierer frei definiert werden. Die Rückgabewerte können jedenfalls von aufrufenden Programmen oder Skripten ausgewertet werden. Darum sollten Sie für jede Ursache, die zu einem Abbruch Ihres Programms führt, eine eigene Fehlernummer festlegen und dies auch dokumentieren.

Die Funktion `main()` hat auch zwei Aufrufparameter. Aus diesen kann das Programm erfahren, mit welchem Kommando und vor allem mit welchen Argumenten es aufgerufen wurde. Der erste Parameter heißt traditionell `argc`. (`argc` steht für *argument count*. Das bedeutet etwa »Anzahl der Argumente«.) Er ist ein Integer und gibt an, mit wie vielen Parametern das Programm aufgerufen wurde. Dabei zählt der Programmname mit, sodass `argc` immer mindestens 1 ist. Der zweite Parameter heißt `argv` (`argv` steht für *argument vector.*) und ist ein Array von Zeigern auf `char`. Darin befinden sich der Programmname und die vom Aufrufer angegebenen Programmparameter. Eine vollständige Definition von `main()` sieht also wie folgt aus:

```
int main (int argc, char* argv[])
{
    // ...
}
```

**Hinweis**

In Einzelfällen werden Sie auch einen dritten Parameter sehen, der einen Zeiger auf die Environment-Variablen darstellt. Dies wird aber vom Standard nicht unterstützt. Der Grund ist, dass der Zugriff über die Funktionen `getenv()` und `setenv()` sehr viel einfacher ist.

Betrachten wir zunächst den zweiten Parameter `argv`. Er ist ein Array von Zeigern auf C-Strings. Grafisch dargestellt sieht `argv` also so aus wie in Abbildung 4.6.

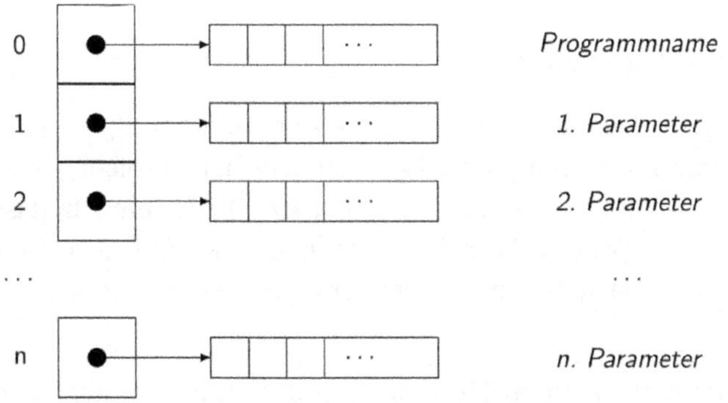


**Abbildung 4.6** Der Parameter `argv`

`argv` ist ein Array, das Zeiger enthält. Jeder der Zeiger zeigt auf einen C-String, also auf ein Array vom Typ `char`, dessen Ende durch ein Nullbyte gekennzeichnet wird. Der erste Zeiger, also `argv[0]`, zeigt immer auf den Programmnamen, mit dem das Programm gestartet wurde. Entsprechend ist `argc` immer mindestens 1. Diese Eigenheit wird vor allem unter UNIX gern genutzt, um über den Programmnamen auch die Funktionalität zu steuern. Prominentes Beispiel ist das Packprogramm `gzip`, das entpackt, wenn es als `gunzip` aufgerufen wird.

Wird ein Dateiname als Parameter angegeben, findet sich dieser unter `argv[1]`. In diesem Fall enthält die Variable `argc` den Wert 2.

**Beispiel**

Das folgende Programm zeigt mindestens den Namen, unter dem es aufgerufen wurde. Falls weitere Parameter angegeben wurden, werden diese zeilenweise angezeigt.

```
#include <iostream>
using namespace std;

int main(int argc, char *argv[])
{
    for (int i=0; i<argc; i++)
    {
        cout << argv[i] << endl;
    }
    return 0;
}
```

**Listing 4.9** Zeigt die Aufrufparameter (*main.cpp*)

### 4.3.8 Variable Anzahl von Parametern

Es gibt Funktionen, wie beispielsweise `printf()` (siehe Abschnitt 8.1.3), die eine variable Anzahl von Parametern zulassen. In der Parameterliste haben solche Funktionen nach dem letzten spezifizierten Parameter drei Punkte. Dies deutet an, dass noch beliebig viele Parameter beliebigen Typs folgen können. Beim Aufruf solcher Funktionen können Sie beliebig viele weitere Parameter an die fest vorgeschriebenen anhängen.

Auf diese zusätzlichen Parameter können Sie innerhalb der Funktion nicht wie auf normale Parameter zugreifen, da Sie ja keinen Variablennamen haben, den Sie verwenden könnten. Mit dem Makro `va_start()` wird der Zugriff auf die unspezifizierten Parameter eingeleitet. Der erste Parameter ist das Handle (siehe Glossar) vom Typ `va_list`. An dem Inhalt dieses Handles erkennt `va_arg()`, wie weit die Variablen abgearbeitet sind. Dieses Handle wird von `va_start()` vorbelegt. Der zweite Parameter von `va_start()` ist der letzte spezifizierte Parameter der Schnittstelle. Der Zugriff auf die Parameter wird später durch den Aufruf von `va_end()` abgeschlossen, dessen einziger Parameter das Handle ist.

Dazwischen wird auf die einzelnen Parameter mit dem Makro `va_arg()` zugegriffen. Der erste Parameter ist wieder das Handle. Als zweiter Parameter wird der

Typ angegeben, den man als Parameter erwartet. Den an die Funktion übergebenen Wert erhalten Sie als Rückgabewert dieses Makros.

```
#include <iostream>
using namespace std;
#include <stdarg.h>

void meineFunktion(int anzahl, ... )
{
    va_list params; // Zugriffshandle für Parameter
    int intpar;     // Parameterinhalt
    va_start(params, anzahl); // Zugriff vorbereiten
    // Durchlaufe alle Parameter (steht in anzahl)
    for (int i=0; i<anzahl; i++)
    {
        intpar = va_arg(params, int); // Hole den Parameter.
        cout << intpar << endl;       // Zeige ihn an.
    }
    cout << "---" << endl;
    va_end(params); // Zugriff abschließen
}
int main()
{
    // Tests der Funktion mit unterschiedlichen Parametern
    meineFunktion(2, 5, 2);
    meineFunktion(0);
    meineFunktion(4, 5, 2, 0, 3);
}
```

**Listing 4.10** Zugriff auf unspezifizierte Parameter (*vararg.cpp*)

Die Anzahl der Parameter muss der Funktion vom Aufrufer übergeben werden. Das Makro liefert diese Information nicht. Im Beispiel oben wird die Anzahl im ersten Parameter erwartet. Ferner kann `meineFunktion()` nur mit ganzzahligen Werten als Parameter umgehen. Bei der Funktion `printf()` werden die Anzahl und der Typ der Parameter anhand des Format-Strings bestimmt.

Wie Sie sehen, ist der Einsatz dieser Technik recht fehleranfällig. Der Compiler kann die Richtigkeit der Parameter nicht überprüfen. Übergibt der Aufrufer eine falsche Anzahl von Parametern, erhält die Funktion nur Unfug, kann den Irrtum aber nicht bemerken. Aus diesem Grund werden variable Parameter auch nur dort eingesetzt, wo sie unumgänglich sind.

## 4.4 Überladen von Funktionen

In den klassischen Programmiersprachen wie in C ist eine Funktion durch ihren Funktionsnamen eindeutig beschrieben. In diesen Sprachen dürfen zwei Funktionen nicht den gleichen Namen tragen.

C++ bietet den Luxus, dass Sie Ihre Funktion nicht anders benennen müssen, nur weil sie einen anderen Aufrufparameter hat. Der Compiler verbindet die zu den Aufrufparametern passende Funktion mit dem Aufruf.

#### Beispiel

Das folgende Beispiel zeigt zwei Funktionen, die den gleichen Namen, aber unterschiedliche Parameter haben. Der Compiler erkennt anhand der Parameter, welche Funktion mit welchem Aufruf zu verbinden ist.

```
#include <iostream>
using namespace std;

void anzeigen(char *str)
{
    cout << "C-String: " << str << endl;
}

void anzeigen(double  f)
{
    cout << "double: " << f << endl;
}

int main()
{
    anzeigen("Huhu"); // ruft die erste Funktion
    anzeigen(2.5);    // ruft die zweite Funktion
}
```

**Listing 4.11** Überladene Funktionen (*overload.cpp*)

Funktionen werden aufgrund der Parametertypen, nicht aber anhand des Rückgabetyps unterschieden.

## 4.5 Kurz und schnell: Inline-Funktionen

Der Aufruf einer Funktion benötigt eine gewisse Zeit. Die Rücksprungadresse und auch die Parameter werden auf den Stack gelegt. Die Funktion wird angesprungen. Die Parameter werden nach dem Ablauf der Funktion wieder freigegeben, und das Programm springt zum Ausgangspunkt zurück. Auch wenn sich dies alles langwierig anhört, benötigt der Aufruf einer Funktion nur einen geringen Teil der Laufzeit eines Programms und fällt normalerweise nicht ins Gewicht. In zeitkritischen Anwendungen aber kann der Aufruf einer Funktion bereits zu viel Zeit in Anspruch nehmen. Um dies zu vermeiden, kann einer Funktion der Modifizierer `inline` vorangestellt werden. Hier wird der Compiler die Anweisungen nicht als Funktion aufrufen, sondern den Funktionsinhalt jeweils an die Stelle des Funktionsaufrufs kopieren.

Stellt der Compiler fest, dass eine solche Ersetzung keine Laufzeitvorteile mit sich bringt, steht es ihm frei, die Inline-Funktion so zu übersetzen, dass sie wie jede andere Funktion aufgerufen wird.

```
#include <iostream>
using namespace std;

inline int min(int a, int b)
{
    return a<b ? a : b;
}

int main()
{
    cout << min(4, 3) << endl;
    cout << min(3, 4) << endl;
}
```

**Listing 4.12** Inline-Funktion (*inline.cpp*)

Im Beispiel wird die Minimum-Funktion nicht als Funktion ausgeführt, sondern in der Form, dass ihr Code direkt an der Aufrufstelle eingefügt wird. Dadurch sparen Sie einen Sprung zur Funktion, das Kopieren der Parameter auf den Stack und den Rücksprung. Der übersetzte Code würde also so aussehen, als würde er direkt an der Aufrufstelle stehen.

```
#include <iostream>
using namespace std;

int main()
{
    cout << 4<3 ? 4 : 3 << endl;
    cout << 3<4 ? 3 : 4 << endl;
}
```

**Listing 4.13** Umsetzung

Sie haben bei einer Inline-Funktion sämtliche Vorteile einer Funktion und gewinnen Geschwindigkeitsvorteile hinzu. Der Ersetzungsmechanismus vergrößert natürlich das Programm. Wenn die Funktion aber nicht besonders groß ist, fällt das nicht weiter ins Gewicht.

## 4.6 Top-Down

Die Funktionen ermöglichen es nicht nur, dass Code, der nur einmal geschrieben wird, mehrfach verwendet werden kann. Funktionen sind vor allem auch eine Möglichkeit, umfangreichere Programme zu gliedern. Bei einer gelungenen Aufgliederung entstehen Funktionen, die selbst nur aus Funktionsaufrufen bestehen und damit das Problem in groben Schritten beschreiben.

Das Top-Down-Verfahren ist eine Entwurfstechnik, um komplexe Probleme schrittweise zu zerlegen. Das Hauptprogramm beginnt beispielsweise mit dem Aufruf einer Initialisierungsfunktion. Es folgt eine Schleife, in der Benutzereingaben und Verarbeitung so lange wiederholt werden, bis ein Ereignis eintritt, das das Programm beendet. Auch diese Bedingung kann in einer Funktion formuliert werden, deren Rückgabetyp `bool` ist.

Damit ist das Programm im ersten Schritt grob gegliedert. Anschließend wird die Initialisierungsfunktion weiter zerlegt. Hier könnte für die wichtigsten Datenstrukturen des Programms je eine Funktion aufgerufen werden. Auf die gleiche Art und Weise können die anderen Funktionen wiederum in etwas feinere Unterprogramme aufgegliedert werden. Dabei werden die Funktionen immer einfacher und überschaubarer, bis sie schließlich mit wenigen Zeilen ausprogrammiert werden können.

Diese Entwicklungsstrategie wurde mit den prozeduralen Sprachen entworfen und nutzt die Möglichkeit, Programme mit Funktionen sinnvoll zu untergliedern. Auch wenn wir noch sehen werden, dass die objektorientierte Programmierung andere

Entwicklungsstrategien mitbringt, kann das Top-Down-Verfahren bei funktionalen Teilproblemen oder Projekten, die weniger daten- als funktional orientiert sind, eine echte Hilfe sein.

### 4.6.1 Beispiel: Bermuda

Ein Beispiel zeigt am besten, wie Sie mithilfe der Top-Down-Methode ein Problem zerlegen und vereinfachen können. Dazu betrachten Sie das Bermuda-Spiel anhand der Aufgabenbeschreibung. Diese lässt sich aus den Spielregeln im Abschnitt 3.1.5 ableiten.

Das Spiel Bermuda wird zunächst in groben Schritten beschrieben. In der Initialisierungsphase wird zunächst das Spielfeld aufgebaut. Dann wird das Spielfeld angezeigt, der Benutzer bekommt die Möglichkeit einer Eingabe, und das Programm berechnet, wie viele Schiffe von dem Punkt aus zu sehen sind. Diese letzten Schritte wiederholen sich so lange, bis das Spiel gewonnen ist oder der Benutzer keine Lust mehr hat und abbricht. In Abbildung 4.7 ist die Hauptschleife als Struktogramm zu sehen.

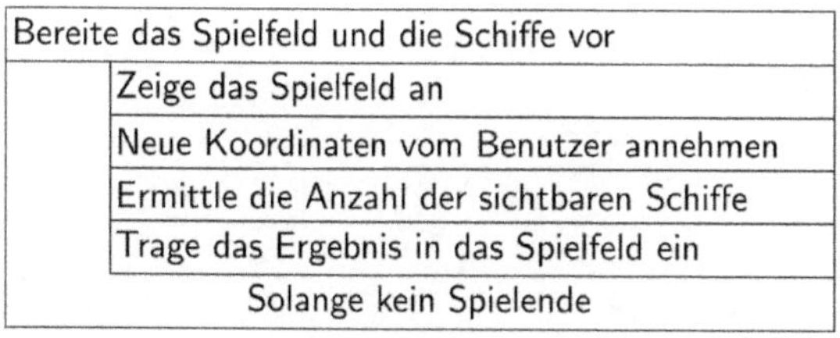


**Abbildung 4.7** Struktogramm des Bermuda-Spiels

Das Struktogramm wird direkt in das folgende C++-Programm umgesetzt.

```
int main()
{
    initSpielFeld():
    do
    {
        zeigeSpielFeld();
        gebePosEin();
        sucheSchiffe();
        eintragen();
    }
    while (!istSpielEnde());
}
```

**Listing 4.14** Hauptprogramm

Die Teilprobleme des Programms werden auf Funktionen verteilt. Sie können nach und nach entwickelt werden.

Die erforderlichen Parameter wurden bisher noch nicht betrachtet. Dabei ist der Datenfluss ein wichtiger Aspekt. Die Qualität der Zerlegung in Teilaufgaben lässt sich auch daran ablesen, wie viele Parameter übergeben werden müssen. Wenn zu viele Daten durch die Parameter fließen, ist das ein Hinweis darauf, dass die Funktionen ungünstig unterteilt worden sind.

Für Bermuda wird ein Spielfeld benötigt. Dazu kommt ein Array von vier Schiffen. Zwischen der Benutzereingabe und der Suche nach den Schiffen werden natürlich auch Koordinaten benötigt. Und schließlich muss die Anzahl der ermittelten Richtungen in das Spielfeld eingetragen werden können. Daraus ergibt sich das folgende Listing:

```
int main()
{
    char spielFeld[X][Y];
    Schiff schiff[MAXSCHIFF];
    int x, y;
    int anzahl;

    initSpielFeld(spielFeld, schiff);
    do
    {
        zeigeSpielFeld(spielFeld);
        gebePosEin(&x, &y);
        anzahl = sucheSchiffe(schiff, x, y);
        eintragen(spielFeld, x, y, anzahl);
    }
    while (!istSpielEnde(schiff));
}
```

**Listing 4.15** Hauptprogramm

Betrachten wir die Funktion `initSpielFeld()`. Sie muss zwei Dinge tun. Zunächst muss das zweidimensionale Array vorbereitet werden. Dann müssen die Schiffe auf ihre Positionen verteilt werden. Die beiden Teilaufgaben sind bereits im Abschnitt 3.1.5 und im Abschnitt 3.3.1 gelöst worden. Der einzige Aufwand besteht nun darin, die Aufgaben in Funktionen zu verpacken und die benötigten Parameter festzulegen.

```
void initAnzeige(char spielFeld[X][Y])
{
    // ...
}

void initSchiffe(Schiff schiff[])
{
    // ...
}

void initSpielFeld(char spielFeld[X][Y], Schiff schiff[])
{
    initAnzeige(spielFeld);
    initSchiffe(schiff);
}
```

**Listing 4.16** Initialisierung

Die Anzeige des Spielfelds ist ebenfalls bereits programmiert worden und die Benutzereingabe ist durch eine einfache Zeile zu lösen. Der Eintrag in das Spielfeld ist nicht besonders schwierig. Auch die boolesche Funktion `istSpielEnde()` ist leicht zu schreiben. Sie besteht aus einer einfachen Schleife, die prüft, ob alle Schiffe gefunden wurden. Die spannendste Aufgabe ist das Berechnen der Antwort auf die Benutzerfrage. Da eine offensichtliche Lösung nicht direkt ins Auge springt, wird die Funktion `sucheSchiffe()` wiederum in Teilaufgaben zerlegt.

#### Suche die Schiffe

Die Suche nach den Schiffen beginnt an der Position, die der Benutzer auswählt. Zunächst muss festgestellt werden, ob der Anwender direkt ein Schiff entdeckt hat. In diesem Fall wird das Schiff als gefunden markiert, und mit der Konstanten `MAXSCHIFF` wird ein Wert zurückgegeben, der keinesfalls mit der Anzahl der entdeckten Schiffe verwechselt werden kann. Andernfalls muss nach links, rechts, oben, unten und in allen Diagonalen gesucht werden.

```
int sucheSchiffe(Schiff schiff[], int x, int y)
{
    int anzahl=0;
```

```
    if (istHierEinSchiff(schiff, x, y, true))
    {
        return MAXSCHIFF;
    }
    else
    {
        anzahl += suchelinks(schiff, x, y);
        anzahl += suchelinksoben(schiff, x, y);
        anzahl += sucheoben(schiff, x, y);
        anzahl += sucherechtsoben(schiff, x, y);
        anzahl += sucherechts(schiff, x, y);
        anzahl += sucherechtsunten(schiff, x, y);
        anzahl += sucheunten(schiff, x, y);
        anzahl += suchelinksunten(schiff, x, y);
    }
    return anzahl;
}
```

**Listing 4.17** Schiffsuche

Die acht Suchfunktionen werden sich weitgehend ähneln. Exemplarisch betrachten wir die Funktion `sucherechtsoben()`. Sie dürfte eine der komplizierteren Funktionen sein. Wenn sie gelöst ist, sind die anderen leicht abzuleiten. Die Funktion wird die x-Position von der Ausgangsposition ausgehend schrittweise erhöhen und die y-Position herunterzählen, bis sie an einen Rand stößt oder ein Schiff findet.

```
int sucherechtsoben(Schiff schiff[], int x, int y)
{
    x++; y--;
    while(x<X && y>=0)
    {
        if (istHierEinSchiff(schiff, x, y))
        {
            return 1;
        }
        x++; y--;
    }
    return 0;
}
```

**Listing 4.18** Diagonalsuche

Zu guter Letzt muss nur noch die Funktion `istHierEinSchiff()` implementiert werden. Das ist relativ einfach durch eine `for`-Schleife zu bewerkstelligen, die alle Schiffe daraufhin überprüft, ob eines die angegebene Position innehat. Die Funktion liefert `false`, wenn kein Schiff gefunden wird. Diese Funktion markiert auch das gefundene Schiff als gefunden. Allerdings darf sie das nicht immer tun. Die Funktion wird ja auch benutzt, um die Richtungen zu durchlaufen. Dabei wird gezählt, wie viele Schiffe zu sehen sind. Also wird ein weiterer Parameter benötigt, der angibt, ob die Funktion das Schiff markieren soll oder nicht. Damit er nur dann verwendet werden muss, wenn ein Schiff entdeckt wurde, wird sein Wert mit `false` vorbelegt.

```
bool istHierEinSchiff(Schiff schiff[], int x, int y
                      bool markieren=false)
{
    for (int i=0; i<MAXSCHIFF; i++)
    {
        if (schiff[i].x==x && schiff[i].y==y)
        {
            if (markieren)
            {
                schiff[i].gefunden = true;
            }
            return true;
        }
    }
    return false;
}
```

**Listing 4.19** Trefferfrage

Sie sehen, dass das zunächst recht unüberschaubar wirkende Problem recht schnell in leicht lösbare Probleme aufgeteilt werden kann. Sie finden das komplette Listing unter dem Namen *bermuda3.cpp* unter der URL *http://www.downloads.wrox-press.de*.

Es ist natürlich etwas unbefriedigend, dass die Suche nach den Richtungen durch acht verschiedene und doch ähnliche Funktionen realisiert wird. Vielleicht schauen Sie sich darum die Übung in Abschnitt 4.10 an. (In der oben erwähnten Datei *bermuda3.cpp* ist die Lösung der Aufgabe 4 aus Abschnitt 4.10 bereits integriert.)

## 4.7 Geltungsbereich von Variablen

Der Geltungsbereich von Variablen ist bereits bei der Beschreibung von Blöcken zur Sprache gekommen. Im Zusammenhang mit Funktionen bekommt er eine besondere Bedeutung. Funktionen sollten so geschrieben werden, dass sie nach außen möglichst abgeschlossen sind. Das betrifft insbesondere die Variablen.

### 4.7.1 Globale Variablen

Variablen, die außerhalb aller Funktionen definiert sind, gelten in allen Funktionen. Beim Programmstart werden sie erzeugt und initialisiert. Beim Programmende werden sie zerstört. Bei ihrer Erzeugung werden globale Variablen zwar auf 0 gesetzt, dennoch sollten Sie auch globale Variablen initialisieren.

#### Deklaration mit extern

Auch für globale Variablen können Prototypen erstellt werden. Eine solche Deklaration unterscheidet sich von der Definition einer Variablen darin, dass keinerlei Speicher für die Variable angelegt wird. Eine Deklaration macht eine Variable bekannt. Sie gibt also an, welchen Namen und welchen Typ sie hat. Darum ist jede Definition auch immer eine Deklaration. Eine Variable kann nur einmal definiert, aber beliebig oft deklariert werden, sofern die Deklarationen übereinstimmen.

Eine Variable wird deklariert, ohne sie zu definieren, indem ihr das Schlüsselwort `extern` vorangestellt wird. Dabei muss `extern` nicht bedeuten, dass die Variablendefinition in einer anderen Datei stehen muss. Es heißt nur, dass dies keine Variablendefinition, sondern eine Deklaration ist.

```
enum Token = { ... };

extern Token aktuellesToken;

Token liesNummer(char *SourcePos)
{
    ...
    aktuellesToken = NUMBER;
    ...
}
...

Token aktuellesToken = 0;
```

**Listing 4.20** Deklaration einer Variablen

In den meisten Fällen sollten Sie es anstreben, globale Variablen zu vermeiden. Zu viele globale Variablen führen leicht dazu, dass die Übersicht und die Flexibilität eines Programms verloren geht. Die Informationsübergabe zwischen Funktionen gehört eigentlich in die Parameter. Und wenn Informationen über die Dauer eines Funktionsaufrufs hinweg benötigt werden, sollte eine statische Variable verwendet werden. In einigen wenigen Fällen, in denen eine geringe und übersichtliche Zahl von globalen Variablen in nahezu jeder Funktion benötigt wird, kann der Einsatz globaler Variablen die Schnittstellen der Funktionen erheblich vereinfachen.

### 4.7.2 Lokale Variablen

Wird innerhalb eines Funktionsblocks eine Variable definiert, spricht man von einer lokalen Variablen. Außerhalb der Funktion kann nicht auf diese Variable zugegriffen werden. Sie wird erzeugt und initialisiert, wenn die Definition ausgeführt wird. Sie wird freigegeben, wenn der Block, in dem sie definiert ist, verlassen wird.

**Hinweis**

Die lokalen Variablen werden auf dem Stack (siehe Glossar) angelegt. Dort liegen auch die Rücksprungadresse der aufrufenden Funktion und die Aufrufparameter. Dieser Speicher kann nach Verlassen der Funktion leicht wieder freigegeben werden. Im Gegensatz zu globalen Variablen wird der Speicherbereich des Stacks nicht vor ihrer Benutzung mit 0 belegt. Der Speicherbereich dieser Variablen wird nach Verlassen des Blocks wieder freigegeben, aber nicht gelöscht. Aus diesem Grund sind nicht initialisierte lokale Variablen in einem undefinierten Zustand und mit hoher Wahrscheinlichkeit nicht 0.

Wo immer es sich anbietet, sollten Sie lokale Variablen verwenden. Damit erreichen Sie, dass Funktionen keine unübersichtlichen Seiteneffekte auf globale Variablen haben. Der Speicher wird optimal genutzt, weil er von jeder Funktion nur so lange in Anspruch genommen wird, wie er gebraucht wird. Auch wenn dieses Problem Sie noch nicht berührt: Funktionen, die globale oder statische Variablen nutzen, können mit großer Wahrscheinlichkeit nicht parallel gestartet werden.

Die Variablen der Parameterdefinition sind ebenfalls lokale Variablen. Sie werden auf dem Stack angelegt und bei Verlassen der Funktion wieder freigegeben. Sie werden durch die Aufrufparameter initialisiert. Lediglich Referenzvariablen sind nicht lokal, sondern ein Verweis auf die Variablen des Aufrufers.

### 4.7.3 Statische Variablen

Lokale Variablen können als statisch definiert werden. (Sie können auch globale Variablen als »static« definieren. Das hat aber eine völlig andere Bedeutung.) Statische Variablen werden erzeugt und initialisiert, wenn ihre Definition zum ersten Mal durchlaufen wird. Die Variable und ihr Inhalt bleiben dann bis zum Ende des Programms erhalten. Um eine Variable als statische Variable zu definieren, wird der Definition das Schlüsselwort `static` vorangestellt.

Die Variable ist nur in dem Block sichtbar, in dem sie definiert wurde. Im Gegensatz zu einer globalen Variablen kann auf sie nicht von außerhalb zugegriffen werden. Eine statische Variable ist also das Mittel der Wahl, wenn eine Funktion eine Art Gedächtnis dafür braucht, was beim letzten Funktionsaufruf ausgeführt worden ist.

#### Beispiel

Im folgenden Beispiel werden die drei Variablenarten verglichen und das unterschiedliche Verhalten demonstriert.

```
#include <iostream>
using namespace std;

int globvar = 1;

void myfunc()
{
    static int statvar = 1;
    int locvar = 1;

    cout << "statisch: " << statvar;
    cout << " global: " << globvar;
    cout << " lokal: " << locvar << endl;
    statvar++;
    globvar++;
    locvar++;
}
```

```
int main()
{
    myfunc();
    myfunc();
    myfunc();
    locvar  = 8; // Dies gibt einen Compiler-Fehler.
    statvar = 8; // Dies gibt einen Compiler-Fehler.
    globvar = 8; // Dies funktioniert.
    myfunc();
    myfunc();
}
```

**Listing 4.21** `static`-Variable

Die Funktion `myfunc()` arbeitet mit drei Variablen. Alle werden angezeigt und inkrementiert. Die Funktion wird vom Hauptprogramm dreimal aufgerufen. Dann versucht das Programm, den Variablen den Wert 8 zuzuweisen. Das wird bei `locvar` und bei `statvar` bereits vom Compiler unterbunden, da beide Variablen nur innerhalb der Funktion `myfunc()` sichtbar sind. Schließlich wird `myfunc()` noch zweimal aufgerufen. Nachdem die beiden Fehler aus dem Programm beseitigt wurden, kann das Programm gestartet werden.

```
statisch: 1 global: 1 lokal: 1
statisch: 2 global: 2 lokal: 1
statisch: 3 global: 3 lokal: 1
statisch: 4 global: 8 lokal: 1
statisch: 5 global: 9 lokal: 1
```

Im Beispiel ist das unterschiedliche Verhalten der verschiedenen Variablen zu sehen. Das Verhalten der lokalen Variablen `locvar` ist am einfachsten erklärt. Die Variable wird bei jedem Betreten der Funktion neu erzeugt und beim Verlassen wieder zerstört. Jedes Mal wird sie auch neu initialisiert. Darum enthält sie auch jedes Mal eine 1. Nach dem Inkrementieren hat sie innerhalb der Funktion noch den Wert 2. Aber das nützt ihr auch nichts. Sie wird beim Beenden der Funktion zerstört.

Die globale Variable `globvar` wird beim Programmstart erzeugt und initialisiert. Innerhalb der Funktion wird sie inkrementiert und angezeigt. Da sie eine globale Variable ist, kann jede Funktion und daher natürlich auch die Hauptfunktion `main()` auf sie zugreifen. Das wird dadurch demonstriert, dass in `main()` nach dem dritten Funktionsaufruf von `myfunc()` der Wert auf 8 festgesetzt wird. Bei den nächsten Aufrufen arbeitet die Funktion `myfunc()` mit diesem veränderten Wert weiter.

Die statische Variable `statvar` verhält sich teilweise wie eine lokale und teilweise wie eine globale Variable. Wie eine lokale Variable ist sie einerseits gegen unkontrollierte Zugriffe von außen geschützt. Andererseits verliert die statische Variable beim Verlassen der Funktion nicht ihren Wert. Die Initialisierung wird nur einmal ausgeführt, und zwar beim ersten Starten der Funktion.

## 4.8 Selbstaufrufende Funktionen (Rekursion)

Bestimmte Aufgabenstellungen lassen sich am besten dadurch lösen, dass Funktionen sich selbst aufrufen. Einen solchen Selbstaufruf nennt man *Rekursion*. Dabei entsteht eine Wiederholung, die über den Selbstaufruf läuft. Damit das nicht zur Endlosschleife wird, muss der Selbstaufruf unter einer Bedingung stehen, die irgendwann endet. So sind viele Schleifen auch als Rekursion programmierbar und umgekehrt. Das erste Beispiel zeigt eine solche einfache Umsetzung einer Schleife, um das Prinzip einer Rekursion darzustellen. Beide Funktionen berechnen die Summe der Zahlen von 1 bis `max`.

```
long summeRekursiv(long max)
{
    if (0 < max)
    {
        return summeRekursiv(max - 1) + max;
    }
    return 0;
}

long summeIterativ(long max)
{
    long summe = 0;
    while (0 < max)
    {
        summe += max;
        max--;
    }
    return summe;
}
```

**Listing 4.22** Summe über 1 bis n (*reksumme.cpp*)

Die Einsparung zweier Zeilen wird Sie sicher nicht beeindrucken. Aber in dem Beispiel geht es weniger um die Frage besonderer Eleganz oder Effizienz, sondern um die Darstellung eines alternativen Ansatzes. Anhand dieses einfachen Beispiels lässt sich eher verstehen, wie eine rekursive Funktion arbeitet.

Der Rumpf der rekursiven Funktion entspricht einem Schleifenkörper. Er enthält nicht die Lösung des ganzen Problems, sondern implementiert einen Schritt. So wie bei der Schleife das Gesamtproblem erst durch die Wiederholung gelöst wird, wird die Rekursion nur durch den Selbstaufruf zur Lösung kommen.

#### Hintergrund

Eine Rekursion nutzt den Stack, in dem bei jedem Funktionsaufruf die Rücksprungadresse, die lokalen Variablen und die Parameter abgelegt werden. Wenn die Funktion ohne Seiteneffekte programmiert wurde, enthält der Stack den kompletten Zustand des bisherigen Funktionsablaufs. Ruft sie sich selbst mit anderen Parametern auf, wird der bisherige Zustand auf dem Stack erhalten, quasi eingefroren. Oben auf dem Stack wird für die neue Funktion wieder eine neue Umgebung geschaffen. Endet die Funktion, wird deren Umgebung vom Stack gelöscht, und sie kehrt zu dem eingefrorenen Zustand zurück. Das folgende Schema soll verdeutlichen, wie die Rekursion arbeitet:

```
summeRekursiv(4)                          [=6]+4
      summeRekursiv(3)                [=3]+3
           summeRekursiv(2)       [=1]+2
                summeRekursiv(1)  [=0]+1
                     summeRekursiv(0)
```

Zunächst wird die Funktion `summeRekursiv()` mit dem Parameter 4 aufgerufen. Sofern dieser nicht 0 ist, ruft sie zunächst sich selbst mit einem um 1 reduzierten Parameter auf. Hier wäre das 3. So wiederholt sich Aufruf um Aufruf, bis der Parameter endlich 0 ist. Dann ruft die Funktion nicht mehr sich selbst auf, sondern läuft durch. Sie liefert 0 zurück. Sie springt in den vorigen Funktionsaufruf zurück, in dem der Parameter `max` noch 1 war. Dies wird zum Ergebnis des Aufrufs addiert und als Ergebnis zurückgegeben. Die Rückkehr erfolgt in die Stufe, in der `max` 2 war. Und so geht es weiter, bis `summeRekursiv(4)` schließlich 10 zurückgibt.

### 4.8.1 Einsatzbereich

Bestimmte Aufgaben, die sich rekursiv in wenigen Zeilen lösen lassen, sind ohne Rekursion nur mit erheblichem Aufwand zu erledigen. Dazu gehören vor allem Probleme, die sich baumartig verzweigen.

Stellen Sie sich beispielsweise eine Funktion vor, die ein C++-Listing so drucken soll, dass alle Dateien, die per `#include` eingebunden werden, mitgedruckt werden. Dabei ist zu berücksichtigen, dass jede eingebundene Datei wiederum mehrere `#include`-Anweisungen enthalten kann. Mit Schleifen bekommen Sie das nur schwer in den Griff, da das Programm nach dem Ausdruck einer Datei an die Stelle zurückkehren muss, an der es zuletzt gewesen ist. Das folgende Skelett einer Druckfunktion zeigt, wie das Problem durch eine Rekursion zu lösen wäre.

```
druckeRekursiv(char * dateiName)
{
    oeffneDatei(dateiName)
    while (!endeDerDatei())
    {
        liesZeile();
        if (includeAnweisung(includeDateiName))
        {
            druckeRekursiv(includeDateiName);
        }
        druckeZeile();
    }
}
```

**Listing 4.23** Druckroutine rekursiv

Diese Funktion kommt mit beliebig verschachtelten `#include`-Befehlen zurecht und ist insgesamt recht übersichtlich. Sie können davon ausgehen, dass der C++-Präprozessor (siehe Glossar) seine Dateien ebenfalls rekursiv einlesen wird.

### 4.8.2 Beispiel: binärer Baum

Binäre Bäume lassen sich am einfachsten per Rekursion bearbeiten. Ein binärer Baum besteht aus Knoten, die jeweils zwei Äste besitzen, die wiederum auf einen weiteren Knoten zeigen. Jeder Knoten enthält eine Information.

Es zeigt sich wieder einmal, dass es um das biologische Wissen der meisten Informatiker betrüblich aussieht: Die Wurzel des Baums ist oben. Im vorliegenden Fall

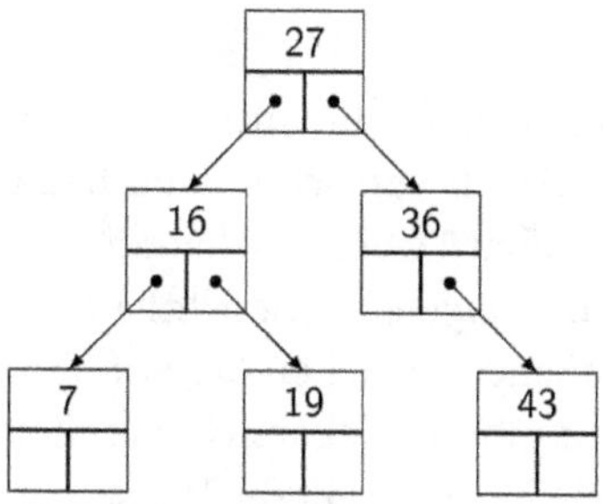


**Abbildung 4.8** Binärer Baum

liegt in der Wurzel die 27. Nach links enthalten alle Knoten kleinere, nach rechts größere Werte. Das gilt in diesem Baum für alle Knoten. Sind die Informationen wie hier sortiert angeordnet, dann können sie extrem schnell gefunden werden.

Um einen Baum in einem Programm nachzubilden, muss ein Knoten beschrieben werden, und die Knoten müssen untereinander in Baumform verbunden werden. Die Datenstruktur eines Knotens hat das folgende Aussehen:

```
struct Knoten
{
    int inhalt;
    Knoten * links;
    Knoten * rechts;
};
```

**Listing 4.24** Knoten eines Binärbaums

Ein Baum entsteht, wenn mehrere Knoten durch die Zeiger `links` oder `rechts` miteinander verbunden werden und dabei kein Zyklus entsteht. Zur Erinnerung: Ein Knoten wird mit dem Befehl `new` (siehe Abschnitt 3.4.1) erzeugt. Der Rückgabewert ist der Zeiger auf den neuen Knoten. Um auf die Elemente des Knotens zuzugreifen, wird an den Zeigernamen die Zeichenkombination `->` gefolgt vom Elementnamen angehängt (siehe Abschnitt 3.3).

```
Knoten *neuKnoten;
neuKnoten = new Knoten;
neuKnoten->inhalt = 5;
```

**Listing 4.25** Knoten eines Binärbaums erzeugen und füllen

Kapitel 4

### Auslesen

Das nächste Listing zeigt eine Funktion, die einen binären Baum durchläuft und ausgibt. Vorher sollten Sie vielleicht einmal mit einem Bleistift versuchen, den Baum aus Abbildung 4.8 in geordneter Reihenfolge abzulaufen. Dabei werden Sie sich immer links halten. Wenn es nicht mehr weitergeht, zeigen Sie den Inhalt des Knotens an, versuchen es dann rechts, und anschließend versuchen Sie von dort wieder, sich möglichst links zu halten. Wenn Sie sich nun die rekursive Funktion `zeigeBaum()` ansehen, werden Sie feststellen, dass sie genau in dieser Weise vorgeht. Zunächst prüft sie, ob das aktuelle Blatt überhaupt existiert. Dann ruft die Funktion sich selbst für den Zweig zur Linken auf. Dadurch wird die Funktion sich immer wieder selbst aufrufen, bis es keinen linken Zweig mehr gibt. Die Funktion, die keinen weiteren Zeiger mehr findet, wird den Inhalt des aktuellen Knotens ausgeben. Danach ruft sich die Funktion mit dem rechten Teilast auf. Von dort wird die Funktion wiederum den gesamten linken Teilast bis zum Ende durchlaufen. Sie sehen also, dass die rekursive Lösung durchaus der intuitiven Lösung entspricht. Sie werden den Vorteil des rekursiven Ansatzes sofort verstehen, wenn Sie versuchen, die Ausgabe eines solchen Baums durch eine Schleife zu implementieren.

```
struct Knoten
{
    int inhalt;
    Knoten * links;
    Knoten * rechts;
};

void zeigeBaum(Knoten *blatt)
{
    if (blatt==0) return;
    zeigeBaum(blatt->links);
    cout << blatt->inhalt << endl;
    zeigeBaum(blatt->rechts);
}
```

**Listing 4.26** Ausgabe eines sortierten Binärbaums (*binbaum.cpp*)

### Einfügen

Entsprechend ist auch das Einfügen in den Baum am einfachsten rekursiv zu implementieren. Dabei wird zunächst das Blatt gesucht, dessen Nachfolger der neue Eintrag werden soll. Diese Stelle muss ein Nullzeiger sein. An dieser Stelle wird ein neues Blatt eingehängt. Das ist auch gleichzeitig das Rekursionsende. Hier wird das neue Element in den Baum eingefügt und die Adresse des Blatts zurückgegeben, damit es vom Aufrufer in den Baum eingehängt wird.

```
Knoten * einfuegen(Knoten *blatt, int inhalt)
{
    if (blatt==0) // Freie Position gefunden
    {
        // Neues Blatt einfügen
        blatt = new Knoten;
        blatt->links = blatt->rechts = 0;
        blatt->inhalt = inhalt;
        return blatt; // Zeiger auf neues Blatt zurückgeben
    }

    if (inhalt < blatt->inhalt)
    {
        // Zuweisung behält altes Blatt oder das neue.
        blatt->links = einfuegen(blatt->links, inhalt);
    }
    else if (inhalt > blatt->inhalt)
    {
        // Zuweisung behält altes Blatt oder das neue.
        blatt->rechts = einfuegen(blatt->rechts, inhalt);
    }
    return blatt; // Gib das aktuelle Blatt zurück.
}
```

**Listing 4.27** Einfügen in einen sortierten Binärbaum (*binbaum.cpp*)

Das Einhängen des neu angelegten Blatts im Baum erfolgt nicht in dem Durchlauf, in dem `new` aufgerufen wird, sondern in der davor aufgerufenen Funktion an der folgenden Stelle:

```
blatt->links = einfuegen(blatt->links, inhalt);
```

In den meisten Fällen wird diese Zuweisung das Blatt nicht verändern, weil das als erster Parameter übergebene Blatt exakt das ist, das vorher an dieser Stelle im Baum stand. Nur wenn `blatt->links` 0 war, wird ein neues Blatt erzeugt. Der Zeiger auf das neue Blatt wird zurückgegeben und an dieser Stelle in den Baum eingehängt.

### 4.8.3 Türme von Hanoi

Als nächstes Beispiel zum Thema Rekursion möchte ich Ihnen das Spiel »Türme von Hanoi« vorstellen. Sie kennen vielleicht das Geduldspiel mit den drei Stäben. Auf dem linken Stab liegen mehrere wohlgeordnete Scheiben unterschiedlicher Größe übereinander. Dabei liegt die größte Scheibe zuunterst. Das Spiel besteht darin, die Scheiben auf den rechten Stab umzuschichten. Dabei darf immer nur eine Scheibe angefasst werden und niemals eine Scheibe auf einer kleineren Scheibe zu liegen kommen. Abbildung 4.9 zeigt die Ausgangsposition.

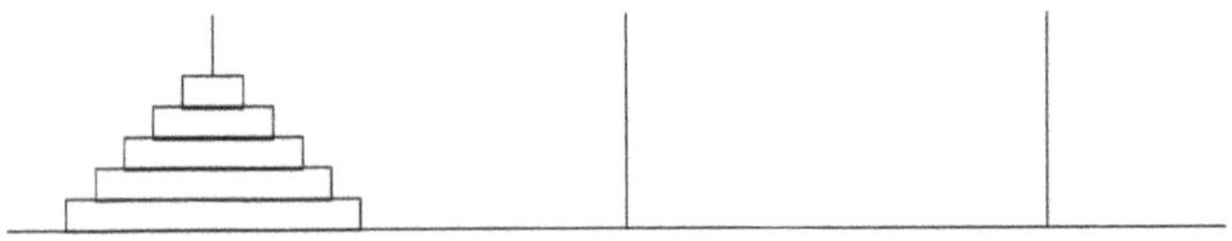

**Abbildung 4.9** Türme von Hanoi

#### Vollständige Induktion

Es gibt einen Beweis, dass das Spiel für beliebig viele Scheiben immer lösbar ist. Dazu wird die vollständige Induktion verwendet, die auch die Basis für das rekursive Verfahren liefert, um das Problem mit einem Programm zu lösen. Das Beweisverfahren der vollständigen Induktion besteht aus zwei Phasen: Die erste Phase ist die Verankerung, in der bewiesen wird, dass die Behauptung für ein Element gilt. Die zweite Phase ist der Induktionsschritt. Hier wird angenommen, dass die Behauptung für n Elemente gilt. Davon ausgehend muss bewiesen werden, dass die Behauptung auch für n+1 Elemente gilt. Gelingt der Beweis für den Schritt und ist der Nachweis für ein Element gelungen, dann gilt die Behauptung natürlich auch für zwei Elemente. Aus dem Schritt lässt sich dann folgern, dass die Behauptung auch für die jeweils nächste Anzahl, also drei, vier und so weiter gilt.

**Beweis:**

- 1. Verankerung
  Wenn der Turm nur aus einer Scheibe besteht, kann man diese einfach vom linken Stab auf den rechten legen.
- 2. Schritt
  Es wird bewiesen, dass man einen Turm aus n+1 Scheiben korrekt umsetzen kann, sofern dies für n Scheiben funktioniert. Wir gehen von der Situation aus, dass sich auf dem linken Stab n+1 Scheiben befinden.

- Die obersten n Scheiben werden auf den mittleren Stab gesetzt. Nach der Voraussetzung ist das ja möglich.
- Auf dem linken Stab verbleibt eine Scheibe, die auf den dritten Stab verlegt wird.
- Dann werden die n Scheiben vom mittleren Stab auf den rechten Stab gelegt. Anschließend liegen n+1 Scheiben auf dem rechten Stab.
- Damit ist bewiesen, dass n+1 Scheiben umgesetzt werden können, wenn es möglich ist, n Scheiben regelkonform zu versetzen.

q. e. d.

Die rekursive Funktion `ziehe()` realisiert genau den Induktionsschritt. Sie prüft zunächst das Rekursionsende. Das tritt ein, wenn keine Scheibe mehr vorliegt. Sofern sie nicht am Ende ist, ruft sie sich selbst mit n–1 Scheiben auf, um den Stapel vom Ausgangsstab zum freien Stab zu verschieben. Danach wird die unterste Scheibe verschoben. Das wird einfach durch die Bildschirmausgabe realisiert. Es wird angezeigt, von welchem Stab zu welchem Stab die Scheibe umgesetzt werden muss. Danach werden die n–1 Scheiben auf die große Scheibe gesetzt. Dazu ruft die Funktion wieder sich selbst auf.

Der freie Platz wird mit einem kleinen Trick bestimmt. Die Parameter geben an, welche Stäbe belegt sind. Der übrige Stab muss frei sein. Auf diesen muss der Reststapel versetzt werden. Die Summe der Stabnummern ist immer 1+2+3=6. Wenn zwei der Stäbe bekannt sind, brauchen Sie sie nur zu addieren, und der dritte muss die Differenz zu 6 sein.

```
#include <iostream>
using namespace std;

void ziehe(int von, int nach, int scheibenZahl)
{
    int frei;
    if (scheibenZahl==0) return;
    frei = 6 - von - nach;    // Bestimme den freien Platz.
    ziehe(von, frei, scheibenZahl-1);
    cout << von << " - " << nach << endl;
    ziehe(frei, nach, scheibenZahl-1);
}
```

```
int main()
{
   ziehe(1, 3, 3); // von 1 nach 3, 3 Scheiben
}
```

**Listing 4.28** Türme von Hanoi rekursiv (*hanoi.cpp*)

Der erste Aufruf zeigt, dass die Scheiben zunächst auf Stab 1 liegen, dass sie auf Stab 3 versetzt werden sollen und dass es drei Scheiben sind. Das Programm zeigt das folgende Ergebnis:

```
1 - 3
1 - 2
3 - 2
1 - 3
2 - 1
2 - 3
1 - 3
```

Um also das Spiel für drei Scheiben zu lösen, legen Sie zunächst die Scheibe von Stab 1 auf Stab 3. Dann wird die nächste Scheibe von Stab 1 auf Stab 2 gelegt. Wenn Sie dieser Anleitung folgen, können Sie das Spiel auflösen.

### 4.8.4 Beispiel: Taschenrechner

Auch im Compilerbau werden Rekursionen intensiv eingesetzt. Als ein etwas größeres Beispiel wird hier ein Programm vorgestellt, das einfache Rechenaufgaben lösen kann. Das Programm wertet eine Zeichenkette aus. Wenn Sie diese Funktionen in Ihr Programm als Zahleneingabe einbauen, können Anwender auch einfache Grundrechenarten eingeben, wie sie sie aus Tabellenkalkulationen kennen.

Die erste Stufe ist die sogenannte lexikalische Analyse. Hier werden Textelemente wie Rechenoperatoren oder Zahlkonstanten identifiziert und zu Tokens zusammengefasst.

Der Aufzählungstyp `Token` zeigt, welche Symbole erkannt werden. Neben den vier Grundrechenarten (`PLUS`, `MINUS`, `MUL`, `DIV`) sind dies die Klammern (`LPAR` und `RPAR`) und die Zahlen (`NUMBER`). Das Symbol `END` zeigt das Eingabeende an, und das Symbol `ERROR` wird benötigt, um Eingabefehler zu kennzeichnen. Die Funktion `sucheToken()` erkennt die Symbole und ist in der Lage, einen ganzzahligen Wert zu ermitteln.

```
enum Token
{
    PLUS, MINUS, MUL, DIV, LPAR, RPAR, NUMBER, END, ERROR
};

// Globale Variablen:
Token aktToken;         // das zuletzt erkannte Token
double tokenZahlenWert; // der Wert bei Zahlkonstanten

char *srcPos;           // Programmposition

Token sucheToken()
// Sucht ab der aktuellen Stringposition das nächste Token.
// Hier werden auch die Zahlkonstanten bestimmt und in
// der globalen Variablen tokenZahlenWert abgelegt.
{
    aktToken = ERROR;
    if (*srcPos==0)
    {
        aktToken = END;
    }
    else
    {
        switch (*srcPos)
        {
            case '(': aktToken=LPAR;  break;
            case ')': aktToken=RPAR;  break;
            case '*': aktToken=MUL;   break;
            case '/': aktToken=DIV;   break;
            case '+': aktToken=PLUS;  break;
            case '-': aktToken=MINUS; break;
        }
        if (*srcPos>='0' && *srcPos<='9')
        {
            aktToken=NUMBER;
            tokenZahlenWert = 0.0;
        }
```

```
        while (*srcPos>='0' && *srcPos<='9')
        {
            tokenZahlenWert *= 10;
            tokenZahlenWert += *srcPos-'0';
            srcPos++;
        }
        if (aktToken != NUMBER)
        {
            srcPos++;
        }
    }
    return aktToken;
}

Token zeigeFehler(char *s)
// Meldung ausgeben und Fehler-Token zurückliefern
{
    cerr << s << endl;
    return ERROR;
}
```

**Listing 4.29** Lexikalische Analyse (*calc.cpp*)

Die Rekursion wird verwendet, wenn das Programm beginnt, die Tokens als Anweisungen zu interpretieren und dabei Klammern und Prioritäten berücksichtigt. Zuerst wird die Funktion aufgerufen, die die Operation mit der niedrigsten Priorität auswertet. Das ist im Beispiel die Funktion `suchePlusMinus()`. Diese ruft sofort die Behandlung der Punktrechnung in der Funktion `sucheMulDiv()` auf. Und auch diese Funktion wendet sich zuerst an die Funktion `sucheKlammern()`. Die Klammern haben wie die Vorzeichen die höchste Priorität.

Entsprechend prüft die Funktion `sucheKlammern()`, ob ein Token vorliegt, das ihrer Prioritätsstufe entspricht. Dazu gehört die öffnende Klammer, eine Zahl oder ein Vorzeichen. Ist das vorliegende Token keines dieser Elemente, endet die Funktion und springt somit zur aufrufenden Funktion `sucheMulDiv()` zurück. Diese schaut nach dem Stern oder dem Schrägstrich. Erst wenn auch das nicht passt, kehrt der Aufruf wieder zu `suchePlusMinus()` zurück und wertet die Addition oder Subtraktion aus.

#### Rekursiver Abstieg

Wenn aber die Funktion `sucheKlammern()` fündig geworden ist und eine linke Klammer gefunden hat, dann ruft sie `suchePlusMinus()` auf, um den eingeklammerten Ausdruck zu analysieren. Da die Funktion `sucheKlammern()` durch `suchePlusMinus()` aufgerufen wurde, handelt es sich hier um eine indirekte Rekursion.

```
double suchePlusMinus(); // Prototyp

double sucheKlammern()
// wertet Klammern, Zahlen und Vorzeichen aus
// ruft sucheKlammern() und suchePlusMinus() dadurch rekursiv auf!
{
    double wert;
    switch(aktToken)
    {
        case NUMBER:
            sucheToken();
            return tokenZahlenWert;
        case MINUS:
            sucheToken();
            return -sucheKlammern();
        case LPAR:
            sucheToken();
            wert = suchePlusMinus();
            if (aktToken != RPAR)
            {
              return zeigeFehler(") expected");
            {
            sucheToken();
            return wert;
        case END:
            return 1;
    }
    return zeigeFehler("primary expected");
}
```

```
double sucheMulDiv()
// wertet Multiplikation und Division aus
// ruft sucheKlammern() auf, dadurch rekursiv!
{
    double wert;
    // Rufe erst die Operation mit der nächsthöheren
    // Priorität auf.
    wert = sucheKlammern();
    while (aktToken==MUL || aktToken==DIV)
    {
        if (aktToken==MUL)
        {
            sucheToken();
            wert *= sucheKlammern();
        }
        else if (aktToken==DIV)
        {
          sucheToken();
          wert /= sucheKlammern();
        }
    }
    return wert;
}

double suchePlusMinus()
// wertet Summe und Differenz aus
// ruft sucheMulDiv() auf, dadurch rekursiv
{
    double wert;
    // Rufe erst die Operation mit der nächsthöheren
    // Priorität auf.
    wert = sucheMulDiv();
    while (aktToken==PLUS || aktToken==MINUS)
    {
        if (aktToken==PLUS)
        {
            sucheToken();
            wert += sucheMulDiv();
        }
```

```
        else if (aktToken==MINUS)
        {
            sucheToken();
            wert -= sucheMulDiv();
        }
    }
    return wert;
}

double auswerten(char *s)
{
    srcPos = s;
    sucheToken();       // Bestimme das erste Token vorweg.
    return suchePlusMinus();
}

int main(int argc, char* argv[])
{
    double wert = auswerten(argv[1]);
    cout << wert << endl;
    return 0;
}
```

**Listing 4.30** Parser (*calc.cpp*)

Der Aufruf der Funktion `auswerten()` erfordert als Parameter nur die Zeichenkette, in der sich der auszuwertende Ausdruck befindet. Die Eingabe darf keine Leerzeichen enthalten und ist auf ganzzahlige Eingaben beschränkt, da die Funktion `sucheToken()` derzeit keine Nachkommastellen auswertet. Im Abschnitt 4.10 finden Sie Lösungen, die auch dieses Problem beseitigen.

Das Programm erhält seinen auszuwertenden String als ersten Parameter. Unter UNIX ist darauf zu achten, dass Sie diesen in Anführungszeichen setzen, sobald Sie eine Multiplikation ausführen wollen. Der Grund ist, dass die UNIX-Shell einen Stern als Platzhalter für Dateien interpretieren wird und daher drollige Ergebnisse zu erwarten sind. Hier sehen Sie ein paar Testläufe:

```
> calc "12*(5+2)"
84
> calc "4*(5+2)"
28
```

```
> calc "4*5+2"
22
> calc "(5-4)*5*6+(7-3)*((4+2))"
54
> calc "(5-4)*5*6+(7-3)*((4+5)/3)"
42
>
```

Der Rechner kommt mit der Punkt-vor-Strich-Regel klar, hat kein Problem mit Klammern und kann auch komplexere Ausdrücke ausrechnen.

## 4.9 Funktionszeiger und Lambda-Funktionen

Funktionen nehmen Raum im Speicher ein und haben demzufolge eine Adresse. Die Adresse von Funktionen kann in Variablen gespeichert werden. Über die gespeicherten Adressen lassen sich die Funktionen später aufrufen.

Der Umgang und die Syntax der Funktionszeiger sind nicht unbedingt leicht verständlich und gehören sicher zum Werkzeugkasten des fortgeschritteneren Programmierers. Darum kann es durchaus sinnvoll sein, diesen Abschnitt beim ersten Kontakt mit C++ zu überblättern.

In speziellen Situationen werden solche Funktionszeiger beispielsweise benötigt, um dem Betriebssystem mitzuteilen, welche Funktionen des Anwenderprogramms aufzurufen sind, wenn bestimmte Ereignisse eintreten. Die von UNIX stammenden Betriebssysteme wie Linux oder Mac OS erlauben so beispielsweise die programmgesteuerte Signalbehandlung. Dabei wird das Programm unterrichtet, wenn es beendet werden soll, und kann dann noch seine Daten sichern. Auch beim Aufruf den Sortierungsfunktionen der Standard Template Library (STL), die in Kapitel 10 beschrieben wird, können Sie die Adresse Ihrer eigenen Funktion angeben, um die Reihenfolge zu beeinflussen.

Um über einen Funktionszeiger eine Funktion aufrufen zu können, muss deren genaue Schnittstelle angegeben sein, die auch Rückgabetyp und Parameter beinhaltet. Ein solcher Zeiger folgt dem Syntaxgraphen aus Abbildung 4.10.

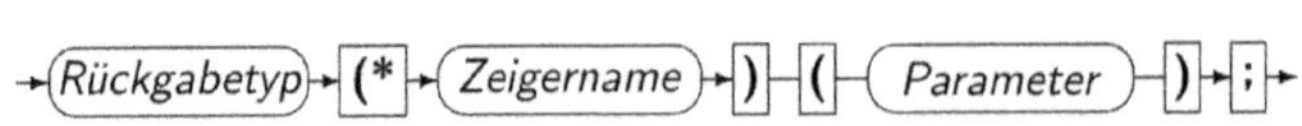


**Abbildung 4.10** Syntaxgraph für Funktionszeiger

Wichtig ist die Klammer um den Zeigernamen und den Stern. Dadurch wird verhindert, dass die Parameterklammer vom Compiler bevorzugt wird. Denn ansonsten würde die Anweisung als Prototyp einer Funktion fehlinterpretiert werden.

#### Beispiel

Die Funktion `zeigeVerhaeltnis()` soll zwei ganze Zahlen miteinander vergleichen und das Ergebnis auf dem Bildschirm anzeigen. Um den Vergleich durchführen zu können, gibt ihr der Aufrufer eine Funktion mit. Also benötigt die Funktion `zeigeVerhaeltnis()` als dritten Parameter einen Funktionszeiger.

Das Listing zeigt die Funktionen `istGroesser()` und `istKleiner()`, die jeweils als Vergleichsfunktion übergeben werden können. In der Hauptfunktion `main()` sehen Sie, wie zunächst `istKleiner()` direkt als Parameter übergeben wird. Anschließend wird die Funktion `istGroesser()` in einem Funktionszeiger gespeichert und dann an `zeigeVerhaeltnis()` übergeben.

```
#include <iostream>
using namespace std;

bool istGroesser(int a, int b)
{
    return a > b;
}

bool istKleiner(int a, int b)
{
    return a < b;
}

void zeigeVerhaeltnis(int a, int b,
                      bool (*groesser)(int a, int b))
{
    if (groesser(a, b))
    {
        cout << "wahr" << endl;
    } else {
        cout << "falsch" << endl;
    }
}
```

```
int main()
{
    zeigeVerhaeltnis(9, 7, istKleiner);
    bool(*vergleichsFunktion)(int, int);
    vergleichsFunktion = istGroesser;
    zeigeVerhaeltnis(9, 7, vergleichsFunktion);
}
```

**Listing 4.31** Funktionszeiger (*funktionszeiger.cpp*)

Der Prototyp der Funktion, die in einem Funktionszeiger gespeichert werden soll, ist also:

```
bool istGroesser(int a, int b);
```

Um einen Funktionszeiger daraus zu erstellen, setzen Sie einen Stern vor den Funktionsnamen und schließen um beide eine Klammer. Schließlich können Sie noch die Parameternamen entfernen. Der Funktionsname wird dann durch den Namen ersetzt, den der Zeiger haben soll:

```
bool(*vergleichsFunktion)(int, int);
```

Der Zeiger kann die Adresse einer Funktion durch direkte Zuweisung des Namens erhalten. Sie können dem Funktionsnamen dabei auch ein Adresszeichen voranstellen. Es schadet nicht und macht für den Leser etwas deutlicher, dass Sie die Adresse der Funktion ansprechen.

```
vergleichsFunktion = &istGroesser; // Variante mit &
vergleichsFunktion = istGroesser;  // Variante ohne &
```

Der Aufruf der Funktion über den Zeiger unterscheidet sich nicht vom direkten Aufruf der Funktion, nur dass der Aufruf nun den Namen des Zeigers trägt. Sie sehen einen solchen Aufruf innerhalb der Funktion `zeigeVerhaeltnis()`.

```
void zeigeVerhaeltnis(int a, int b,
                      bool (*groesser)(int a, int b))
{
    if (groesser(a, b))
```

#### C++11: Die Lambda-Funktion

Seit der Einführung von C++11 können Sie überall, wo Sie die Adresse einer Funktion angeben können, auch eine Lambda-Funktion verwenden. Oft sind die per Funktionszeiger übergebenen Funktionen übersichtlich und klein, sodass man sie auch schnell an Ort und Stelle definieren kann. Dabei wird den Lambda-Funktionen auch kein eigener Name gegeben. Dieser wird durch ein Paar rechteckiger Klammern ersetzt, wie Sie sie von den Arrays her kennen.

```
#include <iostream>
using namespace std;

void zeigeVerhaeltnis(int a, int b,
                      bool (*groesser)(int a, int b))
{
    // Inhalt wie oben
}

int main()
{
    zeigeVerhaeltnis(2, 5, [](int a, int b) {return a>b;});
}
```

**Listing 4.32** Lambda statt Funktionszeiger (*lambda.cpp*)

Sollen innerhalb der Lambda-Funktion auch andere Variablen des Aufrufers einfließen, müssen diese zwischen den rechteckigen Klammern genannt werden. Dabei steht ein kaufmännisches Und für eine Referenz und ein Gleichheitszeichen für eine Kopie.

```
int z = 4;
zeigeVerhaeltnis(2, 5,
        [&z](int a, int b)->bool {return (a+z) > b;});
```

## 4.10 Übungen

1. Erstellen Sie eine Funktion `ggt()`, die den größten gemeinsamen Teiler ermittelt. Hilfestellung finden Sie dazu in Abschnitt 2.4.2.
2. Schreiben Sie eine Funktion namens `swap`, die zwei Parameter per Referenz entgegennimmt und den Inhalt der beiden Parameter vertauscht.
3. Erweitern Sie das Programm zur Realisierung eines Stacks dahingehend, dass nicht nur ein Stack in einem Programm verwendet werden kann, sondern beliebig viele, auch lokale Stacks. Hinweis: Anstatt die Funktionen `push()` und `pop()` auf die globale Liste `anker` zugreifen zu lassen, müssen Sie die jeweilige Liste als Parameter übergeben.

4. Im Abschnitt 4.6.1 wurden für die Suche nach den Richtungen acht verschiedene und doch ähnliche Funktionen verwendet. Stattdessen wäre es wesentlich eleganter, wenn es nur eine Funktion gäbe, der die zu suchende Richtung per Parameter übergeben würde. Diese Aufgabe ist durchaus etwas zum Knobeln. Geben Sie also nicht zu früh auf, bevor Sie in Anhang B nach der Lösung suchen.
5. Schreiben Sie eine rekursive Funktion, die Zahlen in einem Binärbaum sucht.
6. Im Abschnitt 3.1.3 finden Sie ein Beispiel, wie Sie aus einer Zeichenkette Fließkommazahlen auslesen. Integrieren Sie dies in den kleinen Taschenrechner, damit er auch mit Werten vom Typ `double` umgehen kann.
7. Ergänzen Sie den Taschenrechner dahingehend, dass in der Eingabe auch Leerzeichen zwischen den Tokens stehen können. Beim Test sollten Sie die Eingaben mit Leerzeichen in Anführungszeichen setzen. Ansonsten wird Ihre Eingabezeile auf mehrere Parameter verteilt.
8. Warum kommt der Interpreter mit dem Minus nicht durcheinander, obwohl es einmal als Vorzeichen und einmal als Operator verwendet wird?

Musterlösungen finden Sie in Anhang B.

# Kapitel 5
# Klassen

**Inhalt**

- Eine Klasse ist eine Datenstruktur mit Funktionen.
- Klassen haben private und öffentliche Datenanteile.
- Klassen können durch Vererbung erweitert werden.

C++ unterstützt mit seinen Klassen das objektorientierte Programmieren. Dieses Paradigma ermöglicht das Schreiben robusterer und übersichtlicherer Programme. Aber C++ zwingt Sie zu nichts. Es lässt Ihnen die Freiheit, sich langsam heranzutasten.

Bjarne Stroustrup hat mit C++ die objektorientierte Programmierung nicht erfunden. Aber man kann sicher sagen, dass C++ die objektorientierte Programmierung populär gemacht hat. Das scheint insofern verwunderlich, als dass C++ keineswegs zum objektorientierten Programmieren zwingt. Bjarne Stroustrup schreibt »Es war *nicht* meine Absicht, allen Benutzern einen bestimmten Programmierstil aufzuzwingen.«[1] Ich würde mich sogar zu der Aussage versteigen, dass der Erfolg von C++ und der objektorientierten Programmierung vielleicht genau darin begründet liegt, dass der Programmierer zunächst seinen bisherigen Programmierstil beibehalten und Stück für Stück die Vorteile der objektorientierten Programmierung ausprobieren konnte, die er dann schätzen lernte. Immerhin wiegt ein Überzeugter so viel wie zehn Gezwungene. In diesem Sinne möchte ich Sie einladen, die Klassen von C++ zu entdecken. Nutzen Sie die offenkundigen Vorteile und

1 Stroustrup, Bjarne: Die C++ Programmiersprache. Addison-Wesley, München, 4. Aufl., 2000. S. 24.

Möglichkeiten, und bald werden Sie auch verstehen, warum sich das objektorientierte Paradigma so durchgesetzt hat, dass manch andere Programmiersprache die Verwendung von Klassen erzwingt.

Die Objektorientierung stellt die Objekte und damit die Datenstrukturen in den Mittelpunkt und betrachtet die Algorithmen als Aktivitäten des Objekts. Dieser Ansatz modelliert wesentlich besser die Wirklichkeit. Wir tun ja nichts um der Tätigkeit willen, sondern wir behandeln Objekte. Mit unterschiedlichen Arten von Objekten gehen wir auch unterschiedlich um.

## 5.1 Die Klasse als Datenstruktur

Mit einer Klasse können Sie Daten zusammenfassen, um Ihren eigenen Datentyp zu modellieren. Sie kennen das Prinzip bereits von der Struktur (siehe Abschnitt 3.3). Dabei dürfen auch Arrays oder andere selbst erstellte Datentypen hinzugenommen werden. Der Fantasie sind keine Grenzen gesetzt.

#### Beispiel

Betrachten Sie als einfaches Beispiel ein Datum. Es besteht aus drei ganzen Zahlen, die jeweils bequem in eine Integer-Variable passen.

```
class Datum
{
public:
    int tag;
    int monat;
    int jahr;
};
```

**Listing 5.1** Die Klasse `Datum` – erster Anlauf

Das Wort `public` mit dem Doppelpunkt bedeutet, dass alle nachfolgenden Elemente der Klasse öffentlich zugänglich sind. Sie werden bald sehen, warum Sie dieses Wort nicht vergessen sollten. Er bewirkt, dass Sie auf `tag`, `monat` und `jahr` genau so zugreifen können, wie Sie es von der Struktur (siehe Abschnitt 3.3) gewohnt sind.

```
Datum heute;
heute.tag = 13;
```

Ein Objekt `heute` vom Typ `Datum` können Sie wie jede gewöhnliche Variable anlegen. Sie nennen den Typ und dann den Variablennamen. Um auf eine Elementvariable zugreifen zu können, wird an den Objektnamen ein Punkt und dann der in der Klassendefinition verwendete Elementname gehängt. Im Beispiel wird der Tag auf 13 gesetzt.

Sie können wie bei anderen Datentypen auch über einen Zeiger auf ein Objekt zugreifen. Dazu legen Sie zunächst eine Zeigervariable an, die wir in unserem Beispiel `irgendwann` nennen.

```
Datum *irgendwann;
```

Wir können sie besetzen, indem wir ihr die Adresse des Objekts `heute` zuweisen oder ihr mit dem Befehl `new` ein neues Objekt erzeugen. Auch hier verhält sich unsere Klasse wie ein gewöhnlicher Datentyp.

```
irgendwann = &heute;
irgendwann = new Datum;
```

Um über einen Zeiger auf Klassenelemente zu verweisen, muss zunächst mithilfe des Sterns dereferenziert werden und anschließend nach einem Punkt das Element benannt werden. Da die Assoziation zum Punkt stärker ist als der Stern, muss eine Klammer dem Stern die notwendige Priorität verleihen.

```
(*irgendwann).tag = 13;
```

Da diese Konstruktion doch recht unansehnlich ist, verwendet man üblicherweise stattdessen eine Kombination aus Minus- und Größer-Zeichen, die einem Pfeil ähnlich sieht.

```
irgendwann->tag = 13;
```

Wenn Sie ein Objekt über eine Variablendefinition erzeugen, verschwindet das Objekt bei Verlassen des Blocks automatisch und der durch das Objekt belegte Speicher wird freigegeben. Wenn Sie ein Objekt mit dem Befehl `new` erzeugt haben, sind Sie dafür verantwortlich, dass sein Speicher wieder freigegeben wird. Sie erreichen das durch den Befehl `delete`, den Sie auf den Zeiger anwenden. Damit niemand mehr versehentlich über den dann ungültig gewordenen Zeiger zugreift, sollten Sie ihn auf 0 setzen – oder auf `nullptr`, wenn Ihr Compiler C++11 beherrscht.

```
delete irgendwann;
irgendwann = 0;
```

**Spicker** ×

> Eine Klasse ist die Beschreibung eines Datentyps. Ein Objekt ist eine Variable, deren Datentyp eine Klasse ist. Man sagt auch: Ein Objekt ist die Instanz einer Klasse.

### 5.1.1 Funktion und Datenstruktur heiraten

Die Klasse als Datenstruktur kann durch Funktionen erweitert werden, die auf der Datenstruktur arbeiten. Sie werden das Datum ein- und ausgeben wollen. Vielleicht wollen Sie den Wochentag eines Datums ermitteln oder gar den Ostertermin. Sie wollen das heutige Datum bestimmen und errechnen, welches Datum 14 Tage später ist. Kurz, ein Datenverbund ist wenig wert ohne Funktionen, die auf ihn wirken. Aber die Funktionen sind auch nur im Zusammenhang mit ihrem Datenverbund sinnvoll. So ist die Berechnung des heutigen Datums nur in Verbindung mit einem Datum sinnvoll. Auch die Berechnung eines Wochentags kann nirgendwo sonst eingesetzt werden als im Zusammenhang mit einem Datum. Aus diesem Grund werden die Funktionen ebenso in die Klasse integriert wie die Datenelemente. Eine Funktion, die zu einer Klasse gehört, nennt man Elementfunktion oder Member-Funktion. In anderen objektorientierten Programmiersprachen spricht man auch von einer Methode oder Operation.

So wie Sie auf Datenelemente nur über ein Objekt zugreifen können, kann auch eine Funktion nur über ein Objekt aufgerufen werden. Objekt und Funktionsnamen werden dabei durch einen Punkt getrennt. Die Funktion arbeitet mit den Daten des Objekts, über das sie gerufen wurde.

Fangen wir damit an, der Datumsklasse eine Funktion hinzuzufügen, die das Objekt auf den Neujahrstag eines Jahres setzt. Die Funktion wird genauso in die Klassendefinition eingebunden wie die drei Integer-Bestandteile.

```
class Datum
{
public:
    int tag;
    int monat;
    int jahr;
    void setNeuJahr(int pJahr)
    {
        tag = 1;
        monat = 1;
        jahr = pJahr;
    }
};
```

Die Funktion `setNeuJahr()` hat als Parameter die Jahreszahl. Sie soll das Objekt, über das sie aufgerufen wird, auf den Neujahrstag des übergebenen Jahres setzen. Als Elementfunktion kann sie direkt auf die Elemente der Klasse zugreifen. Alle

Änderungen, die sie in den Datenelementen durchführt, wirken auf das Objekt, über das sie gerufen wird.

Die Klasse wird allerdings schnell unübersichtlich, wenn alle Funktionen direkt innerhalb der Klasse definiert werden. Darum steht in der Klasse typischerweise nur ein Prototyp der Funktionen. Die eigentliche Funktion wird außerhalb der Klasse definiert. Das folgende Listing zeigt, wie die Funktion `setNeuJahr()` als Prototyp in der Klassendefinition deklariert wird. Direkt anschließend erfolgt im Beispiel die Definition der Funktion.

```
class Datum
{
public:
    int tag;
    int monat;
    int jahr;
    void setNeuJahr(int pJahr);
};

void Datum::setNeuJahr(int pJahr)
{
    tag = 1;
    monat = 1;
    jahr = pJahr;
}
```

**Listing 5.2** Klasse mit Elementfunktion

Um die Elementfunktion `setNeuJahr()` von einer globalen Funktion zu unterscheiden, wird der Klassenname dem Namen vorangestellt und durch zwei Doppelpunkte vom Funktionsnamen abgetrennt.

Eine Funktion, die in der Klassendefinition nicht nur deklariert, sondern auch definiert ist, wird automatisch als Inline-Funktion übersetzt (siehe Abschnitt 4.5). Um eine Elementfunktion aufzurufen, wird ihr Name genau so an das Objekt gehängt, wie Sie es von den Datenelementen her kennen. Da die Funktion mit dem Objekt direkt verbunden ist, braucht das Objekt, über das die Funktion gerufen wird, nicht als Parameter übergeben zu werden.

```
Datum heute;
heute.setNeuJahr(2000);
Datum *irgendwann = new Datum;
irgendwann->setNeuJahr(2000);
```

### 5.1.2 Zugriff auf Klassenelemente

Eine Elementfunktion greift direkt auf die Elemente des Objekts zu, über das sie gerufen wurde. Um dies deutlich zu machen, können Sie auch den vordefinierten Selbstreferenzzeiger `this` verwenden. Damit drücken Sie aus, dass Sie explizit ein Element dieses Objekts ansprechen wollen.

```
void Datum::setNeuJahr(int jahr)
{
    this->tag = 1;
    this->monat = 1;
    this->jahr = jahr;
}
```

**Listing 5.3** Zugriff per `this`

Lokale Variablen, zu denen ja auch die Parameter gehören, überdecken Klassenelemente gleichen Namens. Durch den Zeiger `this` kann dann explizit auf die Klassenelemente zugegriffen werden. Sie sehen das besonders deutlich an der Zuweisung der Jahreszahl. Das Ziel ist das Klassenelement, die Quelle ist der Parameter.

Alternativ kann auch über den Klassennamen zugegriffen werden. Dazu wird ein doppelter Doppelpunkt zwischen den Klassennamen und den Elementnamen gesetzt.

```
void Datum::setNeuJahr(int jahr)
{
    Datum::tag = 1;
    Datum::monat = 1;
    Datum::jahr = jahr;
}
```

**Listing 5.4** Zugriff per Klassennamen

## 5.2 Geburt und Tod eines Objekts

Sie können eine Funktion definieren, die immer bei der Entstehung der Objekte automatisch aufgerufen wird und so garantieren kann, dass ein Objekt immer korrekt initialisiert ist. Analog dazu können Sie eine Funktion schreiben, die immer bei der Auflösung des Objekts aufgerufen wird und die dann angeforderte Ressourcen wieder freigeben kann.

### 5.2.1 Der Konstruktor initialisiert

Die Elementfunktionen, die beim Erzeugen eines Objekts aufgerufen werden, nennt man Konstruktor. Der Konstruktor trägt immer den Namen der Klasse selbst und hat keinen Rückgabetyp, auch nicht `void`. Solange Sie keinen eigenen Konstruktor schreiben, stellt C++ einen Konstruktor zur Verfügung, der gerade ausreicht, um ein nicht initialisiertes Objekt der Klasse zu erzeugen.

#### Beispiel

Im Falle unserer Datumsklasse soll der Konstruktor alle Elemente auf 0 setzen.

```
class Datum
{
public:
    int tag;
    int monat;
    int jahr;
    Datum();
};

Datum::Datum()
{
    tag=0; monat=0; jahr=0;
}
```

**Listing 5.5** Konstruktor

Der Konstruktor wird aufgerufen, wenn das Objekt erzeugt wird. Globale Objekte werden beim Programmstart angelegt und zum Programmende aufgelöst. Lokale Objekte rufen ihren Konstruktor bei der Definition auf. Wenn Sie mit Zeigern arbeiten, wird der Konstruktor bei Ausführung des Befehls `new` aufgerufen.

#### Sonderform der Initialisierung

Ein Konstruktor wird in den meisten Fällen aus einigen Zuweisungen bestehen, die die Elementvariablen des Objekts initialisieren. Anstatt die Elementvariablen des Objekts im Rumpf des Konstruktors per Zuweisung zu belegen, können sie auch initialisiert werden.

```
Datum::Datum() : tag(0),monat(0),jahr(0)
{
}
```

**Listing 5.6** Alternative Initialisierung

Dazu werden zwischen dem Kopf und dem Rumpf der Konstruktordefinition ein oder mehrere Initialisierer aufgezählt. Die Initialisierer sind durch einen Doppelpunkt von dem Konstruktorkopf abgesetzt. Ein Initialisierer besteht aus dem Variablen- oder Konstantennamen und einer Klammer, in der sich der Initialisierungswert befindet.

Im Beispiel werden die Elementvariablen `tag`, `monat` und `jahr` auf 0 gesetzt. Der Konstruktorkörper ist leer. Die Initialisierung erfolgt bereits vor dem Ausführen des Funktionsrumpfes. Es gibt einen entscheidenden Unterschied zur Zuweisung der Werte an die Elementvariablen: Im Körper eines Konstruktors kann nur eine Zuweisung stattfinden, während diese Form eine Initialisierung ist. In den meisten Fällen ist der Unterschied unerheblich, aber wenn die Klasse Referenzvariablen oder Konstanten enthält, können diese nur durch eine Initialisierung vorbelegt werden. Alle Versuche, solche Elemente durch eine Zuweisung vorzubelegen, werden scheitern.

#### C++11 erlaubt die direkte Initialisierung

Mit dem Standard C++11 wurde eingeführt, dass Elementvariablen auf die gleiche Weise initialisiert werden können wie normale Variablen auch, also ohne Zuhilfenahme eines Konstruktors.

```
#include <iostream>
using namespace std;

class Datum
{
public:
    int tag = 1;      // Initialisierung ab C++11
    int monat = 1;    // Initialisierung ab C++11
    int jahr = 2000; // Initialisierung ab C++11
};
```

```
int main()
{
    Datum heute;
    cout << heute.jahr << endl;
}
```

**Listing 5.7** Direkte Initialisierung nach C++11 (*c11classinit.cpp*)

Das Programm initialisiert das Datum auf den 1.1.2000. Diese Art der Initialisierung erfolgt, bevor der Konstruktor aktiv wird. Die Aktivitäten des Konstruktor überschreiben also die Initialisierung.

### 5.2.2 Konstruktor und Parameter

Konstruktoren können auch Parameter entgegennehmen. Die übergebenen Werte werden im Normalfall vom Konstruktor verwendet, um Elementvariablen zu initialisieren.

Konstruktoren können genauso überladen werden wie normale Funktionen auch. Es kann neben dem Standardkonstruktor mehrere weitere Konstruktoren mit verschiedenen Parametern geben. Der Compiler wird anhand der Aufrufparameter unterscheiden, welcher Konstruktor verwendet wird.

#### Beispiel

Das folgende Beispiel zeigt die Klasse `Datum` mit einem Konstruktor mit drei Parametern.

```
class Datum
{
public:
    Datum(int tag, int monat, int jahr=-1);
    // ...
};

Datum::Datum(int tag, int monat, int jahr)
{
    this->tag=tag;
    this->monat=monat;
    this->jahr=jahr;
```

```
    if (jahr<0)
    {
        // Setze das aktuelle Jahr ein.
        // ...
    }
}

Datum Start(1,1,1970);
Datum Silvester(31,12);
Datum *HeiligAbend = new Datum(24,12);
```

**Listing 5.8** Konstruktor mit Parametern

Das Objekt `Start` wird durch den Konstruktor auf den 1.1.1970 gesetzt. Das Objekt `Silvester` erhält als Parameter den 31.12. ohne Angabe des Jahres. Da der dritte Parameter in diesem Fall –1 vorgibt, wird dieser Wert angenommen. Innerhalb des Konstruktors wird im Falle eines negativen Jahres aber das aktuelle Jahr eingesetzt. Da der einzig existierende Konstruktor Parameter verlangt, kann für die Klasse `Datum` kein Objekt erzeugt werden, ohne es zu initialisieren.

#### Konstruktordelegation ab C++11

Erst seit C++11 ist es möglich, dass Konstruktoren sich gegenseitig aufrufen. Damit ersparen Sie sich den Aufwand, alle Initialisierungen in allen Konstruktoren durchzuführen.

#### Beispiel

Die Klasse `Datum` erhält nun zwei Konstruktoren. Einer hat als Parameter die Jahreszahl. Der Standardparameter setzt Tag und Monat auf 1. Der Konstruktor mit dem Parameter ruft über die Initialisierung den Standardkonstruktor. Im Hauptprogramm wird überprüft, ob alles wie erwartet funktioniert.

```
#include <iostream>
using namespace std;

class Datum
{
public:
    int tag = 0;
```

```
    int monat = 0;
    int jahr = 0;
    Datum();
    Datum(int);
};
Datum::Datum()
{
    tag = 1;
    monat = 1;
}
Datum::Datum(int pJahr) : Datum()
{
    jahr = pJahr;
}
int main()
{
    Datum heute;
    Datum damals(2001);
    cout << heute.tag << heute.jahr << endl;
    cout << damals.tag << damals.jahr << endl;
}
```

**Listing 5.9** Konstruktordelegation seit C++11 (*konstruktor11.cpp*)

#### Konvertierungskonstruktor

Wenn Sie einer `float`-Variablen eine Integer-Variable zuweisen, wird diese automatisch konvertiert. Beim Erstellen einer Klasse können Sie festlegen, welche Typen auf ähnliche Weise automatisch konvertiert werden sollen. Dazu legen Sie einen Konverter mit nur einem Parameter an, der den gewünschten Konvertierungstyp haben soll. Ein Konstruktor mit nur einem Parameter führt dazu, dass der Compiler diesen Konstruktor verwendet, um den Parametertyp zu konvertieren.

```
class Bruch
{
public:
    Bruch(char *);
    void addiere(Bruch&);
};
```

```
...
char Eingabe[MAXSTR];
getline(cin, Eingabe, MAXSTR);
Bruch Bruch(Eingabe);
getline(cin, Eingabe, MAXSTR);
Bruch.addiere(Eingabe);
```

In der Klasse `Bruch` gibt es einen Konstruktor, der als Parameter einen Zeiger auf den Typ `char` und damit einen C-String akzeptiert. Die Funktion `addiere()` akzeptiert lediglich den Typ `Bruch`. Der Compiler akzeptiert dennoch den Aufruf von `addiere()` mit einem C-String als Parameter, weil er ihn mithilfe des Konstruktors in `Bruch` überführen kann.

Der Konvertierungskonstruktor wird automatisch aufgerufen, wenn eine Konvertierung gebraucht wird. Wenn Sie das nicht wünschen, können Sie dem Konvertierungskonstruktor das Schlüsselwort `explicit` voranstellen. Dann muss die Konvertierung durch die Funktionsschreibweise explizit angefordert werden.

```
class Bruch
{
public:
    explicit Bruch(long);
    // ...
};

Bruch bruch=12;   // Das läuft nicht durch den Compiler.
Bruch bruch(12);  // So funktioniert's.
```

#### Standardkonstruktor

Als Standardkonstruktor wird derjenige Konstruktor bezeichnet, der ohne Parameter aufgerufen werden kann. Definiert die Klasse gar keinen eigenen Konstruktor, so erstellt der Compiler einen eigenen, leeren Standardkonstruktor. Sobald Sie selbst einen Konstruktor definieren, entfällt der automatisch generierte Konstruktor. Das ist auch dann der Fall, wenn keiner Ihrer Konstruktoren ohne Parameter auskommt. In diesem Fall wird das Anlegen eines Objekts ohne Parameter fehlschlagen.

```
class Datum
{
public:
    int tag, monat, jahr;
    Datum(int pJahr)
    {
        tag=1; monat=1; jahr=pJahr;
    }
};

int main()
{
    Datum gehtNicht;  // Compilerfehler
    Datum gehtDoch(2000);
}
```

**Listing 5.10** Klasse ohne Standardkonstruktor

C++11 ermöglicht es Ihnen, die Bereitstellung eines Standardkonstruktors wieder einzufordern, auch wenn Sie einen Konstruktor mit Parametern definieren.

```
class Datum
{
public:
    Datum() = default;
    Datum(int);
```

Es ist seit C++11 auch möglich, das automatische Anlegen eines Standardkonstruktors zu verhindern, indem `delete` statt `default` verwendet wird.

### 5.2.3 Destruktor

Als Gegenstück zum Konstruktor gibt es den Destruktor. Er wird ausgeführt, wenn ein Objekt zerstört wird. Der Destruktor ist vor allem dann wichtig, wenn das Objekt im Laufe seiner Existenz Ressourcen angefordert hat. Durch ihn kann gewährleistet werden, dass diese wieder freigegeben werden. Der Name des Destruktors wird gebildet, indem eine Tilde (~) dem Klassennamen vorangestellt wird. Wie der Konstruktor hat auch der Destruktor keinen Rückgabetyp, also auch nicht `void`. Der Destruktor hat niemals Parameter.

```
class Datum
{
public:
    int tag, monat, jahr;
    Datum()
    {
        tag=1; monat=1; jahr=2000;
    }
    ~Datum()
    {
    }
};
```

**Listing 5.11** Klasse mit Konstruktor und Destruktor

Ein Objekt ruft seinen Destruktor automatisch auf, bevor es aufgelöst wird. Auf diese Weise kann es Ressourcen freigeben, die das Objekt im Laufe seines Daseins angefordert hat. Eine lokales Objekt wird aufgelöst, wenn der Block verlassen wird, in dem es definiert wurde. Ein durch `new` angelegtes Objekt ruft seinen Destruktor beim Aufruf von `delete`. Globale Objekte rufen den Destruktor kurz vor Ende des Programms.

Wie beim Destruktor erstellt der Compiler automatisch einen Destruktor, wenn in der Klasse kein solcher definiert ist. Und auch hier ist es seit dem Standard C++11 möglich, diesen per `delete` abzuschalten.

### 5.2.4 Konstruktor und Destruktor bei Arrays

Wenn Sie ein Array von Objekten anlegen, wird automatisch für jedes Element des Arrays der Konstruktor aufgerufen. Ebenso automatisch wird der Destruktor aufgerufen, wenn ein Array aufgelöst wird. Um das sichtbar zu machen, schreiben wir in Konstruktor und Destruktor eine kleine Bildschirmausgabe. Anschließend wird eine Array-Variable definiert.

```
class Datum
{
public:
    int tag; int monat; int jahr;
    Datum();
    ~Datum() { cout << "Destruktor" << endl; }
};
```

```
Datum::Datum() : tag(1),monat(1),jahr(2000)
{
    cout << "Konstruktor" << endl;
}

int main()
{
    Datum tage[5];
}
```

**Listing 5.12** Konstruktor und Destruktor mit Kontrollausgaben (*classarray.cpp*)

Das Programm wird fünfmal den Konstruktor und fünfmal den Destruktor aufrufen.

Wird mit dem Befehl `new` ein Array angelegt, wird auch in diesem Fall für jedes einzelne Element der Konstruktor aufgerufen. Wie Sie sich erinnern, müssen Sie beim Auflösen eines Arrays den Befehl `delete[]` verwenden. Das Hauptprogramm sieht dann so aus:

```
int main()
{
    Datum *tage = new Datum[5];
    delete[] tage;
}
```

## 5.3 Öffentlichkeit und Privatsphäre

So wie in einer Funktion lokale Variablen nach außen unsichtbar sind, können in einer Klasse Datenelemente und Elementfunktionen verborgen werden, die nur für den internen Bedarf gedacht sind. Diese Elemente sind privat. Auf private Elemente können alle Elementfunktionen frei zugreifen. Dadurch ist jeder Zugriff auf sie kontrollierbar. Die öffentlichen Elementfunktionen bestimmen, wie die privaten Datenelemente geändert werden können und welche Abläufe dazu notwendig sind.

### 5.3.1 private und public

Standardmäßig sind alle Elemente einer Klasse privat. Sobald Sie in der Klassendefinition das Label `public:` setzen, sind alle folgenden Elemente öffentlich. Sollen wieder private Elemente folgen, setzen Sie das Label `private:`. Sie können das beliebig oft wechseln. Es sieht allerdings ordentlicher aus, die Elemente nach öffentlich und privat zu trennen. Damit ein Nutzer Ihrer Klasse schneller sieht, was er verwenden kann, ist es sinnvoll, die öffentlichen Elemente zuerst zu nennen.

Als Faustregel sollten alle Datenelemente einer Klasse grundsätzlich privat sein. Auf diese Weise kann der Zugriff nur durch die eigenen Elementfunktionen erfolgen. So behält die Klasse die Kontrolle und kann Inkonsistenzen vermeiden und Abhängigkeiten überprüfen.

#### Beispiel

Das folgende Beispiel ist eine Klasse für Brüche. Die Datenbestandteile `zaehler` und `nenner` sind als privat vor der Außenwelt abgeschirmt. Zu den öffentlichen Funktionen zählen Funktionen, die das Setzen und Auslesen dieser Werte ermöglichen. Typischerweise benennen die meisten Programmierer diese Funktionen mit `get` oder `set`, weshalb man sie manchmal auch als Getter und Setter bezeichnet.

```
class Bruch
{
public:
    Bruch() {zaehler=0; nenner=1;}
    long getNenner()  {return nenner;}
    long getZaehler()  {return zaehler;}
    void setNenner(long p) {if (p!=0) nenner=p;}
    void setZaehler(long p)  {zaehler=p;}
    void zeige();

private:
    long zaehler;
    long nenner;
};

void Bruch::zeige()
{
    cout << zaehler << "/" << nenner << endl;
}
```

```
int main()
{
    Bruch bruch;
    long inNenner, inZaehler;
    cout << "Zähler Leerzeichen Nenner eingeben!" << endl;
    cin >>  inZaehler >> inNenner;
    bruch.setNenner(inNenner);
    bruch.setZaehler(inZaehler);
    bruch.zeige();
}
```

**Listing 5.13** Bruchrechnung mit privaten Daten

Im Beispiel der Klasse `Bruch` verhindert die Funktion `setNenner()`, das jemand den Nenner auf 0 setzt und so einen undefinierten Zustand herbeiführt. Da Sie die Kontrolle über alle Ein- und Ausgänge des Bruches haben, können Sie bei Änderungen oder vor Ausgaben den Bruch automatisch kürzen.

Auch bei der Datumsklasse ist es sinnvoll, einen direkten Zugriff der Datenelemente auszuschließen. So können Sie leicht verhindern, dass als Monat 13 oder 0 angegeben wird. Doch die Möglichkeiten gehen über die einfachen Konsistenzprüfungen hinaus: Vielleicht soll auch der Wochentag Bestandteil des Datums werden. Damit der Wochentag nicht bei jeder Anfrage neu berechnet werden muss, kann man ihn in einer privaten Elementvariablen vorhalten. Dann muss aber sichergestellt sein, dass das Datum nicht direkt geändert wird. Werden Datumsänderungen jedoch durch entsprechende Funktionen durchgeführt, kann bei einer Änderung der Wochentag für ungültig erklärt werden. Wenn er angefordert wird, schaut die Funktion nach, ob er neu berechnet werden muss.

```
class Datum
{
private:
    int tag;
    int monat;
    int jahr;
    int wochentag;
public:
    Datum();
    ~Datum();
    void setTag(int Wert);
    void setMonat(int Wert);
    void setJahr(int Wert);
```

```
    int getTag()   { return tag;   }
    int getMonat() { return monat; }
    int getJahr()  { return jahr;  }
    int getWochentag();
};

Datum::Datum()
{
    wochentag = -1;
}

void Datum::setMonat(int Wert)
{
    if (Wert>0 && Wert<13 && monat!=Wert)
    {
        monat = Wert;
        wochentag = -1;
    }
}
```

**Listing 5.14** Datumsklasse mit privaten Elementen

Die Klasse setzt bei jeder Änderung eines Datumsanteils die Elementvariable `wochentag` auf -1. Hier sorgt die Elementfunktion `setMonat()` dafür, dass einerseits kein ungültiger Monat in das Objekt eingetragen werden kann. Gleichzeitig sorgt sie auch dafür, dass der Wochentag ungültig wird, sobald sich der Monat ändert. Auf diese Weise wird erreicht, dass die Elementfunktion `getWochentag()` den Wochentag ohne Neuberechnung zurückgeben kann, sofern sie nicht von einer der Änderungsfunktionen auf -1 gesetzt wurde. Nur dann muss der Wochentag neu berechnet werden.

Die öffentlich zugänglichen Elemente einer Klasse kann man als Schnittstelle bezeichnen. Sie sind für den Anwender der Klasse der Zugang zu den Elementen. Einerseits sollte die Schnittstelle auf eine möglichst einfache Benutzung zugeschnitten sein. Andererseits sollte sie möglichst klein und übersichtlich gehalten werden. Insbesondere sollte die Schnittstelle nicht abhängig von der Implementierung der Klasseninterna gestaltet werden.

### 5.3.2 Beispiel: Stack

Im Abschnitt 3.4.3 wurde bereits die verkettete Liste vorgestellt. Dort wurde eine erste Implementierung durch eine Struktur realisiert. Indem Sie die Möglichkeiten einer Klasse nutzen, können Sie die linearen Listen sicherer und übersichtlicher umsetzen.

Die Funktionen `push()` und `pop()` gehören nun zur Klasse und sind nicht mehr unabhängige Funktionen. Da die Kombination aus Datenverbund und Funktionalität einen Stack wesentlich besser beschreibt, kann ein Stack durch eine Klasse wesentlich umfassender modelliert werden.

```
// Programm zur Demonstration einer Stack-Klasse
#include <iostream>
using namespace std;

class Node       // Knoten einer verketteten Liste
{
public:
    int d;       // Daten, hier ganze Zahlen
    Node *next;  // Verkettung
};

// Der Stack als Verbindung aus anker und Operationen
class Stack
{
public:
    Stack();
    ~Stack();
    void push(int);  // fügt Informationen hinzu
    int pop();       // holt Informationen heraus
private:
    Node * anker;    // Jeder Stack hat seinen eigenen Anker.
};

Stack::Stack()
{
    anker = 0;       // Leere Liste wird vorbereitet.
}
```

```
// Der Destruktor löscht alle übriggebliebenen Elemente.
Stack::~Stack()
{
   Node *last = anker;      // Hilfszeiger zum Sichern des Ankers
   while (anker)            // solange noch Elemente in der Liste
   {
      last = anker;         // erstes Element sichern
      anker = anker->next; // Anker auf zweites Element setzen
      delete last;          // erstes Element freigeben
   }
}

// Neues Element vorn in die Liste einhängen
void Stack::push(int d)
{
    Node *node = new Node;  // erzeugt Listenelement
    node->d = d;            // Besetze das Datenfeld.
    node->next = anker;     // Hänge bisherige Liste an.
    anker = node;           // Mache dieses Element zum Anker.
}

// Oberstes Element auslesen und aus der Liste löschen
int Stack::pop()
{
    int inhalt=0; // Hilfsvariable vom Typ der Elementdaten
    if (anker)    // sofern die Liste nicht schon leer ist
    {
       Node *old = anker;   // Sichere erstes Element.
       anker = anker->next; // Setze Anker auf zweites Element.
       inhalt = old->d;     // Kopiere den Knoteninhalt.
       delete old;          // Ausgelesenen Knoten freigeben
    }
    return inhalt;          // Liefere den Knoteninhalt.
}

int main()          // Hauptprogramm zum Testen des Stacks
{
    Stack stack;    // Lege einen Stack an.
    stack.push(2);  // Schiebe Testdaten darauf.
```

```
    stack.push(5);
    stack.push(18);
    cout << stack.pop() << endl; // Lese den Stack aus.
    cout << stack.pop() << endl;
    cout << stack.pop() << endl;
}
```

**Listing 5.15** Implementierung eines Stacks (*stack.cpp*)

### 5.3.3 Freunde

Freunde sind Menschen, denen wir vertrauen und mit denen wir unsere Geheimnisse teilen. Genauso kann sich eine Klasse Freunde suchen, die auch auf private Elemente zugreifen dürfen. Als potenzielle Freunde kommen Funktionen oder Klassen infrage.

Wer der Freund einer Klasse ist, wird innerhalb der Klassendefinition deklariert. Dazu folgt auf das Schlüsselwort `friend` die Deklaration der Funktion oder der Klasse, die als Freund akzeptiert wird.

```
#include <iostream>
using namespace std;

class GeheimAgent;

class Freund
{
public:
    void schnueffel(GeheimAgent&);
};

// Damit die Klasse GeheimAgent die Klasse in der Schnittstelle
// benutzen kann, wird die Klasse Kumpel hier deklariert.
class Kumpel;

class GeheimAgent
{
public:
    GeheimAgent() { geheim=007; }
private:
    int geheim;
```

```
    void spionieren()
    {
        cout << "Ich spioniere" << endl;
    }
    friend void schnueffel(GeheimAgent&);
    friend class Kumpel;
    friend void Freund::schnueffel(GeheimAgent&);
};

class Kumpel
{
public:
    Kumpel()
    {
        jb.geheim=006;
    }
    GeheimAgent jb;
    void show() { cout << jb.geheim << endl; }
};

void schnueffel(GeheimAgent &Egon)
{
     cout << Egon.geheim << endl;
     Egon.spionieren();
}

void Freund::schnueffel(GeheimAgent& otto)
{
    cout << otto.geheim << endl;
    otto.spionieren();
}

int main()
{
    GeheimAgent gerhard;
    // gerhard.spionieren(); // darf nicht, weil privat!
    schnueffel(gerhard);
    Kumpel norbert; norbert.show();
```

```
    // norbert.jb.spionieren(); // jb darf nicht spionieren!
    Freund Joachim;  Joachim.schnueffel(gerhard);
}
```

**Listing 5.16** Freundliche Klasse (*friend.cpp*)

Die Klasse `GeheimAgent` hat drei `friend`-Deklarationen: Die erste erlaubt der globalen Funktion `schnueffel()`, auf alle Elemente zuzugreifen. In der zweiten Deklaration wird die Klasse `Kumpel` zum Freund. Damit darf jede Elementfunktion der Klasse `Kumpel` beliebig auf Elemente von `GeheimAgent` zugreifen. Die dritte Deklaration erlaubt es, dass von der Klasse `Freund` nur die Elementfunktion `schnueffel()` auf alle Elemente der Klasse `GeheimAgent` zugreifen darf. Alle anderen Elementfunktionen der Klasse `Freund` dürfen dies nicht.

Wie weit diese Freundschaft geht, zeigt sich, wenn der Geheimagent Gerhard selbst spionieren will. Das darf er nicht, weil die Funktion eben privat ist. Dagegen dürfen Kumpel, Freunde und die globale Funktion `schnueffel()` spionieren und die geheimen Daten des Geheimagenten lesen und schreiben.

## 5.4 Überladen von Elementfunktionen

Das Überladen wurde im Abschnitt 4.4 beim Thema Funktionen bereits behandelt. An dieser Stelle wird das Thema noch einmal aufgefrischt, um zunächst das Überladen von Elementfunktionen zu betrachten.

Als Beispiel verwenden wir die Klasse `Bruch`, die es möglich macht, mit Brüchen zu rechnen. Es werden zwei Elementfunktionen namens `addiere()` angelegt. Die eine addiert ganzzahlige Werte zu dem Bruch, die andere verwendet einen Bruch als Parameter.

```
class Bruch
{
public:
    Bruch() {zaehler=0; nenner=1;}
    long getNenner()  {return nenner;}
    long getZaehler()  {return zaehler;}
    void setNenner(long p) {if (p!=0) nenner=p;}
    void setZaehler(long p)  {zaehler=p;}
    void addiere(long);
    void addiere(Bruch);
    void zeige();
```

```
private:
    long zaehler;
    long nenner;
};

void Bruch::addiere(long summand)
{
    zaehler+=summand*nenner;
}

void Bruch::addiere(Bruch summand)
{
    zaehler = zaehler*summand.getNenner()
            + summand.getZaehler()*nenner;
    nenner  = nenner * summand.getNenner();
}
```

**Listing 5.17** Bruchrechnung mit überladener Funktion (*bruch.cpp*)

Welche der Additionsfunktionen verwendet wird, entscheidet der Compiler anhand der verwendeten Parameter beim Aufruf.

## 5.5 Kür: Operatoren überladen

Viel eleganter sieht es natürlich aus, wenn man zwei Objekte vom Typ `Bruch` direkt mit dem Pluszeichen addieren kann. In C++ gibt es die Möglichkeit, Operatoren zu implementieren. Dazu wird eine Funktion geschrieben, deren Name mit dem Schlüsselwort `operator` beginnt. Daran wird der Operator angehängt, den man nachbilden möchte. Folgende Operatoren können verwendet werden:

```
new       +  %  ~  >   /=  |=   <<=  >=  --   ()
delete    -  ^  !  +=  %=  <<   ==   &&  ,    []
new[]     *  &  =  -=  ^=  >>   !=   ||  ->*
delete[]  /  |  <  *=  &=  >>=  <=   ++  ->
```

Dadurch, dass Sie die Operatoren selbst implementieren, ändert sich nichts an ihrem Kontext. Priorität, Anzahl der Operanden und Assoziativität – also ob der Operator rechts- oder linksgebunden ist – bleiben erhalten. Auch können die Operatoren der zum Sprachumfang gehörenden Typen nicht geändert werden. Mindestens einer der beiden Operanden muss einen selbst definierten Typ haben.

Eine Operatorfunktion muss nicht zwingend zu einer Klasse gehören. Sie kann auch als globale Funktion angelegt werden. Ohne Anbindung an die Klasse können bestimmte Operatoren aber nicht überladen werden. Das sind der Zuweisungsoperator =, der Funktionsaufruf `()`, der Index `[]` und der Zeigeroperator `->`. Gehört die Operatorfunktion zur Klasse, stellt das Objekt der Klassen den ersten Operanden dar. Im folgenden Beispiel wird der Plus-Operator überladen. Da die Operatorfunktion zur Klasse `Bruch` gehört, stellt sie die Addition dar, bei der der erste Operand vom Typ `Bruch` ist.

```
Bruch bruch::operator+(long summand);    // Elementfunktion
bruch = bruch.operator+(longZahl);       // Aufruf
bruch = bruch + longZahl;                // Aufruf
```

Benötigt der Operator einen zweiten Operanden, wird er als Parameter übergeben. Das Beispiel zeigt eine Addition. Diese hat immer zwei Operanden. Also wird der zweite Operand als Parameter der Funktion `operator+()` übergeben, hier vom Typ `long`.

Der Anwender einer Addition wird erwarten, dass er die beiden Parameter beliebig tauschen kann. Dann wäre der erste Operand allerdings `long` und damit ein Standardtyp, für den es natürlich keine Klasse gibt. In solch einem Fall muss eine globale Operatorfunktion geschrieben werden. Diese Funktion hat dann zwei Parameter.

```
Bruch operator+(long, const Bruch& o2); // globale Funktion
bruch = operator+(longZahl, bruch);     // Aufruf
bruch = longZahl + bruch;               // Aufruf
```

Lieb gewonnene Zusammenhänge gelten nicht automatisch, wenn Operatoren überladen werden. So folgert aus dem Überladen des Operators + nicht, dass sich += aus dem Aufaddieren des zweiten Operanden ergibt. Wollen Sie, dass diese Regel auch für Ihren Datentyp gilt, so müssen Sie explizit den +=-Operator implementieren. Das Gleiche gilt für ++.

Das Überladen von Operatoren hat seine Tücken, wenn der Anwender die Funktionalität nicht intuitiv mit dem Operator in Verbindung bringen kann. Trifft die Assoziation des Operators nicht wirklich perfekt auf den überladenen Operator, ist es besser, wenn Sie eine normale Funktion schreiben. Der Operator kann ansonsten mehr Verwirrung stiften als nützen. (Solche Erfahrungen haben wohl dazu geführt, dass das Überladen von Operatoren in Java nicht eingeführt wurde.) Wenn beispielsweise der Gleichheitsoperator definiert ist, der Ungleichheitsoperator aber nicht, oder wenn der eine Operator nicht die Negation des anderen ist, dann wird die Verwendung der Operatoren unstimmig und damit wenig sinnvoll.

### 5.5.1 Addition

Wie bei der Funktion `addiere()`, an der das Überladen von Funktionen gezeigt wurde, soll es je eine Operatorfunktion geben: eine für Brüche und eine für ganzzahlige Werte.

Als Beispielklasse für das Überladen von Operatoren bietet sich `Bruch` einfach an. Für die Addition hatten wir schon eine Funktion in die Klasse eingebaut. Nun soll die Addition durch den Operator + implementiert werden. Dazu wird zunächst eine normale Funktion gebildet, die mit `operator+()` lediglich einen originellen Namen hat.

```
#include <iostream>
using namespace std;

class Bruch
{
public:
    Bruch() {zaehler=0; nenner=1;}
    long getNenner()  {return nenner;}
    long getZaehler()  {return zaehler;}
    void setNenner(long p) {if (p!=0) nenner=p;}
    void setZaehler(long p)  {zaehler=p;}
    Bruch operator+(long);
    Bruch operator+(Bruch);
    void zeige();
private:
    long zaehler;
    long nenner;
};

Bruch Bruch::operator+(long summand)
{
    Bruch summe;
    summe.zaehler = zaehler + summand*nenner;
```

```
    summe.nenner  = nenner;
    return summe;
}

Bruch Bruch::operator+(Bruch summand)
{
    Bruch summe;
    summe.zaehler = zaehler*summand.nenner
                  + summand.zaehler*nenner;
    summe.nenner  = nenner * summand.nenner;
    return summe;
}
```

**Listing 5.18** Bruchklasse mit überladenen Operatoren

Sie können die Funktion durchaus direkt aufrufen. Dazu benötigen Sie ein Objekt vom Typ `Bruch`, das das Ergebnis aufnimmt, ein Objekt vom Typ `Bruch`, über das die Funktion aufgerufen wird, und ein Objekt vom Typ `Bruch` oder `long`, das als zweiter Operand dient.

```
Bruch summe, summand1, summand2;

summe = summand1.operator+(summand2);
summe = summand1 + summand2;
```

Die beiden letzten Zeilen sind äquivalent. Der erste Operand wird durch die Klasse bestimmt, deren Elementfunktion `operator+()` ist. Der zweite Operand wird durch den Typ des Parameters bestimmt. Der Rückgabetyp der Funktion `operator+()` legt den Typ des Rückgabewertes fest.

Im folgenden Beispiel wird für die Klasse `Datum` das Pluszeichen definiert. Es ergibt keinen Sinn, zwei Tagesdaten zusammenzuzählen, darum wird es auch nicht definiert. Aber man kann zu einem Datum eine Anzahl von Tagen addieren, um ein anderes Datum zu bekommen. Die Deklaration und Definition sehen wie folgt aus:

```
class Datum
{
public:
        Datum operator+(int tage);
};
```

```
Datum Datum::operator+(int tage)
{
        Datum summe;
        // Berechnung des Datums in summe
        return summe;
}
```

**Listing 5.19** Überladen des Operators

Die Addition liefert ein neues Datum zurück, und als rechter Operand ist eine ganze Zahl zulässig. So kann das Datum durch einfache Addition um 14 Tage weitergeschoben werden.

```
Datum heute;
heute = heute + 14;
```

**Listing 5.20** Verwendung des Operators

Vielleicht ist es Ihnen auch so gegangen, dass Sie spontan überlegt hatten, statt dieser Zeile `heute += 14` zu schreiben. Der Operator += ist aber gar nicht definiert. Das wäre jedoch konsequenterweise zu fordern, wenn bereits der Operator + definiert ist. Dasselbe gilt natürlich auch für den Operator ++.

### 5.5.2 Globale Operatorfunktionen

Für die Bruch-Klasse ist eine Addition mit einer `long`-Variablen implementiert worden. Damit ist es möglich, auf der linken Seite des Pluszeichens einen Bruch und auf der rechten Seite einen ganzzahligen Wert zu verwenden. Möchten Sie es auch ermöglichen, beide Operanden auszutauschen, dann haben Sie das Problem, dass der linke Operand ja durch die Klasse bestimmt ist. Sie müssten also eine Operatorfunktion der Klasse `long` schreiben. Das geht natürlich nicht, da `long` ja ein Basistyp ist und keine Klasse. Aber Sie können stattdessen eine globale Operatorfunktion anlegen. Diese hat dann zwei Parameter, und es ist natürlich kein Problem, den ersten Parameter als `long` zu definieren.

```
Bruch operator+(long o1, const Bruch& o2)
{
    Bruch summe;
    summe.setZaehler(o2.getZaehler()+o1*o2.getNenner());
    summe.setNenner(o2.getNenner());
    return summe;
}
```

In solchen Fällen bietet es sich an, die globale Funktion als Freund zu deklarieren, damit auf die Elemente direkt zugegriffen werden kann. Das ist im folgenden Listing zu sehen:

```
class Bruch
{
    // ...
    // Die globale Funktion operator+ darf auf
    // Elementvariablen zugreifen.
    friend Bruch operator+(long o1, const Bruch& o2);
    // ...
};

Bruch operator+(long o1, const Bruch& o2)
{
    Bruch summe;
    summe.zaehler = o2.zaehler+o1*o2.nenner;
    summe.nenner = o2.nenner;
    return summe;
}
```

### 5.5.3 Inkrementieren und Dekrementieren

Das Inkrementieren und Dekrementieren gibt es in je zwei Erscheinungsformen. In der einen Form steht der Operator links und in der anderen Form rechts von der Variablen. Steht der Operator links, spricht man vom Präfix. Dann wird zunächst der Operator ausgeführt und dann erst die Variable ausgewertet. In der Postfix-Form steht der Operator rechts von der Variablen. Hier wird zuerst ausgewertet und dann der Operator ausgeführt.

```
a = 5;                    a = 5;
b = ++a;                  b = a++;
// b==6                   // b==5
```

Um Präfix und Postfix in der `operator++`-Definition zu unterscheiden, erhält die Postfix-Variante zusätzlich einen Integer-Parameter. Dieser wird aber tatsächlich überhaupt nicht ausgewertet. Die Postfix-Operation benötigt immer eine lokale Variable zum Sichern des alten Stands, der ja nach Erhöhung der Variablen noch zurückgegeben werden muss. Daraus ergibt sich eine geringfügig bessere Performance der Präfix-Variante.

```
class Bruch
{
    Bruch& operator++();    // Präfix
    Bruch operator++(int); // Postfix
    // ...
};

Bruch& Bruch::operator++()
// Praefix-Inkrement
{
    // Berechne den neuen Bruch.
    // geht auch: *this = *this + 1;
    zaehler += nenner;
    return *this;
}

Bruch Bruch::operator++(int)
// Postfix-Inkrement
{
    Bruch oldBruch =*this; // alten Stand sichern
    zaehler += nenner;      // Variable erhöhen
    return oldBruch;        // return alten Stand
}
```

**Listing 5.21** Inkrementieren mit Präfix und Postfix (*bruch.cpp*)

Der Rückgabewert der Funktion `operator++` ist das Ergebnis der Auswertung. Der Postfix-Operator darf keine Referenz zurückgeben, da ansonsten eine Referenz auf eine lokale Variable entstünde, die sofort nach dem Verlassen der Funktion ungültig würde.

### 5.5.4 Die Vergleichsoperatoren

Die Vergleichsoperatoren geben naturgemäß einen booleschen Wert zurück. Wie bei allen Operatoren, die als Elementfunktionen implementiert werden, entspricht der Typ der Klasse dem linken Operanden. Der Typ des rechten Operanden wird durch den Parameter der Funktion bestimmt.

Auch ohne weitere Vorkehrungen können zwei Objekte mithilfe des Gleichheitsoperators verglichen werden. C++ prüft dann, ob die beiden Objekte Bit für Bit gleich sind. Diese Art des Vergleichs führt aber in einigen Fällen zu falschen Ergebnissen. Die Brüche 1/2 und 2/4 sind beispielsweise gleich, auch wenn die Standardmethode das nicht erkennt. Beim Vergleichen zweier Objekte der Klasse `Datum` muss der Wochentag aus dem Vergleich herausgelassen werden. Schließlich unterscheiden sich zwei Tage nur durch die Elemente Tag, Monat und Jahr und nicht dadurch, ob der Wochentag derzeit berechnet ist oder nicht. In Fällen, in denen Klassen Zeiger enthalten, die auf ausgelagerte Daten zeigen, werden zwei nicht identische, aber inhaltlich gleiche Objekte niemals als gleich erkannt werden, da die Zeiger immer auf unterschiedliche Speicherbereiche zeigen. Eine selbst geschriebene Gleichheitsfunktion würde nicht den Zeiger, sondern die Daten, auf die er zeigt, vergleichen.

Das folgende Beispiel zeigt den Gleichheitsoperator für die Klasse `Bruch`. Sie sorgt dafür, dass die beteiligten Brüche vor dem Vergleich gekürzt werden.

```
bool Bruch::operator==(Bruch vgl)
{
    kuerze();
    vgl.kuerze();
    return (zaehler==vgl.zaehler && nenner==vgl.nenner);
}
```

**Listing 5.22** Gleichheitsoperator bei Bruch

Für die Klasse `Datum` würde einfach nur verglichen, ob Tag, Monat und Jahr übereinstimmen. Bei einer Klasse mit Zeigern würde der Inhalt der Speicher verglichen, auf den die Zeiger verweisen.

Die Vergleichsoperatoren < und > werden im gleichen Strickmuster erstellt. Von besonderer Bedeutung ist der Operator für die Kleiner-Relation. So verwenden beispielsweise das Sortierverfahren der STL (Standard Template Library) und der Map-Container, der Objekte sortiert ablegt, das Kleiner-Zeichen, um die Reihenfolge festzulegen. Eine Klasse, die dafür verwendbar sein soll, muss also das Kleiner-Zeichen definieren.

Der Gleichheitsoperator sollte immer im Doppelpack mit dem Ungleichheitsoperator implementiert werden. Das ist auch nicht weiter aufwendig, da die Ungleichheit leicht aus der Gleichheit abzuleiten ist:

```
class Bruch
{
    // ...
    bool operator==(Bruch op2);
    bool operator!=(Bruch op2)
```

```
    {
        return !(*this == op2);
    }
    // ...
};
```

**Listing 5.23** Ungleichheit

Auf ähnliche Weise lässt sich der Operator >= aus der Negation des Operators < erzeugen.

### 5.5.5 Der Ausgabeoperator

Der Ausgabeoperator wird üblicherweise nicht als Elementfunktion implementiert, sondern als globale Operatorfunktion. Der Grund ist, dass nicht das Objekt der Klasse, sondern das Stream-Objekt auf der linken Seite steht.

#### Beispiel

Das folgende Beispiel zeigt den Ausgabeoperator für die Klasse `Bruch`. Dabei wird zuerst der Zähler, dann ein Schrägstrich und schließlich der Nenner auf das Ausgabeobjekt umgeleitet.

```
ostream& operator<<(ostream& stream, const Bruch& b)
{
    return stream << b.getZaehler() << "/" << b.getNenner();
}
```

**Listing 5.24** Ausgabe eines Bruchs (*bruch.cpp*)

Da der Parameter `b` als konstant deklariert wird, dürfen innerhalb der Funktion keine Datenelemente verändert werden. Darüber hinaus dürfen nur als konstant deklarierte Funktionen aufgerufen werden. Nur so kann der Compiler dem Aufrufer garantieren, dass der übergebene Wert innerhalb der Funktion nicht verändert wird, ohne dass er in die Implementierung der Klasse `Bruch` hineinschauen muss.

Die Funktionen `getZaehler()` und `getNenner()` werden wie folgt als konstant deklariert:

```
class Bruch
{
    // ...
    long getNenner() const  {return nenner;}
```

```
    long getZaehler() const  {return zaehler;}
    // ...
};
```

**Listing 5.25** Konstante Funktionen (*bruch.cpp*)

Alternativ können die Operatorfunktionen als Freunde der Klasse deklariert werden. Dann dürfen sie auch auf die privaten Elemente zugreifen. Darüber hinaus wird dokumentiert, dass die Umleitungsoperatoren eigentlich auch zur Klasse gehören.

```
class Bruch
{
    // ...
    friend ostream& operator<<(ostream&, const Bruch&);
    friend istream& operator>>(istream&, Bruch&);
    // ...
};

ostream& operator<<(ostream& stream, const Bruch& bruch)
{
    return stream << bruch.zaehler << '/' << bruch.nenner;
}
```

**Listing 5.26** Konstante Funktionen (*bruch.cpp*)

### 5.5.6 Der Indexoperator

Als Indexoperator werden die eckigen Klammern bezeichnet, die verwendet werden, um auf ein Array-Element zuzugreifen. Auch der Indexoperator kann überladen werden. Die Operatorfunktion erhält den Index als Parameter, den der Anwender zwischen die eckigen Klammern setzt. Sie übernimmt die Aufgabe, den passenden Wert zu ermitteln und diesen als Rückgabewert zu liefern. Der Indexoperator kann nur als Elementfunktion implementiert werden, nicht als globale Operatorfunktion.

Das folgende Beispiel zeigt die Definition eines Indexoperators in einer Klasse, die eine Zeichenkette namens `SafeString` implementiert. Der Indexoperator soll gewährleisten, dass die Puffergrenzen nicht versehentlich überschritten werden.

```
#include <iostream>
using namespace std;

class tSafeString // String-Klasse mit abgesichertem Index
{
public:
    tSafeString(int len) // Max. Länge muss vorgegeben werden.
    {
        maxLen = len;
        safestr = new char[len]; // Externer Speicherwunsch
        mist = 0; // Dummy
    }
    ~tSafeString()
    {
        delete[] safestr;
        safestr=0;
    }
    char& operator[](int i);
    // In einer realen Klasse müsste ein Kopierkonstruktor
    // und ein Zuweisungsoperator implementiert werden.
private:
    char *safestr; // Der String ist extern!
    char mist;     // Dummy für Fehlzugriffe
    int maxLen;
};

char& tSafeString::operator[](int i)
{
    if (i<maxLen && i>=0)
    {
        return *(safestr+i); // Buchstabe gefunden!
    }
    return mist; // return 0 wegen Referenz nicht möglich!
}

int main()
{
    tSafeString str(6); // 6 Zeichen, von 0 bis 5
    str[5] = 'A';       // Schreiben
```

```
    char c = str[5];      // Lesen
    cout << c << endl;    // Test, ob es wirklich ein 'A' ist
}
```

**Listing 5.27** Safer String (*safestr.cpp*)

Sofern der Index korrekt ist, liefert die Operatorfunktion eine Referenz auf das passende Element des internen Strings `safestr`. Dieses Element kann dann ausgelesen oder belegt werden, je nachdem, auf welcher Seite des Zuweisungsoperators der Ausdruck steht. Für den Fall, dass der Index außerhalb des zulässigen Bereichs liegt, wird die Elementvariable `mist` verwendet. Die Funktion kann nicht einfach 0 zurückgeben, weil der zurückgegebenen Referenz gegebenenfalls ein Wert zugewiesen werden soll.

Der Rückgabewert der Operatorfunktion muss als Referenz zurückgegeben werden, weil der Operator nur so auf der linken Seite einer Zuweisung stehen kann. Bei einer Zuweisung an den indizierten Wert kann so das Element des Arrays verändert werden, weil eine Referenz ja dessen Stellvertreter ist. Erfolgte die Rückgabe nicht per Referenz, sondern per Wert, würde nur eine lokale Kopie verändert werden, und der Wert im Array bliebe unberührt.

Der Parameter von `operator[]()` muss nicht zwingend ein ganzzahliger Wert sein. Sie können auch beispielsweise eine Zeichenkette verwenden. Damit können Zugriffe auf Adressverzeichnisse realisiert werden. Sie können auch Zeichenketten als Index akzeptieren, um über Kürzel auf Inhalte zuzugreifen. Das entspräche den Hashvariablen in Perl. Solche Zugriffe sind sehr anschaulich, wie das folgende Beispiel zeigt.

```
kfzKennzeichen["HH"] = "Hansestadt Hamburg";
```

Auf diese Weise funktioniert auch der STL-Container `map` (siehe Abschnitt 10.5).

### 5.5.7 Der Aufrufoperator ()

Der Aufrufoperator ermöglicht es, ein Objekt der Klasse als Funktion aufzurufen. Was passieren soll, wenn ein Objekt, wie etwa ein Tagesdatum oder ein Bruch, aufgerufen wird, ist zunächst nur schwer nachzuvollziehen. Stroustrup spricht in diesem Zusammenhang von Funktionsobjekten.[2] Solche Funktionsobjekte werden eingesetzt, wenn eine Funktion nicht ausreicht.

2 vgl. Stroustrup, Bjarne: Die C++ Programmiersprache. 4. Auflage, 2000. S. 305.

Beispielsweise besitzt in der STL (Standard Template Library) die Funktion `find_if()` (siehe Abschnitt 10.8.8) einen Parameter, der eine Funktion aufruft, die einen booleschen Rückgabewert hat. Damit kann sehr flexibel nach einem Objekt gesucht werden. Die Bedingung wird durch die Funktion festgelegt. Wenn aber diese Funktion ein Gedächtnis haben muss, beispielsweise den bisherigen Verlauf der Abfragen, dann stößt die Funktion an ihre Grenzen. Mit dem Funktionsobjekt kann eine Klasse wie eine Funktion auftreten und diese Lücke füllen. Die folgende Klasse `RufMich` stellt ein solches Funktionsobjekt dar.

```
class RufMich
{
public:
    int operator() (int)
        { /* tu was */ }
    // ...
};
```

**Listing 5.28** Aufrufoperator

Die Verwendung dieses Operators sieht erwartungsgemäß wie ein Funktionsaufruf auf ein Objekt aus. Hat die Funktion keine Rückgabewerte, könnte man den Aufruf auch mit einem Konstruktor verwechseln. Von diesem unterscheidet sich der Aufrufoperator vor allem darin, dass er nicht bei der Initialisierung des Objekts aufgerufen wird. Das folgende Beispiel zeigt den Aufruf eines Konstruktors und eines Aufrufoperators.

```
RufMich ruf(23); // Aufruf des Konstruktors
  ...
ruf(23);         // Aufruf des Funktionsoperators
```

**Listing 5.29** Aufrufoperator

### 5.5.8 Der Konvertierungsoperator

Um einen fremden Typ in ein Objekt der eigenen Klasse zu konvertieren, verwenden Sie einen Konvertierungskonstruktor, der bereits im Abschnitt 5.2.2 beschrieben wurde. Eine Konvertierungsfunktion hat keinen deklarierten Rückgabewert, sondern beginnt mit dem Schlüsselwert `operator`. Durch ein Leerzeichen abgetrennt, folgt der Typ, in den konvertiert werden soll, und danach steht ein leeres Klammernpaar, da eine Konvertierungsfunktion keinen Parameter hat. Die Funktion gibt einen Ausdruck vom Zieltyp zurück.

**Beispiel**

Daher wäre es durchaus sinnvoll, für die Klasse `Bruch` eine Konvertierungsfunktion zu schreiben, die aus dem Bruch eine Fließkommazahl erzeugt:

```
class Bruch
{
public:
    operator double()
    {
        return double(zaehler)/double(nenner);
    }
    ...
```

## 5.6 Kopieren und Verschieben

Im folgenden lernen Sie einige Möglichkeiten kenne, wie Sie Daten kopieren oder verschieben können.

### 5.6.1 Der Zuweisungsoperator

Der Zuweisungsoperator wird immer dann aufgerufen, wenn auf der linken Seite der Zuweisung ein Objekt der Klasse steht, in der er implementiert ist. Wenn eine Klasse keinen Zuweisungsoperator implementiert, wird ein Objekt bei der Zuweisung Bit für Bit kopiert. Das funktioniert auch wunderbar, sofern die Klasse keinen Zeiger enthält, der auf externe Datenbestände verweist. In diesem Fall wird nur der Zeiger kopiert. Das hat zur Folge, dass beide Objekte nach der Zuweisung auf den gleichen externen Datenbereich zeigen.

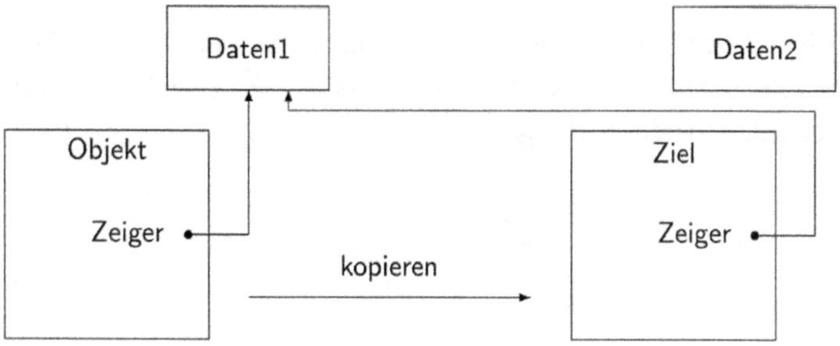


**Abbildung 5.1** Kopieren von Objekten

Der Zuweisungsoperator muss berücksichtigen, dass bei einer Zuweisung das Zielobjekt bereits existierte und darum vermutlich bereits vor der Zuweisung einen

Kapitel 5

externen Datenbereich besaß. Bei einer Bit-für-Bit-Kopie würde der bisherige Zeiger auf diesen externen Datenbereich durch die Zuweisung überschrieben und anschließend auf den Datenbereich des Quellobjekts zeigen. Abbildung 5.1 macht diese Problematik deutlich. Damit entstehen zwei Probleme:

- Der ursprüngliche Datenbereich `Daten2` bleibt referenzlos im Speicher liegen und kann nicht mehr entfernt werden. Es bildet sich ein Speicherleck.
- Da beide Objekte auf denselben Datenbereich zeigen, wird das Objekt, dessen Destruktor zuerst aufgerufen wurde, dem anderen die Daten entziehen. Sobald das zweite auf seine Daten zugreift, greift es in einen undefinierten Bereich.

Damit hat der Zuweisungsoperator folgende Aufgaben:

- Der externe Speicher des Zielobjekts muss freigegeben werden.
- Für das Zielobjekt muss externer Speicher angefordert werden, in den die externen Daten des Quellobjekts passen.
- Die externen Daten des Quellobjekts müssen in den externen Speicher des Zielobjekts kopiert werden.
- Alle Elementvariablen, die keine Zeiger sind, müssen kopiert werden.

Wenn der externe Speicher bei Quelle und Ziel gleich groß ist, kann das Freigeben und Neuanlegen natürlich entfallen. Dann reicht es, den Datenbereich der Quelle in den externen Speicher des Zielobjekts zu kopieren.

Um zu wissen, wann der Zuweisungsoperator aufgerufen wird, müssen Sie genau zwischen Zuweisung und Initialisierung unterscheiden. Eine Initialisierung steht immer in Verbindung mit einer Deklaration. In solch einem Fall wird der Kopierkonstruktor (siehe Abschnitt 5.6.2) ausgeführt. Dieser wird immer bei internen Kopiervorgängen wie Parameterübergaben und der Rückgaben per Wert einer Funktion vom Compiler aufgerufen.

Das folgende Beispiel betrachtet eine bewusst einfach gehaltene Klasse `DatenKlasse`, die einen Zeiger für externe Daten namens `zeiger` enthält. Der Einfachheit halber zeigt er nur auf einen Integer.

```
#include <iostream>
using namespace std;

class DatenKlasse
{
public:
    DatenKlasse() // Konstruktor: erzeugt externe Daten
    {
```

```
        zeiger = new int;
        *zeiger = 5;
    }
    ~DatenKlasse() // Destruktor: gibt externe Daten frei
    {
        delete zeiger;
    }
    DatenKlasse& operator=(const DatenKlasse& data)
    {
        cout << "Zuweisungsoperator" << endl;
        if (&data!=this)
        {
            delete zeiger;       // alten Speicher freigeben
            zeiger = new int;    // neuen Speicher anlegen
            *zeiger = *data.zeiger; // externe Daten kopieren
            // normale Datenelemente auch kopieren
            sonstiges = data.sonstiges;
        }
        return *this;
    }

    int  getData() {return *zeiger; }
    void setData(int wert) {*zeiger=wert; }
private:
    int sonstiges; // steht für die Nicht-Zeiger-Datenelemente
    int *zeiger;   // Zeiger, also Kopierkonstruktor notwendig
};

// Hauptprogramm zum Testen
int main()
{
    DatenKlasse objekt;
    DatenKlasse ziel;
    ziel = objekt;     // Zuweisungsoperator!
    objekt.setData(7);
    ziel.setData(9);
    cout << objekt.getData() << endl;
    cout << ziel.getData() << endl;
}
```

**Listing 5.30** Zuweisungsoperator definieren (*zuweis.cpp*)

Gleich zu Anfang prüft der Zuweisungsoperator, ob es sich um eine Zuweisung an sich selbst handelt. In diesem Fall wäre die Ausführung fatal. Der Zuweisungsoperator gibt ja als Erstes die externen Daten des Zielobjekts frei. Wenn Ziel und Quelle aber identisch sind, sind mit dem ersten Schritt die externen Daten verloren.

Nach dieser Prüfung, führt der Zuweisungsoperator die üblichen Schritte durch: Er gibt den alten Speicher frei, fordert neuen Speicher an, kopiert die externen Daten und schließlich alle Elementvariablen. In Fällen, in denen der alte Speicher genauso groß ist wie der neue, kann auch direkt kopiert werden.

Sie sehen im Beispiel, dass die Rückgabe über eine Referenz erfolgt. Das ist erforderlich, damit nicht noch einmal zusätzlich der Kopierkonstruktor aufgerufen wird.

Der Zuweisungsoperator hat immer einen Parameter. Es können mehrere Zuweisungsoperatoren in einer Klasse definiert werden. Dabei unterscheiden sich die Zuweisungsoperatoren durch den Parametertyp. Der Zuweisungsoperator kann nur durch eine Elementfunktion und nicht durch eine globale Operatorfunktion implementiert werden.

Im Hauptprogramm werden zwei Objekte `objekt` und `ziel` angelegt und einander zugewiesen. Anschließend erhalten die beiden Objekte unterschiedliche Daten, um zu prüfen, ob die Zeiger nicht auf den gleichen externen Datenbereich zeigen. Sie können zum Test einmal den Zuweisungsoperator auskommentieren und werden dann feststellen, dass das Programm beim Verlassen des Blocks abstürzt, weil ein Speicherbereich doppelt freigegeben wird.

### 5.6.2 Kopierkonstruktor

Eine Kopie der Daten erfolgt nicht nur bei der Zuweisung, sondern auch in anderen Situationen. Auch hier wird standardmäßig Bit für Bit an die Zielstelle kopiert. Und hier gibt es natürlich die gleichen Probleme, die Sie schon beim Zuweisungsoperator kennengelernt haben.

**Hinweis**

> Wenn die Klasse Verweise auf fremden Speicher hat, muss ein Kopierkonstruktor erstellt werden. Solche Verweise sind Zeiger und Referenzen. Aber auch Objekte fremder Klassen können solch einen Verweis verbergen. Um deren Zuweisungsoperator aktiv werden zu lassen, müssen diese Elemente durch den Kopierkonstruktor einzeln kopiert werden.

Der Kopierkonstruktor wird bei internen Kopieraktionen aufgerufen. Das sind Initialisierungen, Parameterübergaben und Funktionswertrückgaben als Wert. Bei Parameterübergaben per Zeiger oder Referenz wird er nicht aufgerufen, da ja das Objekt in solch einem Fall auch nicht kopiert wird.

Die Zuweisung wird explizit nicht vom Kopierkonstruktor bedient, sondern durch den Zuweisungsoperator. Darum kann man davon ausgehen, dass man meist entweder beide oder keinen von beiden implementieren muss.

Der Kopierkonstruktor sollte zunächst die Datenelemente kopieren. Durch das explizite Kopieren von Objekten fremder Klassen wird deren Zuweisungsoperator angesprochen, der für eine saubere Kopie sorgt. Anschließend sollte der Kopierkonstruktor für alle Zeigervariablen, die nicht 0 sind, neuen Speicher anfordern und den externen Speicher des Originals in den neuen Speicher kopieren. Das das Zielobjekt neu angelegt wird, muss der Kopierkonstruktor keinen alten Speicher freigeben.

#### Syntax

Wie der Name schon sagt, ist ein Kopierkonstruktor ein Konstruktor, hat also keinen Rückgabewert und trägt den Klassennamen. Der Kopierkonstruktor hat als einzigen Parameter eine Referenz auf die eigene Klasse. Der Parameter muss eine Referenz sein, damit der Kopierkonstruktor sich nicht selbst aufruft.

#### Beispiel

Die Klasse `DatenKlasse` erhält einen Kopierkonstruktor. Um diesen zu testen, wird eine Funktion namens `tutIrgendwas()` geschrieben, die nichts tut, außer einen Parameter der Klasse `DatenKlasse` per Wertübergabe entgegenzunehmen und per `return` an den Aufrufer zurückzugeben. In diesem Fall wird zwei Mal der Kopierkonstruktor ausgelöst.

```
// Programm zur Demonstration eines Kopierkonstruktors
#include <iostream>
using namespace std;

class DatenKlasse
{
public:
```

```
    DatenKlasse() // Konstruktor: erzeugt externe Daten
    {
        zeiger = new int;
        *zeiger = 5;
    }
    ~DatenKlasse() // Destruktor: gibt externe Daten frei
    {
        delete zeiger;
        zeiger = 0;
    }
    DatenKlasse(DatenKlasse& daten) // Kopierkonstruktor
    {
        // Zur Demonstration meldet er sich.
        cout << "Kopierkonstruktor" << endl;
        // Externe Daten erzeugen und kopieren
        zeiger = new int;
        *zeiger = *daten.zeiger;
        // Normale Datenelemente auch kopieren
        sonstiges = daten.sonstiges;
    }
private:
    int *zeiger;   // Zeiger, also Kopierkonstruktor notwendig
    int sonstiges; // steht für die Nicht-Zeiger-Datenelemente
};

// Die Funktion dient nur zur Demonstration. Da der Parameter
// per Wert übergeben wird, wird beim Aufruf der
// Kopierkonstruktor aufgerufen.
DatenKlasse tuIrgendwas(DatenKlasse para)
{
    cout << "tuIrgendwas:" << para.getData() << endl;
}

// Hauptprogramm zum Testen
int main()
{
    DatenKlasse objekt;
    objekt.setData(7);
    // Hier wird der Kopierkonstruktor zweimal aktiv.
```

```
    DatenKlasse k = tuIrgendwas(objekt);
    cout << objekt.getData() << endl;
}
```

**Listing 5.31** Externer Speicher und Kopierkonstruktor (*copycons.cpp*)

Um zu zeigen, wo der Kopierkonstruktor eingesetzt wird, gibt er eine kurze Meldung auf dem Bildschirm aus. Wenn Sie den Kopierkonstruktor auskommentieren, wird nach dem Aufruf der Funktion der Datenbereich, auf den der Zeiger des Objekts zeigt, auch für das Original freigegeben. Würde das Programm nach dem Funktionsaufruf also auf diese Daten zugreifen, würde es ungültige Daten erhalten oder sogar abstürzen.

Wenn Sie diesen Effekt sichtbar machen wollen, könnten Sie den Destruktor so ändern, dass er. statt den externen Speicher freizugeben, irgendeinen anderen Wert hineinschreibt, beispielsweise 9.

```
~DatenKlasse() // Destruktor: hier zum Test missbraucht
{
    *zeiger = 9; // nur zum Test
}
```

Bei auskommentiertem Kopierkonstruktor meldet die letzte Zeile im Programm eine 9 als deutliches Zeichen, dass der Destruktor auf dem Bereich gearbeitet hat, auf den der Zeiger verweist. Hätte er an dieser Stelle nicht eine 9 geschrieben, sondern seine Pflicht getan, wäre der interne Zeiger ungültig geworden.

Wenn Sie keinen Kopierkonstruktor für Ihre Klasse anfertigen, erstellt der Compiler einen. Die Wirkungsweise des Standard-Kopierkonstruktors wurde zu Anfang beschrieben. Er kopiert Bit für Bit den Speicherbereich des Objekts. Wie ebenfalls bereits beschrieben, arbeitet dieser Standard-Kopierkonstruktor einwandfrei, solange die Klasse keine direkten oder indirekten Verweise auf externe Speicherstrukturen hat.

#### C++11: Den Kopierkonstruktor abschalten

Wie beim Konstruktor und beim Destruktor ist es ab dem Standard C++11 möglich, auch den Standard-Kopierkonstruktor und den Zuweisungsoperator mit `delete` zu deaktivieren und mit `default` zu aktivieren.

```
DatenKlasse(const DatenKlasse&) = delete;
DatenKlasse(const DatenKlasse&) = default;
DatenKlasse& operator=(const DatenKlasse&) = delete;
DatenKlasse& operator=(const DatenKlasse&) = default;
```

### 5.6.3 Verschiebekonstruktor und Move-Semantik

Nicht immer ist Kopieren die ideale Lösung. So wird bei der Rückgabe eines lokalen Objekts per `return` eine Kopie erstellt, obwohl das Original danach sowieso zerstört wird. Viel sinnvoller wäre es, das lokale Objekt an den Empfänger weiterzuschieben. Dieser Gedanke führte bei der Standardisierung von C++11 zum Move-Konstruktor oder auch Verschiebekonstruktor.

Das Problem der externen Speicher lässt sich nicht nur durch Kopieren lösen, sondern auch indem der externe Speicher des Originals ungültig wird, wie in Abbildung 5.2 zu sehen ist. Anschließend kann der Destruktor nicht mehr den gleichen Speicherbereich zweimal freigeben und die Eigentumsverhältnisse sind eindeutig geklärt.

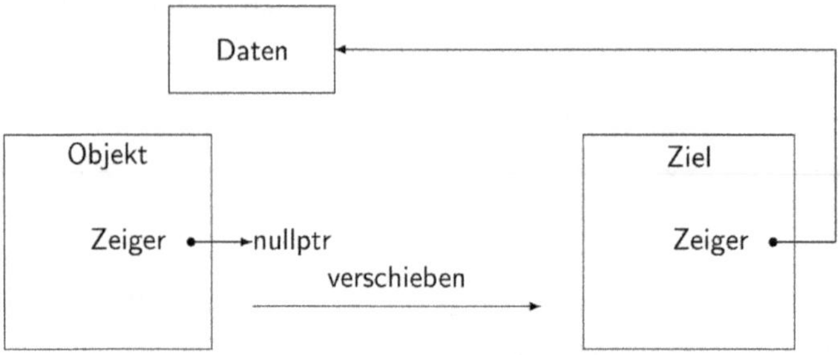


**Abbildung 5.2** Nach dem Verschieben eines Objekts (*moveconstr.cpp*)

Um eine solche Verschiebung zu ermöglichen, muss die Klasse einen Verschiebekonstruktor zur Verfügung stellen, der die Zeiger des Zielobjekts auf die Speicherbereiche der Quelle und den Zeiger des Quellobjekts auf 0 setzt. Um den Verschiebekonstruktor vom Kopierkonstruktor zu unterscheiden, erhält der Verschiebekonstruktor einen Adressoperator mehr für seinen Parameter.

```
DatenKlasse(DatenKlasse&& quelle)
{
    cout << "Move-Konstruktor" << endl;
    this->zeiger = quelle.zeiger;
    quelle.zeiger = nullptr;
}
```

**Listing 5.32** Verschiebekonstruktor

Wenn Sie diesen Verschiebekonstruktor in das Listing 5.31 einbauen, wird sich zunächst der Kopierkonstruktor melden, der die Parameter kopiert. Dann meldet sich die Funktion `tuIrgendwas()` und dann der Move-Konstruktor, wenn der Befehl `return` aufgerufen wird. Das heißt, dass der Compiler aus dem Zusammenhang selbst feststellt, dass es bei der Rückgabe am sinnvollsten ist, den Verschiebekonstruktor zu verwenden.

Analog zum Move-Konstruktor gibt es auch einen Move-Zuweisungsoperator. Auch dieser unterscheidet sich im Parameter vom normalen Zuweisungsoperator durch zwei Adressoperatoren. Auch die Move-Zuweisung ist einfacher als die normale Zuweisung. Sie muss den Inhalt des externen Speichers nicht kopieren, sondern es reicht, den Zeiger umzuhängen. Eine Abfrage, ob die Zuweisung auf sich selbst erfolgt, kann auch entfallen.

```
DatenKlasse& operator=(DatenKlasse&& data)
{
    cout << "Move-Zuweisung" << endl;
    zeiger = data.zeiger;
    data.zeiger = nullptr;
    return *this;
}
```

**Listing 5.33** Verschiebekonstruktor

Die Funktion `std::move()` erzwingt eine Zuweisung mit Move-Semantik. Das bedeutet, dass der R-Value, also der Wert rechts neben dem Zuweisungszeichen, seinen Inhalt an den L-Value verliert. Auf diese Weise sind die Auswirkungen auf den rechten Teil der Anweisung deutlich hervorgehoben.

```
DatenKlasse ziel, quelle;
...
ziel = std::move(quelle); // Move-Zuweisung
```

Wird ein Copy- oder Move-Konstruktor oder eine der beiden Zuweisungen von der Klasse definiert, wird der Compiler keine der Standardfunktionen mehr stellen, da er davon ausgeht, dass die Klasse einer besonderen Bearbeitung bedarf. Erstellen Sie also einen Zuweisungsoperator, steht weder die Move-Zuweisung noch der Copy- oder der Move-Konstruktor des Compilers zur Verfügung. Sie können diese allerdings seit dem Standard C++11 wieder aktivieren:

```
DatenKlasse(const DatenKlasse &) = default;
DatenKlasse& operator=(DatenKlasse &&) = default;
tenKlasse& operator=(const DatenKlasse &) = default;
DatenKlasse& operator=(DatenKlasse &&) = default;
```

## 5.7 static und const

Die Modifizierer `static` und `const` sind im Zusammenhang mit Variablen bereits erläutert worden. Im Zusammenhang mit Klassen haben sie eine etwas andere Bedeutung.

### 5.7.1 Statische Variablen und Funktionen in Klassen

Normalerweise gehört eine Elementvariable zu einem Objekt. Jedes Objekt enthält also seine eigene Variable. Die Kennzeichnung `static` bei Elementvariablen führt dazu, dass diese Variable genau einmal für die ganze Klasse angelegt wird. Alle Objekte der Klasse teilen sich also diese Variable.

#### Beispiel

Eine Anwendung für eine solche Variable könnte das Zählen der aktiven Instanzen sein. Dazu wird die statische Variable in jedem Konstruktor inkrementiert und in jedem Destruktor dekrementiert. In der statischen Variablen kann daraufhin abgelesen werden, wie viele Objekte dieser Klasse derzeit existieren.

Eine statische Elementvariable wird genau so wie jede andere Elementvariable der Klasse deklariert. Es wird ihr allerdings das Schlüsselwort `static` vorangestellt. Wohlgemerkt wird sie in der Klasse nur deklariert. Sie muss noch separat von der Klasse definiert werden, sonst beklagt sich der Linker.

```
class StatKlasse
{
    ...
    static int zaehler;
};
```

Statische Variablen werden angelegt, bevor das erste Objekt der Klasse erzeugt wird. Schon darum können sie nicht im Konstruktor initialisiert werden. Dazu kommt, dass sie sonst bei jeder Erzeugung eines Objekts wieder zurückgesetzt würden. Stattdessen werden statische Variablen wie eine globale Variable definiert, der der Klassenname vorangestellt wurde. Bei dieser Gelegenheit werden sie auch gleich initialisiert:

```
int StatKlasse::zaehler = 0;
```

Sie können auch statische Member-Funktionen definieren. Ihre Besonderheit liegt darin, dass sie kein Objekt benötigen, um aufgerufen zu werden. Da sie aber nicht mit einem Objekt verbunden sind, können statische Funktionen auch nicht auf normale Member-Variablen zugreifen, sondern nur auf statische Member-Variablen.

Statische Funktionen können sowohl über ein Objekt ihrer Klasse als auch über die Klasse selbst aufgerufen werden. Wie bei der statischen Member-Variablen werden zwei Doppelpunkte zwischen Klassennamen und den Namen der Funktion gesetzt.

```
#include <iostream>
using namespace std;

class StatKlasse
{
public:
    int getZaehler() { return zaehler; }
    static int getStatZaehler() { return zaehler; }
private:
    static int zaehler;
};

int StatKlasse::zaehler = 7;

int main()
{
    cout << StatKlasse::getStatZaehler() << endl;
    StatKlasse obj;
    cout << obj.getZaehler() << endl;
    cout << obj.getStatZaehler() << endl;
}
```

**Listing 5.34** Statische Member-Funktion

### 5.7.2 Konstante Parameter und Funktionen

Es ist effizienter, große Objekte per Referenz oder Zeiger als Parameter an eine Funktion zu übergeben, da das Kopieren großer Objekte entfällt. Allerdings besteht dann das Risiko, dass innerhalb der Methode das Objekt geändert werden könnte. Durch die Verwendung des Schlüsselwortes `const` kann der Programmierer der Funktion garantieren, dass er die übergebenen Objekte nicht verändert. Der Compiler wird dies überprüfen.

Das folgende Beispiel stammt aus dem Abschnitt über Ausgabeoperatoren. Dabei wird der Bruch als Referenz übergeben. Um zu signalisieren, dass der Bruch sich durch die Ausgabe auf dem Bildschirm nicht ändert, wird der zweite Parameter als konstant deklariert.

```
ostream& operator<<(ostream& stream, const Bruch& bruch)
{
    return stream << bruch.getZaehler() << "/" << bruch.getNenner();
}
```

**Listing 5.35** Ausgabe eines Bruchs (*bruch.cpp*)

Wie Sie sehen, wird innerhalb der Funktion für den konstanten Parameter eine Elementfunktion aufgerufen. Dem Compiler ist es nicht so einfach möglich, festzustellen, ob die Funktion `getZaehler()` die Werte von `bruch` ändert. Dazu müsste er prüfen, ob diese Elementfunktion direkt oder indirekt über andere Elementfunktionen Datenelemente verändert oder nicht. Hier nimmt der Compiler den schlechtesten Fall an und geht davon aus, dass eine Elementfunktion Änderungen vornehmen kann. Er wird also den Aufruf von `getZaehler()` bemängeln.

### Konstante Funktionen

Damit der Compiler sicher sein kann, dass nicht eine der aufgerufenen Elementfunktionen ein Datenelement ändert, müssen Sie die dort aufgerufenen Funktionen als konstant deklarieren. Das erreichen Sie, indem Sie in der Klassendefinition das Schlüsselwort `const` hinter die Parameterklammer der Funktion setzen.

```
class Bruch
{
    // ...
    long getNenner() const  {return nenner;}
    long getZaehler() const  {return zaehler;}
    // ...
};
```

**Listing 5.36** Konstante Funktionen (*bruch.cpp*)

Erst wenn ausschließlich konstante Funktionen aufgerufen und Elementvariablen nicht verändert werden, kann der Compiler sicher sein, dass das Objekt konstant bleibt.

Das Schlüsselwort `const` garantiert, dass das Objekt innerhalb der Funktion nicht geändert wird. Nun kann es aber sein, dass bestimmte Bestandteile eines Objekts durchaus geändert werden dürfen, ohne dass der eigentliche Wert des Objekts betroffen ist. Beispielsweise soll bei dem Datum 24.4.1909 gern Tag, Monat und Jahr erhalten bleiben. Ob die Funktion den Wochentag verändert, kann egal sein, da die Klasse ihn jederzeit rekonstruieren kann. Um solche Elementvariablen zu kennzeichnen, können Sie das Schlüsselwort `mutable` voranstellen. Ein so gekennzeichnetes Element darf dann auch von konstanten Funktionen verändert werden.

#### Konstanten initialisieren

Konstanten werden initialisiert. Danach können Sie einer Konstanten keinen anderen Wert mehr zuweisen, sonst wären es ja schließlich keine Konstanten, sondern Variablen. Die Initialisierung von Elementvariablen erfolgt normalerweise im Konstruktor per Zuweisung. Das geht bei Konstanten nicht, weil sie eine Zuweisung nicht zulassen.

Seit dem Standard C++11 ist es möglich, die Konstanten in der Klasse direkt zu initialisieren. Beherrscht der Compiler dies nicht, gibt es immer noch den Weg über den Initialisierer des Konstruktors. Der ist sogar so flexibel, dass die Konstante per Parameter gefüttert werden kann. Das folgende Beispiel zeigt, wie Konstanten einer Klasse initialisiert werden können.

```
#include <iostream>
using namespace std;

class Konstant
{
public:
    static const int NIX; // Initialisierung später
    static const int ALL = 400; // erst seit C++11
    const int MAX = 200; // erst seit C++11
    const int MIN; // Initialisierung per Konstruktor
    Konstant() : MIN(100) {}
    Konstant(long groesse) : MIN(groesse) {}
};

const int Konstant::NIX = 0;
```

```
int main()
{
    Konstant obj;
    cout << obj.MIN << endl;
    Konstant dim(42);
    cout << dim.MIN << endl;
    cout << obj.MAX << endl;
    cout << Konstant::ALL << endl;
    cout << Konstant::NIX << endl;
}
```

**Listing 5.37** Konstanten initialisieren (*classconst.cpp*)

Der Initialisierer wird also immer bei der Definition der Konstruktorfunktion angebracht, nicht bei der Deklaration. Statische Konstanten können wie statische Variablen initialisiert werden und bereiten darum keine besonderen Probleme.

## 5.8 Vererbung

Die Informatik steckt voller schöner Analogien. So hat die objektorientierte Programmierung den Begriff der »Vererbung« eingeführt, wenn eine Klasse von einer anderen Klasse abgeleitet wird und deren Eigenschaften übernimmt. Der Begriff Vererbung hat hier wenig mit dem Testament eines verblichenen Verwandten zu tun. Etwas eher passt es zu den biologischen Regeln, die ein Herr Mendel dankenswerterweise entdeckte. Meine Kenntnisse in Biologie sind eher bedauernswert. So müssen Sie hier auf einen unterhaltsamen Ausflug in die Biologie verzichten. Aber wenn Sie einmal ein Biologie-Buch in die Hände bekommen, werden Sie feststellen, dass sich die mendelschen Regeln gar nicht auf Basisklassen und deren abgeleitete Klassen anwenden lassen. Dennoch kenne ich mindestens einen Biologen, der ein prima Programmierer geworden ist.

### Basisklasse

Was der Biologe eine Elternklasse nennen würde, nennt der Programmierer eine Basisklasse. Die Basisklasse muss keine besonderen Eigenschaften haben. Sie können von beinahe jeder Klasse eine neue Klasse ableiten. Dabei erbt die abgeleitete Klasse die Eigenschaften der Basisklasse, also die Elementvariablen und -funktionen, ohne dass sie diese neu deklarieren muss. Man sagt, die neue Klasse erbt die Eigenschaften der Basisklasse.

```
#include <iostream>
using namespace std;

class Person
{
public:
    string name, adresse, telefon;
    Person() { name = "Nobody"; }
    string getName() { return name; }
};

class GeschaeftsPartner : public Person
{
public:
    string kto, blz;
};

int main()
{
    GeschaeftsPartner kunde;
    cout << kunde.getName() << endl;
}
```

**Listing 5.38** Vererbung (*erbschaft.cpp*)

Im Beispiel ist `Person` die Basisklasse und die Klasse `GeschaeftsPartner` erbt von ihr alle Eigenschaften. Das sind die Variablen `name`, `adresse` und `telefon`. Auch die Funktion `getName` kann von Objekten der neuen Klasse aus aufgerufen werden. Was den `GeschaeftsPartner` von einer `Person` unterscheidet, ist die Bankverbindung. Und nur diese Unterschiede müssen in der abgeleiteten Klasse erneut angeführt werden.

Durch die Elemente, die in der abgeleiteten Klasse definiert werden, wird sie zu einem besonderen Fall der Basisklasse. Sie besitzt alle Eigenschaften der Basisklasse. Es können neue Elemente hinzufügt werden.

**Beispiel**

Aus Sicht eines Computerprogramms haben alle Personen Namen, Adressen und Telefonnummern. Geschäftspartner haben darüber hinaus eine Bankverbindung. Da die Geschäftspartner auch Personen sind, haben sie neben ihrer Bankverbindung auch Namen, Adressen und Telefonnummern. Einige Geschäftspartner können Kunden sein. Kunden haben zusätzlich zu den Eigenschaften eines Geschäftspartners noch eine Lieferanschrift. Lieferanten sind keine Kunden, aber auch Geschäftspartner. Sie haben noch offene Rechnungen. Selbst Mitarbeiter sind eigentlich Geschäftspartner, denn sie haben eine Bankverbindung. Darüber hinaus haben sie eine Krankenkasse. Außendienstler haben alle Eigenschaften eines Mitarbeiters und zusätzlich ihren Bezirk.

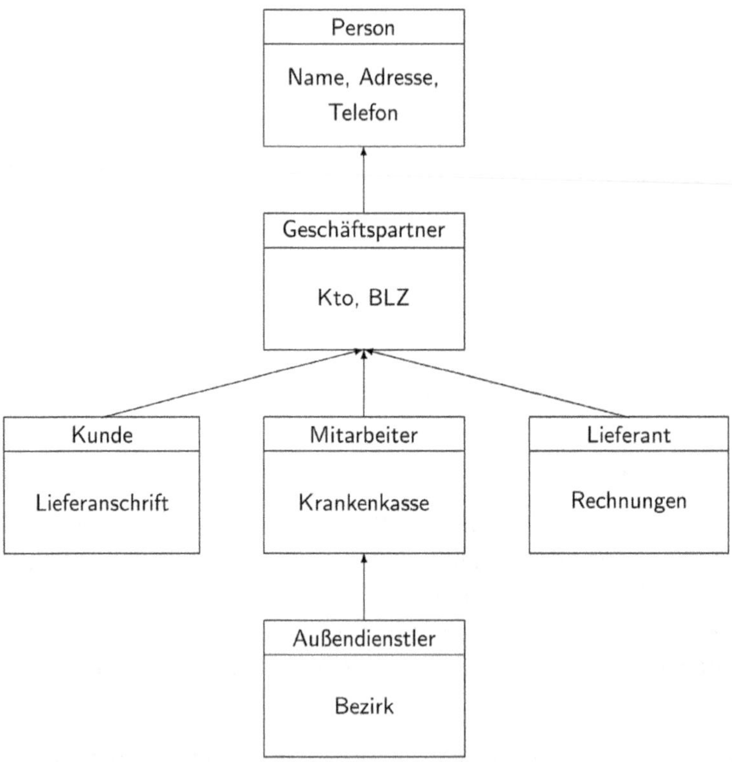


**Abbildung 5.3** Personenklassen

Damit stellt die Ausgangsklasse `Person` die Verallgemeinerung dar und jede abgeleitete Klasse eine Spezialisierung. Beispielsweise würde eine Prüffunktion der Adresse, die der Klasse `Person` hinzugefügt wird, automatisch auch allen anderen Klassen, die direkt oder indirekt von `Person` abgeleitet wurden, hinzugefügt, ohne dass eine Zeile Code mehr geschrieben werden müsste. Eine Änderung in der Klasse `Mitarbeiter` würde immer auch auf die Außendienstler durchschlagen. Es gibt aber keine Rückwirkung auf die Geschäftspartner.

**»Ist ein«**

Man spricht in diesem Fall von einer *Ist ein*-Beziehung. Der Kunde *ist ein* Geschäftspartner. Er hat alle Eigenschaften eines Geschäftspartners und fügt ihnen nur seine Besonderheiten, hier die Lieferanschrift, hinzu. Neben den Datenelementen vererben sich auch die Funktionen, wie die oben erwähnte Adressprüfung. Lediglich die Konstruktoren, die Destruktoren und die Zuweisungsoperatoren werden nicht vererbt.

**Beispiel Firma**

Von welcher Klasse eine Klasse erbt, wird in C++ dadurch ausgedrückt, dass bei der Klassendefinition nach dem Schlüsselwort `class` und dem Klassennamen ein Doppelpunkt gesetzt wird. Es folgen das Schlüsselwort `public` und der Name der Basisklasse.

```
class Person
{
public:
    string Name, Adresse, Telefon;
};

class Partner : public Person
{
public:
    string Kto, BLZ;
};

class Mitarbeiter : public Partner
{
public:
    string Krankenkasse;
};
```

```
class Kunde : public Partner
{
public:
    string Lieferanschrift;
};

class Lieferant : public Partner
{
public:
    tOffenePosten *Rechnungen;
};

class Aussendienst : public Mitarbeiter
{
public:
    tBezirk Bezirk;
};
```

**Listing 5.39** Personen

#### Kompatibilität zur Basisklasse

Da öffentlich (public) abgeleitete Klassen die komplette Schnittstelle ihrer Basisklasse enthalten, sind sie zur Basisklasse zuweisungskompatibel. Ein Objekt vom Typ `Mitarbeiter` kann also einem Objekt vom Typ `Person` zugewiesen werden. Nach der Zuweisung sind aber die Informationen über die Krankenkasse und die Bankverbindung verloren. Das kopierte Objekt besitzt also die Erweiterungen der abgeleiteten Klasse nicht mehr. Umgekehrt funktioniert das nicht. Dem Objekt einer abgeleiteten Klasse kann nicht das Objekt einer Basisklasse zugewiesen werden.

```
Person person;
Mitarbeiter mitarbeiter;

person = mitarbeiter; // ok
mitarbeiter = person; // Das mag der Compiler nicht.
```

Einem Zeiger auf die Basisklasse kann die Adresse des Objekts einer abgeleiteten Klasse zugewiesen werden. In diesem Fall gehen dem Objekt keine Informationen verloren, weil es ja nicht verändert wird.

**Aufgabe: Datum und Feiertag**

Sie haben bereits eine Klasse `Datum` geschrieben. Für einen Kalender benötigen Sie auch Feiertage. Diese unterscheiden sich von einem Datum darin, dass jeder Feiertag einen Namen hat. Sie könnten natürlich jedem Datum einen Namen hinzufügen. Die meisten Tage sind aber keine Feiertage. Besser ist die Idee, eine Klasse `Feiertag` von `Datum` abzuleiten und ihr nur den Namen hinzuzufügen. Die Musterlösung finden Sie unter dem Namen *aufg-feiertag.cpp* im Download-Bereich unter *http://www.downloads.wrox-press.de*.

### 5.8.1 Zugriff nur für Erben: protected

Neben den Zugriffsrechten `private` und `public` bringt die Vererbung eine dritte Variante mit sich. Mit ihr können Klassenelemente so privatisiert werden, dass auf sie außer von der eigenen Klasse nur von der abgeleiteten Klasse zugegriffen werden kann. Dafür verwendet man das Schlüsselwort `protected`.

```
class Basis
{
private:
   int privat;
protected:
   int protect;
public:
   int publik;
};

class Abgelitten : public Basis
{
public:
    void zugriff()
    {
        int a = privat;  // Das gibt Ärger!
        a = protect;     // Das funktioniert.
        a = publik;      // Das funktioniert sowieso.
    }
};

int main()
{
    Basis myVar;
```

```
    int a = myVar.privat; // Das läuft natürlich nicht.
    a = myVar.protect;    // Das geht auch nicht.
    a = myVar.publik;     // Das funktioniert.
}
```

**Listing 5.40** `protected`

Vergegenwärtigen Sie sich, dass eine Vererbung eine *Ist-ein*-Beziehung darstellt. Wenn ein Kunde von einem Geschäftspartner abgeleitet wird, der seine Bankverbindung grundsätzlich lieber privat hält, so wäre `protected` wohl doch die bessere Wahl, weil der Kunde eben auch ein Geschäftspartner ist und so auf sein eigenes Konto zugreift.

Ein gewisses Vertrauen muss man zu seinen Nachfahren dann aber haben, denn eine abgeleitete Klasse kann die ihr zugänglichen Elemente der Basisklasse über das Schlüsselwort `using` in eine andere Öffentlichkeit stellen, wie folgendes Beispiel zeigt:

```
class Basis
{
private:
   int privat;
protected:
   int protect;
public:
   int publik;
};

class Abgelitten : public Basis
{
protected:
   using Basis::publik;
public:
   using Basis::protect;
};

int main()
{
    Abgelitten a;
    int b = a.protect;  // Oh Wunder, es geht!
}
```

**Listing 5.41** Ändern der Zugriffsart

Ein solches Vorgehen werden Sie schon deswegen in der Praxis selten finden, weil es den Eindruck erweckt, dass beim Design nicht sorgfältig gearbeitet wurde. Es ist also nur als Notlösung zu betrachten, um ungeschickt vergebene Zugriffsrechte durch Ableitung zu korrigieren.

### 5.8.2 Zugriffsattribute der Vererbung

Bisher haben wir Ableitungen betrachtet, die das Schlüsselwort `public` vor den Namen der Basisklasse stellen. Es ist naheliegend, anzunehmen, dass dort statt `public` auch `protected` oder `private` stehen kann. Die Konsequenzen sollten Sie schon deswegen kennen, weil das Weglassen des Vererbungsattributs zur Folge hat, dass die Klasse privat abgeleitet wird.

**Spicker** ×

Öffentliche Elemente der Basisklasse werden durch privates Ableiten in der abgeleiteten Klasse privat.

```
class Basis
{
private:
   int privat;
protected:
   int protect;
public:
   int publik;
};

class Abgelitten : Basis // Vorsicht: Das ist private!
{
public:
    int f1() { return privat; }  // Das geht nicht!
    int f2() { return protect; } // Das geht.
    int f3() { return publik; }  // Das geht.
};

int main()
{
    Abgelitten a;
    Basis b;
```

```
    int i = a.publik;  // Das geht schief!
    i = b.publik;      // Das funktioniert einwandfrei.
    b = a;             // Das funktioniert auch nicht.
}
```

**Listing 5.42** Privates Ableiten

Eine privat abgeleitete Klasse wie hier `Abgelitten` hat die gleichen Zugriffsmöglichkeiten innerhalb einer Elementfunktion wie bei einer öffentlichen Vererbung. Das kann man an den drei Beispielen für Elementfunktionen sehen. Der Unterschied wird bei den Zugriffen von außen deutlich. Man kann über das Objekt der abgeleiteten Klasse nicht mehr auf die öffentlichen Elemente der Basisklasse zugreifen. Auch die Möglichkeit, ein Objekt der abgeleiteten Klassen einem Objekt der Basisklasse zuzuweisen, wird vom Compiler sofort unterbunden.

Eine `protected` abgeleitete Klasse unterscheidet sich in den Zugriffsrechten von außen nicht von einer privat abgeleiteten Klasse. Eine Konvertierung ist allerdings noch innerhalb einer Elementfunktion möglich.

#### Basisklassenelemente überdecken

Bei der Ableitung einer Klasse werden die Elemente der Basisklasse vererbt. Sofern die Elemente als `public` oder `protected` deklariert sind, kann auf sie innerhalb der abgeleiteten Klasse genauso zugegriffen werden wie auf eigene Elemente. Wenn Sie ein Element in der abgeleiteten Klasse definieren, dessen Name bereits in der Basisklasse verwendet wird, wird das gleichnamige Element der Basisklasse überdeckt.

In manchen Fällen sollen Funktionen der Basisklasse auch in der abgeleiteten Klasse zur Verfügung stehen. Es sollen vielleicht nur ein paar Zeilen ergänzt werden. Dann wird die Funktion in der abgeleiteten Klasse neu implementiert und die Funktion der Basisklasse an passender Stelle in der neuen Funktion direkt aufgerufen. Dazu stellen Sie den Namen der Basisklasse dem Funktionsnamen, durch zwei Doppelpunkte getrennt, voran.

```
class Basis
{
public:
    int tuWas(int a) {}
};
```

```
class Spezialfall : public Basis
{
public:
    int tuWas(int a);
};

int Spezialfall::tuWas(int a)
{
    int altWert = Basis::tuWas(a);
    // ...
    return altWert;
}

int main()
{
    Spezialfall fall;
}
```

**Listing 5.43** Funktionsaufruf der Basisklasse (*kasfunc.cpp*)

Im Beispiel wird die Funktion `tuWas()` in der Klasse `Spezialfall` zunächst die Funktion `tuWas()` der Klasse `Basis` aufrufen und anschließend die Sonderfälle der abgeleiteten Klasse behandeln.

### 5.8.3 Konstruktorenvererbung

Bevor der Konstruktor einer abgeleiteten Klasse ausgeführt wird, wird stets zunächst der Konstruktor der Basisklasse gestartet. Umgekehrt ist es beim Destruktor. Hier wird der Destruktor der Basisklasse zuletzt aufgerufen. Dieses Verhalten ist logisch, da abgeleitete Klassen auf den Eigenschaften der Basisklassen aufbauen. Entsprechend muss das Basisobjekt konstruiert sein, bevor der Konstruktor der abgeleiteten Klasse aufgerufen wird. Umgekehrt gilt beim Destruktor, dass der Destruktor der Basisklasse zuletzt aufgerufen werden muss, damit das Basisobjekt nicht bereits zerstört ist, wenn die abgeleitete Klasse versucht, die Erweiterungen freizugeben.

Wenn ein Konstruktor mit Parameter aufgerufen wird, wird auch er den Standardkonstruktor der Basisklasse aufrufen, selbst wenn es in dieser einen Konstruktor mit einem gleichen Parameter gibt. Wenn Sie nicht den Standardkonstruktor, sondern einen Konstruktor mit Parameter aufrufen wollen, können Sie dies tun, indem Sie einen Initialisierer verwenden.

Im folgenden Beispiel hat die Basisklasse nur einen Konstruktor, der einen Integer-Wert erwartet. Es gibt also keinen Standardkonstruktor. Die abgeleitete Klasse hat aber einen parameterlosen Konstruktor. Der Compiler wird sich beklagen, wenn er keinen Standardkonstruktor in der Basisklasse findet. Damit dies nicht geschieht, wird der Konstruktor der Basisklasse explizit über den Initialisierer aufgerufen. Bei Aufruf des Standardkonstruktors der abgeleiteten Klasse wird der Basiskonstruktor mit dem Parameter 5 aufgerufen.

```
class Basis
{
public:
    Basis(int i) {} // Kein Standardkonstruktor
};

class Spezialfall : public Basis
{
public:
    Spezialfall() : Basis(5) // Basiskonstruktor aufrufen
    {
        // ...
    }
};

int main()
{
    Spezialfall obj;
}
```

**Listing 5.44** Konstruktoraufruf (*kaskonstrukt.cpp*)

Das Anlegen eines Objekts vom Typ `Spezialfall` ruft den Standardkonstruktor auf. Ohne den Initialisierer würde der Compiler den Standardkonstruktor von `Basis` aufrufen. Den gibt es allerdings nicht. Durch den Initialisierer wird der Konstruktor mit dem Integer-Parameter explizit aufgerufen, bevor die Initialisierung von `Spezialfall` beginnt.

### 5.8.4 Kopierkonstruktor und Zuweisungsoperator

Besitzt die Basisklasse einen Kopierkonstruktor, wird dieser nicht automatisch vererbt. Der Kopierkonstruktor der Basisklasse kann durch einen Initialisierer aufgerufen werden, wie das folgende Beispiel zeigt:

```
SpezialFall(const SpezialFall& objekt) :Basis(objekt)
{
    // ...
}
```

Auch der Zuweisungsoperator wird nicht automatisch weitervererbt. Typischerweise ruft man die Zuweisung der Basisklasse direkt als Funktion `operator=` auf, da der Zuweisungsoperator der Basisklasse nur so benannt werden kann.

```
SpezialFall& operator=(const SpezialFall& objekt)
{
    if (this!=&objekt) // Vermeide Selbstkopie!
    {
        Basis::operator=(objekt);
        // eigene Elemente zuweisen
    }
    return *this;
}
```

### 5.8.5 Mehrfachvererbung

In C++ ist es möglich, eine Klasse von mehreren Basisklassen abzuleiten. Dabei wird nach dem Doppelpunkt jede einzelne Klasse mit ihrem Ableitungsattribut, durch Komma getrennt, aufgezählt.

```
class Auto : public Mobil, public Kutsche
{
    // ...
};
```

Das Auto erbt alle Eigenschaften und Funktionen einer Kutsche und die eines Mobils. Dabei könnte es zu Namenskonflikten kommen, wenn der Programmierer der Klasse `Mobil` nicht alle Namen mit dem Autor der Klasse `Kutsche` abgesprochen hat. Sollte der Begriff `lager` bei beiden vorkommen, würde man den Namen der Basisklasse, durch zwei Doppelpunkte getrennt, voranstellen, um die Herkunft deutlich zu machen.

```
class Auto : public Mobil, public Kutsche
{
    // ...
    a = Mobil::lager;
```

```
    // ...
    b = Kutsche::lager;
    // ...
};
```

In der Literatur gibt es einen gewissen Dissens darüber, ob Mehrfachvererbungen sinnvoll sind. Es besteht aber Eintracht in der Frage, dass Programme, die Mehrfachvererbung nutzen, leicht unübersichtlich und fehlerträchtig werden. Das ist auch der Grund, warum einige andere Programmiersprachen die Mehrfachvererbung gar nicht erst zulassen.

### 5.8.6 Polymorphie durch virtuelle Funktionen

Polymorphie bezeichnet in der Chemie die Vielgestaltigkeit von Kristallen und in der Biologie die Vielgestaltigkeit von Tierstaaten wie Ameisen bezüglich ihrer Aufgabenverteilung. Bei einer Programmiersprache, in der das Vererben ein wichtiges Konzept ist, ahnt man schon, dass wohl die biologische Sicht des Wortes dem Ganzen am nächsten kommt. Statt Polymorphie könnte man auch von der »Selbstständigkeit des Objekts« sprechen, aber dafür gibt es keinen so schönen griechischen Ausdruck.

Abgeleitete Klassen erben die Funktionen ihrer Basisklasse. Sollte eine Funktion der Basisklasse nicht die gewünschte Funktionalität für die abgeleitete Klasse liefern, können Sie sie überschreiben. Als Folge wird die Funktion der Basisklasse für alle Instanzen der abgeleiteten Klasse überdeckt. Damit werden Instanzen der Basisklasse unter dem gleichen Namen eine andere Funktion aufrufen als Instanzen der abgeleiteten Klasse. Am folgenden Beispiel wird das anhand dröhnender Musikinstrumente verdeutlicht.

```
#include <iostream>
using namespace std;

class Bass
{
public:
    void droehn() { cout << "Bass" << endl; }
};
```

```
class Tuba : public Bass
{
public:
    void droehn() { cout << "Tuba" << endl; }
};

int main()
{
    Tuba tuba;
    Bass bass;
    tuba.droehn();
    bass.droehn();
}
```

**Listing 5.45** Beispiel Musik

Es ist keine Überraschung, dass die Tuba anders dröhnt als der Bass. Immerhin gehört ja die Funktion zum Objekt. Jedes Objekt weiß, welche Funktionen zu ihm gehören. Was passiert aber, wenn man ein Orchester von Instrumenten zusammenstellt und jedes auffordert, einmal zu dröhnen?

Das erste Problem ist, Bässe und Tubas unter der gleichen Kategorie abzustellen. Dabei kommt uns zu Hilfe, dass bei einer öffentlichen Vererbung die abgeleitete Klasse kompatibel zu ihrer Basisklasse ist. So kann das Objekt `tuba` als Argument an Funktionen übergeben werden, die als Parameter einen Typ `Bass` erwarten, denn die Tuba ist ja ein Bass. Allerdings darf es nicht zu einer Kopie oder Zuweisung kommen, weil dann die Tuba alle Besonderheiten verliert, die sie vom Bass unterscheidet. Wenn aber der Parameter ein Zeiger ist, bleibt die Tuba eine Tuba und kann dennoch einem Zeiger auf einen Bass zugewiesen werden. Wird über den übergebenen Zeiger die Elementfunktion `droehn()` aufgerufen, sollte man intuitiv annehmen, dass jedes Objekt die ihm zugehörige Funktion aufruft.

Wir erweitern das Beispiel um die Funktion `machMalTut()`. Als Parameter verwendet sie einen Zeiger auf `Bass`. Dann ruft sie über das Objekt die Elementfunktion `droehn()` auf.

```
#include <iostream>
using namespace std;
```

```
class Bass
{
public:
    virtual void droehn() { cout << "Bass" << endl; }
};

class Tuba : public Bass
{
public:
    void droehn() { cout << "Tuba" << endl; }
};

void machMalTut(Bass *tute)
{
    tute->droehn();
}

int main()
{
    Tuba tuba;
    Bass bass;

    machMalTut(&bass);
    machMalTut(&tuba);
}
```

**Listing 5.46** Beispiel Musik

#### Frühe und späte Bindung

Wenn Sie das Programm laufen lassen, erscheint tatsächlich erst das Wort »Bass« und dann das Wort »Tuba«. Wenn Sie das Listing genauer ansehen, werden Sie entdecken, dass vor der Elementfunktion `droehn()` der Klasse `Bass` das Schlüsselwort `virtual` eingefügt wurde.

Wenn Sie das Wort `virtual` entfernen, werden Sie feststellen, dass als Ausgabe zweimal das Wort »Bass« auf dem Bildschirm erscheint. Offensichtlich koppelt der Compiler normalerweise beim Übersetzen bereits die Dröhnfunktion des Basses an jede übergebene Tute. Man spricht hier von »früher Bindung«. Der Compiler erkennt innerhalb der Funktion nur ein Objekt vom Typ Zeiger auf Bass. Entsprechend wird die Verbindung zur Elementfunktion von Bass beim Übersetzen festgelegt.

Durch die Deklaration der Elementfunktion droehn() in der Basisklasse als virtual wird offensichtlich erreicht, dass jedes übergebene Objekt selbst prüft, welche Dröhnfunktion zu ihm gehört. Es ist aber erst zur Laufzeit des Programms feststellbar, welches Objekt sich hinter dem Zeiger befindet. Und letztlich muss das Objekt selbst die Funktion benennen, die ausgeführt werden soll. Diese Festlegung zur Laufzeit wird als »späte Bindung« bezeichnet.

Mit dem Schlüsselwort virtual wird dem Compiler signalisiert, dass die Verantwortung, welche Funktion aufgerufen wird, an das Objekt übergeht. Wenn nun in der Funktion machMalTut() die Dröhnfunktion aufgerufen wird, übernimmt das jeweils übergebene Objekt den Aufruf.

#### Aufgabe: Firma

Kommen wir noch einmal auf die Klasse Person und ihre abgeleiteten Klassen zurück, die schon im Abschnitt 5.8 beim Thema Vererbung eingeführt wurde. Als Basisklasse dient Person. Davon werden Kunde, Mitarbeiter und Lieferant abgeleitet. Auch hier gibt es gleiche Vorgänge, die klassenspezifisch unterschiedlich behandelt werden. So sind Zahlungen immer ähnlich: Es muss eine Banküberweisung veranlasst werden. Hinzu kommen aber klassenspezifische Abläufe. Beispielsweise ist eine Zahlung an einen Mitarbeiter ein Vorgang, den dieser jeden Monat in einer gewissen Höhe erwartet. Diese Zahlung muss versteuert werden und es müssen dafür Sozialabgaben abgeführt werden. Erhält dagegen ein Lieferant eine Zahlung, muss das Lieferantenkonto um diesen Betrag verändert werden. Eine Zahlung an einen Kunden kann beispielsweise ein Rabatt oder eine Reklamation sein. Da jede dieser Zahlungen programmtechnisch anders zu behandeln ist, verwendet jede abgeleitete Klasse eine eigene Funktion Zahlung().

Schreiben Sie ein Programm mit der Klasse Person und der von ihr abgeleiteten Klassen. Jede soll eine Funktion zahle enthalten, die eine unterschiedliche Ausgabe auf dem Bildschirm liefert. Das folgende Programmfragment setzen Sie an das Ende Ihres Programms, um die Klassen zu testen.

```
void bezahle(Person &mensch, float summe)
{
    mensch.zahle(summe);
}
```

```
int main()
{
    Lieferant hansen, meier;
    Kunde mueller;
    Mitarbeiter gaston;

    bezahle(hansen, 100);
    bezahle(meier, 100);
    bezahle(mueller, 100);
    bezahle(gaston, 100);
}
```

**Listing 5.47** Zahlung bei Personen (*aufg-poly.cpp*)

Es ist wichtig, dass die Übergabe der Person als Referenz erfolgt. Würde die Person als Wert übergeben, würde beim Aufruf der Funktion eine Kopie in die Parametervariable `Mensch` erzeugt. Diese Kopie wäre eine echte `Person` und hätte keine Informationen über ihr Vorleben. Die Funktion muss also mit dem Original arbeiten, weil nur das Original »weiß«, welch ein Mensch das ist. Also muss der Parameter entweder als Referenz oder als Zeiger übergeben werden.

#### Hintergrundwissen: VTable

Die virtuellen Funktionen werden in den Compilern meist durch ein Array realisiert, das Zeiger auf alle virtuellen Funktionen enthält. Dieses Array wird wird oft als *VTable* oder *vtbl* bezeichnet. Für jede Klasse mit virtuellen Funktionen gibt es genau eine solche Tabelle. Jedes Objekt dieser Klasse erhält als zusätzliche Information einen Zeiger auf diese Tabelle. Wird die Klasse abgeleitet, erhält die neue Klasse eine Kopie der VTable. Für alle überschriebenen Funktionen wird der Zeiger auf die eigenen Funktionen gesetzt.

Wird eine virtuelle Funktion eines polymorph abgeleiteten Objekts aufgerufen, wird über den Zeiger auf die VTable seiner Klasse zugegriffen. Damit »weiß« das Objekt, welche Funktionen zu ihm gehören. Die Funktion wird dann über den in der VTable hinterlegten Funktionszeiger aufgerufen. Das hört sich zunächst aufwendig an. In der Praxis ist der Laufzeitunterschied kaum spürbar. So zeigt Kaiser[3], dass beim Aufruf von 100 Millionen leerer Funktionen virtuelle Funktionen 3,69 Sekunden benötigen gegenüber 3,03 Sekunden, die normale Funktionen brau-

**3** Kaiser, Richard: C++ mit dem Borland C++ Builder. Springer, Berlin Heidelberg, 2002. S. 827.

chen. Damit sind die virtuellen Funktionen also insgesamt sechs Millisekunden pro eine Million Aufrufe langsamer. Das dürfte in der Praxis kaum relevant sein.

Da der Zeiger auf die VTable am Objekt hängt, sind virtuelle Funktionen nur bei nicht-statischen Elementen sinnvoll und erlaubt.

#### Virtueller Destruktor

Es gibt eine Faustregel, die besagt, dass jede Klasse mit virtuellen Funktionen auch einen virtuellen Destruktor haben soll. Wie Sie oben gesehen haben, wird die abgeleitete Klasse `Tuba` auch durch einen Zeiger auf `Bass` angesprochen. Wird über einen solchen Zeiger der Befehl `delete` aufgerufen, würden bei einem nicht virtuellen Destruktor nur die Bestandteile des Basses, aber nicht der Tuba angesprochen. In diesem einfachen Beispiel ist das nicht weiter relevant. Würde die Tuba aber externe Speicherbereiche verwenden, die über Zeiger angesprochen werden, dann würden sie über einen nichtvirtuellen Destruktor nicht freigegeben.

### 5.8.7 Abstrakte Basisklasse

Im Tuba-Beispiel im Abschnitt 5.8.6 könnten Sie von der Basisklasse `Bass` ein Objekt erzeugen. Dabei gibt es so etwas wie einen Bass eigentlich gar nicht. Es gibt eine Tuba, eine Bassgitarre und eine Bassstimme. Dagegen bezeichnet der abstrakte Begriff Bass eigentlich nur die Eigenschaft all dieser Instrumente, tiefe Töne erzeugen zu können. Insofern ergibt die Instanz eines Basses keinen Sinn. Es gibt nur Instanzen realer Instrumente, die aber alle von Bass abgeleitet sind, weil sie tiefe Töne erzeugen.

Sie können nun einen großen Kommentar neben die Klasse `Bass` setzen, dass bitte niemand ein Objekt dieser Klasse anlegen soll. Sie können das aber auch durch den Compiler überwachen lassen. Das erreichen Sie, indem Sie eine virtuelle Funktion 0 setzen. Das bedeutet, dass diese Funktion nicht implementiert werden kann. Dann kann auch keine Instanz dieser Klasse angelegt werden.

```
class Bass
{
public:
    virtual void droehn() = 0;
};
```

**Listing 5.48** Abstrakte Basisklasse

Kapitel 5

Man nennt eine Elementfunktion wie `droehn()` eine *rein virtuelle Funktion* und die Klasse `Bass` »abstrakte Basisklasse« Von dieser Klasse können keine Instanzen mehr gebildet werden. Sie kann nur noch zur Ableitung anderer Klassen verwendet werden. Damit beschreibt die Klasse `Bass` eine Kategorie von Instrumenten, die gemeinsame Eigenschaften haben.

Eine von einer abstrakten Basisklasse abgeleitete Klasse ist ebenfalls so lange abstrakt, wie sie nicht alle rein virtuellen Funktionen überschreibt.

Abstrakte Basisklassen werden angelegt, um verbindliche Absprachen über bestimmte Klassen zu treffen. In unserem Beispiel mit der Klasse `Bass` würde die abstrakte Basisklasse vorschreiben, dass jede abgeleitete Klasse eine Elementfunktion `droehn()` implementieren muss. Dabei kann es durchaus sein, dass die abgeleiteten Klassen nur wenig gemeinsam haben. Es ist denkbar, dass Sie für Auto-Shampoo, Möhren und Toilettenpapier eine gemeinsame Basisklasse benötigen, weil dies die Waren sind, die ein Kaufhaus anbietet.

In solch einem Fall werden Sie eine Klasse `Ware` anlegen, die Funktionen wie eine Wertermittlung anbietet. Wenn die Inventur ansteht, werden Sie diese nicht für jede Warengruppe getrennt durchführen wollen. Schließlich möchten Sie wissen, was Ihr Lagerbestand insgesamt wert ist. Sie wollen also einerseits erreichen, dass alle Waren, die jemals angelegt werden, eine Elementfunktion besitzen, die den Wert liefert. Denn diese Funktion werden Sie polymorph bei der Inventur aufrufen wollen. Andererseits wollen Sie verhindern, dass irgendjemand aus purer Faulheit Waren nicht näher bezeichnet. Es soll also keine Instanzen von der abstrakten Klasse `Ware` geben, sondern nur von Auto-Shampoo, Möhren und Toilettenpapier. Sobald eine neue Warengruppe angelegt wird, soll es auch eine neue Klasse geben.

Kaiser erklärt, dass Vererbung ohne virtuelle Funktionen nur selten sinnvoll sei.[4] Einige Autoren vertreten den Standpunkt, dass eine Verwendung der Klassen ohne Polymorphie keine objektorientierte, sondern objektbasierte Programmierung sei. Andere Autoren bezeichnen die Verwendung von Klassen ohne Einsatz der Vererbung als objektbasiert. Das alles hört sich nach einem sehr akademischen Streit an.

4 vgl. Kaiser, Richard: C++ mit dem Borland C++ Builder. Springer, Berlin Heidelberg, 2002. S. 847.

### 5.8.8 Polymorphie bei grafischen Oberflächen

Beim Studium der Polymorphie gewinnt manch einer den Eindruck, dass sie nur für wenige, sehr konstruierte Beispiele einsetzbar wäre. Das ist keineswegs richtig. Die meisten Klassenbibliotheken wären ohne Polymorphie gar nicht denkbar. Insbesondere bei den grafischen Oberflächen stellen die Klassenbibliotheken Klassen für Applikationen, Fenster und Dialoge zur Verfügung. Um eigene Applikationen, Fenster oder Dialoge zu erstellen, leiten Sie von diesen Basisklassen Ihre eigenen Klassen ab und fügen die Elemente hinzu, die Ihr Programm von der Standardvorgabe unterscheiden. Oder Sie überschreiben die Funktionen, die in Ihrer Anwendung besonders behandelt werden sollen.

Als Beispiel sehen Sie hier die wichtigsten Ausschnitte aus dem Hauptprogramm einer wxWidget-Anwendung. Die Klassenbibliothek wxWidgets ermöglicht die portable Programmierung grafischer Oberflächen. Sie können sich dieses Listing von Code::Blocks generieren lassen, indem Sie ein neues Projekt namens `mein` für eine wxWidgets-Anwendung anlegen. Voraussetzung ist, dass Sie zu Ihrem Code::Blocks auch die Klassenbibliothek `wxWidgets` installiert haben.

```
// ...
meinFrame::meinFrame(wxFrame *frame, const wxString& title)
    : wxFrame(frame, -1, title)
{
    // Hier werden Menüs und andere Frame-Elemente erstellt.
    wxStaticText *label = new wxStaticText(this, 1,
            _("Hello World"), wxPoint(0, 0), wxSize(200, 50));
}

meinFrame::~meinFrame()
{
}

void meinFrame::OnClose(wxCloseEvent &event)
{
    Destroy();
}

void meinFrame::OnQuit(wxCommandEvent &event)
{
    Destroy();
}
```

**Listing 5.49** Das Rahmenprogramm für `wxWidgets`

Mit dem Frame wird der Fensterrahmn einer grafischen Anwendung bezeichnet. Hier ist die Basisklasse wxFrame, von der ein Konstruktor überschrieben wird. Bei wxFrame-Anwendungen schreiben Sie die `main`-Funktion nicht selbst, sondern sie liegt in der Klassenbibtliothek. Irgendwann wird wxFrame dann ein Hauptfenster eröffnen. Beim Aufruf des Konstruktors wird dann durch die Polymorphie Ihr Konstruktor aktív, der nun Elemente wie Menüs, Listboxen, Eingabefelder oder was auch immer Ihr Programm benötigt, in den leeren Rahmen hineinsetzt.

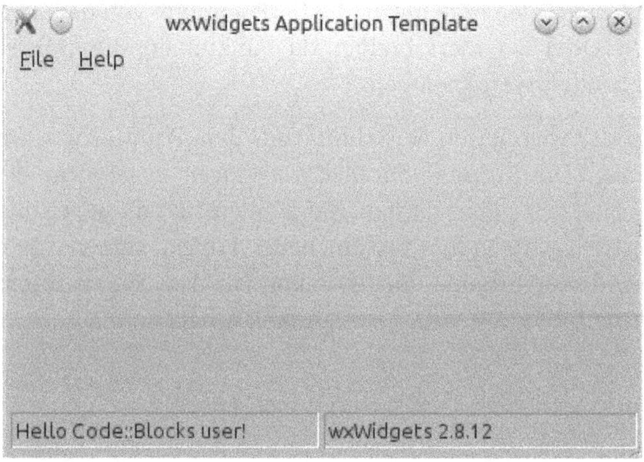


**Abbildung 5.4** Ein nacktes `wxWidgets`-Programm

Auch die für grafische Oberflächen typische Ereignisbehandlung wird durch das Überschreiben von wxFrame-Funktionen erreicht. Im Beispiel wird wxFrame im Falle, dass das Fenster geschlossen wird, die Funktion `OnClose()` aufrufen. Hier könnte sich `meinFrame` einklinken um noch einmal nachzufragen, ob der Anwender das Programm wirklich beenden will, oder `Destroy()` aufrufen, um das Fenster verschwinden zu lassen. Bevor die Anwendung vollständig endet, ruft sie noch einmal `OnQuit()` auf. Hier könnte Ihr Programm seine Daten in einer Datei sichern, schließlich aber dann doch `Destroy()` aufrufen. Wenn Sie die Funktionen nicht überschreiben, wird wxWidgets seine eigene Behandlungsfunktionen `OnClose()` und `OnQuit()` aufrufen und dabei selbst `Destroy()` aufrufen.

### 5.8.9 Exkurs: Grafische Applikationen

Es klingt widersinnig, aber obwohl C++ sehr oft für grafische Anwendungen aufgrund der hohen Performance verwendet wird, definiert C++ keinen Standard für die grafische Programmierung.

### Kein C++-Standard für grafische Oberflächen

Im Gegensatz zu Java enthält der Sprachumfang von C++ keine Bibliothek zur Erzeugung von Fenstern oder zum Zeichnen von Grafiken. Das enttäuscht manchen, der extra C++ lernen will, um schnelle Computerspiele zu programmieren.

Der Grund, warum C++ häufig als Programmiersprache für die Programmierung von Computerspielen eingesetzt wird, liegt aber paradoxerweise genau darin begründet, dass C++ eine solche Bibliothek nicht mitliefert.

Während die für Java zur Verfügung stehende grafische Bibliothek Swing als Zwischenschicht den Dolmetscher zur Fensterbibliothek der grafischen Oberfläche gibt, auf dem das Programm laufen soll, greift ein C++-Programm eben direkt auf die jeweilige Fensterschnittstelle zu. Das hat mehrere Konsequenzen:

- Das Fehlen der Zwischenschicht erhöht die Geschwindigkeit des Programms.
- Das Programm kann alle Fähigkeiten des Grafiksystems voll nutzen.
- Der Programmierer muss sich in die Eigenheiten jedes Grafiksystems einarbeiten.

Wenn Sie also Programme schreiben wollen, die ein Fenster öffnen und den grafischen Dialog mit dem Anwender suchen, können Sie mit sehr unterschiedlichen Umgebungen zu tun haben. Es ist natürlich völlig unmöglich, Ihnen diese nur halbwegs detailliert darzustellen. Ich möchte Ihnen aber gern einen kleinen Überblick geben.

#### Microsoft Windows

Die direkte Schnittstelle zur grafischen Oberfläche von Windows heißt Win32 und ist in C und so natürlich auch von C++ aus ansprechbar. Einen kleinen Einstieg finden Sie auf der folgenden Website:

*http://www.willemer.de/informatik/windows/winprg.htm*

Microsoft stellt die Referenz zu den einzelnen Funktionen in seiner MSDN zur Verfügung, allerdings zu großen Teilen auf Englisch:

*http://msdn.microsoft.com/de-de/library/bb384843.aspx*

Auf diese Schnittstelle hat Microsoft eine Klassenbibliothek namens MFC (Microsoft Foundation Classes) aufgesetzt. Damit wird die Programmierung aus objektorientierter Sicht schon eleganter. Die MFC erzwingt allerdings die Verwendung der

Microsoft-Entwicklungsumgebung Visual Studio. Im MSDN von Microsoft finden Sie eine detaillierte und verbindliche Referenz zu MFC, allerdings auf Englisch:

*http://msdn.microsoft.com/en-us/library/vstudio/d06h2x6e.aspx*

#### Mac OS

Wenn Sie ein Programm für den Macintosh schreiben wollen, verwenden Sie das Cocoa Framework, wie es unter der folgenden URL beschrieben wird:

*https://developer.apple.com/technologies/mac/cocoa.html*

Apple bevorzugt Objective-C, eine Abart von C++. Aber Sie können Cocoa auch in C++ programmieren. Im Developer-Programm stellt Apple auch eine IDE namens Xcode zur Verfügung.

#### Linux

Linux ist sehr vielfältig, was die grafischen Oberflächen angeht. Tatsächlich herrschen aber nur zwei Zugriffsbibliotheken vor. Da gibt es GTK+ (*http://www.gtk.org*) für MATE, GNOME, XFCE und andere. Ein Tutorial finden Sie beispielsweise unter der folgenden URL:

*http://de.wikibooks.org/wiki/GTK_mit_Builder*

Neben GTK+ gibt es die C++-Klassenbibliothek Qt, die für KDE verwendet wird. Auch für Qt gibt es in Wikibooks einen Eintrag:

*http://de.wikibooks.org/wiki/Qt_für_C++-Anfänger*

#### Portable Programmierung

Bei all der Vielfalt entsteht natürlich auch der Wunsch, Programme zu schreiben, ohne die Plattformspezifika zu berücksichtigen. Portable Klassenbibliotheken erfüllen diesen Wunsch. Der Quellcode kann bei etwas Sorgfalt gleich bleiben, muss aber auf jeder Zielplattform einmal übersetzt und generiert werden.

Da ist einmal Qt, die die Basis für das KDE unter Linux bildet. Qt-Programme können aber auch für andere Plattformen wie Windows und Mac übersetzt werden. Qt ist eine kommerzielle Lösung, die nur für Open-Source-Projekte kostenlos ist.

Als Alternative bietet sich die Klassenbibliothek wxWidgets an, die zu Anfang des Abschnitts am Beispiel vorgeführt wurde. Diese Bibliothek ist eine kostenlose Open-Source-Lösung für Linux, Windows und Mac:

*http://www.wxwidgets.org*

### Grafikbibliotheken für Computerspiele

Für Windows-Spiele wird in den meisten Fällen DirectX verwendet. Diese Bibliothek ist nicht portierbar, sondern läuft nur unter Windows:

*http://msdn.microsoft.com/library/windows/apps/hh452744.aspx*

Die wichtigste Alternative stellt OpenGL dar, das neben Windows auch auf anderen Plattformen verfügbar ist:

*http://www.opengl.org*

### Installation von wxWidgets

Wenn Sie das Beispiel des vorigen Abschnitts ausbauen wollen und selbst mit wxWidgets programmieren wollen, können Sie Code::Blocks weiterverwenden und durch eine wxWidgets-Komponente ergänzen. Dazu müssen Sie zunächst die wxWidgets-Bibliothek herunterladen.

Bei Linux bekommen Sie diese durch das übliche Software-Center, das Ihre Distribution anbietet. Dort wird wxWidgets automatisch gleich passend zu Code::Blocks installiert. Benutzer von Windows und Macintosh wenden sich an die Website *http://www.wxwidgets.org/downloads*, wählen die aktuelle »Current Stable Release« und klicken sich von dort auf die Download-Seite von SourceForge weiter. Die Windows-Benutzer finden dort eine Datei, die auf *Setup.exe* endet, die Macintosh-Benutzer eine Datei, die mit *winMac* beginnt. Laden Sie diese herunter und installieren Sie sie nach den Anweisungen des Assistenten.

Bei der Erstellung Ihrer ersten wxWidgets-Applikation werden Sie gegebenenfalls nach dem Ort gefragt, in den Sie die wxWidgets-Bibliothek installiert haben. Ansonsten möchte Code::Blocks vor allem wissen, ob Sie eine Dialog- oder Frame-Anwendung erstellen wollen, ob das Programm also einen Hauptfensterrahmen hat oder eher wie ein Assistent nur aus Dialogen besteht.

Leider würde es den Rahmen sprengen, wenn ich Ihnen hier eine halbwegs brauchbare Einführung in wxWidgets anbieten würde. Sie finden allerdings im Internet eine große Zahl von Dokumentationen und Tutorials für wxWidgets. Ein guter Ort, um mit der Suche zu starten, ist *http://www.wxwidgets.org/docs/tutorials.htm*.

## 5.9 Klassendefinition und Syntaxgraph

An dieser Stelle wird die Syntax einer Klassendefinition noch einmal zusammengefasst. Zur besseren Veranschaulichung wird dazu ein Syntaxgraph verwendet.

**Abbildung 5.5** Syntaxgraph für die Klassendefinition

Eine Klassendefinition beginnt immer mit dem Schlüsselwort `class`. Es folgt der Name der Klasse. Durch einen Doppelpunkt abgetrennt, kann die Basisklasse genannt werden, von der sich die Klasse ableitet. Es folgt die Liste der Basisklassen, deren Syntax in Abbildung 5.6 dargestellt ist. Innerhalb der folgenden geschweiften Klammer befinden sich die Elemente der Klasse, die im Syntaxgraphen in Abbildung 5.7 zu sehen sind.

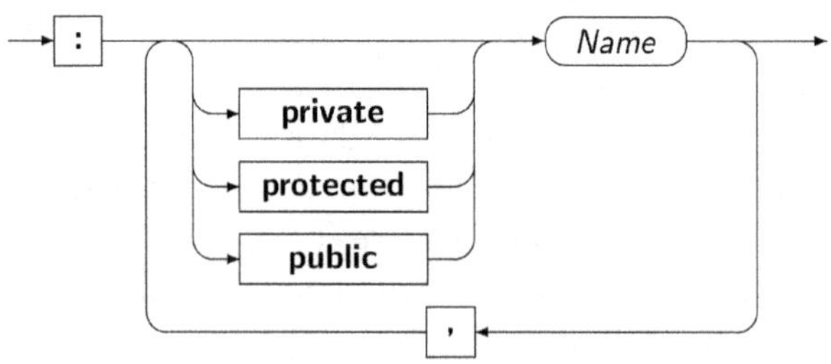


**Abbildung 5.6** Syntaxgraph für die Basisklassenliste

Wenn Sie die Basisklasse nennen, sollten Sie auch angeben, ob die Klasse `private`, `protected` oder `public` abgeleitet wird. Die Vorgabe ist `private`. Bei Mehrfachvererbung werden mehrere Klassen, durch Komma getrennt, aufgelistet. Jede dieser Klassen kann ein eigenes Vererbungsattribut haben, wobei das Vererbungsattribut auch weggelassen werden kann. Der Vorgabewert ist `private`. Zuletzt finden Sie in Abbildung 5.7 den Syntaxgraphen für die Elemente einer Klassendefinition.

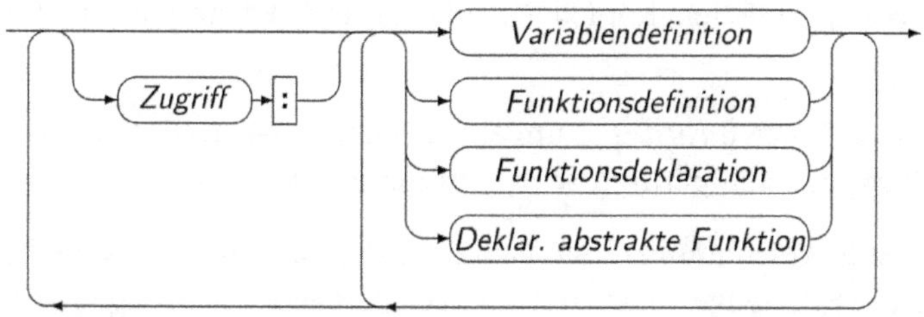


**Abbildung 5.7** Syntaxgraph für Klassenelemente

**Zugriff** – Damit sind die Schlüsselwörter `public`, `private` und `protected` gemeint, die angeben, wie auf die folgenden Elemente zugegriffen werden kann. Wird keine Angabe zum Zugriff gemacht, ist die Vorgabe, dass alle Elemente privat sind.

**Variablendefinition** – Damit werden die Datenelemente einer Klasse festgelegt. Die Variablendefinitionen unterscheiden sich nicht von denen, die Sie beispielsweise von einer Funktion kennen. Lediglich die Initialisierung erfolgt nicht direkt bei der Definition, sondern im Konstruktor.

**Funktionsdefinition** – Wird die Funktion komplett innerhalb der Klassendefinition definiert, wird sie implizit als Inline-Funktion (siehe Abschnitt 4.5) übersetzt.

**Funktionsdeklaration** – In den meisten Fällen werden Elementfunktionen innerhalb der Klassendefinition lediglich deklariert. Das bedeutet, dass die Funktion an anderer Stelle definiert wird.

**Deklaration abstrakte Funktion** – Im Unterschied zu einer normalen Funktionsdeklaration ist eine abstrakte Funktion virtuell und wird mit 0 initialisiert.

## 5.10 Übungen

1 Erstellen Sie eine Klasse `Kiste`, die Höhe, Breite und Tiefe hat. Erzwingen Sie dabei, dass die Maße einer Kiste bei der Definition einer Kisten-Variablen angegeben werden.

2 Überladen Sie den Kleiner-Operator für die Klasse `Kiste`. Als Maßstab für den Vergleich soll das Volumen der Kiste dienen.

3 Erstellen Sie eine Klasse `Fifo`, die eine dynamische Datenstruktur wie der Stack in Abschnitt 5.3.2 darstellt. Im Unterschied zum Stack arbeitet ein FIFO (First In First Out) eher wie ein Rohr oder eine Warteschlange. Das Paket, das zuerst hineingesteckt wird, wird auch als Erstes wieder herauskommen. Lösungshinweis: Sie werden nicht mit einem Anker auskommen, sondern werden zwei Zeiger

brauchen. Der eine zeigt auf den Kopf der Schlange und der andere auf ihr Ende.

4 Ergänzen Sie die Klasse `Bruch` (*bruch.cpp*) um eine private ggT-Funktion, die bei der Ausgabe durch `zeige()` aufgerufen wird, um die Brüche zu kürzen.

5 Stellen Sie für eine Auto-Vermietung einen Fahrzeugpark zusammen. Legen Sie dazu ein Array für die Fahrzeuge so an, dass Sie verschiedene Fahrzeuge darin verwalten können. Von dieser Klasse leiten Sie verschiedene Fahrzeugarten ab. Beispielsweise könnten Cabios nach der Laufleistung in km vermietet werden. Laster werden dagegen zu Tagespauschalen vermietet. Über das Array soll eine Funktion kostet mit zwei Parametern laufen, die berechnet, was die Fahrzeuge für 120 km und drei Tage kosten.

Für die Übungen finden Sie Musterlösungen in Anhang B.

# Kapitel 6
# Programmierwerkzeuge

**Inhalt**

- Der Compiler, der Präprozessor, der Linker: Alle Bestandteile für das Erstellen eines Programms
- Umgang mit Bibliotheken
- Die Suche nach dem Fehler mit dem Debugger
- Mit `make` Projekte verwalten

Ohne Compiler und Linker werden Sie keine C++-Programme schreiben können. Ganz egal, wie gut Sie die Sprache kennen. Die meisten C++-Bücher befassen sich nicht mit dem Aufruf des Compilers und den anderen Programmierwerkzeugen. Das hat seinen Grund darin, dass es sehr viele unterschiedliche Hersteller gibt. Da aber der Umgang mit den Werkzeugen auch zum Erlernen der Sprache gehört, lohnt sich der Versuch, die gebräuchlichsten und wichtigsten Werkzeuge vorzustellen.

## 6.1 Der C++-Compiler

Im Abschnitt 1.2 haben Sie bereits die Entwicklungsumgebung Code::Blocks kennengelernt. Sie verwendet den GNU-C++-Compiler – bei Windows unter dem Namen minGW. Bei Linux gehört der GNU-C++-Compiler zum Lieferumfang aller Distributionen. Gegebenenfalls müssen Sie ihn allerdings nachinstallieren. Er wird bei der Installation von Code::Blocks automatisch mitinstalliert. Der GNU-C++-Compiler ist aber auch für beinahe jedes andere Betriebssystem kostenlos bekommen. Dazu gehören einmal die gängigen UNIX-Versionen und Mac OS X. Selbst für Windows können Sie diesen Compiler problemlos erhalten. Er ist Bestandteil von cygwin, einer freien Software, die viele UNIX-Programme enthält bis hin zu einem brauchbaren X-Server. Und auch bei Entwicklungsumgebungen wie Code::Blocks oder Bloodshed Dev-C++ werkelt im Verborgenen ein GNU-Compiler.

### 6.1.1 Compiler-Aufruf

Sie können Programme nicht nur innerhalb der IDE kompilieren, sondern auch über die Kommandozeile. Der GNU-Compiler wird für die Übersetzung von C++-Programmen mit dem Befehl `g++` aufgerufen. Aber er hört auch auf den Befehl `c++`. Als Parameter wird der Name der Quellcodedatei übergeben.

```
g++ meinprogramm.cpp
```

Damit der GNU-Compiler die Neuerungen aus dem Standard C++11 verwendet, müssen Sie die Option `-std=c++11` hinzufügen.

```
g++ -std=c++11 meinprogramm.cpp
```

Sollte das Programm fehlerfrei sein, wird es einen kleinen Augenblick dauern, bis die nächste Eingabeaufforderung erscheint. Der Compiler meldet sich nur, wenn ihm etwas nicht gefällt. Allerdings hat er in der Zwischenzeit das Programm übersetzt und gebunden. Es liegt nun im Verzeichnis die Datei *a.out*. Das ist der Standardname für die ausführbare Datei. Sie können sie unter Linux direkt aufrufen, indem Sie einen Punkt und einen Schrägstrich davorstellen.

```
./a.out
```

Falls Ihnen der Name nicht gefällt, können Sie mit einer Option angeben, wie die Ausgabedatei heißen soll. Eine Option beginnt mit einem Minuszeichen. In diesem Fall ist es die Option `-o`, die für Output steht. Es muss immer der Dateiname für die Ausgabedatei folgen. Soll die Datei also beispielsweise *meinprogramm.exe* heißen, lautet der Befehl:

```
g++ -o meinprogramm.exe meinprogramm.cpp
```

**Hinweis**

Die Endung .exe ist nur für Windows erforderlich. Unter anderen Betriebssystemen ist sie eher unüblich.

### 6.1.2 Compiler-Optionen

Der GNU-Compiler hält sich an die unter UNIX-Systemen üblichen Optionen. Hier hat sich ein gewisser Standard herausgebildet, der auch von anderen Compiler-Herstellern übernommen wurde. Die wichtigsten Optionen beim Aufruf des Compilers lauten:

- `-o` *`Dateiname`* – Die Ausgabedatei erhält den Namen *Dateiname*.
- `-c` *`Dateiname`* – Kompiliert eine einzelne C-Quelltextdatei. Es entsteht eine linkfähige Objektdatei mit der Endung *.o*.
- `-I`*`Pfad`* (großes i) – Ergänzt den Pfad, in dem nach Header-Dateien gesucht werden soll.
- `-L`*`Pfad`* – Ergänzt den Pfad, in dem nach Bibliotheken gesucht werden soll.
- `-l`*`Name`* (kleines L) – Verwendet beim Linklauf die Bibliothek `lib`*`Name`*`.a`. Die Datei wird in den Standardlinkpfaden (beispielsweise */usr/lib*) und in den durch `-L` angegebenen Pfaden gesucht.
- `-std=c++11` – Verwendet den Sprachumfang nach dem Standard C++11. Der Standard war ursprünglich früher geplant. So gibt es auch die Option `-std=c++0x`.
- `-g` – Dem Code werden Informationen für den Debugger hinzugefügt. So können Sie im Debugger Variablen und Funktionen über ihre Namen ansprechen.
- `-D`*`Name`* – Mit dieser Option können Namen definiert werden. Diese sind mit denen der Präprozessoranweisung `#define` gleichwertig. Soll der *`Name`* einen Wert zugewiesen bekommen, muss `-D`*`Name=Wert`* angegeben werden.

### 6.1.3 Fehlermeldungen

Es ist eher die Regel als die Ausnahme, dass ein Programm Fehler enthält. Und der Fall, dass sie so offensichtlich sind, dass der Compiler sie bemerkt, ist durchaus angenehm. Hier werden die Fehlermeldungen des GNU-Compilers gezeigt. Andere Compiler mögen andere Fehlermeldungen haben, aber sie werden grundsätzlich ähnlich sein.

#### Fehlermeldungen des Compilers

Der Compiler kennt zwei Abstufungen von Meldungen. Die eine ist ein Fehler. Tritt ein Fehler auf, kann das Programm nicht übersetzt werden. Der Fehler muss korrigiert werden. Die zweite Art der Meldung ist eine Warnung. Sie deutet darauf hin, dass etwas nicht ganz sauber programmiert ist. Der Compiler ist aber in der

Lage, das Problem zu beheben. Die Übersetzung wird bei Warnungen fortgesetzt und kann ein funktionstüchtiges Programm ergeben. Hier als Beispiel ein Auszug aus den Fehlermeldungen eines Übersetzungslaufs:

```
main.cpp:33: Warnung: unbenutzter Parameter \frqq{}signalNr\flqq{}
main.cpp: In function \frqq{}int main(int, char**)\flqq{}
main.cpp:174: Warnung: Variable \frqq{}db\flqq{} wird nicht verwendet
main.cpp:157: Fehler: \frqq{}Element\flqq{} wurde in diesem
              Gültigkeitsbereich nicht definiert
```

Zunächst wird der Dateiname genannt, in der der Fehler auftritt. Es folgt die Zeilennummer. Damit ist die Stelle im Quelltext zu finden, in der der Fehler auftritt. Es folgt der Hinweis, ob es ein Fehler oder eine Warnung ist. Schließlich erscheint die Fehlermeldung selbst. Vor dem Fehler in Zeile 174 sehen Sie oben den Hinweis darauf, in welcher Funktion der Fehler auftritt. Im Folgenden sind ein paar typische Fehlermeldungen erläutert:

- Nicht definiert: Wurde eine Variable verwendet, für die es keine Definition gibt, wird dies als Fehler ausgegeben. Es kann sein, dass Sie tatsächlich vergessen haben, die Variable zu definieren. Es kann aber auch sein, dass Sie sich beim Variablennamen vertippt haben. Es ist auch denkbar, dass Sie die Variable definiert haben, aber an einer anderen Stelle. Der Compiler muss vor der ersten Verwendung einer Variablen wissen, wie sie definiert ist. Diese Fehlermeldung muss nicht nur eine Variable betreffen. Es kann auch sein, dass Sie eine Funktion aufrufen, die weder definiert noch deklariert ist. Setzen Sie die Definition vor die Verwendung oder deklarieren Sie einen Prototyp.
- Unbenutzte Variable: Wenn eine Variable zwar definiert, aber niemals benutzt wird, wundert sich der Compiler über diese Verschwendung und meldet sie. Bei dieser Ansicht bleibt er auch, solange der Variablen nur Werte zugewiesen werden. Diese Warnungen helfen, den Quelltext auszumisten, wenn nach verschiedenen Änderungen einige Variablen überflüssig werden.

```
main.cpp:161: Fehler: \frqq{}class Database\flqq{} hat kein Element
              namens \frqq{}writeURL\flqq{}
```

- Klassenelement fehlt: Auch hier fehlt dem Compiler die Definition. Allerdings kann er zur Suche noch beitragen, dass die Funktion `writeURL()` zwar als Element der Klasse `Database` behandelt wird, dort aber nicht deklariert wurde.
- ... expected/erwartet: Die Fehlermeldungen, die das Wort *erwartet* oder eben ihre englische Übersetzung *expected* enthalten, zeigen an, dass der Compiler etwas überrascht ist, bestimmte Syntaxelemente an dieser Stelle zu finden. Die

folgende Fehlermeldung entstand aufgrund einer fehlenden Klammer in einer `if`-Anweisung.

```
Queue.cpp:30: Fehler: expected '(' before "myValue"
```

Oft ist es überraschend, welche Elemente der Compiler erwartet. Das hat damit zu tun, dass der Compiler alle denkbaren Optionen aufzählt. Er kann nicht wissen, was sich der Programmierer gedacht hat.

#### Fehler des Linkers

Wenn der Compiler mit dem Quelltext zufrieden ist, übernimmt der Linker. Er hat die Aufgabe, aus den einzelnen Modulen und den Bibliotheken ein vollständiges Programm zusammenzusetzen. Entsprechend sind seine Fehler in der Regel lediglich fehlende Funktionen oder globale Variablen, die von Header-Dateien versprochen, von den Implementierungen aber nicht gehalten wurden.

```
/home/arnold/src/cpp/main.cpp:181: undefined reference
    to 'Queue::getInstance()'
```

Die Meldung gibt an, dass die Member-Funktion `getInstance()` der Klasse `Queue` nicht implementiert wurde, obwohl sie in der Datei *main.cpp* in der Zeile 181 aufgerufen wurde. Für solche Fehler kann es verschiedene Ursachen geben.

- Hat es beim Durchlauf des Compilers bereits eine Warnung gegeben, dann kann der Funktionsname falsch geschrieben sein oder der `#include`-Befehl fehlen.
- Die Bibliothek wurde nicht eingebunden. Bei einer IDE muss die Bibliothek, sofern sie keine Standardbibliothek ist, in den Projekteinstellungen eingetragen werden. Bei Verwendung von `make` (siehe Abschnitt 6.6) oder bei einem direkten Kommandozeilenaufruf muss der Name der Bibliotheksdatei bei der Option `-l` (kleines L) aufgeführt sein.
- Die Bibliothek liegt in einem Pfad, der vom Linker nicht nach Bibliotheken durchsucht wird. Wenn es nicht angebracht ist, die Bibliothek in den Standardpfad zu legen, muss das Verzeichnis in den Projekteinstellungen aufgeführt werden oder bei einem Kommandozeilen-Compiler mit der Option `-L` genannt werden.
- Einige Linker binden Bibliotheken nur hinzu, wenn eine offene Anforderung vorliegt. Dadurch wird der Linker zwar schnell und die entstehenden Programme werden klein, aber der Programmierer muss darauf achten, dass voneinander abhängige Dateien in der richtigen Reihenfolge im Linkeraufruf genannt werden.

## 6.2 Präprozessor

Der Präprozessor ist ein Erbstück der Sprache C. Bevor der eigentliche Compiler den Quelltext zu lesen bekommt, geht der Präprozessor über den Text. Er wird mit Befehlen gesteuert, die mit dem Zeichen # beginnen.

### 6.2.1 Einbinden von Dateien: #include

In fast allen Listings haben Sie bereits den Befehl zum Einbinden von Header-Dateien gesehen. Der Befehl `#include` liest die in der Zeile folgende Datei ein. Dabei sind die Fähigkeiten des Präprozessors durchaus so weitgehend, dass er in der Lage ist, Dateien auch rekursiv einzubinden. Er kommt also auch nicht durcheinander, wenn sich in eingebundenen Dateien selbst wieder ein `#include`-Befehl befindet.

Der nachfolgende Dateiname ist entweder in Anführungszeichen oder in spitzen Klammern eingeschlossen. Dabei bedeuten Anführungszeichen, dass die Datei im Verzeichnis der Quelldatei gesucht wird. Spitze Klammern deuten an, dass es sich um Standard-Includes handelt, also beispielsweise die Header der Standardbibliotheken. Diese findet der Compiler an einem festen Ort. Unter UNIX ist dies im Verzeichnis */usr/include*. Bei Windows gibt es keinen derartigen Standard. Darum werden die Header-Dateien in ein Unterverzeichnis des Compilers gelegt. Der Compiler erfährt diesen Ort durch die Installation. Die Liste der Orte, wo Header-Dateien in spitzen Klammern gesucht werden, kann durch die Compiler-Option `-I` erweitert werden.

Bei der Angabe der Dateien hinter dem Befehl `#include` können auch Verzeichnisse oder Laufwerkbuchstaben verwendet werden. Es empfiehlt sich, die Pfade kurz zu halten. Denken Sie auch daran, dass es erforderlich sein kann, die Programme auf einem anderen Computer übersetzen zu müssen. Die Pfade sollten also nicht auf lokale Verhältnisse zugeschnitten sein.

### 6.2.2 Konstanten und Makros: #define

Mit dem Kommando `#define` wird ein Name definiert. Dabei handelt es sich quasi um eine Präprozessorvariable. Mit den Variablen der Sprache C++ haben diese Definitionen nichts zu tun. Dieser Name kann später mithilfe des Kommandos `#ifdef` abgefragt werden. Der folgende Befehl definiert den Namen `DEBUGCODE`.

```
#define DEBUGCODE
```

Einem definierten Namen kann eine Konstante zugeordnet werden. Dann wird der Präprozessor diesen Namen durch die Konstante ersetzen. Dazu wird die Konstante hinter den Namen geschrieben. Die folgende Definition legt `VERSION` mit 5 fest.

```
#define VERSION 5
```

In älteren C-Compilern war dies die einzige Möglichkeit, eine Konstante festzulegen. Seit ANSI-C und gar C++ gibt es den Befehl `const`, der wesentlich empfehlenswerter ist.

Ein Vorteil einer solchen Präprozessor-Definition ist allerdings, dass sie quasi von außen beim Compiler-Aufruf festgelegt werden kann. Der folgende Aufruf des GNU-Compilers definiert ebenfalls den Namen `VERSION` als 5.

```
g++ -DVERSION=5 unix.cpp
```

Das erste Zeichen einer eigenen Definition sollte kein Unterstrich sein, da dieser gern für systemspezifische Definitionen verwendet wird. Beachten Sie auch, dass Sie Präprozessorkommandos nicht mit einem Semikolon abschließen.

### 6.2.3 Makro-Programmierung mit #define

Die Möglichkeiten des Präprozessors gehen noch weiter. Sie können eine Art kleiner Funktionen nachbilden, die man als Makro bezeichnet. Nach dem Befehl `#define` wird der Name des Makros angegeben. Hat das Makro Parameter, werden an den Namen Klammern angehängt. In der Klammer wird für jeden Parameter je ein Name angegeben. Es darf kein Leerzeichen zwischen Namen und Klammer sein. Einen Typ erhalten die Parameter nicht. Da `#define` vom Präprozessor ausgewertet wird und dieser nur Textersetzungen beherrscht, kann eine Typprüfung gar nicht stattfinden. In der Klammer können mehrere Parameter angegeben werden, die durch Kommata getrennt werden.

Nach einem Leerzeichen wird der Ersetzungstext angegeben, den der Präprozessor anstelle des Aufrufs in den Quelltext einfügt. Der Präprozessor liest dazu den kompletten Rest der Zeile. Reicht dieser Platz nicht aus, kann als letztes Zeichen der Zeile ein Backslash (\) gesetzt werden. Dann betrachtet der Präprozessor die nächste Zeile als Fortsetzung der aktuellen Zeile.

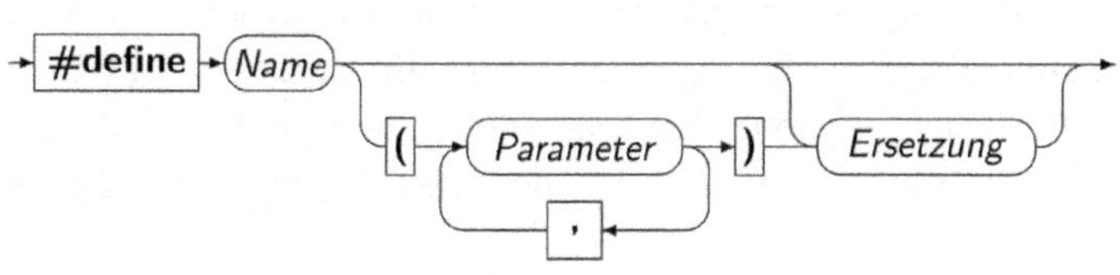


**Abbildung 6.1** Syntaxgraph für `#define`

Das folgende `#define` definiert die Quasi-Funktion `ADDIERE()`, die die beiden übergebenen Werte miteinander addiert.

```
#define ADDIERE(a, b) ((a) + (b))
```

Sehr häufig werden Sie die generische Funktion `min()` als Makro finden. Sie wird so oder ähnlich implementiert sein:

```
#define min(a,b) a>b?b:a
```

**Listing 6.1** Beispielmakro `min()`

Makros unterscheiden sich von normalen Funktionen dadurch, dass sie vom Präprozessor im Text ersetzt werden. Dadurch entsteht ein minimaler Geschwindigkeitsvorteil gegenüber einem Funktionsaufruf.

Für C-Programmierer boten die Makros bereits die Möglichkeit, generisch zu programmieren. Das bedeutet, dass Sie eine Operation auf beliebigen Typen ausführen können, eben weil der Präprozessor nicht kontrolliert, welchen Typs die Parameter sind. Hier liegt aber auch das Risiko: Der Compiler prüft nicht, ob die Typen korrekt passen.

#### Vorsicht! Textersetzung

Tückisch bei Makros ist, dass Übergabeparameter als Text übergeben werden. Aus diesem Grund ist beim Makro `ADDIERE` auch die üppige Klammerung eingesetzt worden. Der Präprozessor beachtet nämlich nicht die Regel der Punkt-vor-Strich-Rechnung. Das Ergebnis zeigt sich in dem folgenden Beispiel:

```
#define FALSCHINKR(a) a + 1
...
int i = FALSCHINKR(4) * 2;
```

**Listing 6.2** Unerwartetes Ergebnis

Der Präprozessor setzt stur den Text des Makros an die Stelle des Aufrufs und ersetzt lediglich das `a` durch eine 4. Das ergibt dann folgende Zeile:

```
int i = 4 + 1 * 2;
```

Das ergibt aber 6 und nicht, wie Sie oben vielleicht erwarten würden, 10. Aber selbst bei einer gelungenen Klammerung kann die Makro-Ersetzung ungewöhnliche Nebeneffekte liefern. Beachten Sie in den folgenden Zeilen die Variable `zahl` und überlegen Sie, welchen Inhalt sie wohl nach der Ausführung dieser Zeilen haben wird.

```
#define QUADRAT(a) ((a)*(a))
...
int zahl = 5;
Wert = QUADRAT(++zahl);
```

**Listing 6.3** Unerwartetes Ergebnis

Die Variable `Wert` hat zum Schluss den Inhalt 49. Der Grund liegt darin, dass nicht der Wert der Variablen als Parameter übergeben wird, sondern der Text `++zahl`. Da dieser im Makro zweimal vorkommt, wird `zahl` auch doppelt inkrementiert.

Das Problem entsteht immer dadurch, dass der normale Programmierer erwartet, dass beim Aufruf eines Makros ein Compiler am Werk ist. Stattdessen ist der Präprozessor aber ein Textersetzer. Darum sollten Makros tunlichst vermieden werden.

Wenn Sie generisch programmieren wollen, sehen Sie sich die Templates an. Sollten Sie auf den Gedanken kommen, die Makros aufgrund ihres Geschwindigkeitsvorteils nutzen zu wollen, verwenden Sie besser `inline`.

### 6.2.4 Abfragen: #if

Die Definition von `DEBUGCODE` kann dazu benutzt werden, um Code zum Debuggen nur dann zu übersetzen, wenn dieser Name definiert ist. Dazu verwenden Sie das Kommando `#if`. Als Argument dient die Funktion `defined()`, die als Parameter einen Namen erhält und prüft, ob dieser definiert ist.

```
#if defined(DEBUGCODE)
...
#endif
```

Der komplette Quelltext zwischen den beiden Kommandos wird dem Compiler nur dann gezeigt, wenn der Name `DEBUGCODE` definiert wurde. Zum kurzfristigen Auskommentieren größerer Abschnitte ist eine solche Kontruktion sehr hilfreich. Da diese sehr oft gebraucht wird, gibt es dafür das Kürzel `#ifdef`.

```
#ifdef HUHU
   // verschiedene Anweisungen
   /* auch mit Kommentaren */
#endif
```

Das Setzen der Befehle geht schnell, und der gesamte Code, der eingeklammert ist, wird ausgeblendet. Selbst verschachtelte `#ifdef`-Konstrukte bereiten dem Präprozessor keine Probleme. Wenn Sie stattdessen die normalen Kommentarklammern verwenden, wird das erste Kommentar-Ende-Zeichen, das zwischen Ihren Klammern liegt, die Auskommentierung beenden. Das kann der Präprozessor besser als der Compiler.

Sie können aber nicht nur darauf abfragen, ob ein Name definiert ist, Sie können auch den Inhalt abfragen. Im folgenden Beispiel wird abgefragt, ob der Wert von MAX kleiner als 10 ist.

```
#if MAX<10
```

So wie beim normalen `if` können Sie Ausdrücke mit `&&` und || verknüpfen. Des Weiteren kennt der Präprozessor auch `#else` und eine Kombination aus if und else: `#elif`.

```
#if MAX<10
...
#elif MAX==10
...
#else
...
#endif
```

### 6.2.5 Vordefinierte Makros

Der Präprozessor kennt einige Makros, die vorbelegt sind. Sie können an jeder beliebigen Stelle im Quelltext eingesetzt werden. Der Präprozessor wird sie durch eine passende Konstante ersetzen.

| Makro | Anzeige |
|---|---|
| `__LINE__` | Aktuelle Zeilennummer des Source-Codes |
| `__FILE__` | Dateiname des Source-Codes |
| `__DATE__` | Aktuelles Datum MM/DD/JJJJ |
| `__TIME__` | Aktuelle Zeit hh:mm:ss |

**Tabelle 6.1** Standard-Makros

Einige weitere Makros werden durch die Compiler gesetzt. So ist es beispielsweise sehr hilfreich, wenn man mit einem `#ifdef` abfragen kann, auf welchem Betriebssystem das Programm übersetzt wird. So kann man Systemunterschiede berücksichtigen.

| Makro | Bedeutung |
|---|---|
| `__unix__` | UNIX-Derivate, also auch Linux |
| `__MSDOS__` | MS-DOS |
| `_Windows` | MS-Windows |

**Tabelle 6.2** System-Makros

Im folgenden Beispiel wird der Systemaufruf `fork()`, der lediglich unter UNIX verfügbar ist, nur übersetzt, wenn die Zielmaschine auch unter UNIX läuft.

```
#ifdef __unix__
    fork();
#endif
```

Die Compiler-Hersteller kodieren ihre Compiler-Versionen in Makros. So verwendet der Borland C++ Builder das Makro `__BCPLUSPLUS__`, um seine Versionsnummer zu kodieren. Das kann ausgenutzt werden, wenn Mechanismen verwendet werden sollen, die nur in neueren Versionen verfügbar sind.

```
#if __BCPLUSPLUS__ >= 0x530
    // läuft unter C++ Builder ab Version 3.0
#endif
```

Obwohl viele Compiler diese Makros definieren, ist es klug, einmal kurz zu testen, ob die Makros wie erwartet funktionieren.

In jedem Fall ist das Makro `__cplusplus` bei allen C++-Compilern in der Datei *cstdlib* definiert. Ist der Compiler ANSI-kompatibel, liefert das Makro eine 6-stellige Zahl. Ansonsten ist der Wert 5-stellig. C-Compiler definieren dieses Makro gar nicht. So könnte man ein Programm so schreiben, dass die C++-Erweiterungen vor einem C-Compiler verborgen bleiben. Das folgende Beispiel implementiert die Funktion `min()` als Template, wenn es sich um einen C++-Compiler handelt. Ansonsten wird ein Makro definiert.

```
#ifdef __cplusplus
  template <class T> T min(T a, T b) { return a<b?a:b; }
#else
  #define  min(a,b) a>b?b:a
#endif
```

## 6.3 Aufteilung der Quelltexte

Wenn ein Programm mehrere Klassen enthält, ist es schon aus Übersichtsgründen sinnvoll, den Quelltext auf mehrere Dateien zu verteilen. Während die Sprache Java dem Programmierer vorschreibt, für jede öffentliche Klasse eine eigene Quelltextdatei zu verwenden, steht es dem C++-Programmierer frei, die Unterteilung nach eigenen Vorstellungen vorzunehmen. Mehrere gute Gründe sprechen dafür, ein größeres Programm auf mehrere Dateien aufzuteilen:

- Es wird schwierig, in großen Texten bestimmte Funktionen oder Klassen zu finden. Die Aufteilung sollte ein Auffinden erleichtern. Dateien sollten darum sprechende Namen haben. Die Übersicht innerhalb der Dateien muss gewahrt bleiben.
- Wenn im Team gearbeitet wird, sollte die Situation vermieden werden, dass zwei Programmierer an derselben Datei arbeiten müssen und sich dadurch ihre Änderungen gegenseitig zerstören. Je feiner das Programm in Quelltextdateien zerlegt ist, desto geringer ist das Risiko, dass sich zwei Programmierer gegenseitig stören.
- Dateien müssen nur dann übersetzt werden, wenn sie geändert werden. Je mehr Dateien also unverändert bleiben können, desto schneller ist der Arbeitswechsel zwischen Editieren, Übersetzen und Testen.

### 6.3.1 Beispiel: Bermuda

Am leichtesten ist die Aufteilung anhand eines konkreten Beispiels zu erläutern. Darum soll das Spiel Bermuda hier in Dateien zerlegt werden. Das Programm besitzt zwei wichtige Klassen: das Spielfeld und die Schiffe. Diese werden also auch die beiden zentralen Klassen bilden. So kommt der gesamte Quelltext für das Spielfeld in die Datei *spielfeld.cpp*. Analog wird der Quellcode für die Schiffsklasse in die Datei *schiff.cpp* geschrieben. Das Hauptprogramm findet sich in der Datei *bermuda.cpp*. Nun kann jede einzelne Datei übersetzt werden. Zunächst wird die Hauptdatei *bermuda.cpp* übersetzt. Der Befehl für den GNU-Compiler lautet:

```
g++ -c bermuda.cpp
```

Es wird wohl eine lange Liste von Fehlern geben, die in erster Linie daher rühren, dass das Hauptprogramm weder die Klasse für das Spielfeld noch die Klasse für die Schiffe kennt. Das Hauptprogramm wird die Initialisierung des Spielfelds und der Schiffe anstoßen. Dazu muss es aber die Klassen für beide kennen. Also wird jede der beiden Dateien noch einmal aufgeteilt. Die Datei *schiff.cpp* enthält weiterhin die Funktionsdefinitionen für die Schiffe. Die Klasse *Schiff*, die das Hauptprogramm kennen muss, wird in eine spezielle Schnittstellendatei namens *schiff.h* gelegt. Dasselbe wird mit dem Spielfeld gemacht, sodass eine Datei *spielfeld.h* angelegt wird. Neben der Klasse werden hier aber auch die Konstanten für die Größe des Spielfelds und die Anzahl der Schiffe definiert.

Nun wird in der Datei *bermuda.cpp* noch dafür gesorgt, dass die Dateien *schiff.h* und *spielfeld.h* eingebunden werden. Dabei hilft ein alter Bekannter: der Befehl `#include`:

```
#include "schiff.h"
#include "spielfeld.h"
```

Nun sollte der Befehl zum Übersetzen erfolgreich sein. Obwohl die Definition der Elementfunktionen der Klassen nicht in der Header-Datei enthalten ist, kann das Hauptprogramm übersetzt werden. Es muss nur die Prototypen der verwendeten Funktionen und Variablen haben. Als Ergebnis einer erfolgreichen Übersetzung gibt es nun eine Datei namens *bermuda.o*. Diese Objektdatei enthält jetzt die übersetzte Funktion `main()`, aber weder die Klasse `Schiff` noch das Spielfeld. Allerdings enthält sie Verweise darauf und Informationen, wie ein Objekt der Klasse `Schiff` aussehen wird. Nun wird die Datei *schiff.cpp* auf ähnliche Art übersetzt:

```
g++ -c schiff.cpp
```

Die Übersetzung funktioniert nicht auf Anhieb. Der Compiler kennt die eigene Klasse nicht, da diese ja in der Header-Datei steht. Auch hier muss die Datei *schiff.h* eingebunden werden. Nachdem diese ebenfalls mit `#include` eingebunden wurde, entsteht eine neue Datei. Sie heißt *schiff.o*.

Bei dem Versuch, die Datei *spielfeld.cpp* zu übersetzen, stellt sich heraus, dass sie beide Header-Dateien braucht. Also muss wieder je ein `#include` her. Es werden folgende Zeilen in der Datei *spielfeld.cpp* eingefügt:

```
#include "spielfeld.h"
#include "schiff.h"
```

#### Reihenfolgeproblem

Nun entsteht schon wieder ein Fehler! Der Compiler bemängelt, dass die Klasse `Schiff` nicht bekannt wäre. Warum? Die Header-Datei wird doch eingebunden. Wenn Sie die Fehlermeldungen genauer anschauen, werden Sie feststellen, dass der Fehler nicht in der Datei *spielfeld.cpp*, sondern in ihrer Header-Datei *spielfeld.h* auftritt. Der Grund liegt darin, dass bei der Definition der Spielfeldklasse auch `Schiff` benötigt wird. In der Reihenfolge der `#include`-Befehle steht *schiff.h* aber hinter *spielfeld.h*. Das war in der Datei *bermuda.cpp* andersherum, sodass die Klasse `Schiff` schon bekannt war, als die Datei *spielfeld.h* eingebunden wurde.

Heißt das jetzt, dass Sie immer darauf achten müssen, in welcher Reihenfolge die `#include`-Befehle gesetzt werden? Nein, das würde nur zur Verwirrung führen. Üblicherweise werden Sie eine Header-Datei dort einbinden, wo sie gebraucht wird. In diesem Fall schreiben Sie den `#include`-Befehl für *schiff.h* eben in die Header-Datei *spielfeld.h*, weil dort `Schiff` verwendet wird.

Nun übersetzen Sie noch einmal die Datei *spielfeld.cpp*, und schon wieder gibt es Fehler. Immerhin ist es diesmal ein ganz anderer. Der Compiler beklagt sich, dass die Klasse `Schiff` zweimal in einer Übersetzungseinheit definiert wurde. Sie sind sich vermutlich absolut sicher, dass `Schiff` nur einmal definiert wurde, und zwar in der Datei *schiff.h*. Das ist auch vollkommen korrekt. Allerdings wird die Datei zweimal eingebunden. Einmal auf dem Umweg über die Datei *spielfeld.h* und einmal direkt in der Datei *spielfeld.cpp*. Und wenn Sie jetzt die Datei *bermuda.cpp* übersetzen wollen, werden Sie die gleiche Fehlermeldung noch einmal sehen.

Diese Situation kann immer dann leicht entstehen, wenn Header-Dateien andere Header-Dateien einbinden. Man kann nun bei jeder Übersetzung genau darauf achten, ob eine Header-Datei zweimal eingebunden wird. Das ist allerdings sehr mühselig und fehlerträchtig. Besser ist es, wir überlassen diese Arbeit dem Compiler. Never do what a computer can do better – Tue nichts, was der Computer besser kann. An dieser Stelle nutzen Sie die Möglichkeit, dass der Präprozessor Konstanten definieren und abfragen kann. Sie umschließen die Klasse `Schiff` in der Datei *schiff.h* mit folgenden Befehlen:

```
#ifndef SCHIFF_H
#define SCHIFF_H
class Schiff
{
    ...
};
#endif
```

Der erste Befehl `#ifndef` prüft, ob eine Konstante `SCHIFF_H` bisher nicht definiert wurde. Das ist im ersten Durchlauf tatsächlich nicht passiert. Darum darf der Compiler weiterlaufen. In der Folgezeile wird genau diese Konstante definiert und anschließend die Klasse `Schiff`. Am Ende läuft der Präprozessor über den Befehl `#endif`, der zu dem `#ifndef` aus der ersten Zeile gehört.

Wird später bei diesem Übersetzungslauf wieder die Datei *schiff.h* eingebunden, fragt der Präprozessor wieder ab, ob die Konstante `SCHIFF_H` definiert wurde. Dieses Mal ist sie aber definiert, darum springt der Präprozessor zur letzten Zeile und versteckt quasi den Inhalt der Datei vor dem Compiler. Egal, wie oft Sie nun *schiff.h* einbinden, die Klasse `Schiff` wird nur einmal definiert.

Nun können Sie alle drei Module übersetzen und haben drei Objektdateien. Es fehlt aber die eigentliche Programmdatei. Um diese zu erzeugen, müssen Sie die drei Objektdateien zusammenbinden. Dazu rufen Sie wieder den GNU-Compiler auf und geben als Ausgabedatei *bermuda* und danach alle Objektdateien an. Der Compiler ist so clever, dass er erkennt, dass er hier nicht übersetzen, sondern binden soll.

```
g++ -o bermuda bermuda.o spielfeld.o schiff.o
```

Sollten Sie Windows verwenden, müssen Sie statt *bermuda* als Dateinamen *bermuda.exe* angeben. Windows braucht die Endung, um eine ausführbare Datei zu erkennen.

In den folgenden Abschnitten wird der hier am Beispiel gezeigte Sachverhalt noch einmal zum Nachschlagen allgemeiner formuliert und zusammengefasst.

### 6.3.2 Dateikennungen

Die Namen von Quelltextdateien von C-Programmen enden üblicherweise mit einem Punkt und einem kleinen c. Bei C++-Programmen wurden verschiedene Endungen vorgeschlagen. Der Vorschlag, ein großes C zu verwenden, scheiterte daran, dass der Unterschied in den Dateisystemen von Microsoft nicht signifikant ist. Häufig sieht man die Endung *cc*, aber inzwischen scheint sich die Endung *cpp* durchgesetzt zu haben. Header-Dateien verwenden die Endung *h*, und zwar sowohl in C als auch in C++. Manche Programmierer verwenden auch *hpp* oder *hh*. Bei den Header-Dateien der Standardbibliotheken wurde die Endung nun ganz weggelassen. (Die Header-Dateien ohne Endung verwenden den Namensraum `std`. Siehe Abschnitt 7.2.)

Der Compiler übersetzt jede Quelltextdatei einzeln und erzeugt daraus je eine Objektdatei. Eine Objektdatei hat unter UNIX die Endung *o*, unter Windows *obj*. Die Objektdateien werden bei fehlerfreier Übersetzung vom Linker zu einem Programm zusammengesetzt.

Um aus den Objektdateien ein lauffähiges Programm zu machen, benötigt der Linker aber noch Standardbibliotheken, die dem Entwicklungspaket beiliegen. Eine solche Bibliotheksdatei hat unter Windows die Endung *lib*. Unter UNIX beginnen die Dateien mit der Silbe *lib* und enden mit *.a*.

### 6.3.3 Deklaration und Definition

Sie können einen Klassennamen deklarieren, indem Sie an das Wort `class` den Namen der Klasse anhängen und mit einem Semikolon abschließen. Diese Deklaration verrät also nur, dass es diese Klasse gibt, aber nicht, wie sie aussieht. Mit einer solchen Deklaration kann bereits ein Zeiger auf die Klasse angelegt werden. Dies reicht aber nicht, um ein Objekt der Klasse anzulegen, weil der Compiler nicht weiß, wie groß ein solches Objekt werden müsste.

Die Klassendeklaration enthält sämtliche Datenelemente und Elementfunktionen. Eine solche Deklaration muss jedem Modul vorliegen, das von dieser Klasse mehr will, als eine Zeigervariable anzulegen. Die Deklaration einer Klasse kann in einem Projekt beliebig oft wiederholt werden, darf aber in einem Quelltext nur einmal auftauchen. Das führt dazu, dass Klassendeklarationen, die für mehrere Module wichtig sind, in der Header-Datei stehen, aber nicht in der Implementierungsdatei.

Die Klassendefinition besteht aus der Implementierung der Elemente. Die Klassendefinition darf wie jede Variablen- und Funktionsdefinition nur einmal im Projekt auftreten, besteht aber aus der Menge der Definitionen aller Elemente und findet sich in der Regel in den Implementierungsdateien.

Einfacher ist die Lage bei globalen Variablen und Funktionen. Der Compiler braucht lediglich deren Deklaration. Liegt eine Deklaration vor, können die Funktionen und Variablen im Quelltext beliebig aufgerufen und verwendet werden. Die Deklarationen können beliebig oft in jeder Quelltextdatei auftreten. Bei Funktionen besteht die Deklaration aus dem Prototyp, also dem Funktionskopf, der mit einem Semikolon abgeschlossen wird. Bei globalen Variablen wird ein Prototyp durch Voranstellen des Schlüsselworts `extern` erstellt. Obwohl das Schlüsselwort es anders vermuten lässt, kann die Variable in der gleichen Quelltextdatei definiert werden, in der sie mit `extern` deklariert wird.

```
int meineFunktion(int, char *);    // Funktionsdeklaration
extern char *pos;                  // Variablendeklaration
```

**Listing 6.4** Prototyp von Funktion und Variable

Funktionen dürfen wie Variablen nur einmal in einem Programm definiert werden. Eine Ausnahme sind `inline`-Funktionen und Templates (siehe Abschnitt 7.1). Der

Grund ist, dass der Compiler in beiden Fällen bereits beim Aufruf der Funktionen die Funktionen selbst übersetzt. Bei der `inline`-Funktion wird der Code an der Aufrufstelle erzeugt. Beim Template muss in Abhängigkeit der Parametertypen eine passende Funktion generiert werden. Eine Deklaration reicht dazu in beiden Fällen nicht aus. Die Definition kann also mehrfach in einem Programm auftreten, in jeder Übersetzungseinheit allerdings nur einmal.

### 6.3.4 Header-Dateien

Um die benötigten Deklarationen und Definitionen zwischen den verschiedenen Quelltexten auszutauschen, gibt es Header-Dateien. Die klassischen Header-Dateien enden mit *.h*. Sie werden durch den Befehl `#include` vom Präprozessor in die Quelltextdatei eingebettet und so vom Compiler mit dem eigentlichen Quelltext übersetzt.

Alle Kommandos, die mit einem # beginnen, wenden sich an den Präprozessor des Compilers. Die Anweisung `#include` bewirkt, dass eine Datei an der Stelle des Befehls in den Quelltext eingebunden wird. Der Dateiname steht zwischen einem Größer- und einem Kleiner-Zeichen, also quasi in spitzen Klammern. In dem Fall handelt es sich um System- oder Compiler-Dateien. Der Pfad dieser Dateien wird durch Konventionen oder Compiler-Optionen festgelegt. Alternativ kann der Dateiname in Anführungszeichen stehen. Dann gehören die Header-Dateien zum Projekt und stehen in den Verzeichnissen, in denen sich auch die anderen Quelltexte befinden. Header-Dateien enden traditionsgemäß mit *.h*. Die Header-Dateien der C++-Standardbibliotheken haben allerdings keine Endung.

Als Pfadtrenner sind in jedem Fall Schrägstriche (/) zulässig. Unter Windows kann auch ein Backslash (\) verwendet werden. Da diese die Portabilität einschränken, sind Schrägstriche die bessere Wahl.

Sollte sich eine Header-Datei in einem Verzeichnis befinden, das nicht zu den Standardpfaden gehört, sollten Sie dieses Verzeichnis nicht direkt in der `include`-Zeile kodieren, sondern die Pfadliste der Include-Dateien erweitern. In IDEs (Integrated Development Environment) gibt es dazu einen Eintrag in den Projekt-Optionen. Bei Kommandozeilen-Compilern wird dies mit der Option `-I` erreicht. Falls Sie diesen Rat nicht beherzigen und eine Zeile wie die folgende in Ihren Quellcode schreiben, wird das Programm nur noch unter Windows und vermutlich nur noch auf Ihrem Arbeitsrechner übersetzbar sein:

```
#include "F:\\mysrc\\firma\\incl\\standards.h" // nicht gut
```

In manchen Fällen müssen ältere C-Bibliotheken zu C++-Programmen eingebunden werden. Dann kann es sein, dass der C++-Funktionsaufruf nicht zu der C-Nomenklatur passt, die die Bibliothek erwartet. Da C++ auch die Parameter einer Funktion kodiert, sind sie nicht mit Funktionen kompatibel, die ein C-Compiler generiert hat. Damit der Aufruf von C-Funktionen möglich ist, werden die Funktionsdeklarationen durch einen `extern "C"`-Block eingeschlossen. Oft geschieht das bei den Einbindungen der entsprechenden Header-Dateien, wie im folgenden Beispiel gezeigt:

```
extern "C" {
#include <cheader1.h>
#include "cheader2.h"
}
```

Die Header-Datei legt die Teile eines Moduls offen, die von den Programmierern anderer Module benötigt werden. Sie bildet damit die Schnittstelle zwischen dem Modul und den Programmteilen, die das Modul benutzen. Änderungen im Modul betreffen damit auch andere Programmteile so lange nicht, wie die Header-Datei unverändert bleibt. Wird aber die Header-Datei geändert, müssen alle Module neu übersetzt werden, die diese Dateien einbinden. Wenn Sie das Tool `make` (siehe Abschnitt 6.6) verwenden, müssen Sie bei den Abhängigkeiten auch die Header-Dateien berücksichtigen. Wenn Sie mit einer IDE arbeiten, wird diese eine solche Abhängigkeit automatisch feststellen. Änderungen an den Header-Dateien führen also dazu, dass alle abhängigen Module neu kompiliert werden müssen. Sie sollten die Schnittstellen besonders knapp gestalten und sorgfältig entwickeln, damit eine Änderung möglichst selten erforderlich ist.

### 6.3.5 Statische Funktionen

Grundsätzlich kann jede Funktion in einem anderen Modul aufgerufen werden. Der Compiler braucht lediglich einen Prototyp. Soll eine Funktion ausschließlich für die eigene Quelltextdatei zur Verfügung stehen und nicht dem Linker bekannt gemacht werden, so wird der Funktion das Schlüsselwort `static` vorangestellt.

Sollen viele Funktionen als lokale Funktionen verwendet werden, empfiehlt sich in C++ ein anonymer Namensraum (siehe Abschnitt 7.2.4), der etwas einfacher zu handhaben ist, als jeder Funktion das Schlüsselwort `static` voranzustellen.

### 6.3.6 Verborgene Implementierung

Es ist etwas unglücklich, dass auch die Privatangelegenheiten einer Klasse in die Öffentlichkeit getragen werden. Wird eine Klasse in einem Header abgelegt, der von anderen Modulen verwendet wird, müssen auch private Elemente festgelegt werden, die sich vielleicht erst später aus der Implementierung ergeben. Um diese Schwäche der Sprache C++ zu umgehen, stellt dieser Abschnitt eine denkbare Lösung vor.

#### Beispiel

Nehmen Sie als Beispiel ein Kartenspiel. Für die anderen Module des Programms soll eine Schnittstelle geschaffen werden, um ein Kartenspiel zu mischen und Karten ziehen zu können.

```
class KartenSpiel
{
public:
    Karte *naechsteKarte();
    void neuMischen();
private:
    Karte karte[MAXKARTEN];
};
```

**Listing 6.5** Klasse Kartenspiel

Hier wird im privaten Bereich ein Array von Karten definiert. Zwar kann auf die Implementierung als Array nicht von außen zugegriffen werden, und zudem ist sie jederzeit änderbar, ohne dass fremde Module betroffen sind. Aber dennoch muss die Schnittstelle der Klasse ausgetauscht werden, obwohl die Änderung andere Module gar nicht betrifft.

Das können Sie mit einer Implementierungsklasse umgehen. Für diese private Klasse wird lediglich ein Zeiger im privaten Teil der öffentlichen Klasse angelegt. Für diesen Zeiger wird nur eine Klassendeklaration benötigt, die über den Inhalt der Klasse nichts aussagt.

```
class lokalKartenSpiel;

class KartenSpiel
{
public:
    Karte *naechsteKarte();
```

```
    void neuMischen();
    KartenSpiel();
    ~KartenSpiel();
private:
    lokalKartenSpiel *my;
};
```

**Listing 6.6** Kartenspiel mit geheimer Implementierung

Alles, was im privaten Teil der Klasse abgelegt wird, aber nicht publik werden soll, wird in die spezielle Implementierungsklasse `lokalKartenSpiel` umgelagert. Diese Klasse wird zwar im Header deklariert, aber nicht definiert. Damit ist ihr Inhalt im Header nicht bekannt. Er muss auch nicht bekannt sein, da im privaten Teil der Klasse `KartenSpiel` nur ein Zeiger angelegt wird. Da ein Zeiger so viel Speicherbedarf wie jeder andere hat, braucht der Compiler keine Information über die lokale Klasse.

Bei der Implementierung muss noch berücksichtigt werden, dass der Zeiger im Konstruktor ein Objekt erhalten muss. Dieses muss natürlich im Destruktor wieder gelöscht werden. In der Quelltextdatei würde somit der folgende Code stehen:

```
class lokalKartenSpiel
{
public:
    Karte karte[MAXKARTEN];
};

KartenSpiel::KartenSpiel()
{
    my = new lokalKartenSpiel;
}

KartenSpiel::~KartenSpiel()
{
    delete my;
}
```

**Listing 6.7** Die Implementierung

Ganz umsonst gibt es diese Diskretion nicht. Für die Zugriffe auf die Privatklasse muss immer über den Zeiger `my` gegangen werden. Aus diesem Grund ist es sinnvoll, einen kurzen Namen für den Zeiger zu verwenden.

## 6.4 Linker und Bibliotheken

Bibliotheken enthalten Klassen und Funktionen in Maschinencode. Sie haben die Möglichkeit, sich eigene Bibliotheken zusammenzustellen. Mit dem C++-Compiler erhalten Sie bereits Standardbibliotheken. Wenn Sie Datenbanken oder grafische Oberflächen ansprechen wollen, erhalten Sie von einem Fremdanbieter Bibliotheken. Darüber hinaus finden Sie im Internet weitere Klassenbibliotheken, die jedem Programmierer das Leben erleichtern.

Um den Inhalt der Bibliotheken nutzen zu können, benötigt der Compiler für den korrekten Aufruf die Header-Dateien als Schnittstellendefinition. Damit der eigentliche Code der Bibliothek in das Programm eingebunden wird, müssen Sie den Linker bemühen und die eigentliche Bibliothek an Ihr Programm binden.

### 6.4.1 Statische Bibliotheken einbinden

Die Bibliotheken werden vom Linker nach Funktionen durchsucht, die von den anderen Modulen aufgerufen werden. Der Linker bindet nur die benötigten Objekte zu dem Programm hinzu.

Der Linker heißt unter UNIX und Linux *ld* oder *ln* und unter Windows oft *LINK*. Allerdings ist der Name meist egal, da der Linker häufig durch den Compiler oder die IDE aufgerufen wird. Dem GNU-Compiler gibt man einfach die zu linkenden Dateien an und er weiß daraufhin von selbst, dass er den Linker aufrufen soll.

Wird der Linker von der Kommandozeile oder aus einem Makefile aufgerufen, wird ihm als Parameter der Option `-o` der Name der Ausgabedatei angegeben. Es folgen dann die Objektdateien, die er zusammenbinden soll.

Als Parameter der Option `-l` (kleines L) wird der Name der benötigten Bibliothek übergeben. Wird bei Windows der Dateiname der Bibliotheksdatei angegeben, die hier typischerweise die Endung *LIB* hat, ist das unter UNIX traditionell etwas anders. Unter UNIX beginnen die Namen von Bibliotheken immer mit der Vorsilbe *lib* und enden mit der Erweiterung *.a*. Beides wird bei der Option `-l` nicht angegeben. Die Bibliothek *libxml.a* wird also mit `-lxml` eingebunden.

Unter UNIX befinden sich die Bibliotheken des C-Compilers und die Bibliotheken des Betriebssystems standardmäßig im Verzeichnis */usr/lib*. Bibliotheken von Fremdanbietern werden in einigen Fällen auch einfach in dieses Verzeichnis installiert, aber in vielen Fällen auch in separaten Verzeichnissen gehalten. Auf anderen Betriebssystemen gehören die Bibliotheken zum Compiler und nicht zum Betriebssystem. Dort finden Sie die Dateien meist in einem Unterverzeichnis *lib* in dem Verzeichnis, in dem der Compiler installiert wurde.

Wenn Sie eine Bibliothek einbinden wollen, die sich nicht in dem Standardpfad für Bibliotheken befindet, muss der Ort mit der Option `-L` angegeben werden.

Bei einer IDE sind diese Informationen in den Dialogen zum Thema »Projekteinstellungen« zu suchen. Dort finden Sie einen Eintrag, in dem Sie Bibliotheken aufzählen und auch den Pfad ergänzen können.

### 6.4.2 Dynamische Bibliotheken

Spätestens seit dem Siegeszug der grafischen Oberflächen ist es gar nicht mehr möglich, alle Bibliotheken an jede Applikation zu binden. Ansonsten müsste jede Windows-Applikation eine eigene Windows-Umgebung mit sich herumschleppen. Stattdessen befinden sich im System dynamische Bibliotheken, die vom Betriebssystem verwaltet werden. Unter UNIX nennt man sie *Shared Libraries* Unter Windows heißen Sie *Dynamic Link Libraries*. Man erkennt sie an der Endung *DLL*.

Die Verwendung der dynamischen Bibliotheken des Systems erfolgt für den Programmierer weitgehend unsichtbar. Durch das Einbinden der Header-Dateien werden die Aufrufe automatisch so weitergeleitet, dass die dynamischen Bibliotheken verwendet werden.

Erst wenn Sie eine eigene dynamische Bibliothek schreiben sollen, müssen Sie sich mit diesem Thema befassen. Leider ist der Umgang mit dynamischen Bibliotheken sehr systemabhängig. Selbst die verschiedenen Compiler desselben Systems können sich unterschiedlich verhalten. Im Folgenden werden die Erstellung und Benutzung einer dynamischen Bibliothek kochrezeptartig vorgestellt.

#### Microsoft Windows

Sie können mit jeder IDE ein DLL-Projekt erstellen, und damit wird Ihnen schon ein Großteil der Arbeit abgenommen. Die Wizzards erstellen Ihnen auch bereits eine Funktion namens `DllEntryPoint()`, die jede DLL enthalten muss. Sie müssen nur noch die Funktionen schreiben, auf die Sie von außen zugreifen wollen.

Die Windows-DLLs verwenden nicht das C++-Format, sondern halten sich an die klassische C-Schnittstelle. Die Funktionen müssen vom Compiler so umgesetzt werden, dass die Schnittstelle der eines C-Compilers entspricht. Dazu hat jeder Compiler seine spezielle Syntax. Als Beispiel soll die Bibliothek eine Funktion `fkt()`

enthalten, die einen Parameter und einen Rückgabewert vom Typ `double` hat. Der Borland-Compiler verwendet folgende Schreibweise:[1]

```
__declspec(dllexport) double fkt(double w)
{
    ...
```

In Visual C++ von Microsoft sieht eine Funktion für eine DLL so aus:[2]

```
extern "C"
     __declspec(dllexport) double __stdcall fkt(double w)
{
    ...
```

Nach der Generierung des Projekts entsteht eine Datei mit der Namenserweiterung *.DLL*, die bei der Ausführung des Programms im Arbeitsverzeichnis oder im Windows-Verzeichnis liegen muss. Daneben entsteht eine Import-Datei mit der Erweiterung *.LIB*, die vom aufrufenden Programm hinzugebunden werden muss, damit es die richtige DLL anfordert.

Das aufrufende Programm braucht dann noch den Prototyp, um die Funktion korrekt aufrufen zu können. Dieser lässt sich leicht aus der Funktion herleiten. Bei Borland C++ sieht der Prototyp folgendermaßen aus:

```
__declspec(dllexport) double fkt(double w);
```

Der eigentliche Aufruf unterscheidet sich nicht von dem Aufruf einer gewöhnlichen lokalen Funktion.

#### UNIX/Linux

Im Gegensatz dazu müssen bei UNIX und Linux die Funktionen nicht besonders gekennzeichnet werden, um innerhalb einer Shared Library aufgerufen werden zu können. Allerdings müssen die korrekten Compiler-Optionen eingesetzt werden.[3]

**1** vgl. Kaiser, Richard: C++ mit dem Borland C++ Builder. Springer, Berlin Heidelberg. 2002. S. 658.
**2** vgl. Wigard, Susanne: Visual C++ 6. bhv, Kaarst, 1999. S. 557.
**3** vgl. Johnson, Michael K./Troan, Erik W.: Anwendungen entwickeln unter Linux. Addison-Wesley, Bonn, 1998. S. 68 f.

**Beispiel**

Das folgende Beispiel einer dynamischen Bibliothek `hello` soll einfach ein Wort auf dem Bildschirm ausgeben.

```
#include <iostream>
using namespace std;

void printHello()
{
    cout << "Hello" << endl;
}
```

**Listing 6.8** Die Funktion `print()` wird dynamisch gerufen. (*dynlib/libhello.cpp*)

Der Aufruf erfolgt durch das Programm *usehello.cpp*. Hier wurde der Prototyp der Funktion `printHello()` direkt angegeben, der in größeren Programmen natürlich in einer Header-Datei abgelegt würde.

```
void printHello();

int main()
{
   printHello();
}
```

**Listing 6.9** Das Hauptprogramm zum Test (*dynlib/usehello.cpp*)

Das Geheimnis besteht hier also ausschließlich darin, wie die beiden Module übersetzt werden. Die Datei *libhello.cpp* wird zunächst in eine Objektdatei kompiliert. Dabei sorgt die Option `-fPIC` dafür, dass positionsunabhängiger Code erzeugt wird. Der zweite Aufruf bewirkt das Binden der Objektdatei als dynamische Bibliothek. Die zentrale Option ist hier `-shared`.

```
c++ -fPIC -c libhello.cpp
c++ -shared -o libhello.so libhello.o
```

**Listing 6.10** Kommandos zur Erzeugung einer dynamischen Bibliothek

Die Libraries müssen in bestimmten Verzeichnissen stehen, damit sie vom Programm gefunden werden können. Standard sind die Pfade */lib* oder */usr/lib*. Weitere Pfade können in der Datei */etc/ld.so.conf* konfiguriert werden. Sollte das Programm keine Rootrechte haben, kann es auch über eine Umgebungsvariable namens `LD_LIBRARY_PATH` sein eigenes Library-Verzeichnis angeben. Nähere Informationen finden Sie in der Manpage von *ld.so*, die Sie mit dem folgenden Kommando aufrufen:

```
man ld.so
```

Zu guter Letzt muss noch das Programm *usehello.cpp* übersetzt werden.

```
c++ usehello.cpp -L. -lhello
```

**Listing 6.11** Übersetzen des Hauptprogramms

#### Kompatibilität mit C-Libraries

Gerade im Zusammenhang mit dynamischen Libraries taucht das Problem auf, dass die meisten Betriebssysteme und Programmiersprachen bei dynamischen Bibliotheken von einer C-kompatiblen Schnittstelle ausgehen. C kannte aber das Überladen von Funktionen nicht, sodass die Parameter nicht zur Signatur der Funktion gehörte. Um eine C-kompatible Signatur zu erhalten, wird die C++-Funktion als `extern "C"` deklariert.

```
#include <iostream>
using namespace std;

extern "C" void printHello()
{
    cout << "Hello" << endl;
}
```

**Listing 6.12** Die Library-Funktion C-kompatibel (*dynlib/libchello.cpp*)

Nun ist die in C++ geschriebene Library-Funktion `printHello()` wie eine C-Funktion aufrufbar. Will ein C++-Programm auf die C-Funktion zugreifen, deklariert sie deren Prototyp entsprechend:

```
extern "C" void printHello();

int main()
{
   printHello();
}
```

**Listing 6.13** Aufruf einer C-Funktion (*dynlib/libchello.cpp*)

## 6.5 Auf Fehlersuche mit dem Debugger

Leider garantiert das fehlerfreie Übersetzen eines Programms nicht, dass das Programm tatsächlich fehlerfrei läuft. Und so steht der Programmierer oft vor der Frage, warum das Programm nicht das tut, was er ihm in mühevoller Kleinarbeit beigebracht hat.

Hier wäre es hilfreich, dem Programm bei der Arbeit zuzusehen und zu schauen, welche Programmteile durchlaufen werden und was in den Variablen steht. Diese Aufgabe übernimmt der Debugger. Ein Debugger wird in den meisten IDEs angeboten und sie bedienen sich weitgehend intuitiv, wenn man das Grundprinzip einmal verstanden hat.

Um einem Programm auf die Finger zu sehen, startet man den Debugger und übergibt ihm das zu beobachtende Programm. In einer IDE gibt es dafür einen Menüpunkt. Bei Code::Blocks heißt er beispielsweise Debug | Start. Oft wird dies auch durch ein kleines grünes Dreieck in der Symbolleiste angeboten.

Sie können einen Debug-Lauf auch von der Konsole starten. Wir verwenden hier als Beispiel den GNU-Debugger und übergeben ihm als Argument das zu untersuchende Programm.

```
gdb programm
```

**Hinweis**

Unter UNIX erzeugen Programme beim Absturz meist eine Datei *core*. Diese können Sie als weiteres Argument an den Debugger übergeben. Dann kann dieser ermitteln, wie es zu dem Absturz gekommen ist.

Nach dem Start des Debuggers können Sie das Programm mit dem Befehl `run` starten. Dann lässt sich das Programm genauso bedienen, als hätten Sie es ohne Debugger gestartet. In der Regel möchten Sie aber, dass das Programm an einer bestimmten Stelle anhält, damit Sie sehen können, was es da tut. Dazu setzen Sie einen *Breakpoint*. In einer IDE erreichen Sie dies meist, indem Sie links neben der Quelltextzeile in den Fensterrand klicken. Dort erscheint dann ein roter Punkt.

Bei gdb geben Sie an, bei welcher Funktion ein Breakpoint gesetzt werden soll, beispielsweise durch `break main`. Hält das Programm, wollen Sie es Schritt für Schritt durchlaufen lassen. Dazu geben Sie im gdb den Befehl `step` ein, wenn er dazu bei jedem Funktionsaufruf auch den Inhalt der Funktion durchlaufen soll. In vielen Fällen wollen Sie lediglich, dass er zur nächsten Zeile geht. Dafür gibt es dann den Befehl `next`. Entsprechende Möglichkeiten bietet Ihnen eine IDE über entsprechende Symbole und Tasten. Bei Code::Blocks wird die Taste [F7] für `next` und [⇧] + [F7] für den Befehl `step` verwendet. Mit [F8] können Sie den Befehl `cont` auslösen, der das Programm bis zum nächsten Breakpoint weiterlaufen lässt. Wird [⇧] + [F8] verwendet, wird das Programm gestoppt, was dem Befehl `kill` des gdb entspricht.

## 6.6 make

Ein größeres Projekt besteht in der Regel aus mehreren Quelltextdateien. So besteht das Bermuda-Programm zumindest aus den Dateien *ship.cpp*, *field.cpp* und *haupt.cpp*. Diese müssen Sie durch den Compiler in die Objektdateien *ship.o*, *field.o* und *haupt.o* umwandeln lassen.

```
c++ -c ship.cpp
c++ -c field.cpp
c++ -c main.cpp
```

Nun müssen Sie noch die drei Objektdateien durch den Linker zu einem Programm zusammenbinden lassen.

```
c++ -o bermuda ship.o field.o main.o
```

Falls Sie Windows verwenden, müssten Sie die ausführbare Datei *bermuda.exe* statt *bermuda* nennen.

Es erschließt sich von selbst, dass es praktisch wäre, die verschiedenen Aufrufe in einer Skriptdatei zu sammeln und dem Computer die einzelnen Aufrufe zu überlassen. Dazu wurde das Werkzeug `make` geschaffen. In einem speziellen Skript, das standardmäßig *Makefile* heißt, werden die Abhängigkeiten der Projektdateien notiert und `make` startet die zugeordneten Befehle. Das Programm `make` kann sogar prüfen, ob die Übersetzungen älter sind als die Quelltexte und dann nur die Übersetzungen vornehmen, die wirklich erforderlich sind. Dabei gibt es ja noch weitere Abhängigkeiten von den Headerdateien. So bindet beispielsweise sowohl *main.cpp* als auch *field.cpp* die Headerdatei *field.h* ein. Bei Änderungen an dieser Datei müssten also *main.cpp* und *field.cpp* kompiliert werden, *ship.cpp* aber nicht.

**Hinweis**

Integrierte Entwicklungsumgebungen wie Code::Blocks verwalten die Abhängigkeiten eines Projekts von sich aus und übersetzen automatisch die richtigen Dateien neu, wenn dies notwendig ist. Sie enthalten also ein Werkzeug, das `make` entspricht.

Schauen Sie sich das folgende Makefile an und Sie werden vielleicht schon intuitiv verstehen, wie es aufgebaut wird.

```
bermuda: main.o field.o ship.o
	c++ -o bermuda main.o field.o ship.o

ship.o: ship.cpp ship.h
	c++ -c ship.cpp

field.o: field.cpp field.h
	c++ -c field.cpp

main.o: main.cpp ship.h field.h
	c++ -c main.cpp
```

Die nicht eingerückten Zeilen beschreiben die Abhängikeiten. Die Datei *main.o* ist also abhängig von den rechts neben dem Doppelpunkt stehenden Dateien. Wird eine dieser Dateien geändert, ist sie also neuer als die links stehende Datei, werden alle Befehle ausgeführt, die eingerückt auf die Abhängigkeit folgen.

**Warnung**

Die eingerückten Befehlszeilen müssen mit einem Tabulatorzeichen eingerückt sein.

Wenn die Datei *Makefile* im aktuellen Verzeichnis existiert, wird ein einfacher Aufruf von `make` sie abarbeiten. Das Programm prüft die Abhängigkeiten. Ist eine Abhängigkeit nicht erfüllt, werden die Aktionen in den eingerückten Folgezeilen ausgeführt.

Wenn Sie die Datei *main.cpp* ändern, müssen Sie die beiden anderen nicht kompilieren, aber alle Objektdateien müssen zu einem neuen Programm zusammengebunden werden. Das Programm *make* wird genau diese Aktionen durchführen.

Wenn Sie mehrere Kommandozeilen nacheinander hinter eine Abhängigkeit schreiben, sollten Sie berücksichtigen, dass jede Zeile separat ausgeführt wird und der

Status der Vorzeile nicht erhalten bleibt. Beispielsweise würde der Verzeichniswechsel in einer Zeile in der nächsten Zeile wieder vergessen sein.

#### Altes Werkzeug und doch aktuell

Eine integrierte Entwicklungsumgebung nimmt Ihnen die Erstellung eines Makefiles natürlich ab. Dennoch wird auch das »nackte« make in vielen Unternehmen eingesetzt. Der Grund liegt in der Möglichkeit, die Aktionen, die auf die Abhängigkeiten folgen, frei zu gestalten. Da Sie beliebige Befehle verwenden können, kann make eingesetzt werden, um mit Versionsverwaltungen zusammenzuarbeiten oder Ausflieferungspakete zusammenzustellen.



### 6.6.1 Makros im Makefile

Wenn die Projekte größer werden, wird es lästig, wenn man die gleichen Namen in den Abhängigkeiten wie in den Befehlen auflisten muss. Damit das Schreiben der Makefiles etwas bequemer wird, wurden Makros erfunden, die als eine Art String-Variablen Befehle oder Dateilisten aufnehmen können. Schauen wir uns gleich die ersten zwei Zeilen an:

```
bermuda: main.o field.o ship.o
	c++ -o bermuda main.o field.o ship.o
```

Hier könnte man die Objektdateien zusammenfassen.

```
OBJS = main.o field.o ship.o
meinprog: $(OBJS)
	g++ -o bermuda $(OBJS)
```

Kommt noch eine Objektdatei hinzu, müssen Sie nur das Makro OBJS ergänzen. Auf die gleiche Weise können Sie wiederkehrende Optionen oder Befehle in einem Makro speichern und brauchen eventuelle Änderungen nur an einer Stelle vorzunehmen.

#### Vordefinierte Makros

Wenn Sie mit Makros mehrere Dateien spezifizieren, helfen einige vordefinierte Makros, um auf Bestandteile der Dateien zugreifen zu können. So spezifiziert $@ den Dateinamen eines Ziels, während $* den Basisnamen eines Ziels bezeichnet. So lassen sich beispielsweise Regeln wie die folgende erstellen:

```
$(OBJS): $(SOURCES) $(HEADER)
	c++ -c $*.cpp
```

#### Suffixregeln

Um ein Makefile noch weiter zu automatisieren, können Sie ihm beibringen, wie durch Kompileren aus einer Datei mit der Endung *cpp* eine mit der Endung *o* wird. Dazu setzen Sie als Ziel die beiden Dateiendungen ein und geben in der nächsten Zeile an, wie der Aufruf für den Compiler lautet:

```
.cpp.o:
	c++ -c $<
```

### 6.6.2 Mehrere Ziele

Seinen professionellen Einsatz findet `make` in wirklich großen Projekten, die sich manchmal über mehrere Verzeichnisse hinwegziehen und aus mehreren Teilprojekten bestehen. Dann rufen Makefiles ihrerseits wieder `make` in Unterverzeichnissen auf. Dabei ergibt es sich, dass in einem Makefile mehrere Ziele erzeugt werden. Dies können mehrere Programme sein oder Programme und die dazugehörigen Bibliotheken.

Prinizipiell haben wir bereits im ersten Makefile mit mehreren Zielen gearbeitet. Das Hauptziel war *bermuda* und darum wurde es auch als erstes genannt. Die anderen Ziele ergaben sich aus den Abhängigkeiten. Sie können aber auch mehrere voneinander unabhängige Ziele definieren, beispielsweise ein Client- und ein Serverprogramm, die untereinander Daten austauschen sollen.

```
client: $(CLTHEADERS) $(COMMONOBJS) $(CLTOBJS)
	...

server: $(CRVHEADERS) $(COMMONOBJS) $(SRVOBJS)
	...
```

Wenn Sie einfach `make` aufrufen, würde hier nur der Client erstellt. Sie könnten durch den Aufruf `make server` dann auch noch das zweite Ziel explizit nachfordern. Da ein Außenstehender die Notwendigkeit nicht erkennt, stellen Sie einfach ein Pseudoziel ganz zu Anfang auf, in dessen Abhängigkeitsliste Sie sowohl `client` als auch `server` stellen.

```
all: client server
	...
```

Sie brauchen nicht explizit `make all` aufzurufen, da `all` ja das erste Ziel des Makefiles ist.

# Kapitel 7
# Weitere Sprachelemente von C++



**Inhalt**

- Generische Programmierung und Algorithmen
- Namensräume zur besseren Gliederung bei großen Projekten
- Ausnahmebehandlung von Fehlern

## 7.1 Generische Programmierung

Es gibt Abläufe, die sich auch bei verschiedenen Datentypen gleichen. So funktioniert die Bestimmung des Minimums zweier Werte völlig unabhängig vom verwendeten Datentyp immer gleich, sofern eine Kleiner-Relation für den Datentyp existiert. Auch ein Sortierverfahren lässt sich fast unverändert auf jeden Datentyp anwenden. Schließlich ist es auch einem Stack völlig gleichgültig, welche Daten dort verwaltet werden.

Mit dem Template (englisch für Schablone) bietet C++ ein Werkzeug, um einen Algorithmus allgemein zu beschreiben, ohne sich auf einen Datentyp festzulegen. Templates werden verwendet, wenn gleiche Aktionen auf unterschiedliche Datentypen angewandt werden sollen. Diese Form der vom Typ unabhängigen Algorithmenbeschreibung bezeichnet man als *generische Programmierung*.

C++ kennt Template-Funktionen, bei denen der Programmierer die Typen von Parametern offenlässt, und Template-Klassen. Letztere beschreiben beispielsweise Datenstrukturen, die beliebige Typen aufnehmen können.

### 7.1.1 Template-Funktionen

Template-Funktionen beschreiben einen Algorithmus und lassen den zu verwendenden Datentyp offen.

**Beispiel**

Ein klassisches Beispiel für eine generische Funktion ist `min()`. Die Funktion ermittelt aus zwei Parametern den kleineren. Der Vorgang ist bei allen Typen identisch, sofern für den Typ das Kleiner-Zeichen implementiert ist. Betrachten wir zunächst eine gewöhnliche Funktion `min()`, die mit `long`-Variablen als Parametern arbeitet.

```
long min(long a, long b)
{
    return (a < b) ? a : b;
}
```

**Listing 7.1** Funktion `min()` für den Typ `long`

Wir definieren nun ein Template `T`, das den Typ `long` ersetzt. Damit lässt sich die folgende Template-Funktion erstellen:

```
template <typename T>
T min(T a, T b)
{
    return (a < b) ? a : b;
}
```

**Listing 7.2** Template-Funktion `min()`

Eine Template-Funktion beginnt mit dem Schlüsselwort `template`. In spitzen Klammern folgt der Template-Parameter. Er besteht aus dem Schlüsselwort `typename` oder `class`, gefolgt von einem Namen. Dieser Name wird im folgenden Template als Repräsentant für den offengelassenen Typ verwendet. Traditionell wird dazu gern ein großes T verwendet. Aber der Name ist natürlich frei wählbar. Danach folgt eine übliche Funktionsdefinition. An der Stelle, an der bei der Anwendung der Benutzertyp verwendet werden soll, wird im Template stets der im Template-Parameter angegebene Name benutzt. Die Funktion `min()` benutzt den offengelassenen Typ gleich dreimal. Beide Parameter und der Rückgabewert sind vom Typ T.

### typename

Die Verwendung von `typename` oder `class` ist völlig gleichwertig. Das Schlüsselwort `typename` wurde eingeführt, um anzuzeigen, dass hier auch Typen verwendet werden können, die nicht als Klasse definiert sind. Abbildung 7.1 zeigt den Syntaxgraphen einer Template-Funktion. Den Syntaxgraphen für die Funktionsdefinition, in der Abbildung als *Fkt-Def* abgekürzt, finden Sie in Abbildung 4.1.

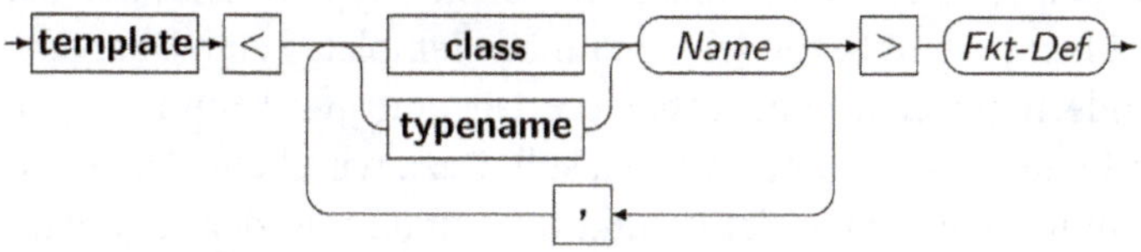


**Abbildung 7.1** Syntaxgraph für Template-Funktionen

Wenn eine Template-Funktion aufgerufen wird, erzeugt der Compiler daraus eine dem Aufruftyp angepasste Funktion. Beim Aufruf wird nicht explizit angegeben, dass beispielsweise eine `int`-Instanz erzeugt werden soll. Der Compiler bestimmt den Typ der Werte, die als Parameter übergeben werden, und entnimmt daraus, für welchen Typ die Funktion generiert werden muss. Im folgenden Beispiel wird das T der Template-Definition durch den Standardtyp `int` ersetzt.

```
int i=15;
int j=7;
cout << min(i,j) << endl;
```

**Listing 7.3** Anwendung der Template-Funktion `min()`

### Beispiel

Als weiteres Beispiel zeigt die Funktion `swap()`, dass Sie auch lokale Variablen des noch unbekannten Typs verwenden können und dass die Parameter auch per Referenz übergeben werden können.

```
template <typename T> void swap(T& a, T& b)
{
    T hilf;
    hilf = a;
    a = b;
    b = hilf;
}
```

**Listing 7.4** Template-Funktion `swap`

Es ist möglich, mehrere verschiedene Typen zu verwenden. Dazu wird in den spitzen Klammern lediglich ein weiterer Typ deklariert:

```
template <class T1, class T2>
int meineFunktion(T1 t1, T2 &t2)
{
    ...
```

Nicht immer wird aus den Parametern deutlich, für welchen Typ ein Template aufgerufen wird. Das Problem besteht besonders, wenn das Template keine Übergabeparameter besitzt, sondern nur einen Rückgabewert. Der Aufrufer kann festlegen, mit welchem Typ das Template verwendet werden soll. Dazu wird beim Aufruf der Zieltyp in spitzen Klammern zwischen dem Funktionsnamen und der Parameterklammer angegeben:

```
int a = erzeuge<int>();
```

Besitzt das Template mehrere offene Typen, so können diese, durch Kommata getrennt, angegeben werden. Es können aber auch nur die ersten Parameter festgelegt werden. Der folgende Aufruf von `meineFunktion()` stellt klar, dass der erste Parameter als `short` zu verstehen ist:

```
int a = meineFunktion<short>(12, 5.5);
```

Wenn Sie festlegen wollen, dass der erste Parameter als `short` und der zweite Parameter als `float` zu interpretieren ist, dann würde der Aufruf so aussehen:

```
int a = meineFunktion<short,float>(12, 5.5);
```

Mit den Template-Parametern können nicht nur Typen festgelegt werden, sondern auch Werte oder Ausdrücke übergeben werden. Im folgenden Beispiel wird der Funktion `bauSuperArray()` mitgegeben, wie viele Plätze für das Array angelegt werden sollen.

```
template <class T, int max>
int bauSuperArray(T t)
{
    T a[max];
    // ...
}

int main()
{
    bauSuperArray<int, 100>(12);
}
```

Templates eignen sich gut als Ersatz für die gefürchteten C-Makros (siehe Abschnitt 6.2.3). Da die Makros auf der Basis reiner Textersetzung funktionieren, kann der Compiler keine Typsicherheit gewährleisten. Auch wenn Template-Funktionen den Typ offenlassen, garantieren sie, dass alle gleichen Typen auch gleich bleiben. Wenn der Aufrufer beispielsweise den Typ T1 als `float` verwendet, müssen bei diesem Aufruf auch alle anderen T1 als `float` bedient werden.

### 7.1.2 Template-Klassen

Es ist möglich, ganze Klassen als Template zu definieren. Damit lässt sich das Problem lösen, das bei der Beispielklasse `Stack` (siehe Abschnit 5.3.2) schon aufgefallen war. Bei der Erstellung der Klasse muss bereits festgelegt werden, welchen Typ der Stack verwaltet. Bei einer Template-Klasse können Sie den Stack-Mechanismus für mehrere Typen nutzen.



#### Beispiel

Die folgende Stack-Implementierung basiert auf einem Array statt auf einer verketteten Liste.

```
// Ein Stack für eine beliebige Klasse T
#include <iostream>
using namespace std;

template<class T> class Stack
{
public:
    // Konstruktor mit Initialisierung der Konstanten MAXSTACK
    Stack() : MAXSTACK(256)
        { s = new T[MAXSTACK]; index=0;}
    ~Stack() {delete[] s;}
    bool pop(T *); // abholen
    bool push(T ); // drauflegen
private:
    const int MAXSTACK; // Konstante für die Stackgröße
    T *s;               // Der Stack selbst
    int index;          // aktuelle Position im Stack-Array
};
```

```
// Element vom Stack nehmen und freigeben
template<class T> bool Stack<T>::pop(T *get)
{
    if (index==0 ) return false; // Ist Stack leer?
    *get = s[--index]; // Entnehme Element.
    return true;
}

// Neues Element auf den Stack schieben
template<class T> bool Stack<T>::push(T set)
{
    if (index>=MAXSTACK) return false; // Ist Stack üerfült?
    s[index++] = set;  // Element auflegen
    return true;
}

int main() // Testet den Stack
{
   Stack<int> intStack; // Lege einen Stack für ganze Zahlen an.

   intStack.push(8); // Testzahlen eintragen
   intStack.push(4);
   intStack.push(2);
   // Stack auslesen und auf dem Bildschirm anzeigen
   for (int i=0; i<3; i++)
   {
       int a;
       if (intStack.pop(&a))
       {
           cout << a << endl;
       }
   }
}
```

**Listing 7.5** Template-Klasse `Stack` (*templatestack.cpp*)

Die Elementfunktionen `push()` und `pop()` werden in der Template-Klasse deklariert und dann separat definiert. Dabei werden sie wie die Klasse selbst durch eine Template-Deklaration eingeleitet. Des Weiteren wird zwischen dem Klassennamen und den beiden Doppelpunkten in spitzen Klammern der Name des Template-Typs genannt.

```
template<class T> bool Stack<T>::push(T set)
```

In der `main()`-Funktion wird ein Stack für `int`-Variablen angelegt. Dazu wird als Typ zunächst der Klassenname `Stack` verwendet. Danach wird in spitzen Klammern der Typ genannt, für den der Stack angelegt werden soll. Darauf folgt wie bei jeder Variablendefinition der Variablenname.

```
Stack<int> intStack;
```

Im weiteren Verlauf werden ein paar Werte auf den Stack gelegt und wieder heruntergeholt. Dabei ist nicht mehr zu erkennen, dass der Stack ein Template ist.



#### Template-Klasse mit Parameter

Im Beispiel oben haben wir die Stackgröße auf 256 festgelegt. Zwischen den spitzen Klammern kann ein solcher Wert als Parameter übergeben werden, im folgenden Beispiel als `max`. Dieser Wert muss bei der Instanziierung als Konstante angegeben werden. Er wird dann mithilfe eines Initialisierers am Konstruktor zur Vorbelegung der Klassenkonstanten `MAXSTACK` verwendet.

```
#include <iostream>
using namespace std;

template<class T, int max> class Stack
{
public:
    Stack() : MAXSTACK(max)  // wird bei Definition festgelegt
        { s = new T[MAXSTACK]; index=0;}
    ~Stack() {delete[] s;}
    bool pop(T *); // abholen
    bool push(T ); // drauflegen
private:
    const int MAXSTACK; // Konstante für die Stackgröße
    T *s;               // Der Stack selbst
    int index;          // Aktuelle Position im Stack-Array
};
```

```
// Element vom Stack nehmen und freigeben
template<class T, int max> bool Stack<T,max>::pop(T *get)
{
    if (index==0 ) return false; // Ist Stack leer?
    *get = s[--index]; // Element entnehmen
    return true;
}

// Neues Element auf den Stack schieben
template<class T, int max> bool Stack<T,max>::push(T set)
{
    if (index>=MAXSTACK) return false; // Ist Stack überfüllt?
    s[index++] = set; // Element auflegen
    return true;
}

int main() // Testlauf
{
   Stack<int, 2> intStack; // Stack mit zwei Integerelementen
   int a;

   intStack.push(8); // Auffüllen!
   intStack.push(4);
   intStack.push(2); // Hier wird es eng!
   // Ausgabe des Stacks
   for (int i=0; i<3; i++)
   {
       if (intStack.pop(&a))
       {
           cout << a << endl;
       }
   }
}
```

**Listing 7.6** Template-Klasse mit Parameter (*templstack2.cpp*)

In der Funktion `main()` wird ein Stack mit zwei Elementen erzeugt. Zum Test werden drei Werte auf den Stack gelegt. Dann wird geprüft, ob sich die drei Werte herunterziehen lassen.

## 7.2 Namensräume

Um Namenskonflikte auszuschließen, die dadurch entstehen, dass zwei unabhängig voneinander entstandene Quelltexte die gleichen Namen verwenden, wurde in C++ der Namensraum eingeführt. Damit können Deklarationen und Definitionen unter einem Namen zusammengefasst und gegen andere Namen abgegrenzt werden.

### 7.2.1 Definition eines Namensraums

Um einen Codebereich unter einen Namensraum zu stellen, verwenden Sie das Schlüsselwort `namespace`, gefolgt vom Namen, und schließen den Code in geschweiften Klammern ein. Das folgende Beispiel könnte in einer Datei *util.cpp* stehen.

```
namespace util
{
    int zaehler;

    void sucheAnfang(std::string s)
    {
        // ...
    }

}
```

**Listing 7.7** Code im Namensraum `util`

Innerhalb des Namensraums ändert sich für den Programmierer nichts. Die Funktion `sucheAnfang()` kann die globale Variable `zaehler` direkt ansprechen.

Da die Funktionen und Variablen in einem Namensraum stehen, müssen auch die Prototypen so deklariert werden. In der passenden Header-Datei *util.h* würde dann beispielsweise Folgendes stehen:

```
namespace util
{
    extern int zaehler;
    void sucheAnfang(std::string s);
    int sucheEnde(std::string s);
}
```

**Listing 7.8** Prototypen im Namensraum `util`

Die Funktion `sucheEnde()` wurde nicht in der Datei *util.cpp* definiert. Wenn sie an anderer Stelle implementiert wird, kann der zugehörige Namensraum auch so gekennzeichnet werden, wie es bei Elementfunktionen von Klassen üblich ist.

```
int util::sucheEnde(std::string s)
{
    // ...
}
```

**Listing 7.9** Funktion für den Namensraum util

### 7.2.2 Zugriff

Sollen Funktionen und Variablen aus dem Namensraum `util` von außerhalb aufgerufen werden, muss vor jedes Element `util::` gestellt werden.

```
insgesamt = util::sucheEnde(dateiname);
insgesamt += util::zaehler + datei::zaehler;
```

**Listing 7.10** Zugriff auf den Namensraum

In der ersten Zeile wird die Funktion `sucheEnde()` aus dem Namensraum `util` aufgerufen. Das Ergebnis wird in einer lokalen Variablen namens `insgesamt` gespeichert. Die zweite Zeile zeigt, wie auf gleichnamige Variablen zweier Namensräume zugegriffen wird.

### 7.2.3 Besondere Namensräume

Die C++-Standardbibliotheken verwenden für alle Funktionen und Variablen den Namensraum `std`. Bei Verwendung von Typen, Funktionen oder Variablen aus den Standardbibliotheken müssten Sie jeweils `std::` voranstellen. Sie können aber auch mit dem Befehl `using` erklären, dass Sie den Namensraum `std` verwenden wollen, als seien alle darin definierten Variablen und Funktionen ohne Namensraum definiert. Die Anweisung dazu lautet:

```
using namespace std;
```

Die als Beispiel verwendeten Namen `util` oder `datei` sind nicht besonders originell. Da die Namensräume gerade dazu gedacht sind, gleiche Namen verschiedener Module konfliktfrei verwenden zu können, wäre es fatal, wenn der Name des Namensraums mit einem anderen übereinstimmt. Aus diesem Grund sollten Sie einen möglichst aussagekräftigen und eindeutigen Namen verwenden. Der Nachteil ist, dass dieser vielleicht recht lange Name bei jedem Aufruf eingetippt werden muss. Das können Sie vermeiden, indem Sie vor dem Aufruf einen Alias deklarieren:

```
namespace datei=KundenKonfigurationsdatei;
```

### 7.2.4 Anonyme Namensräume

Namensräume können dazu verwendet werden, Namen, die für lokale Funktionen verwendet werden, vor anderen Modulen zu verbergen. In C und C++ können auch andere Module auf jede globale Funktion zugreifen, sofern die Funktion nicht als `static` definiert wird (siehe Abschnitt 6.3.5). Anstatt jede einzelne Funktion als `static` zu definieren, können auch mehrere Funktionen in einen Namensraum gelegt werden. Da dieser Namensraum von außen gar nicht erreichbar sein soll, kann er ohne einen Namen verwendet werden. Dadurch können alle Funktionen innerhalb der gleichen Quelltextdatei direkt auf die Elemente des Namensraums zugreifen. Nach außen sind anonyme Namensräume allerdings unsichtbar.



```
#include "util.h"
#include <iostream>
using namespace std;
namespace
{
    int kleinerHelfer(int a)
    {
        cout << "kleinerHelfer" << a << endl;
    }
} // namespace

void util::service()
{
    kleinerHelfer(12);
}
```

**Listing 7.11** Anonymer Namensraum (*namespace/util.cpp*)

Die passende Header-Datei namens *util.h* enthält nur den Namensraum `util` und die darin erreichbare Funktion `service()`.

```
namespace util
{
   void service();
}
```

**Listing 7.12** Header-Datei (*namespace/util.h*)

Der Aufruf erfolgt, wie bereits gesehen, durch das Voranstellen des Namens `util` und zweier Doppelpunkte.

```
#include "util.h"
int main()
{
    util::service();
}
```

**Listing 7.13** Aufruf (*namespace/main.cpp*)

### 7.2.5 Syntaxgraph

Der in Abbildung 7.2 dargestellte Syntaxgraph zeigt die Definition eines Namensraums.

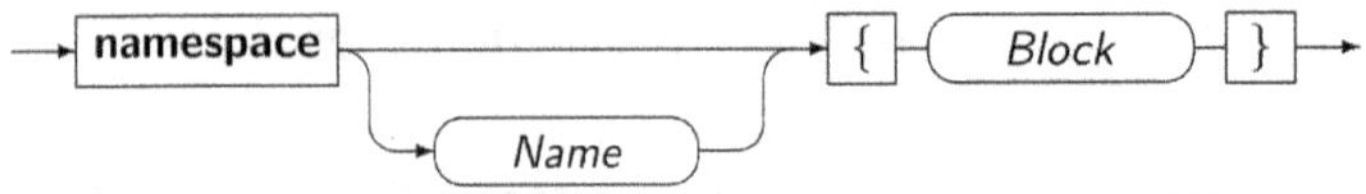


**Abbildung 7.2** Syntaxgraph für `namespace`

## 7.3 Katastrophenschutz mit try und catch

Obwohl es unmöglich ist, idiotensichere Programme zu schreiben, da Idioten so erfinderisch sind, sollte ein Programm auch unter ungünstigen Bedingungen arbeiten können. Nehmen wir an, Sie wollten in Ihrem Programm eine Konfigurationsdatei einlesen. (Wie Sie konkret Dateien auslesen, ist an dieser Stelle nicht so interessant. Sie finden dazu Näheres im Abschnitt 8.3.) Das geschieht beispielsweise in folgenden Schritten:

```
datei = oeffne("programm.cfg");
text = datei.lese();
datei.schliesse();
konfiguration = text.interpretiere();
```

Beim Ablauf jeder dieser Funktionen könnte eine Situation entstehen, die verhindert, dass die Konfigurationsdatei tatsächlich ausgewertet wird.

- Die Datei könnte fehlen.
- Der Inhalt könnte falsch strukturiert sein.
- Während des Lesens könnte die Datei von einem anderen Programm gelöscht werden.

Für den weiteren Ablauf des Programms sind die tatsächlichen Ursachen nicht so relevant. Scheitert der Versuch, die Konfigurationsdatei zu lesen, wird das Programm eine Standardkonfiguration setzen wollen. Der Versuch, eine kritische Sequenz von Aufrufen zu durchlaufen, wird mit dem Schlüsselwort `try` eingeleitet. Der folgende Block enthält alle Anweisungen, die überwacht werden. Tritt während einer der Anweisungen in dem Block ein Fehler auf, wird er durch den nachfolgenden `catch`-Block gefangen.

```
try
{
    datei = oeffne("programm.cfg");
    text = datei.lese();
    datei.schliesse();
    konfiguration = text.interpretiere();
}
catch(...)
{
    konfiguration.setzeDefault();
}
```

Im Anweisungsblock wird also versucht, das Programm fehlerfrei abzuarbeiten. Der Fehlerbehandlungsblock fängt die Abstürze ab wie ein Netz. Man nennt einen solchen Fehler eine *Exception* oder auf Deutsch *Ausnahme*.

Diese Trennung von Code und Fehlerbehandlung führt zu Programmen, die leichter lesbar und damit auch leichter zu warten sind. Ein weiterer Vorteil liegt darin, dass nicht jeder Teilschritt einzeln auf jede erdenkliche Fehlersituation geprüft werden muss. Ein abschreckendes Beispiel für eine solche Überfrachtung durch Fehlerbehandlungen sehen Sie im Listing im Abschnitt 8.3.3.

Die drei Punkte hinter dem `catch`-Befehl bedeuten nicht, dass dem Autor nichts mehr eingefallen wäre, sondern bezeichnen den generellen oder allgemeinen Ausnahmebehandlungsfall. In der Klammer der `catch`-Anweisung wird der Typ der Exception benannt, die von diesem Block abgefangen werden soll. Es ist möglich, mehrere `catch`-Blöcke für unterschiedliche Typen hintereinanderzusetzen. Die drei Punkte sind ein Platzhalter für alle Typen, sodass hier alle noch nicht behandelten Ausnahmen gefangen werden sollen. Dieser allgemeine `catch` muss immer als letzter Fehlerbehandlungsblock stehen.

Eine Ausnahmebehandlung wirkt nicht nur auf den Block selbst, sondern auch auf alle innerhalb des Blocks aufgerufenen Funktionen. Dadurch kann die Fehlerbehandlung an einer zentralen Stelle durchgeführt werden. Außerdem kann zusätzlich an jeder anderen Stelle des Programms eine Ausnahmebehandlung stattfinden. Sobald es zu einem Fehler kommt, wird die nächste `catch`-Anweisung verwendet, die auf den Ausnahmetyp passt. Um die nächste Ausnahmebehandlung zu finden, wird die Aufrufreihenfolge rückwärts durchlaufen. Dadurch wird immer die Ausnahmebehandlung verwendet, die der Fehlerstelle am nächsten ist.

### 7.3.1 Eigene Ausnahmen erzeugen

Nicht alle Fehler führen immer gleich zu einer Ausnahmesituation. Aber nur Ausnahmen können durch `catch` abgefangen werden. Darum ist es besonders interessant, eigene Ausnahmesituationen definieren zu können. Der Befehl `throw` erzeugt eine solche Ausnahme. Er bricht die Verarbeitung sofort ab und springt direkt in die passende Ausnahmebehandlung.

```
#include <iostream>
using namespace std;

void tuWas(int problem)
{
    if (problem>0)
    {
        throw 0; // erzeugt eine Exception
    }
}

int main()
{
    try
    {
        tuWas(1);
    }
    catch(...)
    {
        cout << "Da gab es ein Problem!" << endl;
    }
}
```

**Listing 7.14** Ausnahme mit `throw` generieren (*throw.cpp*)

Der Befehl throw in der Funktion tuWas() löst eine Ausnahme aus, wenn der Parameter problem größer als 0 ist. Die Verarbeitung wird sofort im catch-Block fortgesetzt.

Manchmal reicht es aber nicht, dass die Behandlungsroutine einfach aufgerufen wird. Um einen Fehler behandeln zu können, braucht sie Informationen wie beispielsweise den Namen der Datei, die die Probleme verursacht, oder eine Fehlernummer. Diese Informationen können mit dem Argument der throw-Anweisung an den catch-Block übermittelt werden. Als erstes Beispiel soll eine ganze Zahl übermittelt werden. catch bekommt nun einen Parameter wie eine Funktion, in diesem Fall vom Typ int.

```
#include <iostream>
using namespace std;

void tuWas(int problem)
{
    if (problem>0)
    {
        throw 5;
    }
}

int main()
{
    try
    {
        tuWas(1);
    }
    catch(int ausnahmenr)
    {
        cout << "Ausnahme: " << ausnahmenr << endl;
    }
}
```

**Listing 7.15** throw übermittelt eine Fehlernummer.

Wenn der catch-Block int als Parameter hat, bearbeitet er nur Ausnahmen, die durch einen throw-Befehl mit einer Integer-Zahl als Argument ausgelöst wurden. Um andere Parameter zu bearbeiten, wird einfach ein weiterer catch-Block mit einem anderen Parametertyp angehängt. Um alle übrigen Ausnahmen zu behandeln, kann ganz zum Schluss auch noch der allgemeine `catch`-Befehl mit den drei Punkten als Parameter angehängt werden. Ganz ähnlich wie bei überladenen Funktionen (siehe Abschnitt 4.4) werden die passenden `catch`-Blöcke nach ihren Parametern ausgewählt. Allerdings hat ein `catch` immer nur einen Parameter. Eine automatische Typanpassung wie bei Funktionen wird hier nicht durchgeführt. Wenn Sie also beispielsweise `throw` mit dem Argument 1.2 verwenden, muss der passende `catch` als Parameter `double` und nicht `float` haben, weil Fließkommakonstanten vom Compiler standardmäßig als `double` behandelt werden. Das folgende Beispiel zeigt mehrere `catch`-Blöcke für verschiedene Typen.

```
// Programm zur Demonstration verschiedener catch-Blöcke
#include <iostream>
using namespace std;

// tuWas wird unterschiedliche Typen werfen, je nach dem
// Wert des Parameters problem.
void tuWas(int problem)
{
    switch (problem)
    {
    case 0: throw 5; break;                       // wirft int
    case 1: throw (char *)"test.dat"; break; // wirft char *
    case 2: throw 2.1; break;                     // wirft double
    case 3: throw 'c'; break;                     // wirft char
    }
}

// Testprogramm
int main()
{
    // Problem-Nummer eingeben
    int Auswahl;
    cout << "Zahl zwischen 0 und 3 eingeben:" << endl;
    cin >> Auswahl;
    // Der try-Block fängt die Exception in tuWas
    try
    {
        tuWas(Auswahl);
    }
```

```
    catch(int i) // Behandler für int
    {
        cout << "Integer " << i << endl;
    }
    catch(char *s) // Behandler für char*
    {
        cout << "Zeichenkette " << s << endl;
    }
    catch(double f) // Behandler für double
    {
        cout << "Flie{ss}komma " << f << endl;
    }
    catch(...) // fängt alle anderen Exception-Typen
    {
        cout << "Allgemeinfall" << endl;
    }
}
```

**Listing 7.16** Mehrere `catch`-Blöcke (*throwtyp.cpp*)

Wenn Sie das Programm starten, können Sie durch die Zahlen 0 bis 3 auswählen, welche Ausnahme ausgelöst wird. Bei 1 wird eine Zeichenkette »geworfen«, die dann im `catch`-Block als Parameter `s` auch weiterverarbeitet werden kann. Bei 3 wird ein `char` »geworfen«, für das kein `catch`-Block vorgesehen ist. Also wird diese Ausnahme vom allgemeinen `catch`-Block gefangen.

### 7.3.2 Erstellen von Fehlerklassen

Sie können auch eigene Klassen erstellen, die als Parameter für `catch` verwendet werden können. Selbst leere Fehlerklassen können nützlich sein. Einerseits trennen Sie die Fehlermeldungen in verschiedene `catch`-Blöcke. Andererseits dokumentiert der Name der eigenen Exceptionklasse, welcher Art die aufgetretene Ausnahme ist.

```
#include <iostream>

class KeineDatenMehr
{
};
```

```
void tuWas(int problem)
{
    ...
    throw KeineDatenMehr();
    ...
}

int main()
{
    try
    {
        tuWas(0);
    }
    catch(KeineDatenMehr& )
    {
        std::cout << "Keine Daten mehr vorhanden" << std::endl;
    }
}
```

**Listing 7.17** Eigener Fehlertyp

Die Klasse `KeineDatenMehr` enthält gar nichts. Sie trägt also nichts zur Fehlerbehandlung bei außer ihrem Namen. Aus diesem lässt sich aber bereits schließen, dass hier eine Fehlersituation vorliegt, in der der Datenstrom versiegt ist. Diese Situation wird nun separat von allen anderen Fehlern behandelt. Durch den sprechenden Namen ist jedem Leser klar, was den `throw` auslöst und welche Ausnahme `catch` empfängt. Sollte in dem Programm nur eine Datenquelle verwendet werden, kann der Klassenname bereits völlig ausreichend sein. Die Behandlungsroutine braucht dann keine näheren Informationen.

Darauf aufbauend ist es einfach, in der Fehlerklasse auch Informationen über die Fehlerursache zu hinterlegen. Diese Hinweise kann der Behandlungsblock auswerten. Es ist auch möglich, in der Fehlerklasse Funktionen zur Fehlerbehandlung einzubauen, die dann im `catch`-Block aufgerufen werden. Im folgenden Beispiel wird ein ganzzahliger Wert im Fehlerobjekt hinterlegt und dann durch die Funktion `meldeFehler()` angezeigt.

```
#include <iostream>
using namespace std;

class KeineDatenMehr
{
public:
    KeineDatenMehr(int a) { nr = a; }
    void meldeFehler() { cout << nr << endl; }
private:
    int nr;
};

void tuWas(int problem)
{
    if (problem==0)
    {
        throw KeineDatenMehr(8);
    }
}

int main()
{
    try
    {
        tuWas(0);
    }
    catch(KeineDatenMehr& fehler)
    {
        fehler.meldeFehler();
    }
}
```

**Listing 7.18** Fehlerklasse wird aktiv.

Um verschiedene Fehlersituationen zu behandeln, bietet es sich an, eine Basisklasse für alle Fehlerklassen zu schreiben. Darin implementieren Sie, was allen Fehlersituationen gemeinsam ist. Die Möglichkeiten der Vererbung lassen sich auf diese Weise praktisch nutzen. Es besteht darüber hinaus auch keine Notwendigkeit, für jede Fehlersituation einen eigenen `catch`-Block zu schreiben, wenn die

Polymorphie genutzt wird, um je nach Fehlersituation die Behandlungsfunktion der jeweiligen Klasse aufzurufen.

```
#include <iostream>
using namespace std;

class MeaCulpa // Basisklasse aller meiner Fehler
{
public:
    virtual void meldeFehler() = 0;
};

class KeineDatenMehr : public MeaCulpa
{
public:
    KeineDatenMehr(int a) { nr = a; }
    void meldeFehler() { cout << nr << endl; }
private:
    int nr;
};

class QuelleFehlt : public MeaCulpa
{
public:
    QuelleFehlt() {}
    void meldeFehler() { cout << "Quelle fehlt" << endl; }
};

void tuWas(int problem) throw (KeineDatenMehr, QuelleFehlt)
{
    if (problem==0)
    {
        throw KeineDatenMehr(8);
    }
    if (problem==1)
    {
        throw QuelleFehlt();
    }
}
```

```
int main()
{
    try
    {
        tuWas(0);
    }
    catch(MeaCulpa& fehler)
    {
        fehler.meldeFehler();
    }
}
```

**Listing 7.19** Polymorphe Fehlerklasse (*tryclass.cpp*)



Wie immer bei der Polymorphie wird ein Zeiger oder eine Referenz auf das übergebene Objekt verwendet, um die virtuelle Funktion aufzurufen. Das Objekt kennt sich selbst und ruft über die eigene VTable die zugehörige Funktion `meldeFehler()` auf (siehe Abschnitt 5.8.6). Einen ähnlichen Ansatz bieten die Standardbibliotheken. Sie verwenden Fehlerklassen, die auf der Klasse `exception` basieren. Wie Sie Ihre Fehlerklasse von `exception` ableiten können, wird auf den nächsten Seiten beschrieben.

In Listing 7.19 sehen Sie, dass der Funktion `tuWas()` eine Deklaration hinzugefügt wurde, die anzeigt, welche Ausnahmen sie auslöst. Diese Informationen sollen darauf hinweisen, dass die Funktion `throw`-Befehle enthält. In der Klammer wird aufgezählt, welche Ausnahmen ausgelöst werden. Der Compiler prüft nicht, ob diese wirklich enthalten sind. Nicht einmal das Fehlen jeglicher `throw`-Befehle würde ihm auffallen. Allerdings ist der Compiler reichlich verägert, wenn die Funktion versucht, eine Ausnahme auszulösen, die in der Deklaration nicht angekündigt war. Daraus folgt, dass sich eine Funktion, deren `throw`-Deklaration keinen Typ zwischen den Klammern enthält, verpflichtet, keinen `throw` auszuführen.

### 7.3.3 Die Ausnahmen der Standardbibliotheken

Die Standardbibliotheken von C++ implementieren Ausnahmebehandlungen. Dabei werden ebenfalls Fehlerklassen definiert, die auf einer Basisklasse beruhen. Diese Basisklasse heißt `exception`. Damit lässt sich jede Ausnahme der Standardbibliotheken durch ein `catch` mit dem Parameter `exception&` abfangen.

### Eigene Ableitung von exception

Es ist durchaus sinnvoll, auch eigene Ausnahmen von `exception` abzuleiten. Dazu wird die Funktion `what()` implementiert, da diese virtuell ist. Sie liefert einen Zeiger auf einen C-String, der Informationen über den Fehler im Klartext anzeigt. Hier sehen Sie die Definition der Klasse `exception`.

```
class exception
{
public:
    exception() throw();
    exception(const exception&) throw();
    exception& operator=(const exception&) throw();
    virtual ~exception() throw();
    virtual const char * what() const throw();
};
```

Um eine solche Ableitung zu definieren, muss zunächst die Header-Datei `exception` eingebunden werden, da hier die Klasse `exception` definiert wird. Das folgende Beispiel zeigt die Klasse `MeaCulpa`, die nun von `exception` abgeleitet wird. Als spezielle Ausnahmen werden davon wiederum `KeineDatenMehr` und `QuelleFehlt` abgeleitet.

```
#include <iostream>
#include <exception>
#include <string>
#include <sstream>
using namespace std;

// Meine eigene Basisklasse, abgeleitet von exception
class MeaCulpa : public exception
{
public:
    MeaCulpa(string s) {this->s = s;}
    virtual ~MeaCulpa() throw() {}
    virtual const char * what() const throw()
        {return s.c_str();}
private:
    string s;
};
```

```
// Besonderer Fehler, wenn keine Daten mehr vorliegen
class KeineDatenMehr : public MeaCulpa
{
public:
    KeineDatenMehr(int a) : MeaCulpa(" ") {nr = a;}
    virtual ~KeineDatenMehr() throw() {}
    virtual const char * what() const throw();
private:
    int nr;
    string s;
};

// what() wird für eigene Fehlermeldung überschrieben.
const char * KeineDatenMehr::what() const throw()
{
  ostringstream getNr;
  getNr << "Keine Daten mehr. Fehlernr.: " << nr;
  return getNr.str().c_str();
}

// Eine weitere Fehlerart wird von MeaCulpa abgeleitet.
class QuelleFehlt : public MeaCulpa
{
public:
    QuelleFehlt() : MeaCulpa("Quelle fehlt") {}
};

// tuWas simuliert die beiden Fehlerarten in Abhängigkeit vom Parameter.
void tuWas(int problem) throw (KeineDatenMehr, QuelleFehlt)
{
    if (problem==0)
    {
        throw KeineDatenMehr(8);
    }
    if (problem==1)
    {
        throw QuelleFehlt();
    }
}
```

Kapitel 7

```
int main()
{
    // Problem-Nummer eingeben
    int Auswahl;
    cout << "Zahl zwischen 0 und 3 eingeben:" << endl;
    cin >> Auswahl;
    // Der try-Block fängt die Exception in tuWas.
    try
    {
        tuWas(Auswahl);
    }
    // Fängt nur die eigenen Fehler
    catch(MeaCulpa& fehler)
    {
        cout << fehler.what() << endl;
    }
}
```

**Listing 7.20** Fehlerklassen von `exception` ableiten (*exception.cpp*)

Die Fehlerklasse `KeineDatenMehr` erwartet im Konstruktor eine ganze Zahl. Der Konstruktor ruft für `MeaCulpa` den Konstruktor mit dem String als Parameter auf. Die Funktion `what()` wird von `KeineDatenMehr` neu implementiert. Die Fehlernummer wird, begleitet von ein wenig Text, in eine Zeichenkette konvertiert und als C-String zurückgegeben. (Zur Konvertierung der Zahl zu einem String siehe Abschnitt 8.1.1.) Die Fehlerklasse `QuelleFehlt` gibt einfach ihre Meldung an den Konstruktor von `MeaCulpa` durch und braucht darum `what()` nicht neu zu implementieren.

### Übersicht über die Standardfehlerklassen

Die Standardbibliotheken von C++ haben folgende Ausnahmeklassen definiert, die sich alle von der Klasse `exception` ableiten:

- **`runtime_error`** – Laufzeitfehler. Davon abgeleitet sind folgende Fehlerklassen:
  - **`ios_base::failure`** – Fehlerklasse der Stream-Klassen. Sie ist nicht bei allen Compilern verfügbar.
  - **`range_error`** – Bereichsüberschreitung. Wird durch die `at()`-Funktion ausgelöst.
  - **`overflow_error`** – Überlauf bei Berechnungen.
  - **`underflow_error`** – Unterlauf bei Berechnungen.

- **logic_error** – Logische Fehler. Davon abgeleitet sind folgende Fehlerklassen:
  - **domain_error** – Bereichsfehler.
  - **invalid_argument** – Unzulässiges Argument.
  - **length_error** – Beim Anlegen wurde die maximal mögliche Größe überschritten.
  - **out_of_range** – Zugriff mit unzulässigem Index.

Die Sprache C++ hat darüber hinaus noch einige Standardausnahmen:

- **bad_alloc** – Entsteht, wenn `new` keinen Speicher anfordern kann
- **bad_cast** – Im Zusammenhang mit `dynamic_cast`
- **bad_exception** – Wenn die Ausnahmebehandlung selbst Probleme bekommt
- **bad_typeid** – Im Zusammenhang mit `typeid`



Die Standardfehlerklassen können natürlich auch in den eigenen Funktionen als Argument für `throw` verwendet werden. Dann ist es sinnvoll, dem Konstruktor eine eigene Fehlermeldung zu übergeben:

```
#include <stdexcept>

int main()
{
    try
    {
        throw range_error("Oha, ist das eng hier!");
    }
    catch(range_error& e)
    {
         cout << e.what() << endl;
    }
}
```

#### Ausnahmen der Standardklasse fstream

Gerade bei Dateizugriffen ist die Fehlerbehandlung wichtig, da es unzählige Gründe gibt, warum ein Zugriff nicht funktioniert. Aus diesem Grund ist die Klasse `fstream` auch bereits auf die Ausnahmebehandlung vorbereitet.

**Hinweis**

Zugegeben, es ist etwas ungewöhnlich, wenn die Dateibibliothek erst nach deren Fehlerbehandlung beschrieben werden. Letztlich kam es aufgrund einer Henne-Ei-Situation zu diesem Ergebnis. Sie können aber schon mal zu Abschnitt 8.3 vorblättern, wenn Sie die Spannung nicht aushalten.

Das Auslösen der Ausnahmebehandlung muss zunächst für jedes Datenstromobjekt freigeschaltet werden. Dazu wird die Funktion `exceptions()` aufgerufen. Als Parameter können Sie eine oder mehrere der Konstanten `ios::failbit`, `ios::badbit` oder `ios::eofbit` übergeben. Sollen mehrere gültig sein, werden sie durch einen senkrechten Strich voneinander getrennt. Der Parameter für `catch` ist `ios::failure&`. Ein typischer Programmausschnitt sieht also wie folgt aus:

```
fstream f;
try
{
    f.exceptions(ios::failbit|ios::badbit);
    f.open("test.dat", ios::in);
    f << "Dieser Text geht in die Datei" << endl;
    f.close();
}
catch(ios::failure&)
{
    if (f.fail()) cout << "fail" << endl;
    if (f.bad())  cout << "bad" << endl;
}
```

**Listing 7.21** `fstream` mit Ausnahmen (*fstreamexception.cpp*)

Leider kennen einige ältere Compiler `ios::failure` noch nicht. Wie Sie am Listing sehen können, ist das nicht so dramatisch, da die Klasse `ios::failure` keine Informationen über die Datei enthält. So muss das `fstream`-Objekt dem `catch`-Block sowieso per Direktzugriff zur Verfügung stehen. So kann gleichwertig stattdessen auch `exception` verwendet werden. Sie können aber davon ausgehen, dass inzwischen alle gängigen Compiler diese Ausnahme unterstützen.

## 7.4 Systemnahe Programmierung

Ein Ziel bei der Entwicklung von C++ war es, C so zu erweitern, dass neue Programmierkonzepte unterstützt werden, aber die Effizienz und Leistungsfähigkeit von C nicht verloren geht. Eine der besonderen Fähigkeiten von C ist der Umgang mit systemnahen Strukturen. Immerhin wurde C dazu entwickelt, das Betriebssystem UNIX zu schreiben. Diese Fähigkeiten sind in C++ dementsprechend erhalten geblieben.



### 7.4.1 Bit-Operatoren

Bits haben nur zwei Zustände: an oder aus, 1 oder 0. So kann man ein Bit nur setzen oder löschen. Wenn aber zwei Bits miteinander verknüpft werden, dann gibt es die gleichen Operationen UND und ODER wie bei booleschen Werten. Im Unterschied zu booleschen Werten werden Bits normalerweise zu Bytes zusammengepackt. Darum muss das UND für Bits auf jedes Bit eines Bytes oder gar einer ganzen `long`-Variablen wirken. Darum unterscheidet sich auch der logische UND-Operator (&&) vom binären UND (&).

Dass mehrere Bits in einem längeren Wort zusammengepackt sind, finden Sie einmal auf Hardware-Ebene, wenn Sie auf Controller und deren Register zugreifen. Damit können Sie Peripheriegeräte steuern oder ihre Zustände abfragen. Aber auch in mancher API werden mehrere Flags (Flags sind Optionen, die nur zwei Zustände haben können) so in einer Variablen zusammengefasst, dass sie nur einen Parameter beanspruchen. In beiden Fällen ist es notwendig, dass Sie auf einzelne Bits eines Bytes zugreifen können. Tabelle 7.1 zeigt die binären Bit-Operatoren im Überblick.

<table>
<tr><th>Operator</th><th>Funktion</th><th>Wirkung</th></tr>
<tr><td>&</td><td>AND</td><td>1, wenn beide Operanden 1 sind</td></tr>
<tr><td>|</td><td>OR</td><td>1, wenn mindestens ein Operand 1 ist</td></tr>
<tr><td>~</td><td>NOT</td><td>Kippt jedes Bit</td></tr>
<tr><td>^</td><td>XOR</td><td>1, wenn genau einer der beiden Operanden 1 ist</td></tr>
</table>

**Tabelle 7.1** Bit-Operatoren

Wenn zwei Werte mit Bit-Operatoren verknüpft werden, geschieht dies auf binärer Ebene. Um die Berechnungen leichter zu verstehen, werden hier die beteiligten

Werte binär dargestellt. Für binäre Operationen eignen sich natürlich nur ganzzahlige Typen. In den folgenden Beispielen werden Variablen vom Typ `unsigned char` mit acht Bits verwendet.

#### AND als Maske

Die AND-Funktion kann dazu verwendet werden, um bestimmte Bits aus einem Byte herauszufiltern. Man spricht in diesem Zusammenhang von einer Maske. Da die AND-Funktion nur dann 1 ergibt, wenn beide Operanden 1 sind, wird der Bereich des ersten Operanden herausgefiltert, der beim zweiten auf 1 steht. Beispiel:

```
    01101110
AND 00111100
------------
    00101100
```

Hier werden die vier mittleren Bits maskiert. Auf ähnliche Weise ist es möglich, mit der AND-Funktion ein einzelnes Bit in einem Byte zu löschen:

```
    00101101
AND 11110111
------------
    00100101
```

Hier wurde das vierte Bit von rechts des ersten Operanden gelöscht. Dazu muss die Maske aus lauter Einsen bestehen und muss ausschließlich im vierten Bit von rechts eine 0 aufweisen.

#### Bits abfragen

Sie können die AND-Verknüpfung auch verwenden, wenn Sie den Zustand eines einzelnen Bits abfragen wollen. Wenn Sie das fünfte Bit von rechts prüfen wollen, maskieren Sie es mit $2^4$, also 16. Im Programm schreiben Sie:

```
if (RegisterInhalt & 16)
```

Wenn das fünfte Bit 0 ist, dann ist der Gesamtausdruck auch 0, also falsch. Ist das fünfte Bit gesetzt, ergibt die Maskierung mit 16 den Wert 16. Da dieser nicht 0 und damit nicht falsch ist, muss er wahr sein.

#### XOR kippt Bits

Soll das Bit umgeschaltet werden, wird die Operation XOR verwendet. Das Ergebnis einer XOR-Verknüpfung ist 1, wenn genau einer von beiden Operanden 1 ist. Wenn Sie ein einzelnes Bit kippen wollen, muss das zu kippende Bit in der Maske gesetzt sein, alle anderen müssen auf 0 stehen.

```
    00101101
XOR 00001000
------------
    00100101
```

#### OR setzt Bits

Soll ein bestimmtes Bit gesetzt werden, wird die OR-Funktion verwendet. Auch hier ist im zweiten Operanden nur das Bit gesetzt, das im ersten Operanden gesetzt werden soll. Alle anderen Werte bleiben durch eine 0 unverändert.

```
    00100101
OR  00001000
------------
    00101101
```

Der OR-Operator wird beispielsweise bei den Datei-Operationen verwendet. Dort wurden beim Öffnen einer Datei die Zugriffsarten mit einem senkrechten Strich, also mit einem binären Oder, verknüpft:

```
fstream f(..., ios::out|ios::binary|ios::in);
```

Das deutet darauf hin, dass die Konstanten `ios::out`, `ios::binary` und `ios::in` binär kodiert sind. Beispielsweise könnte folgende Kodierung vorliegen:

| Konstante | dezimal | binär | Bedeutung |
|---|---|---|---|
| `ios::in` | 1 | 00000001 | Datei zum Lesen öffnen |
| `ios::out` | 2 | 00000010 | Datei zum Schreiben öffnen |
| `ios::binary` | 4 | 00000100 | Datei ist keine Textdatei. |
| `ios::trunc` | 8 | 00001000 | Datei wird beim Öffnen geleert. |
| `ios::app` | 16 | 00010000 | Geschriebene Daten ans Ende anhängen |

**Tabelle 7.2** Beispielkodierung

Wollen Sie nun eine binäre Datei zum Lesen und Schreiben so öffnen, dass geschriebene Daten immer an das Ende angehängt werden, verknüpfen Sie die Konstanten mit ODER und übergeben diesen Wert als Parameter:

```
ios::in|ios::out|ios::binary|ios::app
```

Durch die ODER-Verknüpfung entsteht eine Zahl, die widerspiegelt, welche Optionen eingeschaltet sind und welche nicht.

```
ios::in       00000001
ios::out      00000010
ios::binary   00000100
ios::app      00010000
-----------------------
ODER:         00010111
```

Mit einem Byte können Sie so bereits acht Optionen transportieren. Wenn Sie eine `long`-Variable verwenden, können es bis zu 32 Optionen sein.

### 7.4.2 Shift-Operatoren

Die doppelten Kleiner- und Größer-Zeichen werden in C++ meist im Zusammenhang mit der Ein- und Ausgabe als Umleitungsoperator verwendet. Bereits in C werden sie zum bitweisen Schieben ganzzahliger Werte verwendet.

#### Beispiel

Das folgende Beispiel zeigt, wie Shift-Operatoren im Programm eingesetzt werden.

```
wert = 24 >> 1;
```

Die Operation bewirkt, dass die Zahl 24 binär um ein Bit nach rechts verschoben wird. Das Ergebnis dieser Operation ist 12. Dazu betrachten wir 24 zunächst in Binärdarstellung:

$24_{10} = 2^4 + 2^3 = 00011000_2$

Wird 00011000 bitweise um eins nach rechts verschoben, ergibt sich der Wert 00001100. Das ist in Dezimaldarstellung die Zahl 12:

$00001100_2 = 2^3 + 2^2 = 8_{10} + 4_{10} = 12_{10}$

Der Wert hinter dem Shift-Operator gibt an, um wie viele Bits der Wert geschoben wird. Wie Sie oben gesehen haben, werden die rechts frei werdenden Bits links mit Nullen aufgefüllt.

Der Operator << schiebt die Bits nach links, arbeitet ansonsten genau wie der Operator >>. Auch hier werden die frei werdenden Bits mit Nullen aufgefüllt.

```
wert = 12 << 2;
```

Das Ergebnis wäre in diesem Fall 48. Hier wird um zwei Bitstellen geschoben. Das Verschieben um ein Bit ergibt 24. Ein weiteres Verschieben um 1 Bit verdoppelt das Ergebnis wiederum auf 48. Das Verschieben um eine Stelle nach links entspricht also einer Multiplikation mit 2, ist aber durch den Prozessor wesentlich effizienter zu realisieren als eine Multiplikation. So liegt es nahe, Multiplikationen und Divisionen mit Zweierpotenzen in zeitkritischen Umgebungen mit dem Shift-Operator durchzuführen. Einige Compiler führen diese Optimierung allerdings selbst durch, sodass Sie dadurch unter Umständen keinen Zeitgewinn erreichen.



### 7.4.3 Zugriff auf Hardware-Adressen

Bisher wurde der Blick auf den Inhalt einer Zeigervariablen immer vermieden. In der systemnahen Programmierung ist der Wert, den ein Zeiger enthält, durchaus interessant. Beispielsweise liegt das Statusregister der ersten Druckerschnittstelle bei einem gängigen Intel-PC an der Adresse 0x379. Für das normale Anwendungsprogramm ist diese Adresse unerreichbar. Wenn Sie aber eines Tages einen Treiber schreiben sollen, ist dies die Adresse, an der Sie erfahren können, ob der Drucker bereit ist, weitere Aufträge entgegenzunehmen. Der Zugriff auf die Adresse ist denkbar einfach: Sie definieren eine Zeigervariable und weisen ihr die Adresse direkt zu.

```
unsigned char *DruckerStatusRegister;
unsigned char Status;

DruckerStatusRegister = 0x379;
Status = *DruckerStatusRegister;
if (Status & 0x80)
{
    // Drucker ist frei.
}
else
{
    // Drucker ist BUSY.
}
```

**Listing 7.22** Zugriff auf den Druckerstatus

Anschließend können Sie in der Variablen `Status` ablesen, welchen Inhalt das Statusregister der LPT1 hat. Durch die Maskierung des höchsten Bits können Sie beispielsweise feststellen, welchen Zustand die BUSY-Leitung der Schnittstelle hat.

### 7.4.4 Bit-Strukturen

Um auf bitweise kodierte Daten zuzugreifen, kann eine Struktur definiert werden, deren Elemente mit ihrer Bit-Breite definiert sind. Solche Kodierungen finden sich häufig im Bereich von Controllern oder Statusmeldungen, die in Registern abgelegt sind.

```
struct Register
{
    unsigned int target:3;
    unsigned int reserved1:1;
    unsigned int busy:1;
    unsigned int conditionmet:1;
    unsigned int check:1;
    unsigned int reserved2:1;
} statusByte;
```

Die Variable `statusByte` modelliert das Register eines Controllers. Es enthält in den höchsten drei Bits das Ziel (Target). Es folgt ein reserviertes Bit. Danach folgen je ein Bit für `busy`, `conditionmet` und `check`. Das niedrigstwertige Bit ist wieder reserviert. Tatsächlich wird für diese Struktur nur ein Byte benötigt. Das Ziel ist aber weniger das platzsparende Abspeichern, sondern das Abbilden von Registerstrukturen. Sie können auf die Bestandteile der Bit-Struktur wie bei einer üblichen Struktur zugreifen:

```
statusByte.target = 5;
```

## 7.5 Übungen

1 Schreiben Sie die Template-Klasse `Stack` neu, sodass sie mit linearen Listen implementiert wird. Sie können dazu die Klasse `Stack` im Abschnitt 5.3.2 verwenden. Es versteht sich von selbst, dass Sie dann keine Begrenzung der Länge benötigen.

2 Erstellen Sie zwei von `exception` abgeleitete Klassen. Eine Funktion `durchlaufe()` wird immer einmal eine der Ausnahmen werfen. Das Hauptprogramm ruft diese Funktion mehrfach auf und fängt die Basisklasse `exception`. Die selbst geschriebenen Exception-Klassen sollen sich aber individuell durch einen Aufruf von `what()` kenntlich machen.

Musterlösungen finden Sie in Anhang B.

# Kapitel 8
# Zeichenketten und Dateien

**Inhalt**

- Viele Buchstaben werden zu Strings zusammengefasst.
- Die Ein- und Ausgabe von Daten
- Daten in Dateien für die Zukunft bewahren



C++ besitzt einige Bibliotheken, die bereits mit dem Compiler mitgeliefert werden. Darunter befinden sich die klassischen Bibliotheken, die C++ von C geerbt hat und die aus Kompatibilitätsgründen immer noch verfügbar sind. Speziell für C++ gibt es Ausgabe- und Dateibibliotheken, die String-Bibliothek und die STL (Standard Template Library).

Wenn eine Aufgabe durch eine Bibliothek abgedeckt wird, sollten Sie dies einer eigenen Lösung vorziehen. Auch der selbstbewussteste Programmierer wird akzeptieren müssen, dass die Bibliotheken des Compiler-Herstellers durch die Vielzahl der Kunden vermutlich besser getestet wurden als ein selbst geschriebener Code.

Die Verwendung von Bibliotheken erfolgt in zwei Schritten. Zunächst müssen Sie die Header-Dateien mithilfe des Präprozessorkommandos `#include` in die Quelltextdateien einbinden. In den Header-Dateien befinden sich die Prototypen für die Bibliothek. Im zweiten Schritt werden dem Linker die eigentlichen Bibliotheksdateien bekannt gemacht. So können bei Bedarf die benötigten Teile der Bibliothek zum eigenen Programm hinzugebunden werden.

## 8.1 Zeichenketten und Strings

Im Alltag des Programmierers kommen Folgen von Buchstaben in Form von Texten und Bezeichnungen immer wieder vor. In Anbetracht der hohen Praxisrelevanz erscheint die Einbindung in die Programmiersprache etwas lieblos. Die Sprache C++ hatte zunächst von C die Zeichenkette als Array von `char` geerbt. Die Klasse `string`, wie wir sie heute kennen, wurde erst Jahre später eingeführt. Zu diesem Zeitpunkt hatte es bereits Stringklassen anderer Hersteller gegeben.

### 8.1.1 Die Standardklasse string

Natürlich können Sie in C++ auch die klassischen C-Zeichenketten weiterverwenden. Sie werden teilweise gar nicht umhin können, denn sobald Sie eine Textkonstante in Anführungszeichen einsetzen, wird diese automatisch vom Compiler als `char`-Array mit abschließender Null angelegt. Andererseits ist die Klasse `string` eindeutig als Standard für die Sprache C++ definiert. In neuen Programmen ist die Klasse `string` vorzuziehen. Es vereinfacht den Umgang mit Zeichenketten erheblich. Zum Kopieren weisen Sie den String einfach einer anderen String-Variablen zu. Sie müssen keine Arrays anlegen, Schleifen bilden und kontrollieren, ob der Puffer überläuft und die Abschluss-Null noch an ihrem Platz ist.

#### Anlegen und Initialisieren von Stringvariablen

Um ein Objekt vom Typ `string` zu definieren, muss zunächst die Datei `string` eingebunden werden. Sie endet wie viele Header-Dateien der Standardbibliothek von C++ nicht auf *.h*. Die Klasse `string` liegt im Namensraum `std`. Sofern Sie nicht jedes Mal `std::string` angeben wollen, um einen String zu definieren, ziehen Sie zu Anfang den Namensraum `std` mit dem Befehl `using` hinzu:

```
#include <string>
using namespace std;

string meinName;
```

Beim Anlegen eines Objekts der Klasse `string` muss nicht angegeben werden, wie viele Zeichen reserviert werden sollen. Wird mehr Platz benötigt, sorgt das Objekt selbst dafür, dass es den erforderlichen Speicherbereich bekommt.

#### Konstruktoren

Die Klasse `string` verfügt über mehrere Konstruktoren. Ohne Parameter wird ein String angelegt, dem eine Zeichenkette oder ein anderer String zugewiesen werden kann. Dem Konstruktor kann eine Zeichenkettenkonstante als Parameter übergeben werden,mit deren Inhalt der String vorbelegt wird. Soll eine Zeichenkette aus einer Folge des immer gleichen Buchstabens gebildet werden, werden dem Konstruktor zunächst die Anzahl und dann das Zeichen übergeben.

```
#include <string>
using namespace std;

int main()
{
    string name;
    name = "Arnold Willemer";
    string ort("Norgaardholz");
    string trennlinie(80, '-');
}
```

**Listing 8.1** Konstruktion von Strings



#### Kompatibilität zu C-Strings

Ein string kann wie gesehen, einen klassischen C-String per Konstruktorparameter übernehmen oder Sie können ihm einen klassischen String einfach zuweisen. Aber in der anderen Richtung funktioniert so einfach nicht.

Sie erhalten über die Member-Funktion `c_str()` eines `string`-Objekts einen konstanten `char`-Zeiger, der auf den Text des String-Objekts zeigt. Damit können Sie sich über die Funktion `strncpy()` eine Kopie in ein `char`-Array ziehen. Da der Zeiger konstant ist, können Sie damit nicht den Text innerhalb des `string`-Objekts verändern. Berücksichtigen Sie, dass der Zeiger durchaus »verderblich« ist. Sobald der String verändert wird, kann es sein, dass der Zeiger ins Leere greift. Genießen Sie ihn also nur frisch!

```
#include <string>
#include <iostream>
#include <cstring>
using namespace std;
```

```
int main()
{
    string ort("Norgaardholz");
    cout << ort << endl;
    const char *cStringZeiger = ort.c_str();
    ort = "Gintoft"; // betrifft auch cStringZeiger!
    ort[1] = 'o';    // betrifft auch cStringZeiger!
    char zweitOrt[80];
    strncpy(zweitOrt, cStringZeiger, 80);
    cout << ort << endl;
    cout << zweitOrt << endl;
}
```

**Zusammensetzen von Strings**

Strings können aneinander gehängt werden, indem ein einfaches Pluszeichen zwischen sie gestellt wird.

```
#include <string>
using namespace std;
...
string meinName = "neu";
char oldName[25] = "alt";
string neuString;
...
neuString = meinName;            // "neu"
neuString = oldName;             // "alt"
neuString = meinName + oldName;  // "neualt"
neuString += oldName;            // "neualtalt"
```

Statt des Operators += kann auch die Elementfunktion `append()` verwendet werden.

```
#include <string>
#include <iostream>
using namespace std;
int main()
{
    string vorn = "abc";
    string hinten = "def";
    vorn.append(hinten); // wie: vorn += hinten; "abcdef"
}
```

### Zugriff auf einzelne Zeichen

Auf die einzelnen Buchstaben einer Zeichenkette können Sie über den Indexoperator, also die eckigen Klammern, genau wie bei den klassischen C-Strings zugreifen. Alternativ zu den rechteckigen Klammern können Sie für das Auslesen einzelner Buchstaben die Funktion `at()` verwenden.

```
#include <string>
#include <iostream>
using namespace std;

int main()
{
    string str = "Hand";
    str[1] = 'u';
    str.at(0) = 'M';
    cout << str << endl; // "Mund"
}
```

### Iterator statt Zeiger

Bei dem klassischen `char`-Array konnten Sie mit einem Zeiger schnell über den Text laufen. Das ist so direkt bei einem String nicht möglich. Allerdings gibt es einen Ersatz in Form eines Iterators, der sich beinahe gleich verwenden lässt. Den Iterator werden Sie übrigens im Zusammenhang mit der STL im Kapitel 10 noch einmal wiedersehen.

Ein Iterator ist ein Objekt der Klasse `string::iterator`. Das `string`-Objekt liefert über die Elementfunktion `begin()` einen Iterator, der auf das erste Zeichen zeigt. Das Zeichen erhalten Sie durch Derefenzierung wie bei einem normalen Zeiger auch, indem Sie einfach einen Stern vor den Iterator stellen. Der Iterator kann wie ein Zeiger auch inkrementiert werden, um auf das nächste Zeichen vorzurücken. Um festzustellen, ob Sie das Ende des Strings erreicht haben, vergleichen Sie den Iterator nach dem Inkrementieren mit dem Iterator, den die Elementfunktion `end()` zurückliefert. Dieser Iterator zeigt hinter den letzten gültigen Buchstaben des Strings. Sobald also der laufende Iterator gleich dem Rückgabewert von `end()` ist, hat er das Ende des Strings überschritten.

**Beispiel**

In der folgenden Schleife wird der String mithilfe eines Iterators durchlaufen und Buchstabe für Buchstabe auf dem Bildschirm ausgegeben.

```
#include <iostream>
#include <string>
using namespace std;

int main()
{
    string s = "Testlauf";
    string::iterator i;
    for (i=s.begin(); i!=s.end(); i++)
    {
        cout << *i ;
    }
    cout << endl;
}
```

**Listing 8.2** Auslesen eines Strings über einen Iterator (*stringit.cpp*)

Die Haltbarkeit eines Iterators ist begrenzt. Sobald der String in der Größe verändert wird, ist die Gültigkeit des Iterators nicht mehr gewährleistet. Aus diesem Grund sollte der Iterator bei jedem Durchlauf erneut mit Hilfe der Funktion `begin()` bestimmt werden.

Neben dem bisher betrachteten Iterator existiert ein Revers-Iterator. Der Revers-Iterator hat einen anderen Typ als der normale Iterator. Dieser Typ wird von der Klasse `string` als `string::reverse_iterator` definiert und läuft rückwärts durch den String, obwohl er mit ++ erhöht wird. Um diesen Iterator auf das Ende des Strings zu setzen, verwenden Sie die Elementfunktion `rbegin()`. Der Abschluss wird durch `rend()` bestimmt. Durch das folgende Programm wird der String rückwärts ausgegeben:

```
#include <iostream>
#include <string>
using namespace std;

int main()
{
    string s = "Testlauf";
    string::reverse_iterator i;
```

```
    for (i=s.rbegin(); i!=s.rend(); i++)
    {
        cout << *i ;
    }
    cout << endl;
}
```

**Listing 8.3** Rückwärtslaufen über einen Iterator (*stringrev.cpp*)

### String-Manipulationen

Die Klasse `string` liefert diverse Funktionen, um Zeichenketten zu verändern. Die Funktion `clear()` löscht alle Zeichen des Strings.

```
void clear();
```

Im folgenden Beispiel enthält die Variable `str` anschließend nur noch eine leere Zeichenkette:

```
string str = "Gerüttelt, nicht geschürt";
str.clear();
```

Die Funktion `insert()` fügt den String `s` an der Position `p` ein.

```
string& insert(size_type p, string& s);
```

Im zugehörigen Beispiel enthält die Variable `str` anschließend die Zeichenkette »Gerüttelt, aber nicht geschürt«:

```
string str = "Gerüttelt, nicht geschürt";
str.insert(11, "aber ");
```

Die Funktion `erase()` entfernt ab der Position `p` `n` Zeichen.

```
string& erase(size_type p, size_type n);
```

In diesem Beispiel enthält die Variable `str` anschließend die Zeichenkette »Gerüttelt, geschürt«:

```
string str = "Gerüttelt, nicht geschürt";
str.erase(11, 6);
```

Die Funktion `replace()` ersetzt ab der Position `p` `n` Zeichen durch den String `s`. Der veränderte String wird zusätzlich per Referenz zurückgegeben.

```
string& replace(size_type p, size_type n, string& s);
```

Im folgenden Beispiel enthalten die Variablen `str` und `sub` nach der Operation die Zeichenkette »Gerüttelt, aber geschürt«:

```
string str = "Gerüttelt, nicht geschürt";
string sub = str.replace(11, 5, "aber");
```

Die Funktion `substr()` liefert den Teil-String des `string`-Objekts, der ab Position `p` beginnt und eine Länge von `n` Zeichen hat. Das Original wird dabei nicht verändert.

```
string &substr(size_type p, size_type n=npos)
```

Im zugehörigen Beispiel enthält die Variable `str` anschließend immer noch den Original-String. Die Variable `sub` enthält das Wort »nicht«. Fehlt der zweite Parameter, wird der String bis zum Ende gelesen. Die Variable `rest` enthält also »nicht geschürt«.

```
string str = "Gerüttelt, nicht geschürt";
string sub = str.substr(11, 5);
string rest = str.substr(11);
```

#### Vergleiche

Im Gegensatz zu den C-Strings können `string`-Objekte direkt mit den einfachen Operatoren verglichen werden, die bereits von den Zahlvergleichen bekannt sind. Es sind also keine speziellen Funktionen wie `strcmp()` mehr erforderlich.

| Operator | Bedeutung |
|---|---|
| == | Gleich |
| != | Ungleich |
| < | In lexikalischer Reihenfolge vorher |
| > | In lexikalischer Reihenfolge nachher |
| <= | In lexikalischer Reihenfolge vorher oder gleich |
| >= | In lexikalischer Reihenfolge nachher oder gleich |

**Tabelle 8.1** Vergleichsoperatoren auf Strings

Für den Vergleich reicht es, dass einer der beiden Operanden vom Typ `string` ist. Er kann sowohl mit einem klassischen C-String als auch mit einem `char` verglichen werden. Die Reihenfolge spielt keine Rolle.

```
string s;
char cstring[256];
...
if (s < cstring)
...
if (cstring < s)
```

Die Elementfunktion `compare()` vergleicht das String-Objekt mit einem anderen String. Der Rückgabewert ist 0, wenn beide Strings gleich sind. Ist der Rückgabewert negativ, ist der String des Objekts kleiner als der Vergleich-String. Ist der Wert positiv, ist das String-Objekt größer. Die Funktion dient in erster Linie als direkter Ersatz für die klassische Funktion `strcmp()`, die bei C-Strings die einzige Möglichkeit des Vergleichs ist.

Die Elementfunktion `empty()` ermittelt, ob der String des Objekts leer ist und gibt in diesem Fall `true` zurück.



#### Länge der Zeichenkette

Die Funktionen `length()` und `size()` liefern die Anzahl der Zeichen, die das String-Objekt enthält. Die Funktion `resize()` ändert die Länge eines Strings auf die im Parameter angegebene Zahl. Ist der Wert kleiner als die bisherige Länge der Zeichenkette, wird sie gekürzt. Ist der Parameter größer als die bisherige Länge, wird die Zeichenkette verlängert und mit Null-Bytes aufgefüllt.

#### Suche und Informationen

Die Elementfunktion `find()` liefert die Position, an der sich der als Parameter übergebene Such-String `s` befindet. Wird zusätzlich ein ganzzahliger Parameter `p` angegeben, wird ab der Position `p` gesucht.

```
size_type find(const string &s, size_type p=0);
```

Wurde die Zeichenkette `s` nicht gefunden, gibt die Funktion den Wert `string::npos` zurück. Dieser Wert liegt auf jeden Fall über der Länge des Strings, sodass auch abgefragt werden kann, ob die Länge überschritten wurde.

```
#include <string>
#include <iostream>
using namespace std;

int main()
{
    string str = "Da würgte er die Klapperschlang "
                 "bis ihre Klapper schlapper klang";
    string such = "lapper";
    unsigned long pos = 0;
    while (pos!=string::npos)
    {
        pos = str.find(such, pos);
        if (string::npos==pos)
        {
            cout << "nicht gefunden!" << endl;
        } else {
            cout << pos << endl;
            ++pos; // verhindert Endlosschleife
        }
    }
}
```

**Listing 8.4** Auf der Suche

Die Funktion `rfind()` arbeitet wie die Funktion `find()`, allerdings durchsucht sie die Zeichenkette von hinten nach vorn.

Die Funktion `find_first_of()` arbeitet wie die Funktion `find()`. Allerdings liefert sie die erste Position, an der im Objekt eines der Zeichen erscheint, das im Such-String angegeben wurde.

Zur Funktion `find_first_of()` gibt es diverse ähnlich arbeitende Funktionen. So ermittelt die Funktion `find_last_of()` die gesuchten Zeichen von hinten nach vorn. Die Funktion `find_first_not_of()` ermittelt das erste Zeichen, das nicht im Such-String steht, und die Funktion `find_last_not_of()` tut dies rückwärts.

#### Umwandlung von Zahlen und Zeichenketten

Sehr häufig begegnet dem Programmierer die Situation, dass Zeichenketten in Zahlen oder Zahlen in Zeichenketten umgewandelt werden müssen. Wenn ein Benutzer eine Zahl eingibt, tippt er natürlich eine Folge von Zeichen ein, also einen

String. Zur Weiterverarbeitung muss dieser dann in Zahlen umgewandelt werden. Bei der Verwendung von `cin` erledigt das die Klasse `iostream`. In anderen Fällen wie beispielsweise bei grafischen Oberflächen übergeben die Kontrollelemente Zeichenketten an das Programm, und das Programm muss sie selbst in Zahlen umwandeln. Ebenso erwarten die Kontrollelemente der grafischen Oberflächen eine Zeichenkette, wenn etwas angezeigt werden soll. Sollen dort Zahlen erscheinen, müssen Sie sie zunächst in Zeichenketten umwandeln.

Für solche Aufgaben bieten in den Standardbibliotheken von C++ die Klassen `istringstream` und `ostringstream` die Möglichkeit an, Daten mit den Ein- und Ausgabeoperatoren >> und << in Zeichenketten umzuleiten.

Zur Umwandlung einer Zeichenkette in eine Zahlvariable verwenden Sie ein Objekt der Klasse `istringstream`. Dieses kann bei der Definition direkt mit der Zeichenkette initialisiert werden. Anschließend muss nur der Eingabeoperator von dem Objekt auf eine Zahlvariable gelenkt werden.

```
#include <sstream>
using namespace std;

int main()
{
    int meineZahl = 0;
    string s("123");
    istringstream inStream(s);
    inStream >> meineZahl;
}
```

Soll der umgekehrte Weg beschritten werden, also aus einer Zahlvariablen eine Zeichenkette generiert werden, so verwenden Sie ein Objekt der Klasse `ostringstream`. Mit dem Ausgabeoperator << wird der Inhalt der Zahlvariablen an das Stream-Objekt umgeleitet. Mit der Elementfunktion `str()` kann man die Zeichenkette direkt auslesen.

```
#include <sstream>
using namespace std;

int meineZahl = 976;
string s;
ostringstream outStream;
outStream << meineZahl;
s = outStream.str();
```

Um die Stringvariable Ihren Ausgabebedürfnissen anzupassen, können Sie auch Manipulatoren verwenden (siehe Abschnitt 8.2.2).

#### Die Speicherverwaltung der Klasse string

Die Klasse `string` verwaltet den Speicher für die Zeichenketten selbst. Auf diese Weise werden viele kritische Fehler vermieden, die in C geschriebene Programme zum Absturz bringen konnten. So sind Speicherüberläufe oder das Schreiben in fremde Speicherbereiche nahezu ausgeschlossen. Wird eine Zeichenkette länger als der Speicher, den die Klasse reserviert hat, fordert sie neuen Speicher an, kopiert die Zeichenkette und gibt den alten Speicher wieder frei.

Verändert sich die Größe einer Zeichenkette in geringem Umfang immer wieder, kann das ständige Anfordern und Freigeben von Speicher zu einem überflüssigen Effizienzverlust führen. In solchen Fällen kann der Programmierer angeben, dass für die Zeichenkette ein gewisser Speicherbereich zur Verfügung gestellt werden soll. Dazu wird die Funktion `reserve()` aufgerufen. Ihr Parameter gibt an, wie viel Speicherplatz für die Zeichenkette mindestens reserviert werden soll. Den gleichen Mechanismus besitzt der STL-Container `vector` (siehe Abschnitt 10.1).

Wie viel Speicher das Objekt vorhält, kann mit der Funktion `capacity()` ermittelt werden. Dieser Wert ist nicht mit der Länge der Zeichenkette zu verwechseln.

```
void reserve(size_type size);
size_type capacity();
```

**Listing 8.5** Prototypen der Speicherfunktionen von string

#### Einordnung in die Standardklassen

Die Klasse `string` gehört zur Standardbibliothek der Sprache C++. Genau gesagt gehört sie zur STL (Standard Template Library). Sie ist von der Basisklasse `basic_string` abgeleitet. Diese Basisklasse implementiert die Stringfunktionalität, kann aber per Template den Datentyp des einzelnen Buchstabens verändern. Auf diese Weise ist es auch möglich, die gleichen Funktionalitäten zu verwenden, wenn statt des einfachen 8-Bit-Codes UNICODE mit 16 Bits eingesetzt wird.

Von der Klasse `basic_string` sind die Klassen `string` für 8-Bit-Zeichenketten und `wstring` für UTF-16 von UNICODE abgeleitet. Es gelten die beiden folgenden Typendeklarationen:

```
typedef basic_string<char> string;
typedef basic_string<wchar_t> wstring;
```

Die Tatsache, dass die Klasse `string` zur STL gehört, können Sie auch an der Verwendung der Iteratoren und einiger Elementfunktionen erkennen. So ist die Klasse `string` ein guter Einstieg in die STL.

### 8.1.2 Andere String-Bibliotheken

Leider gibt es neben der bereits vorgestellten Standardbibliothek noch einige Sonderimplementierungen. In den ersten C++-Versionen war die Bibliothek `string` noch nicht enthalten. Das führte zu diversen privaten Implementierungen verschiedenster Herkünfte. Da noch kein Standard existierte, führten die großen Klassenbibliotheken jeweils ihre eigenen String-Klassen ein. Diese sind auch nach der Einführung der Klasse `string` nicht verändert worden.

Ein Grund dafür ist, dass die eigenen Klassen wesentlich besser an die Klassenbibliothek angepasst waren. Ein anderer Grund ist, dass mittlerweile eine Reihe Programme existierte, die die String-Klassen verwendeten. Die Hersteller konnten auf der einen Seite ihre Kunden nicht einfach im Regen stehen lassen, nur weil es endlich einen Standard gab. Auf der anderen Seite ist es für den Hersteller wünschenswert, den Programmierer an sein Produkt zu binden und so den Übergang auf einen anderen Compiler zu erschweren. Die Microsoft Foundation Classes (MFC) verwenden eine Klasse namens `CString` und der Borland C++ Builder eine Klasse namens `AnsiString`. Beide Klassen bieten allerdings einen Konvertierungskonstruktor, sodass es möglich ist, mit Standard-Strings zu arbeiten und die Strings erst beim Zugriff auf die Schnittstellen der Klassenbibliotheken zu konvertieren. Dieses Vorgehen hat den Vorteil, dass man einen großen Teil der Module eines Projekts portabel halten kann.



### 8.1.3 Klassische C-Zeichenkettenfunktionen

Im Zuge der Behandlung von Arrays und an anderen Stellen wurde bereits ausgeführt, dass C-Zeichenketten als ein Array von Zeichen implementiert sind. Für diesen Datentyp liefert C eine umfangreiche Bibliothek von Funktionen.

Der klassische C-String ist ein Array vom Typ `char`. Der Programmierer muss das Array vor seiner Verwendung auf die notwendige Größe festlegen. War die Abschätzung zu großzügig, führt sie zur Speicherverschwendung. War sie zu knapp, müssen Sie ein neues Array anlegen, den String kopieren und das alte Array freigeben. Anders ausgedrückt: Das Speichermanagement der Zeichenketten gehört nun zu den Aufgaben der Applikation, ist also Ihre Baustelle.

Das tatsächliche Ende der Zeichenkette wird unabhängig von der Größe des Arrays durch ein Nullzeichen bestimmt. Falls das Nullzeichen vergessen wird und innerhalb des Arrays nicht zufällig eine 0 auftritt, werden Daten verwendet, die nichts mit der Zeichenkette zu tun haben. Solche Fehler sind schwer zu finden, weil das Überschreiben fremder Variablenbereiche nicht sofort zu einem Fehler führt. Damit ist die Ursache nicht unbedingt erkennbar, wenn der Fehler sichtbar wird.

Immerhin gibt es für die klassischen C-Strings eine Vielzahl unterstützender Funktionen, sodass der Programmierer nicht darauf angewiesen ist, alle Stringoperationen selbst durchzuführen. Um diese Funktionen zu nutzen, muss die Header-Datei *cstring* eingebunden werden.

Die Funktionen sind meist gar nicht besonders kompliziert, und so finden Sie in manchen Programmen direkt ausprogrammierte Schleifen wie das folgende Beispiel, das wie `strcpy()` eine Zeichenkette kopiert.

```
while(*quelle)
{
    *ziel++ = *quelle++;
}
*ziel = 0;
```

**Listing 8.6** strcpy() selbst geschrieben

Die Funktion `strcpy()` der Standardbibliothek erwartet als Parameter zunächst das Ziel und dann die Quelle. Als Eselsbrücke können Sie sich merken, dass die Reihenfolge genau der entspricht, die Sie auch in einer Zuweisung verwenden würden. Weitere Parameter hat `strcpy()` nicht, und so kann die Funktion auch nicht feststellen, ob die Quelle eventuell größer als das Ziel ist. In einem solchen Fall würde über die Grenze des Arrays hinausgeschrieben. Darum gilt die Verwendung von `strcpy()` als Sicherheitsrisiko. Übergibt ein Angreifer dem Programm als Eingabe oder Parameter eine überlange Zeichenkette, wird die Funktion `strcpy()` über den Rand des Arrays hinwegschreiben und damit Variablen verändern, die für den Anwender eigentlich unerreichbar sein sollten. Dadurch können unerwünschte Reaktionen erfolgen: Das Programm kann abstürzen. Hat das Programm eine Schutzfunktion gegenüber dem Rechner (Passworteingabe, Firewall oder Ähnliches), ist der Rechner anschließend für den Angreifer offen.

Um dies zu verhindern, gibt es die Funktion `strncpy()`, die als weiteren Parameter die maximale Länge des zu kopierenden Bereichs erwartet. Damit ist ein Überschreiten der Grenzen des Ziel-Arrays leicht vermeidbar. Leider schließt `strncpy()` den Ziel-String nicht mit einer 0 ab, wenn die Länge des Quell-Strings den dritten

Parameter überschreitet. Es werden exakt so viele Zeichen kopiert, wie der dritte Parameter angibt. Damit das Ziel-Array auf jeden Fall korrekt abgeschlossen ist, sollten Sie grundsätzlich nach dem Aufruf von `strncpy()` das letzte Element des Ziel-Arrays auf 0 setzen. Das folgende Beispiel zeigt, wie das geht:

```
char *quelle;
char ziel[MAX];
    ...
    strncpy(ziel, quelle, MAX);
    ziel[MAX-1] = 0; // stört nie, ist aber sicherer
```

Zum Aneinanderhängen zweier Strings wird die Funktion `strcat()` verwendet. Der erste Parameter enthält den ersten Teil des Strings und ist gleichzeitig die Zielvariable. Es wird also an den existierenden String im Ziel der String des zweiten Parameters angehängt. Auch in diesem Fall existiert eine Funktion, die als dritten Parameter eine Länge entgegennimmt. Diese Funktion heißt `strncat()`. Der dritte Parameter gibt an, wie viele Zeichen aus dem Quell-String maximal angehängt werden. Es handelt sich also nicht um die maximale Länge des Ziel-Strings. Das folgende Beispiel verwendet die Funktion `strlen()`, die die Länge eines Strings liefert:

```
char *quelle;
char ziel[MAX];
...
strncat(ziel, quelle, MAX-strlen(ziel));
ziel[MAX-1] = 0; // stört nie, ist aber sicherer
```

Die Funktion `strlen()` liefert als Rückgabewert die Länge des Strings, der als Parameter übergeben wird.

Mithilfe der Funktion `strcmp()` können zwei Strings miteinander verglichen werden. Der Rückgabewert ist 0, wenn die Zeichenketten identisch sind. Ist der erste String lexikalisch größer als der zweite, ist der Rückgabewert eine positive ganze Zahl. Im umgekehrten Fall ist der Rückgabewert negativ. »Lexikalisch kleiner« bedeutet, dass die Zeichenkette im Lexikon oder im Telefonbuch an vorderer Stelle einsortiert würde. Allerdings ist zu berücksichtigen, dass die deutschen Sonderzeichen hier ausscheren. So wird ein »ü« von C++ keineswegs als »ue« interpretiert, sondern als ein Wert jenseits der 128. Stelle im ASCII-Code. Je nachdem, ob das Schlüsselwort `unsigned` für das `char`-Array verwendet wird, steht das »ü« also weit vor oder weit hinter den internationalen Buchstaben.

Mithilfe der Funktion `strstr()` können Sie einen Teilstring in einem größeren String suchen. Der erste Parameter ist der String, in dem gesucht wird. Der zweite

Parameter ist der Such-String. Die Funktion `strstr()` gibt einen Zeiger auf die erste Stelle zurück, an der der Such-String gefunden wurde. Existiert der Such-String nicht, ist der Rückgabewert 0.

Zum Abschluss sehen Sie die Prototypen der wichtigsten String-Funktionen, wie sie in C verwendet werden:

```
#include <cstring>
using namespace std;

char *strcat(char *ziel, const char *quelle);
int strcmp(const char *s1, const char *s2);
char *strcpy(char *ziel, const char *quelle);
size_t strlen(const char *s);
char *strncat(char *ziel, const char *quelle, size_t n);
int strncmp(const char *s1, const char *s2, size_t n);
char *strncpy(char *ziel, const char *quelle, size_t n);
char *strstr(const char *Heuhaufen, const char *Nadel);
```

#### Strings in Zahlen konvertieren

Es ist erforderlich, Zeichenketten in Zahlen umzuwandeln, wenn beispielsweise die Benutzereingaben in Dialogboxen als Zeichenketten an das Programm geliefert werden, das Programm aber eigentlich den Zahlenwert der Eingabe benötigt.

Die Funktion `atoi()` (»atoi« ist die Abkürzung für »ascii to int«.) erwartet einen C-String als Parameter und liefert einen Wert vom Typ `int` zurück. Die Zeichenkette muss mit Ziffern oder Vorzeichen beginnen. Die Funktion bricht ab, sobald ein Zeichen auftritt, das nicht in eine Zahl umzuwandeln ist. Analog zu `atoi()` gibt es die Funktion `atol()`, die einen Rückgabewert vom Typ `long` liefert. Für Fließkommazahlen steht die Funktion `atof()` zur Verfügung, deren Rückgabewert vom Typ `double` ist.

```
#include <cstdlib>
using namespace std;

int    atoi(const char *s);
long   atol(const char *s);
double atof(const char *s);
```

Die Funktion `atof()` hat den Nachteil, dass sie nur einen Punkt als Dezimalzeichen akzeptiert. Im deutschsprachigen Raum wird aber ein Anwender lieber ein Komma verwenden. Dies wiederum wird von `atof()` als Ende der Zahl interpretiert, sodass die Nachkommastellen fehlen. Um die Verwendung eines Kommas als Dezimalzeichen zu ermöglichen, können wir eine eigene Funktion `atof()` schreiben, die als zweiten Parameter ein beliebiges Dezimalzeichen akzeptiert.

```
double atof(const char *ZahlenString, char DezimalZeichen)
{
double Wert = 0.0;
bool Negativ = false;

    // Vorzeichen bearbeiten
    if (*ZahlenString=='-')
    {
        Negativ = true;
        ZahlenString++;
    }
    else if (*ZahlenString=='+')
    {
        ZahlenString++;
    }
    // Vorkommastellen berechnen
    while (*ZahlenString>='0' && *ZahlenString<='9')
    {
        Wert *= 10;
        Wert += (*ZahlenString++ - '0');
    }

    if (*ZahlenString == DezimalZeichen )
    {
        // Nachkommastellen berechnen
        double NachkommaPotenz=1.0;
        ZahlenString++;
        while (*ZahlenString>='0' && *ZahlenString<='9')
        {
            NachkommaPotenz /= 10;
            Wert += (*ZahlenString++ - '0') * NachkommaPotenz;
        }
    }
```

```
    // Vorzeichen berücksichtigen
    if (Negativ)
    {
        Wert = -Wert;
    }
    return Wert;
}
```

**Listing 8.7** atof überladen

### Zahlen in Strings konvertieren

Für die Umwandlung einer Zahl in einen String wird gern die Funktion `sprintf()` verwendet. Das »printf« im Namen deutet auf ihre Herkunft hin. Die Funktion `printf()` (»print formatted«) wird in C dazu verwendet, formatierte Ausgaben zu erzeugen. Die Funktion `sprintf()` hat die gleiche Wirkung, jedoch erfolgt die Ausgabe nicht auf dem Bildschirm, sondern wird in einen C-String geschoben. Eine dritte Variante namens `fprintf()` schreibt die Ausgabe in eine Datei. Aufgrund ihrer Herkunft müssen Sie die Datei *cstdio* einbinden. Diese ist der Lösung, *stdio.h* einzubinden, vorzuziehen. Natürlich müssen Sie bei Verwendung von *cstdio* den Namespace `std` berücksichtigen.

```
#include <cstdio>
using namespace std;

int printf(const char *Format, ...);
int fprintf(FILE *stream, const char *Format, ...);
int sprintf(char *String, const char *Format, ...);
```

Die Funktion `sprintf()` soll hier näher betrachtet werden, weil sie manchmal auch in C++-Programmen benutzt wird, um Zahlen oder Tabellen zu formatieren. Die Funktion ist vor allem bei der Ausgabe von Festkommawerten flexibler als die Manipulatoren (siehe Abschnitt 8.2.2).

Der erste Parameter der Funktion `sprintf()` ist der C-String, der nach dem Aufruf das Ergebnis enthält. Er ist großzügig zu bemessen, da die Funktion `sprintf()` nicht prüfen kann, ob die Kapazität überschritten wird. Der zweite Parameter ist der Format-String, der angibt, wie die nachfolgenden Parameter dargestellt werden sollen. Die weiteren Parameter enthalten die Werte, die aufbereitet werden sollen. Die drei Punkte sind kein Zeichen für Ratlosigkeit, sondern ein Syntaxelement der Sprache C für beliebig viele Parameter (siehe auch Abschnitt 4.3.8).

Der Format-String ist ein gewöhnlicher C-String, der an bestimmten Stellen Platzhalter enthält, die darauf hinweisen, welchen Typ die in den weiteren Parametern angegebenen Werte haben und wie sie auszugeben sind. Die Platzhalter werden durch ein Prozentzeichen eingeleitet. Beispiel:

```
sprintf(ausgabeString,
        "%s %s hat Kundennr. %d und %7.2f EUR Guthaben",
        vornameStr, nameStr, kdNr, guthaben);
```

Die Variable `ausgabeString` sollte ein `char`-Array sein und wird nach der Ausführung des Befehls die Ausgabe von `sprintf()` enthalten. Der Format-String enthält zunächst zwei String-Platzhalter (`%s`). Die nächsten zwei Parameter – hier sind es `vornameStr` und `nameStr` – müssen C-Strings sein. Sie werden jeweils an der Stelle der `%s`-Platzhalter ausgegeben. Der Text im Format-String »hat Kundennr.« wird danach in `ausgabeString` zu finden sein. Als Nächstes wird ein ganzzahliger, dezimal dargestellter Wert erwartet (`%d`). Der Parameter `kdNr` sollte also ein Integer sein. Der letzte Platzhalter (`%7.2f`) stellt einen Fließkommawert mit festen sieben Gesamt- und zwei Nachkommastellen dar. Es wird also der Format-String in die Zielvariable kopiert, und dabei die Platzhalterstellen durch die Darstellung der nachfolgenden Parameter ersetzt. Ein Platzhalter beginnt immer mit dem Prozentzeichen und endet mit dem Typkennzeichnungsbuchstaben. Die folgende Tabelle zeigt eine Zusammenfassung.

| Typkennzeichen | Bedeutung |
|---|---|
| d | Dezimale Darstellung eines Ganzzahlwerts |
| x | Hexadezimale Darstellung eines Ganzzahlwerts |
| f | Festkommadarstellung eines double-Werts |
| e | Exponentialdarstellung eines double-Werts |
| c | Ein Zeichen darstellen |
| s | Einen C-String darstellen |

**Tabelle 8.2** Typkennzeichen im printf-Format-String

Für jeden dieser Platzhalter muss ein Wert als weiterer Parameter an die Funktion übergeben werden. Dabei muss dieser Wert auch typkompatibel mit dem Platzhalter sein. Die Funktion selbst kann das nicht feststellen, und der Compiler kann dies nicht kontrollieren. Wenn Sie also eine falsche Anzahl oder falsche Typen übergeben, führt das schlimmstenfalls zum Absturz des Programms. Hier ist also sehr viel Sorgfalt erforderlich.

Zwischen dem Prozentzeichen und dem Typkennzeichner können optional noch ein Flag, eine Breiten- und Genauigkeitsangabe sowie eine Typspezifizierung eingefügt sein. Das Flag kontrolliert die Art, wie der Freiraum bei Zahlen aufgefüllt wird.

| Flag | Bedeutung |
|---|---|
| 0 | Mit Nullen auffüllen |
| - | Linksbündige Ausrichtung |
| Leerzeichen | Anzeige eines Leerzeichens anstelle eines positiven Vorzeichens |
| + | Vorzeichen auch bei positiven Zahlen anzeigen |

**Tabelle 8.3** Flags

Darauf folgt eine Zahlkonstante, die angibt, wie viele Stellen für die Spalte minimal zur Verfügung stehen. Bei Fließkommawerten kann durch einen Punkt und eine weitere Zahlkonstante angegeben werden, wie viele Nachkommastellen angezeigt werden sollen. Danach können Modifizierer angegeben werden, die den Typ genauer beschreiben. Dabei steht ein `h` für `short` und ein `l` für `long`. Ein `L` wird für `long double` verwendet.

Die einfachste Form einer Umwandlung ist die Darstellung einer ganzzahligen Variable als String. Der Aufruf dazu lautet:

```
sprintf(zielString, "%d", ZahlenWert);
```

## 8.2 iostream für Fortgeschrittene

Die Ein- und Ausgabe wurde grundlegend bereits in Abschnitt 1.6 behandelt. C++ verwendet das Konzept des Datenstroms, das auch von den modernen Betriebssystemen unterstützt wird.

### 8.2.1 Eingabe über cin

Wie Sie schon gesehen hatten, wird die Eingabe `cin` durch zwei Größerzeichen in eine oder mehrere Variablen umgeleitet. Wollen Sie eine Zeichenkette einlesen, können Sie als Zielvariable nicht nur ein Objekt vom Typ `string` verwenden, sondern können sogar ein `char`-Array einsetzen. Bei diesen klassischen C-Strings ist allerdings Vorsicht geboten, da die Eingabe die Array-Dimension nicht kennt. Es gibt auch keine Möglichkeit, die Eingabelänge zu begrenzen. Darum sollten Sie dies vermeiden.

```
#include <iostream>
#include <string>
using namespace std;

int main()
{
    char a[5], b[20]; // Hier besser string verwenden!
    cin >> a >> b; // riskant bei zu vielen Zeichen
    cout << a << "," << b << endl;
}
```

**Listing 8.8** Einlesen von Zeichenketten

Die Eingabe der Variablen a wird durch Eingabe einer Leertaste oder Return von der Eingabe der Variablen b getrennt. Das Eingabeobjekt kann wie eine boolesche Variable abgefragt werden. Dann liefert es `false`, wenn EOF erreicht ist. Dieser Vorgang ist analog zu der Prüfung auf Erreichen des Dateiendes EOF (»End Of File«).

```
while (cin >> Zahl)
{

}
```

**Listing 8.9** Boolescher Charakter

Äquivalent zur direkten Abfrage des Eingabe-Objekts ist der Aufruf der Elementfunktion `cin.eof()`. Das EOF wird auf der Tastatur durch [Strg] + [D] unter UNIX und [Strg] + [Z] unter Windows erzeugt. Da diese Art der Programmsteuerung einem normalen Anwender nicht leicht zu vermitteln ist, eignet sich dieses Verfahren eigentlich nur, wenn Dateien in die Standardeingabe umgelenkt werden.

### Einlesen einer Zeile

Beim Einlesen von Daten über `cin` werden führende »Whitespace«-Zeichen (Leerzeichen, Tabulatoren und Zeilenvorschübe) überlesen. Das Einlesen endet spätestens bei dem nächsten solchen Zeichen. Das kann lästig sein, wenn Zeichenketten eingelesen werden sollen, die auch Leerzeichen enthalten können.

Zum Einlesen einer kompletten Eingabezeile gibt es die globale Funktion `getline()`. Sie erwartet als ersten Parameter ein Stream-Objekt. Der zweite Parameter ist vom Typ `string`. Das hat den Vorteil, dass kein Pufferüberlauf überwacht werden muss. Optional kann in einem dritten Parameter angegeben werden, welches Zeichen das Abschlusszeichen sein soll. Vorgegeben ist das Zeilenendezeichen.

```
int main()
{
    string BruchString;
    getline(cin, BruchString);
    cout << BruchString << endl;
}
```

Die Stream-Klassen haben eine Elementfunktion `getline()`. Deren erster Parameter ist kein `string`, sondern ein klassischer C-String, also ein Zeiger auf `char`. Entsprechend ist der zweite Parameter die Größe des zur Verfügung stehenden Puffers. Auch hier ist es optional möglich, ein Begrenzungszeichen anzugeben.

```
int main()
{
    char BruchString[MAXSTR];
    cin.getline(BruchString, sizeof(BruchString));
    cout << BruchString << endl;
}
```

Die Funktion `getline()` liefert in allen Varianten immer eine Referenz auf den Eingabestrom zurück.

### 8.2.2 Manipulatoren

Manipulatoren dienen dazu, die Ausgabe aufzubereiten und zu formatieren. Im Abschnitt 1.6.2 wurden bereits ein paar einfache Manipulatoren vorgestellt. Manipulatoren können bei Ausgabeströmen zwischen die Umleitungsoperatoren eingefügt werden. Um die Manipulatoren verwenden zu können, müssen Sie zunächst die Datei *iomanip* einbinden.

Der wohl bekannteste Manipulator heißt `endl` und erzeugt einen Zeilenvorschub. Er sorgt auch dafür, dass die bisher ausgegebene Zeile sofort auf die Ausgabeeinheit geschrieben wird. Damit werden eventuell vorhandene Zwischenpuffer des Betriebssystems geleert.

Dem Manipulator `setw()` wird als Parameter die Breite angegeben, die für das nächste Ausgabeobjekt mindestens zur Verfügung gestellt werden soll. Falls der Platz größer ist als benötigt, wird die Ausgabe rechtsbündig ausgerichtet. Der verbleibende Platz wird mit Leerzeichen aufgefüllt. Das Leerzeichen kann mit dem Manipulator `setfill()` verändert werden. Als Parameter erwartet er ein Zeichen. Der Manipulator bleibt so lange wirksam, bis das nächste Mal `setfill()` aufgerufen wird. Die Bündigkeit kann mit den Manipulatoren `left` oder `right` umgestellt werden:

```
#include <iomanip>
#include <iostream>
using namespace std;

int main()
{
    int zahl = 42;
    cout << setw(8) << zahl << endl;
    cout << setfill('-');
    cout << setw(8) << zahl << endl;
    cout << left << setw(8) << zahl << endl;
}
```

**Listing 8.10** Ausrichtung per Manipulator (*manipulator.cpp*)

Die Ausgabe des Programms sieht so aus:

```
      42
------42
42------
```

Durch einen Manipulator kann eingestellt werden, zu welcher Zahlenbasis alle folgenden Ausgaben erscheinen sollen. Dabei gibt es `dec` für dezimale Zahlen, `oct` für die oktale Darstellung und schließlich `hex` für hexadezimale Zahlen. Es werden nur die reinen Zahlen angezeigt. Die für C und C++ so typischen Konstantenkennungen wie 0x für hexadezimal und einer führenden 0 für oktal werden nicht dargestellt. Ein solches Verhalten kann aber eingeschaltet werden, indem der Manipulator `showbase` aufgerufen wird. Mit `noshowbase` wird es wieder abgeschaltet.

```
#include <iomanip>
#include <iostream>
using namespace std;
```

```
int main()
{
    int zahl = 42;
    cout << oct << setw(8) << zahl << endl;
    cout << setfill('-');
    cout << setw(8) << zahl << endl;
    cout << hex << left << setw(8) << zahl << endl;
}
```

**Listing 8.11** Oktal und Hexadezimal per Manipulator

Die Ausgabe des Programms sieht so aus:

```
      52
------52
2a------
```

Für die Konstante `true` wird normalerweise 1 und für `false` 0 ausgegeben. Sie können dies bei einigen Compilern durch den Manipulator `boolalpha` so umstellen, dass »true« und »false« in der Ausgabe erscheinen. Mit `noboolalpha` erscheinen wieder 1 und 0.

| Manipulator | Wirkung |
|---|---|
| `endl` | Fügt Zeilenende ein |
| `setw(n)` | Spalte für nächstes Ausgabeobjekt ist n Stellen breit |
| `left` | Linksbündig ausrichten |
| `right` | Rechtsbündig ausrichten |
| `setfill(c)` | c als Füllzeichen verwenden |
| `dec` | Stellt Zahlen dezimal dar |
| `oct` | Stellt Zahlen oktal dar |
| `hex` | Stellt Zahlen hexadezimal dar |
| `showbase` | Zeigt 0x bei hexadezimaler und 0 bei oktaler Darstellung |
| `boolalpha` | Stellt true und false textuell dar |
| `noboolalpha` | Stellt true als 1 und false als 0 dar |

**Tabelle 8.4** Manipulatoren

Für Fließkommazahlen gibt es natürlich auch Manipulatoren. Zunächst funktioniert auch hier `setw()` zur Festlegung der Ausgabebreite. Die Darstellungsart kann auf `scientific` umgestellt werden. Dann werden die Zahlen in Exponentialschreibweise mit einer Stelle vor dem Dezimalpunkt dargestellt. Mit dem Manipulator `fixed` wird zur Festkommadarstellung umgeschaltet. Der Manipulator `setprecision()` ist für die Genauigkeit zuständig. Als Parameter wird ihm übergeben, wie viele Stellen der Zahl angezeigt werden sollen.

| Manipulator | Wirkung |
| --- | --- |
| `showpoint` | Darstellung mit Dezimalpunkt und Nachkommastellen |
| `noshowpoint` | Nur die relevanten Stellen werden ausgegeben |
| `scientific` | Fließkommazahl in wissenschaftlicher Darstellung |
| `fixed` | Festgelegte Nachkommastellen |
| `setprecision(n)` | Genauigkeit; n ist die Anzahl der Stellen |

**Tabelle 8.5** Fließkommamanipulatoren

Anstatt Manipulatoren in den Ausgabestrom zu legen, können auch Elementfunktionen des Stream-Objekts aufgerufen werden. Allerdings heißen die Elementfunktionen geringfügig anders. Dabei ergeben sich folgende Unterschiede:[1]

| Manipulator | Elementfunktion |
| --- | --- |
| `setw(n)` | `width(n)` |
| `setfill(c)` | `fill(c)` |
| `setprecision(n)` | `precision(n)` |

**Tabelle 8.6** Manipulatoren und Elementfunktionen

Mit der Elementfunktion `setf()` lassen sich Manipulatoren funktional nachbilden.

```
cout.setf(ios::left); // entspricht: cout << left;
```

Ein Manipulator hat gegenüber den Elementfunktionen den Vorteil, dass er einfach in den Ausgabestrom hineingelegt werden kann. Ein Manipulator wird vom Umleitungsoperator daran erkannt, dass er einem der folgenden Prototypen entspricht:[2]

```
ios      & function(ios &);
istream & function(istream &);
ostream & function(ostream &);
```

**Listing 8.12** Prototypen für Manipulatoren

1 vgl. Davis, Stephen R.: C++ für Dummies, Wiley-VCH, Weinheim 2012, S. 323.
2 vgl. Jakobs, Holger: Einführung in ISO C++, PDF-Datei v. 12.4.2000, S. 75.

Wenn Sie eine Funktion schreiben, die solche Parameter und Rückgabewerte hat, erstellen Sie damit einen Manipulator. Der Name des Manipulators ist der Name der Funktion. Wenn Sie also den `left`-Manipulator unter GNU C++ nachbilden wollen, erstellen Sie die folgende Funktion namens `left()`.

```
ios& left(ios& i)
{
    i.setf(ios::left);
    return i;
}
```

**Listing 8.13** Selbst geschriebener left-Manipulator

## 8.3 Dateioperationen

Der Inhalt von Variablen bleibt leider immer nur bis zum nächsten Stromausfall erhalten. Auch wenn das Programm verlassen wird, ist ihr Inhalt Geschichte. Damit Sie auf Ihre Daten auch morgen noch kraftvoll zugreifen können, empfiehlt es sich, diese in einer Datei abzulegen.

Dazu können Sie die Daten als Ausgabestrom in die Datei schreiben. Das Vorgehen entspricht dem bei der Bildschirmausgabe per `cout`. Diese Form wird sequenziell genannt, weil die Daten nacheinander in der Reihenfolge, wie sie geschrieben wurden, in der Datei landen. Sie können aber auch einen Datenblock an eine beliebige Stelle der Datei schreiben. Später können Sie diesen Datenblock wieder zurückholen, indem Sie den internen Dateizeiger an diese Stelle positionieren und den Datenblock wieder lesen. Diese Vorgehensweise ist typisch für Datensätze, insbesondere, wenn sie in irgendeiner Form sortiert abgelegt werden sollen.

Für die Dateioperationen werden Objekte der Klasse `fstream` verwendet. Wird in die Datei nur geschrieben, kann stattdessen die Klasse `ofstream` verwendet werden. Für reine Eingabedateien bietet sich die Klasse `ifstream` an. Auf die Objekte dieser Klassen können Ein- und Ausgabeoperatoren (>> und <<) angewandt werden. Vor einem Zugriff muss die Datei mit der Elementfunktion `open()` geöffnet werden. Sie können die Aufgabe des Öffnens auch dem Konstruktor der `fstream`-Klasse überlassen, indem Sie dem Objekt bei seiner Definition den Dateinamen als Parameter übergeben. Nach der Bearbeitung der Datei muss sie wieder mit der Elementfunktion `close()` geschlossen werden. Diese Aufgabe übernimmt aber auch automatisch der Destruktor, sodass Sie `close()` nur dann aufrufen müssen, wenn Sie eine Datei schließen wollen, bevor das Objekt aufgelöst wird.

```
#include <fstream>
using namespace std;

int main()
{
    fstream f;
    f.open("test.dat", ios::out);
    f << "Dieser Text geht in die Datei" << endl;
    f.close();
}
```

**Listing 8.14** Textausgabe in eine Datei

### 8.3.1 Öffnen und Schließen

In Listing 8.14 wird zunächst ein Objekt der Klasse `fstream` definiert. Danach wird durch Aufruf der Funktion `open()` die Datei geöffnet. Die nächste Zeile leitet einen String in die Datei um, und zuletzt schließt der Aufruf von `close()` die Datei wieder.



#### Parameter von open()

Die Parameter der Funktion `open()` sind zunächst einmal der Name der Datei, die geöffnet werden soll. Als zweiter Parameter wird angegeben, in welchem Modus die Datei geöffnet wird. Im Beispiel wird die Datei zur Ausgabe verwendet.

Der Dateiname ist ein C-String, also als Zeiger auf `char` deklariert. In den meisten Fällen werden Sie Dateinamen aus Dateiauswahldialogen oder Benutzereingaben einfach übernehmen. Wird der Dateiname als Konstante im Programm definiert, ist daran zu denken, dass der Pfadtrenner Backslash zweimal geschrieben werden muss, da er ansonsten in einem String als Sonderzeichen interpretiert wird. Ansonsten empfiehlt sich die Verwendung eines Schrägstrichs als Pfadtrenner. Er wird auch unter Windows als Pfadtrenner akzeptiert. Das ist nicht nur leichter zu lesen, sondern hat seine Vorteile in der Portierbarkeit zu UNIX-Systemen. Dort wird der Schrägstrich und nicht der Backslash als Pfadtrenner verwendet.

Der zweite Parameter gibt den Modus an, in dem die Datei geöffnet wird. Die Konstante `ios::out` im Beispielprogramm besagt, dass die Datei zum Schreiben geöffnet wird. Naheliegenderweise verwenden Sie `ios::in`, wenn Sie eine Datei zum Lesen verwenden möchten. Der Modus `ios::trunc` bedeutet, dass die Datei beim Öffnen geleert wird. Das ist natürlich nur sinnvoll, wenn die Datei geschrieben werden soll.

Ähnlich verhält es sich mit dem Modus `ios::app`. Damit werden alle Ausgaben an die Datei angehängt. Auch dieser Modus wird sinnvollerweise in Kombination mit `ios::out` verwendet. Dieser Schreibmodus hat vor allem beim Schreiben von Protokolldateien eine besondere Bedeutung. So ist gewährleistet, dass die Daten immer hinten an die Datei angehängt werden. Anstatt zunächst die Größe der Datei und daraus die Schreibposition zu ermitteln, reicht ein einfacher Schreibaufruf aus.

Der Modus `ios::ate` bewirkt, dass der Positionszeiger beim Öffnen der Datei zunächst auf das Ende der Datei gesetzt wird. Um mehrere Modi zu kombinieren, werden sie bitweise mit ODER verknüpft. Sie setzen also einen einfachen, senkrechten Strich zwischen die Moduskonstanten.

| Konstante | Bedeutung |
|---|---|
| `ios::in` | Zum Lesen |
| `ios::out` | Zum Schreiben |
| `ios::trunc` | Datei wird beim Öffnen geleert |
| `ios::app` | Geschriebene Daten ans Ende anhängen |
| `ios::ate` | Positionszeiger ans Ende setzen |

**Tabelle 8.7** Dateimodi

Die Parameter von `open()` können auch gleich bei der Definition des Objekts mitgegeben werden. Damit wird ein Konstruktor aufgerufen, der die Datei direkt öffnet.

```
fstream f("test.dat", ios::out);
```

Soll eine Datei gelesen werden, verwenden Sie den Modus `ios::in`. Alternativ können Sie auch die spezialisierten Klassen `ifstream` und `ofstream` verwenden. Die Klasse `ifstream` impliziert als Modus beim Öffnen der Datei `ios::in`. Die Klasse ist also auf das Lesen von Dateien spezialisiert. Das Gegenstück ist `ofstream`, die für Dateien zuständig ist, die nur geschrieben werden. Hier braucht beim Öffnen der Datei `ios::out` nicht explizit genannt werden.

Standardmäßig geht C++ davon aus, dass eine Datei eine Textdatei ist. Das führt dazu, dass Zeilenvorschübe je nach Plattform unterschiedlich behandelt werden. In einer UNIX-Umgebung wird ein Zeilenvorschub mit dem ASCII-Zeichen 10 (Line Feed) kodiert. Ein Macintosh (Classic) verwendet 13 für Carriage Return, und die Betriebssysteme aus dem Hause Microsoft benutzen eine Kombination aus beiden. Beim Lesen und Schreiben von Dateien werden dabei gegebenenfalls Anpassungen durchgeführt, die aber fatal sind, wenn es sich gar nicht um Texte, sondern um binäre Daten handelt. Um dies zu verhindern, wird beim Öffnen reiner Datendateien die Option `ios::binary` verwendet.

#### Schließen der Datei

Eine Datei wird automatisch durch den Destruktor geschlossen. Insofern ist das Aufrufen der Funktion `close()` eigentlich überflüssig. Das explizite Schließen hätte sogar den Nachteil, dass es ein Stream-Objekt gibt, das keinen Zugriff mehr auf eine Datei hat. Insofern ist ein Öffnen durch den Konstruktor und ein Schließen durch den Destruktor etwas eleganter. Auf der anderen Seite wird ein kluger Programmierer eine zum Schreiben geöffnete Datei gern wieder schnellstmöglich schließen wollen. Eine zum Schreiben geöffnete Datei ist verletzbar, solange sie nicht wieder geschlossen ist. Stürzt das Programm vor dem Schließen der Datei ab, kann ihr Inhalt Schaden nehmen.

### 8.3.2 Lesen und Schreiben

Der Sinn und Zweck einer Datei ist es, Daten aufzunehmen. Dabei unterscheiden sich Textdateien von Datendateien. Textdateien lassen sich durch die Ein- und Ausgabeoperatoren bearbeiten. Sie können solche Dateien mit einem beliebigen Editor lesen und bearbeiten. Datendateien werden dagegen typischerweise mit Datenblöcken fester Länge beschrieben und gelesen.



#### Datenstrom

Die Stream-Objekte für Dateien lassen sich für die Ein- und Ausgabe genau so behandeln, wie Sie es von `cin` und `cout` her kennen. Das folgende Beispiel zeigt noch einmal die Ausgabe in eine Datei mithilfe des Ausgabeoperators:

```
fstream datei(..., ios::out);
...
datei << "Dies geht in eine Datei" << variable << endl;
```

Natürlich können für die Dateiausgabe auch Manipulatoren zur Formatierung der Ausgabe verwendet werden (siehe Abschnitt 8.2.2). Das Lesen aus Dateien kann auf analoge Weise über den Eingabeoperator erfolgen.

Der Eingabeoperator >> arbeitet mit `fstream`-Objekten in der gleichen Weise wie mit `cin`. Die Datei wird so gelesen, als käme ihr Inhalt von der Tastatur. Dazu gehört, dass Leerzeichen, Tabulatoren und Zeilenvorschübe als Eingabetrenner interpretiert werden. Das gilt auch, wenn der Datenstrom in Zeichenkettenvariablen fließt.

Um dennoch aus den Dateien Textzeilen mit Leerzeichen auslesen zu können, wird auch hier die Elementfunktion `getline()` verwendet. Als erster Parameter wird ein Zeiger auf `char` übergeben. Die Funktion arbeitet also mit den klassischen C-Strings. Der zweite Parameter ist die maximale Anzahl von Zeichen, die in den Puffer passt.

```
#include <fstream>
#include <iostream>
using namespace std;

int main(int argc, char *argv[])
{
    fstream f;
    char cstring[256];
    f.open(argv[1], ios::in);
    while (!f.eof())
    {
        f.getline(cstring, sizeof(cstring));
        cout << cstring << endl;
    }
    f.close();
}
```

**Listing 8.15** Auslesen einer Datei

Daneben gibt es noch eine globale Funktion namens `getline()`, die ein Objekt vom Typ `ifstream` als ersten Parameter hat. Diese globale Funktion arbeitet auch mit der Standardklasse `string` und akzeptiert ein Objekt dieser Klasse als zweiten Parameter. Das Beispiel oben würde dann so aussehen:

```
#include <fstream>
#include <iostream>
#include <string>
using namespace std;

int main(int argc, char *argv[])
{
    ifstream f;                 // Datei-Handle
    string s;
    f.open(argv[1], ios::in); // Öffne Datei aus Parameter
```

```
    while (!f.eof())            // Solange noch Daten vorliegen
    {
        getline(f, s);          // Lese eine Zeile
        cout << s << endl;      // Zeige sie auf dem Bildschirm
    }
    f.close();                  // Datei wieder schließen
}
```

**Listing 8.16** Auslesen einer Datei (*getline.cpp*)

### Datendateien

Zum Schreiben von binären Daten eignet sich das Verfahren der Datenumleitung mit << oder >> allerdings weniger. Binäre Daten befinden sich meist in festen Datenblöcken und werden oft durch Datenobjekte representiert. Zum Schreiben solcher Datenblöcke werden die Funktionen `read()` und `write()` verwendet.

```
Daten daten;
fstream f(..., ios::out|ios::binary|ios::in);
f.write(&Daten, sizeof(Daten));
...
f.read(&Daten, sizeof(Daten));
```

Mit dem Aufruf von `write()` wird das Objekt `daten` in eine Datei ab der aktuellen Position geschrieben. Mit dem späteren Aufruf von `read()` wird aus der Datei in das Objekt `daten` gelesen.

Eine Klasse, die als Datenpuffer verwendet wird, sollte natürlich auch alle Daten enthalten. Sobald die Klasse Zeiger enthält, werden Hauptspeicheradressen auf die Daten und nicht die Daten selbst gesichert. Solche Zeiger sind nicht immer offen zu sehen, sondern verbergen sich manchmal hinter Datentypen. So enthält beispielsweise ein Objekt der Klasse `string` Verweise auf die Zeichenkette, aber nicht die Zeichenkette selbst. Dementsprechend eignet sich für einen Dateipuffer eher ein klassischer C-String, also ein festes Array von `char`, als ein `string` oder ein Zeiger auf einen `char`.

### Beispiel

Das folgende Testprogramm sichert den ersten Parameter, mit dem das Programm aufgerufen wurde, in der Datei *testdatei*. Wird das Programm ohne Parameter aufgerufen, wird der zuletzt abgelegte Name wieder aus der Datei gelesen und auf dem Bildschirm ausgegeben. Das Programm liegt in zwei Versionen vor. In der Version, in der ein C-String zur Aufnahme der Daten in Daten verwendet wird, funktioniert es einwandfrei. Entfernen Sie dagegen die Kommentarzeichen der Variablendefinition für daten und kommentieren die bisherige Variablendefinition aus, werden die Daten in einem string-Objekt abgelegt, weil nun die Klasse StrDaten verwendet wird. Das Programm scheitert, weil die Zeichenkette nicht mehr innerhalb der Grenzen von StrDaten liegt und damit nicht in die Datei geschrieben wird.

```
#include <fstream>
#include <string>
#include <cstring>

using namespace std;

// Diese Klasse nimmt die Zeichenkette im klassischen
// char-Array auf und enthält damit die Daten.
class Daten
{
public:
   void set(char *para)
   {
        strncpy(data, para, sizeof(data));
        data[sizeof(data)-1] = 0;
   }
   void zeige()
   {
       cout << data << endl;
   }
private:
    char data[255];
};

// Hier werden die C++-Strings verwendet. Allerdings enthält
// ein Objekt vom Typ string nicht die eigentlichen Daten.
class StrDaten
{
public:
   void set(char *para)
   {
       data = para;
   }
```

```
    void zeige()
    {
        cout << data << endl;
    }
private:
    string data;
};

int main(int argc, char**argv)
{
  // StrDaten daten; // Damit funktioniert es nicht!
  Daten daten;       // Damit funktioniert es!

  // Wurde ein Parameter beim Aufruf übergeben?
  if (argc>=2)
  {
      daten.set(argv[1]); // In daten ablegen
      // Objekt in Datei speichern
      fstream f("testdatei", ios::out|ios::binary);
      f.write((char *)&daten, sizeof(daten));
  }
  // Kein Argument? Dann Datei auslesen!
  if (argc==1)
  {
      // Dateiinhalt in Objekt lesen
      fstream f("testdatei", ios::in|ios::binary);
      f.read((char *)&daten, sizeof(daten));
      daten.zeige(); // ... und anzeigen
  }
}
```

**Listing 8.17** Test: Datenstruktur sichern (*testfstr.cpp*)

Denken Sie auch daran, dass Dateistrukturen im Allgemeinen langlebiger als Programmversionen sind. Sobald die Struktur des Dateipuffers geändert wird, sind die Dateien, die von der vorherigen Version des Programms geschrieben wurden, nicht mehr lesbar.

Jeder Prozess verwaltet für jede geöffnete Datei einen Positionszeiger. (Ein Prozess ist ein gestartetes Programm. Wird ein Programm mehrfach gestartet, laufen mehrere Prozesse desselben Programms.) Dieser Zeiger steht nach dem Öffnen standardmäßig am Anfang der Datei und bewegt sich durch Lesen oder Schreiben immer weiter in Richtung Dateiende. Um die Position zu ermitteln, bietet die Klasse `ifstream` die Funktion `seekg()` an. Die Klasse `fstream` verwendet zur Änderung der Position die Funktion `seekp()`. Damit kann an jeder beliebigen Stelle der Datei ein Datenblock gelesen oder geschrieben werden. Dazu wird zunächst ein Seek-Aufruf abgesetzt und anschließend gelesen oder geschrieben. Der erste Parameter der Seek-Funktionen ist die Position, die der Dateizeiger bekommen soll. Optional kann ein zweiter Parameter angegeben werden. Dieser bestimmt, aus welcher Richtung die neue Position berechnet werden soll. Dort können die Konstanten in Tabelle 8.8 stehen

| Wert | Bedeutung |
|---|---|
| `ios::beg` | Vom Dateianfang aus gesehen |
| `ios::cur` | Von der aktuellen Dateiposition aus gesehen |
| `ios::end` | Vom Dateiende aus gesehen |

**Tabelle 8.8** Positionsrichtung

Mit den parameterlosen Elementfunktionen `tellg()` und `tellp()` kann ermittelt werden, an welcher Position der Dateizeiger derzeit steht.

Dateizugriffe werden deutlich schneller, wenn das Betriebssystem nicht sofort alle Daten auf die Festplatte schreibt, sondern sie so lange im Hauptspeicher puffert, bis mit einem Durchgang mehrere Blöcke auf einmal geschrieben werden können. Dieses Verhalten ist heutzutage auf allen Systemen Standard. Manchmal soll aber der Datensatz sofort auf die Platte geschrieben werden. Dies wird durch Aufruf der Elementfunktion `flush()` der Klasse `fstream` erzwungen.

### 8.3.3 Zustandsbeobachtung

Bei der Arbeit mit Dateien können diverse Probleme entstehen, auf die das Programm vorbereitet sein sollte. So könnte eine Datei, die das Programm lesen will, gar nicht existieren oder kürzer sein als erwartet. Beim Schreiben könnte das Schreibrecht fehlen, oder auf der Platte ist kein Speicherplatz mehr frei.

Das Stream-Objekt kann jederzeit mit der Elementfunktion `good()` gefragt werden, ob bei der letzten Aktion Fehler festgestellt worden sind. Die Funktion `good()` hat keine Parameter und liefert einen booleschen Wert zurück. Alternativ kann auch das Stream-Objekt selbst abgefragt werden. Enthält es eine 0, entspricht das dem Rückgabewert `false` der Funktion `good()`.

```
fstream Datei;
...
if (Datei.good())
{
    // Alles super
...
if (Datei)
{
    // Auch gut
```

Das folgende Programm öffnet eine Datei, schreibt einen Datensatz hinein, geht wieder an den Anfang der Datei zurück und liest dann den zuvor geschriebenen Satz. Dabei prüft es jeden Schritt direkt nach seiner Ausführung.

```
fstream f("test.dat", ios::out|ios::binary|ios::in);
if (!f.good())
{
  cerr << "Fehler beim Öffnen von test.dat" << endl;
}
f.write(&daten, sizeof(daten));
if (!f.good())
{
  cerr <<"Fehler beim Schreiben von test.dat"<< endl;
}
f.seekg(0, ios::beg);
f.read(&daten, sizeof(daten));
if (!f.good())
{
  cerr << "Fehler beim Lesen von test.dat" << endl;
}
```

Wird aus dem Beispiel die Zeile mit dem Seek-Befehl herausgenommen, so würde der anschließende Lesebefehl einen Fehler verursachen, wenn die Datei zu Anfang leer war. Durch den Schreibbefehl steht der Dateipositionszeiger am Ende der Datei. Der folgende Lesebefehl kann nicht mehr genug Daten aus der Datei lesen, um die Puffervariable `daten` zu füllen. Dieser Zustand wird als *EOF (End Of File)* bezeichnet. Das Erreichen des Dateiendes ist keine Katastrophe. Es ist durchaus üblich, eine Datei Satz für Satz auszulesen, bis das Ende der Datei erreicht wird. Um das Dateiende von anderen Fehlern zu unterscheiden, gibt es eine eigene Funktion namens `eof()`. Sie liefert so lange den Rückgabewert `false`, bis das Ende der Datei überschritten wurde. Die folgende Schleife liest also alle Daten einer Datei:

```
while (!f.eof())
{
    f.read(&daten, sizeof(daten));
}
f.clear();
```

Da die Schleife erst beim Überschreiten und nicht schon beim Erreichen von EOF verlassen wird, kann es sein, dass in der letzten Schleifenrunde Datenmüll gelesen wurde.

Nachdem ein Fehler aufgetreten ist, liefert die Funktion `good()` diesen Fehler so lange zurück, bis durch den Aufruf von `clear()` der Fehlerzustand des Stream-Objekts zurückgesetzt wurde. Im obigen Beispiel wurde dies nach dem Ende der Schleife durchgeführt, denn diese wurde ja durch einen EOF verlassen.

Neben dem Dateiende existiert noch die Möglichkeit, dass das Schreiben oder Lesen fehlschlägt, weil der Aufruf nicht im gewünschten Umfang abgewickelt werden konnte. In einem solchen Fall liefert die Elementfunktion `fail()` von `fstream` den Wert `true` zurück.

Ein schwerwiegender Fehler kann durch Abfrage der Elementfunktion `bad()` von `fstream` festgestellt werden. Nach dem Auftreten eines solchen Fehlers werden weitere Operationen scheitern.

Durch den Aufruf der Elementfunktion `exceptions()` von `fstream` können Sie festlegen, welche Fehlerzustände eine Ausnahmebehandlung auslösen sollen. Als Parameter verwenden Sie die Konstanten `ios::failbit`, `ios::badbit` oder `ios::eofbit`. Gegebenenfalls werden sie mit binärem Oder verknüpft. Das folgende Beispiel führt zu einer Ausnahmebehandlung, wenn das Fail-Bit oder das Bad-Bit gesetzt wird:

```
f.exceptions(ios::failbit|ios::badbit);
```

Zum Thema Ausnahmebehandlungen finden Sie in Abschnitt 7.3 ausführlichere Informationen. Dabei wird der Umgang mit den Ausnahmen von `fstream` ab Abschnitt 7.3.3 behandelt.

### 8.3.4 Dateizugriffe nach ANSI-C

Dateien gibt es ja nun nicht erst, seit es C++ gibt, und so ist es naheliegend, dass auch C Funktionen zur Verfügung stellt, um Dateien zu bearbeiten. Viele C++-Programmierer haben mit C angefangen, und so findet man auch in C++-Programmen häufig diese Art der Dateibehandlung. Die Kenntnis dieser Dateizugriffe ist wichtig, wenn Sie ein älteres Programm erweitern oder korrigieren sollen. Neuere Programme sollten mit den `fstream`-Klassen geschrieben werden. Die Vorteile der neuen Klassen sind:

- Die Operationen werden auf Typsicherheit überprüft.
- Sie können eine Ausnahmebehandlung verwenden.
- Wenn Sie `ostream` und `istream` verwenden, kann bereits beim Kompilieren sichergestellt werden, dass nicht versehentlich in Dateien geschrieben wird, die nur zum Lesen geöffnet wurden.

Da C keine Klassen kennt, erfolgen die Zugriffe auf Dateien über eine Sammlung von Funktionen. Beim Öffnen der Datei bekommen Sie ein sogenanntes Handle (engl. Handgriff) zurück. Diesen Wert müssen Sie bei jedem Zugriff auf die Datei übergeben, damit das Betriebssystem weiß, mit welcher Datei Sie arbeiten. Dieses Handle ist bei den ANSI-C-Funktionen ein Zeiger auf den Typ `FILE`. Das folgende Beispiel zeigt, wie ein Datensatz in eine Datei geschrieben und anschließend wieder ausgelesen wird.

```
#include <cstdio>
using namespace std;

int main()
{
    FILE *f;
    char puffer[256];

    f = fopen("test.dat", "rwb");
    if (f)
    {
        fwrite(puffer, sizeof(puffer), 1, f);
        fseek(f, 0, SEEK_SET);
        fread(puffer, sizeof(puffer), 1, f);
        fclose(f);
    }
}
```

**Listing 8.18** Dateibehandlung

Die Datei wird durch den Aufruf von `fopen()` geöffnet und durch den Aufruf von `fclose()` geschlossen. Die Funktionen haben die folgenden Prototypen:

```
FILE *fopen(const char *DateiName, const char *Modus);
int fclose(FILE *DateiHandle);
```

Der erste Parameter von `fopen()` ist der Dateiname. Der zweite Parameter ist der Öffnungsmodus, der als Zeichenkette eines oder mehrerer Buchstaben übergeben wird. Tabelle 8.9 zeigt eine Übersicht.

| Zeichen | Bedeutung |
|---|---|
| r | Zum Lesen öffnen |
| w | Datei leeren und zum Schreiben öffnen |
| a | Daten werden angehängt |
| r+ | Neben dem Lesen auch das Schreiben zulassen |
| w+ | Datei leeren und zum Schreiben und Lesen öffnen |
| b | Binärdatei (keine Konvertierung der Zeilenendezeichen) |

**Tabelle 8.9** Öffnungsmodi bei fopen()

Die Funktion `fwrite()` schreibt einen Datenblock in die Datei. Die Funktion `fread()` liest einen Datenblock aus der Datei. Die Funktionen haben folgende Prototypen:

```
size_t fread(void *puffer, size_t laenge, size_t n, FILE *f);
size_t fwrite(void *puffer, size_t laenge, size_t n, FILE *f);
```

Der erste Parameter ist ein Zeiger auf den Puffer, in dem die Daten im Hauptspeicher liegen. Da der Parametertyp ein Zeiger auf `void` ist, kann die Adresse einer beliebigen Speicherstruktur übergeben werden. Die nächsten beiden Parameter beschreiben die Größe des Puffers. Zunächst wird die Größe jedes Blocks angegeben, dann die Anzahl der Blöcke. Werden Datendateien verwendet, deren Puffer eine Datenstruktur ist, wird der Parameter `laenge` typischerweise durch ein `sizeof()` der Klasse bestimmt und die Anzahl `n` auf 1 gesetzt. Wird dagegen eine Textdatei verarbeitet, ist es sinnvoll, `laenge` auf 1 und die Anzahl `n` auf die gewünschte Puffergröße zu setzen. Der Rückgabewert beider Funktionen ist die Anzahl der Blöcke, die tatsächlich verarbeitet werden konnten. Stimmt `n` also mit dem Rückgabewert nicht überein, ist etwas schiefgegangen. Der letzte Parameter ist das Datei-Handle.

Wenn Sie mit Textdateien arbeiten, gibt es zwei Funktionen, die für diesen Zweck etwas einfacher zu handhaben sind: `fgets()` und `fputs()`. Die Funktion `fgets()` liest eine Textzeile in einen Puffer. Die Länge wird durch einen Parameter begrenzt, um einen Pufferüberlauf zu vermeiden. Die Funktion fputs() schreibt eine Zeichenkette in die Datei. Dabei wird die Länge durch eine 0 begrenzt, so wie das bei C-Strings üblich ist:

```
char *fgets(char *puffer, int laenge, FILE *f);
char *fputs(char *puffer, FILE *f);
```

Mit der Funktion fprintf() ist es möglich, die Daten formatiert in eine Datei zu schreiben. Abgesehen von dem Datei-Handle entsprechen die Parameter exakt der Funktion printf() (siehe Abschnitt 8.1.3).

```
char *fprintf(FILE *f, char *Format, ...);
```

Mit der Funktion fseek() kann der Dateipositionszeiger verschoben werden. Bei den C-Dateien gibt es nur einen gemeinsamen Positionszeiger für das Lesen und Schreiben.

```
int fseek(FILE *f, long offset, int relPos);
```

Der erste Parameter ist das Datei-Handle, der zweite der Abstand, und der dritte eine Konstante, die beschreibt, worauf sich der Abstand bezieht.

| Konstante | Bedeutung |
|---|---|
| SEEK_SET | Ab dem Anfang der Datei |
| SEEK_CUR | Ab der aktuellen Position |
| SEEK_END | Ab dem Ende der Datei |

**Tabelle 8.10** fseek(): relative Position

Die Funktion feof() ermittelt, ob das Ende der Datei erreicht wurde. Als einzigen Parameter hat die Funktion das Datei-Handle. Der Rückgabewert ist 0, wenn versucht wurde, über das Dateiende hinaus zu lesen.

```
int feof(FILE *f);
```

### 8.3.5 Dateisystemkommandos

Die folgenden Aufrufe gehören zum ANSI-Standard für C und C++ und ermöglichen dem Programm den grundlegenden Umgang mit dem Dateisystem.

#### Datei löschen: remove()

Die Funktion remove() löscht die Datei, deren Name ihr als Parameter übergeben wird.

```
#include <cstdio>
using namespace std;
int remove(const char *dateiname);
```

Die Funktion gibt 0 bei Erfolg und –1 bei einem Fehler zurück. Die Fehlerursache steht in der Variablen `errno`. Die meisten Systemaufrufe liefern einen Rückgabewert kleiner als 0, wenn etwas schiefgelaufen ist. Ist der Rückgabewert nicht aussagekräftig genug, wird die Fehlerursache in der globalen Variable `errno` kodiert. Die Konstanten, die `errno` annehmen kann, stehen in der Header-Datei *errno.h* zur Verfügung. So kann beim Aufruf von `remove()` unter anderem eine der folgenden Konstanten in der Variable `errno` zu finden sein:

| Konstante | Bedeutung |
|---|---|
| `EACCES` | Es fehlt die Schreibberechtigung |
| `ENOENT` | Diese Datei gibt es nicht |
| `EROFS` | Datei befindet sich auf einem schreibgeschützten Medium |

**Tabelle 8.11** Fehlerkonstanten

#### Umbenennen: rename()

Die Funktion zum Umbenennen von Dateien heißt `rename()`. Unter UNIX ist es mit dieser Funktion auch möglich, Dateien innerhalb des gleichen Dateisystems zu verschieben.

```
#include <cstdio>
using namespace std;
int rename(const char *dateiname, const char *neuname);
```

Die Funktion gibt 0 bei Erfolg und –1 bei einem Fehler zurück. Die Fehlerursache steht in der Variablen `errno`.

#### Weitere Funktionen

Die Kommandos zum Umgang mit Verzeichnissen gehören leider nicht zum ANSI-Standard. Unter UNIX sind sie in jedem Fall verfügbar und nach POSIX standardisiert. POSIX (Portable Operating System Interface) ist eine Familie von Standards für die UNIX-Schnittstellen, die vom IEEE (Institute for Electrical und Electronic Engineers) verbindlich festgelegt wurden. Auch unter Windows werden POSIX von vielen Compilern unterstützt. Aus diesem Grund sind hier die Stichwörter aufgezählt, die Sie benötigen, um in der Hilfe Ihres Compilers nachzuschlagen, ob die

Funktionen unterstützt werden. Unter UNIX geben Sie das Kommando `man`, gefolgt von der Funktion, an und erhalten den Prototyp und die Beschreibung der Funktion.

| Funktion | Wirkung |
|---|---|
| `mkdir` | Erzeugt ein Verzeichnis |
| `chdir` | Wechselt das Verzeichnis |
| `rmdir` | Löscht ein leeres Verzeichnis |
| `opendir` | Öffnet ein Verzeichnis zur Suche nach Dateien |
| `readdir` | Liest den nächsten Eintrag im Verzeichnis |
| `closedir` | Schließt das Verzeichnis wieder |

**Tabelle 8.12** Verzeichnisfunktionen

Das Auslesen eines Verzeichnisses ist zwar durch den ANSI-Standard nicht abgedeckt, aber immerhin durch POSIX. Dieser Standard für UNIX wird auch von einigen C-Compilern implementiert. Da das Auslesen von Verzeichnissen immer wieder benötigt wird, soll es hier kurz behandelt werden. Das folgende Programm gibt alle Dateinamen eines Verzeichnisses auf dem Bildschirm aus.

```
#include <dirent.h>
#include <iostream>
using namespace std;

int main()
{
    DIR *hdir;
    struct dirent *entry;

    hdir = opendir(".");
    do
    {
        entry = readdir(hdir);
        if (entry)
        {
            cout << entry->d_name << endl;
        }
    } while (entry);
    closedir(hdir);
}
```

**Listing 8.19** Auslesen eines Verzeichnisses (*dir.cpp*)



Kapitel 8

Der Zeiger auf DIR ist das benötigte Handle auf das Verzeichnis. Die Funktion opendir() erhält als Parameter den Verzeichnisnamen. Nach dem Öffnen des Verzeichnisses liefert die Funktion readdir() entweder einen Zeiger auf eine Variable der Verzeichniseintragsstruktur dirent oder eine 0, wenn kein weiterer Eintrag im Verzeichnis existiert. Zu guter Letzt wird das Verzeichnis wieder geschlossen. Das einzige im POSIX-Standard garantierte Element von dirent ist der Dateiname unter d_name. Das ist allerdings auch ausreichend, denn über den Namen lassen sich beispielsweise mit der Funktion stat() weitere Informationen ermitteln.

### 8.3.6 Dateieigenschaften ermitteln

Der UNIX-Systemaufruf stat() ist mit der C-Bibliothek auch auf andere Systeme portiert worden. Allerdings gehört diese Funktion nicht zum ANSI-Standard. Mit diesem Aufruf können Informationen über Dateien erlangt werden. Der Funktionsaufruf ist unter UNIX auf jeden Fall verfügbar. Unter Windows verstehen ihn die Borland-Compiler und natürlich die GNU-Compiler. Visual C++ bietet den Aufruf unter dem Namen _stat() an.

Mit den Funktionen stat() und fstat() können Sie Informationen über eine Datei ermitteln. Die Ergebnisse werden in einer Struktur vom Typ stat abgelegt. Sie müssen eine Variable dieses Typs anlegen und ihre Adresse der Funktion stat() übergeben. Die Funktion hat folgenden Prototyp:

```
#include <sys/types.h>
#include <sys/stat.h>
int  stat(char *dateiname,   struct stat *puffer);
```

Die Ergebnisse stehen in der Variablen vom Typ stat, auf die der Parameter puffer zeigt. Die Definition der Struktur beinhaltet die folgenden Elemente:

```
struct stat {
  dev_t  st_dev      /* (P) Device, auf dem die Datei liegt */
  ushort st_ino      /* (P) i-node-Nummer */
  ushort st_mode     /* (P) Dateityp  */
  short  st_nlink    /* (P) Anzahl der Links der Datei  */
  ushort st_uid      /* (P) Eigentuemer-User-ID (uid)  */
  ushort st_gid      /* (P) Gruppen-ID (gid)  */
  dev_t  st_rdev     /* Major- und Minornumber, falls Device */
  off_t  st_size     /* (P) Größe in Byte  */
```

```
  time_t st_atime    /* (P) Zeitpunkt letzter Zugriffs   */
  time_t st_mtime    /* (P) Zeitpunkt letzte Änderung   */
  time_t st_ctime    /* (P) Zeitpunkt letzte Statusänderung */
};
```

Die Bestandteile dieser Struktur können sich je nach System unterscheiden. Die mit (P) gekennzeichneten Elemente sind aber unter UNIX zwingend von POSIX vorgeschrieben.

- **st_dev und st_ino**
  Unter UNIX beschreiben `st_dev` und `st_ino` eindeutig den Ort einer Datei. `st_dev` ist das Device, bei Festplatten also die Partition. `st_ino` bezeichnet den i-node, eine unter UNIX eindeutige Kennnummer für Dateien einer Partition. Unter Windows wird in `st_dev` die Nummer des Laufwerks hinterlegt. `st_ino` ist immer 0.
- **st_mode**
  Die rechten zwölf Bits von `st_mode` beschreiben, ob das Programm die Datei lesen, schreiben oder ausführen kann. Unter UNIX können mit diesen Informationen die Rechte für Benutzer, Gruppen und den Rest der Welt mit je drei Bits unterschieden werden. Tabelle 8.13 beschreibt, wie die rechten neun Bits von `st_mode` die Rechte kodieren.

**Hinweis**

Die fehlenden Bits sind extrem UNIX-spezifisch und können in den Manpages von stat nachgeschlagen werden.

| | Benutzer | Gruppe | Welt |
|---|---|---|---|
| Lesen | 4 | 4 | 4 |
| Schreiben | 2 | 2 | 2 |
| Ausführen | 1 | 1 | 1 |

**Tabelle 8.13** Rechte für eine Datei

Unter Windows können die Benutzerrechte ausgewertet werden. Sie geben Auskunft, ob die Datei geschrieben und gelesen werden kann. Über die Dateierweiterung ermittelt Windows, ob die Datei ausführbar ist, und stellt diese Information in `st_mode` zur Verfügung.
In den nächsten vier Bits wird kodiert, welchen Typ die Datei hat. Um beides zu trennen, gibt es die Konstante `S_IFMT`. Mit ihr können Sie eine Maske über

diese Bits setzen. Anschließend können Sie den Wert mit folgenden Konstanten vergleichen:

| Konstante | Dateityp |
|---|---|
| S_IFSOCK | Sockets |
| S_IFLNK | Symbolische Links |
| S_IFREG | Reguläre Dateien |
| S_IFBLK | Block-Devices |
| S_IFDIR | Verzeichnisse |
| S_IFCHR | Char-Devices |
| S_IFIFO | FIFOs |

**Tabelle 8.14** Konstanten für den Dateityp

Das folgende Beispielprogramm ermittelt für die als ersten Parameter übergebene Datei die Rechte und stellt anschließend fest, ob es sich um eine Datei, ein Verzeichnis oder einen symbolischen Link handelt. Letztere sind eine Besonderheit der Dateisysteme von UNIX, die es unter Windows nicht gibt.

```
#include <sys/types.h>
#include <sys/stat.h>

int main(int argc, char **argv)
{
   struct stat Status;
   stat(argv[1], &Status);
   printf("Dateirechte: %o \n", Status.st_mode & ~S_IFMT);
   switch(Status.st_mode & S_IFMT) {
     case S_IFREG: puts("Datei"); break;
     case S_IFLNK: puts("Symbolischer Link"); break;
     case S_IFDIR: puts("Verzeichnis"); break;
     default: puts("Sonstiges");
   }
}
```

**Listing 8.20** Dateityp und Rechte bestimmen

Die Konstanten `S_IFREG` (reguläre Dateien) und `S_IFDIR` (Verzeichnisse) werden auch unter Windows unterstützt. Damit können also Dateien und Verzeichnisse unterschieden werden. Die anderen Dateitypen sind unter Windows unbekannt.

- **st_nlink**
  In `st_nlink` steht, wie viele harte Links auf die Datei zeigen. Da Windows keine Links anlegen kann, ist dieser Wert dort immer 1.
- **st_uid und st_gid**
  Mit `st_uid` und `st_gid` werden der Besitzer und die Besitzergruppe ermittelt. Der Wert ist eine Zahl, nämlich die, die in der Datei */etc/passwd* beziehungsweise in */etc/group* festgelegt wird. Unter Windows steht hier immer 0.
- **st_rdev**
  In `st_rdev` ist die Major- und Minornummer kodiert, sofern es sich bei der Datei um ein Device handelt. Unter Windows steht hier die Laufwerknummer.
- **st_size**
  Sofern es sich bei der Datei um eine reguläre Datei handelt, finden Sie in `st_size` die Größe in Bytes.
- **st_atime, st_mtime und st_ctime**
  Jeder lesende oder schreibende Zugriff auf die Datei aktualisiert den Wert `st_atime`. Jede Veränderung des Dateiinhalts wird in `st_mtime` notiert. Der Zeitpunkt der Änderungen des Benutzers, der Rechte, der Linkzahl oder von Ähnlichem (also von allem, was nicht den Inhalt betrifft) wird in `st_ctime` festgehalten.



## 8.4 Übungen

1 Das Heimatverzeichnis unterscheidet sich zwischen Linux und Windows. Für den Benutzer willemer würde unter Linux das Verzeichnis */home/willemer/* angelegt, dass unter Windows *C:\Dokumente und Einstellungen\willemer* entspricht. Schreiben Sie ein Programm, das den Linuxpfad einer in einem Unterverzeichnis liegenden Datei in einen analogen Windows-Pfad umwandelt. Dabei müssen Sie berücksichtigen, dass Linux den Schrägstrich als Pfadtrenner, wogegen Windows den Backslash verwendet.

2 Schreiben Sie eine Funktion `atof()` mit den gleichen Parametern wie in Listing 8.7. Nutzen Sie aber die String-Funktionen, um das Komma aufzuspüren und durch einen Punkt zu ersetzen und das Ergebnis der Standardfunktion `atof()` zuzuführen.

Musterlösungen finden Sie in Anhang B.

# Kapitel 9
# Bibliotheken für Mathematik und die Zeit

**Inhalt**

- Winkelfunktionen, Wurzeln, Logarithmen und komplexe Zahlen
- Datum und Zeit
- Zeit stoppen

## 9.1 Mathematische Funktionen

Bei vielen, vor allem älteren Programmiersprachen gehörten die mathematischen Funktionen zum Sprachumfang. Die Sprache C wurde ursprünglich zur systemnahen Programmierung entwickelt. Dort sind mathematische Fähigkeiten weniger gefragt. Darum wurden die mathematischen Funktionen in die Bibliotheken ausgelagert. Das macht diejenigen Programme schlanker, die keine mathematischen Funktionen benötigen.



### 9.1.1 Die mathematische Standardbibliothek

Um die Funktionen der mathematischen Bibliotheken verwenden zu können, muss zu Anfang des Programms die Datei *math.h* eingebunden werden:

```
#include <math.h>
```

| Deklaration | Funktion |
|---|---|
| `double acos(double);` | Arcus Cosinus |
| `double asin(double);` | Arcus Sinus |
| `double atan(double);` | Arcus Tangens |
| `double atan2(double, double);` | Arcus Tangens zweier Variablen |
| `double cos(double);` | Cosinus |
| `double cosh(double);` | Cosinus Hyperbolicus |
| `double sin(double);` | Sinus |
| `double sinh(double);` | Sinus Hyperbolicus |
| `double tan(double);` | Tangens |
| `double tanh(double);` | Tangens Hyperbolicus |

**Tabelle 9.1** Trigonometrische Funktionen

#### Trigonometrische Funktionen

Die Prototypen der Winkelfunktionen sind in Tabelle 9.1 zusammengestellt. Alle Parameter werden in Bogenmaß übergeben. Wird das Gradmaß benötigt, müssen Sie es selbst umrechnen. Zum Glück ist das nicht schwer. Die Umrechnung vom Gradmaß $\alpha$ ins Bogenmaß x erfolgt nach der Formel:

$$x = \frac{\alpha}{180} \cdot \pi \qquad \text{bzw. im Code}$$

```
bogenmass = gradmass/180*3.1415926535;
```

Die Umrechnung vom Bogenmaß x ins Gradmaß $\alpha$ ist dementsprechend:

$$\alpha = \frac{x \cdot 180}{\pi} \qquad \text{bzw. im Code}$$

```
gradmass = bogenmass*180/3.1415926535;
```

#### Exponenten, Wurzeln und Logarithmen

Die Funktion `exp(a)` liefert den Wert von $e^a$, wobei $e$ die Eulersche Zahl ist:

```
double exp(double a);
```

Soll ein beliebiger Exponent $a^b$ berechnet werden, verwendet man `pow()`:

```
double pow(double a, double b);
```

Die Funktion `sqrt()` ermittelt die Quadratwurzel eines Fließkommawerts. Die Abkürzung steht für den englischen Ausdruck »square root«.

```
double sqrt(double a);
```

Die Funktion `log()` berechnet den natürlichen Logarithmus von a, also den Logarithmus der Zahl a zur Basis der eulerschen Zahl *e*:

```
double log(double a);
```

Zur Berechnung des Logarithmus zur Basis 10 gibt es die Funktion `log10()`:

```
double log10(double a);
```

Die Funktion `frexp()` zerlegt den Fließkommawert a so, dass $a = f \cdot 2^b$ gilt. Dabei ist f der Rückgabewert der Funktion, der zwischen 1/2 und 1 liegt.

```
double frexp(double a, int *b);
```

Der Wert von b wird der aufrufenden Parametervariablen per Adresse übergeben. Ein Aufruf der Funktion sieht also etwa so aus:

```
int b;
f = frexp(a, &b);
```

Die Funktion `ldexp()` ist die Umkehrfunktion zu `frexp()`:

```
double ldexp(double ai, int b);
```

#### Sonstige Funktionen

Die Betragsfunktion liefert den Wert des übergebenen Werts, wenn er positiv ist, und multipliziert ihn mit –1, wenn er negativ ist. Damit liefert die Funktion also immer einen positiven Wert. Es gibt eine Funktion namens `abs()` für ganzzahlige Werte und eine Funktion namens `labs()` für long Integer aus der Bibliothek `stdlib`. Eine Funktion `fabs()` für Fließkommazahlen finden Sie in der `math`-Bibliothek.

```
#include <cstdlib>
using namespace std;
int abs(int j);
long labs(long k);
```

Die Funktion `fabs()` unterscheidet sich von `abs()` im Typ des Parameters und des Rückgabewerts sowie darin, dass die Datei *math.h* eingebunden werden muss.

```
#include <math.h>
double fabs(double a);
```

Die Modulo-Berechnung erfolgt bei ganzzahligen Werten durch den Operator `%`. Sie ermittelt den Rest bei einer ganzzahligen Division. Diese Berechnung wird bei Fließkommawerten durch die Funktion `fmod()` durchgeführt:

```
double fmod(double a, double b);
```

Der Fließkommawert `a` wird durch die Funktion `modf()` in seinen ganzzahligen Anteil und in die Nachkommastellen aufgespalten. Der ganzzahlige Anteil liegt im Parameter `b`, und die Nachkommastellen sind der Rückgabewert der Funktion:

```
double modf(double a, int* b);
```

Die Funktion `ceil()` liefert die nächsthöhere ganze Zahl zurück:

```
double ceil(double);
```

Die Funktion `floor()` liefert die nächstniedrigere ganze Zahl zurück:

```
double floor(double);
```

### 9.1.2 Komplexe Zahlen

Komplexe Zahlen bestehen aus einem Real- und einem Imaginärteil. Eine Klasse muss beide Bestandteile enthalten, um komplexe Zahlen abbilden zu können. Die Standardbibliothek von C++ bietet eine Template-Klasse an, die mit den drei verschiedenen Fließkommatypen `float`, `double` und `long double` verwendet wird. Der Fließkommatyp wird in spitzen Klammern hinter den Template-Namen `complex` gesetzt:

```
#include <complex>
using namespace std;

complex<double> meinKomplex(-1, 3);
```

Die komplexe Zahl `meinKomplex` wurde durch den Konstruktor mit dem Realteil –1 und dem Imaginärteil 3 initialisiert. Die Elementfunktion `real()` liefert den Realteil und die Funktion `imag()` den Imaginärteil der komplexen Zahl.

Für komplexe Zahlen sind die typischen mathematischen Operatoren wie `+`, `–`, `/` und `*` definiert. Auch die Operatoren für Gleichheit oder Ungleichheit können verwendet werden. Allerdings ist das Kleiner-Verhältnis für komplexe Zahlen nicht definiert, natürlich auch nicht in C++.

| Funktion | Wirkung |
|---|---|
| `norm()` | Liefert das Quadrat des Betrags |
| `abs()` | Betrag, die Wurzel aus `norm()` |
| `conj()` | Der konjugierte Wert |
| `arg()` | Winkel in Polarkoordinaten |
| `polar()` | Komplexe Zahl zu Polarkoordinaten |

**Tabelle 9.2** Spezielle komplexe Funktionen

## 9.2 Zeitfunktionen

Die Zeitfunktionen gehören nicht zu den C++-Bibliotheken, sondern sind ein Erbstück von C. Eigentlich stammt dieser Bereich aus den Betriebssystemfunktionen von UNIX. Sie sind aber mit der Sprache C auf die anderen Systeme mit hinübergeschwappt. Von dort gerieten die Funktionen in den ANSI-Standard für C und sind damit systemübergreifend nutzbar, was vor allem beim Wechsel des Betriebssystems oder des Compilers und bei der Entwicklung portabler Software von großem Nutzen ist.

### 9.2.1 Datum und Uhrzeit

Vermutlich wird die häufigste Anwendung der Zeitfunktionen die Ermittlung des aktuellen Datums und der Uhrzeit sein. Die Funktion `time()` liefert die aktuelle Zeit. Der Rückgabewert liefert die vergangenen Sekunden seit dem 1.1.1970. Der Typ dieser Funktion heißt `time_t` und überdeckt eigentlich einen `long`-Wert. Sofern Sie aber nicht tatsächlich die Anzahl der Sekunden seit diesem Tag in Ihrem Programm anzeigen wollen, sollten Sie diese Kompatibilität nicht nutzen.

```
#include <ctime>
time_t time(time_t *t);
```

Als Parameter können Sie entweder die Adresse einer Variablen vom Typ `time_t` angeben, in der Sie dann das Ergebnis der Funktion vorfinden, oder einfach 0 verwenden und dann den Rückgabewert in einer Variablen ablegen. Da die wenigsten Menschen mit der Zahl der Sekunden seit dem 1.1.1970 umgehen können, gibt es hilfreiche Umrechnungsfunktionen. Mit der Funktion `localtime()` können Sie anhand einer Variablen vom Typ `time_t` eine Struktur namens `tm` füllen. Diese Struktur enthält Elemente für die Bestandteile des Datums und der Uhrzeit.

```
#include <ctime>
struct tm *localtime(const time_t *timer);
```

Die Struktur `tm`, deren Zeiger die Funktion `localtime()` liefert, enthält alle gewünschten Daten, wie das Tagesdatum oder den Wochentag. Die Werte beginnen bei 0, außer demjenigen für den Tag des Monats. Dieser Wert beginnt mit 1. Das hat man vermutlich absichtlich so gemacht, damit Programmierer bei der Erstellung ihrer Programme etwas mehr aufpassen und die Dokumentation sorgfältiger lesen.

```
struct tm {
   int tm_sec;      /* Sekunden - [0,61] */
   int tm_min;      /* Minuten - [0,59] */
   int tm_hour;     /* Stunden - [0,23] */
   int tm_mday;     /* Tag des Monats - [1,31] */
   int tm_mon;      /* Monat im Jahr - [0,11] */
   int tm_year;     /* Jahr seit 1900 */
   int tm_wday;     /* Tage seit Sonntag (Wochentag) - [0,6] */
   int tm_yday;     /* Tage seit Neujahr (1.1.) - [0,365] */
   int tm_isdst;    /* Sommerzeit-Flag */
}
```

**Beispiel**

Das folgende Programm verwendet die besprochenen Funktionen, um Datum und Uhrzeit anzuzeigen.

```
#include <iostream>
using namespace std;
#include <ctime>

int main()
{
    time_t Zeitstempel;
    tm *nun;
    Zeitstempel = time(0);
    nun = localtime(&Zeitstempel);
    cout << nun->tm_mday << '.' << nun->tm_mon+1 << '.'
        << nun->tm_year+1900 << " - " << nun->tm_hour
        << ':' << nun->tm_min << endl;
}
```

**Listing 9.1** Zeitansage

Wenn die aktuelle Uhrzeit nicht besonders formatiert sein muss, sondern beispielsweise nur als Zeitstempel für Protokolldateien gebraucht wird, gibt es die Funktionen `asctime()` und `ctime()`. Beide erzeugen aus den Zeitinformationen eine Zeichenkette im amerikanischen Format. Die Zeichenkette ist immer 26 Bytes lang und endet mit einem Zeilenvorschubzeichen und einer abschließenden 0. Die Funktion `asctime()` erhält ihre Zeitinformation anhand der Struktur `tm`. Die Funktion `ctime()` verwendet den Typ `time_t`, als Parameter.

```
#include <ctime>
char *asctime(const struct tm *t);
char *ctime(const time_t *timep);
```

### 9.2.2 Zeit stoppen

Mit der Funktion `time()` erhalten Sie die aktuelle Uhrzeit auf die Sekunde genau. Wenn Sie eine genauere Zeitauflösung benötigen, verwenden Sie die Funktion `gettimeofday()`. Sie liefert in der Struktur `timeval` auch Mikrosekunden. Wie exakt diese Messung tatsächlich ist, hängt allerdings auch von der Hardware ab.

```
#include <sys/time.h>
int gettimeofday(struct timeval *zeit, void *tzp);
```

Die Datenstruktur des ersten Parameters enthält die Sekunden und Mikrosekunden und ist folgendermaßen definiert:

```
struct timeval {
    unsigned long  tv_sec;   /* Sekunden seit dem 1.1.1970 */
    long           tv_usec;  /* und Mikrosekunden */
};
```

Der zweite Parameter war ursprünglich für die Zeitzone vorgesehen. Allerdings hat sich die Umsetzung der verschiedenen Sommerzeitregeln als nicht so einfach erwiesen, sodass Sie als zweiten Parameter am besten 0 angeben. Der folgende Programmausschnitt zeigt, wie eine Laufzeitmessung mit der Funktion `gettimeofday()` durchgeführt werden kann.

```
#include <iostream>
using namespace std;
#include <sys/time.h>
```

```
int main()
{
  timeval start, end;
  gettimeofday(&start, 0);
  ...
  gettimeofday(&end, 0);
  cout << start.tv_sec << ':' << start.tv_usec << endl;
  cout << end.tv_sec << ':' << end.tv_usec << endl;
}
```

**Listing 9.2** Laufzeitermittlung

Mit der Funktion `clock()` wird die verbrauchte CPU-Zeit ermittelt. Das heißt, dass Zeiten anderer parallel laufender Prozesse nicht in die Zeitmessung mit einfließen. Dazu werden die verbrauchten CPU-Ticks seit dem Start des Programms ermittelt. Um auf Sekunden zu kommen, muss der Wert durch die Konstante `CLOCKS_PER_SEC` geteilt werden. Diese Funktion eignet sich vor allem für Performance-Messungen.

```
#include <ctime>
clock_t clock(void);
```

Das folgende Programm zeigt, wie die CPU-Zeit gemessen wird. Zu Anfang wird ein Startwert gemessen, da nicht unbedingt garantiert ist, dass nicht schon Ticks gezählt wurden. Am Ende wird der Wert erneut gemessen. Das Programm zeigt auch die Konstante `CLOCKS_PER_SEC` an. Bei POSIX-Systemen sollte sie immer 1.000.000 betragen.

```
#include <iostream>
using namespace std;
#include <ctime>
int main()
{
  clock_t start, end;
  start = clock();
  ...
  end = clock();
  cout << start << endl;
  cout << end << ':' << CLOCKS_PER_SEC << endl;
}
```

**Listing 9.3** CPU-Messung

# Kapitel 10
# Die Standard Template Library (STL)

**Inhalt**

- Die STL ist eine Standardbibliothek für Speicherstrukturen.
- Dynamische Datenstrukturen sind Vektoren, Listen oder Mengen.
- Assoziative Speicher erlauben den Zugriff über Schlüssel.
- »Algorithmen« sind Verfahren auf Datencontainern.

Die STL ist eine hochflexible Sammlung von Template-Klassen. Sie stellt sogenannte Container zur Verfügung, die in der Lage sind, gleichartige Daten zu organisieren. Die einfachste Form eines Containers ist ein Array, das zum Standardsprachschatz fast jeder Programmiersprache gehört. Ein Array ist aber mit seiner festen Größe extrem unflexibel. Die STL stellt eine Reihe extrem flexibler Container zur Verfügung, die das Array und selbst gebaute verkettete Listen ablösen können.

Um auf die Daten in den Containern zugreifen zu können, kennt die STL Iteratoren, die Sie sich als eine Art Zeiger vorstellen können. Für die Container stellt die STL einige Funktionalitäten zur Verfügung. Dazu gehören Such- und Sortierfunktionen sowie Einfüge- und Löschoperationen. In der STL werden diese Funktionalitäten als Algorithmen bezeichnet. Die STL gehört zum Standard der Sprache C++ und wird von jedem ISO-konformen Compiler unterstützt.

## 10.1 Die Container-Klasse vector

Der Vektor ähnelt dem Array, ist aber wesentlich flexibler. Wie bei einem Array befinden sich alle Elemente direkt nebeneinander im Speicher, und man kann jeweils über ihre Positionsnummer direkt auf sie zugreifen. Sogar die rechteckigen Klammern funktionieren, wie man es vom Array her kennt. Neu ist, dass die Größe des Vektors nicht zum Übersetzungszeitpunkt durch eine Konstante festgelegt werden muss. Die Größe kann nicht nur zur Laufzeit berechnet werden, sie kann sogar nachträglich verändert werden. Das Beispiel zeigt einen einfachen Vektor aus Integer-Variablen.

```
#include <vector>
#include <iostream>
using namespace std;
const int MAX = 8;

int main()
{
    vector<int> myvec(MAX); // Ein Vektor fuer 8 Integer
    myvec[0] = 9;  // wie beim Array
    myvec[3] = 9;
    for (int i=0; i<MAX; ++i)
    {
        cout << i << ": " << myvec[i] << endl;
    }
}
```

**Listing 10.1** Ein Vektor für Integer

Alles sieht aus wie bei einem Array. Lediglich die Definition lässt die Herkunft des Vektors als Template-Klasse erkennen. Es wird ein Template `vector` vom Typ `int` gebildet und im Konstruktor-Parameter wird die Dimension vorgegeben. Sie kann nachträglich leicht verändert werden. Sie können die Dimension sogar weglassen, müssen dann allerdings rechtzeitig den Vektor vergrößern, damit Sie Daten einfüllen können.

Bevor Sie einen Vektor verwenden, müssen Sie die Datei `vector` einbinden. Wie bei allen Standardbibliotheken liegt auch die Klasse `vector` im Namensraum `std`. Sie müssen also entweder diesen Namensraum mit dem Befehl `using namespace std;` global machen oder vor jeder Verwendung von `vector` das Präfix `std::` verwenden.

Sie können auf ein Element des Vektors genau so über die rechteckigen Klammern zugreifen, wie Sie es von einem Array gewohnt sind. Alternativ zu den eckigen Klammern bietet der Vektor die Elementfunktion `at()` an. Der Hauptunterschied zwischen beiden liegt in der Erkenung, ob der Index zu groß ist. Bei den rechteckigen Klammern erhält das Programm keine Rückmeldung über den Fehlzugriff. Im Gegensatz dazu wird der Zugriff über die Elementfunktion `at()` geprüft und löst bei Fehlern eine Ausnahme `out_of_range` aus. Zum Thema Ausnahmebehandlung siehe Abschnitt 7.3. Solange leicht überschaubar ist, dass Sie die Grenzen des Vektors nicht verletzen, ist die Verwendung der eckigen Klammern vorteilhaft, da der Zugriff durch das Fehlen der Prüfung schneller ist.

```
#include <iostream>
#include <vector>
using namespace std;

int MaxVec = 5;
vector<int> Zahlen(MaxVec);

int main() {
    Zahlen[MaxVec+1] = 12; // Wird nicht aufgenommen
    cout << "nach eckigem Fehlzugriff" << endl;
    cout << Zahlen[MaxVec+1] << endl;
    Zahlen.at(MaxVec+1) = 12; // Wird geprüft und stoppt
    cout << "Dies wird nicht mehr erreicht." << endl;
}
```

Auf dem Bildschirm erscheint dies:

```
nach eckigem Fehlzugriff
12
terminate called after throwing an instance of 'std::out_of_range'
  what():  vector::_M_range_check
Abgebrochen (Speicherabzug geschrieben)
```

### 10.1.1 Dimensionsänderung

#### Dimensionsbestimmung: size(), resize() und empty()

Wie schon erwähnt, kann die Größe eines Vektors im laufenden Betrieb geändert werden. Die aktuelle Dimension des Vektors können Sie mit der Elementfunktion `size()` feststellen. Die Funktion hat keine Parameter und liefert die derzeitige Größe des Vektors als Rückgabewert.

Die Elementfunktion `resize()` hat als Parameter die zukünftige Größe des Vektors. Ist der Parameter größer als die bisherige Größe, werden neue Elemente hinzugefügt. Ist der Parameter dagegen kleiner, wird der Vektor abgeschnitten. Dabei gehen die Werte im abgetrennten Bereich verloren. Die Funktion `max_size()` liefert die maximale Größe, die der Vektor einnehmen kann. Die Funktion `empty()` liefert `true` zurück, wenn keine Elemente im Vektor vorhanden sind.

### Auffüllen per push_back()

Sie können durch Aufruf der Elementfunktion `push_back()` an einen Vektor einzelne Elemente anhängen. Als Parameter wird der Funktion ein Wert des Typs übergeben, über den der Vektor definiert ist. Der Vektor wächst dadurch in seiner Größe um ein Element.

```
#include <vector>
#include <iostream>
using namespace std;

int main()
{
    vector<int> zahlen;
    for (int i=0; i<10; i++) {
        zahlen.push_back(i);
    }
    for (int i=0; i<zahlen.size(); i++) {
        cout << zahlen[i] << endl;
    }
}
```

**Listing 10.2** Vektor wird gefüllt (*vectorpushback.cpp*)

### Auslesen per back() und pop_back()

Um das letzte Element zu lesen, steht die Funktion `back()` zur Verfügung. Die Funktion besitzt keine Parameter und liefert nur den Wert des letzten Elements. Der Vektor wird dadurch nicht verkleinert. Als Gegenstück gibt es die Funktion `front()`, die das erste Element des Vektors liefert.

Mit der Funktion pop_back() wird das letzte Element vom Vektor entfernt. Auch diese Funktion hat keine Parameter. Sie besitzt den Rückgabetyp void, liefert also weder den Wert des letzten Elements noch gibt sie an, ob die Operation erfolgreich war. Der Wert muss also vor dem Aufruf von pop_back() durch die Funktion back() ausgelesen werden. Die Applikation muss sicherstellen, dass kein Pop auf einen leeren Stack ausgeführt wird.

#### Stack auf vector-Basis

Mit diesen Funktionen kann ein Vektor leicht als Stack verwendet werden. Das Listing 10.3 zeigt, wie es geht.

```
#include <iostream>
#include <vector>
using namespace std;

int main()
{
    vector<int> Zahlen;
    Zahlen.push_back(8);
    Zahlen.push_back(7);
    Zahlen.push_back(6);
    do
    {
        cout << ": " << Zahlen.back();
        Zahlen.pop_back();
    } while (Zahlen.size());
    cout << endl;
}
```

**Listing 10.3** Stack-Funktionen des Vektors

#### Kapazitäten und Reserven

Wird die Speicheranforderung eines Vektors durch die oben angeführten Funktionen größer, muss unter Umständen der gesamte Vektor umkopiert werden, da er ja linear im Speicher liegt. Zunächst ist das nicht Ihr Problem. Das erledigt die Klasse automatisch für Sie. Es kann aber zum Problem werden, wenn das ständige Umkopieren die Geschwindigkeit des Programms reduziert. Damit nicht für jede Vergrößerung umkopiert werden muss, können Sie mit der Elementfunktion reserve() einen Speicher reservieren, in dem sich der Vektor ausdehnen kann. Die Größe des Speichers, die dem Vektor zur Verfügung steht, liefert die Elementfunktion capacity(). Die Kapazität darf nicht mit der Größe verwechselt werden, die mit der Funktion size() ermittelt wird. Die Funktion size() liefert nur die Größe des tatsächlich belegten Speichers.

```
Zahlen.resize(MaxVec+3); // Hier wird die Größe erhöht
Zahlen.reserve(20);  // Kapazität ist nun 20
cout << Zahlen.size() << " - " << Zahlen.capacity() << endl;
```

### 10.1.2 Iteratoren

Iteratoren verhalten sich ähnlich wie Zeiger. Sie werden verwendet, um auf Elemente eines Containers zuzugreifen. Die Containerklasse stellt Iteratoren zur Verfügung, mit deren Hilfe auf die Elemente des Containers zugegriffen werden kann. Ein Iterator ist also durch den Container und den Elementtyp geprägt. Um beispielsweise einen Iterator eines Integer-Vektors zu definieren, können Sie folgende Zeile verwenden:

```
vector<int>::iterator it;
```

Für den Iterator sind die Operatoren * und ++ definiert. Mit dem Operator ++ können Sie mit dem Iterator durch den Container wandern, und mit dem Operator * greifen Sie auf die Elemente des Containers zu. Sie verwenden die beiden Operatoren also genau so, wie Sie es von Zeigern gewohnt sind.

Bei einem Array ermitteln Sie den Zeiger auf das erste Element, indem Sie die Adresse des ersten Elements übernehmen. Um das letzte Element zu bestimmen, erhöhen Sie den Anfangszeiger einfach um die Anzahl der Elemente. Das funktioniert bei einem Container nicht. Um den Iterator auf das erste Element zu setzen, stellt die Containerklasse die Elementfunktion begin() zur Verfügung. Um das Ende des Containers zu ermitteln, bietet die Containerklasse die Elementfunktion end() an. Der von dieser Funktion zurückgegebene Iterator zeigt aber nicht auf das letzte Element, sondern genau eine Position dahinter in den undefinierten Bereich des Vektors.

```
#include <iostream>
#include <vector>
using namespace std;
```

```
int main()
{
    int MaxVec = 5;
    int i=0;
    vector<int> Zahlen(MaxVec);
    vector<int>::iterator it = Zahlen.begin();
    while(it!=Zahlen.end())
    {
        *it = i++;
        // entspricht: Zahlen[i] = i++;
        it++;
    }

    for (it = Zahlen.begin(); it!=Zahlen.end(); it++)
    {
        cout << *it << " ";
    }
    cout << endl;
}
```

**Listing 10.4** Mit dem Iterator durch den Vektor

Um einen Vektor rückwärts zu durchlaufen, gibt es die Member-Funktionen `rbegin()` und `rend()`. Diese liefern einen Iterator, der rückwärts läuft, wenn er inkrementiert wird.

#### Automatische Typisierung des Iterators durch auto

Der Typ des Iterators ist recht umständlich zu schreiben. Dabei ergibt er sich zwangsläufig aus dem Rückgabetyp der Funktion `begin()`. Es ist ein Iterator auf den Vektortyp des Containers. Solche Typen, die sich aus dem Aufruf von selbst ergeben, können nach dem Standard C++11 automatisch generiert werden, indem man das Schlüsselwort `auto` verwendet.

```
// vector<int>::iterator it = Zahlen.begin(); // Stattdessen:
auto it = Zahlen.begin();
```

Der Befehl `auto` beschränkt sich nicht auf die Iteratoren der STL, sondern kann jeder Stelle eingesetzt werden, an der der Compiler selbstständig erkennen kann, welchen Typs die Variable sein wird.

#### Initialisierung

Ebenfalls durch den Standard C++11 wurde eingeführt, dass Vektoren genauso durch geschweifte Klammern initialisiert werden können, wie Sie dies von Arrays her kennen.

```
#include <iostream>
#include <vector>
using namespace std;

int main()
{
    int i=0;
    vector<int> zahlen = { 1, 5, 12, 17, 34, 42 };
    for (auto it = zahlen.begin(); it!=zahlen.end(); it++)
    {
        cout << *it << " ";
    }
    cout << endl;
}
```

**Listing 10.5** Neuerungen durch C++11

Sogar die neue for-Anweisung können Sie beim Vektor verwenden, als sei dieser ein Array.

```
for (auto zahl : zahlen)
{
    cout << zahl << " ";
}
```

### 10.1.3 Weitere Funktionen

Die Klasse `vector` stellt einige nützliche Funktionen zur Verfügung (siehe Tabelle 10.1). Die Funktion `insert()` fügt dem Vektor weitere Elemente hinzu. Sie kann mit unterschiedlichen Parametern aufgerufen werden. In den meisten Fällen wird sie mit einem Iterator und einem Elementobjekt aufgerufen und sorgt dafür, dass das Element an die vom Iterator bezeichnete Stelle eingefügt wird. Wird vor dem Element eine Zahl angegeben, werden entsprechend viele Instanzen eingefügt. Werden drei Iteratoren angegeben, ist der erste die Stelle, an der die neuen Elemente eingefügt werden. Die anderen beiden Iteratoren grenzen die Elemente ein, die kopiert werden.

| Funktion | Wirkung |
|---|---|
| `obj& operator[]` | Ungeprüfter Elementzugriff |
| `obj& at(size_type)` | Geprüfter Elementzugriff |
| `obj& front()` | Liefert das erste Element des Vektors |
| `obj& back()` | Liefert das letzte Element des Vektors |
| `size_type size()` | Liefert die belegte Größe des Vektors |
| `size_type max_size()` | Liefert die maximale Größe |
| `void resize(size_type groesse)` | Verändert die Größe auf den Wert `groesse` |
| `size_type capacity()` | Liefert die Größe des reservierten Speichers |
| `bool empty()` | Prüft, ob der Vektor leer ist |
| `reserve(size_type n)` | Ändert die Speicherkapazität auf `n` Elemente |
| `void push_back(&obj)` | Am Ende des Vektors wird ein Objekt eingefügt |
| `void pop_back()` | Am Ende des Vektors wird ein Objekt entnommen |
| `iterator begin()` | Liefert einen Iterator auf das erste Element |
| `iterator end()` | Liefert einen Iterator hinter das letzte Element |
| `iterator rbegin()` | Liefert einen Iterator auf das letzte Element |
| `iterator rend()` | Liefert einen Iterator vor das erste Element |
| `void assign(InputIterator first, InputIterator last)` | Weist dem Vektor die Daten zu, die durch die beiden Iteratoren eingegrenzt werden |
| `void insert(iterator, obj&)` | An der Iteratorposition wird ein Objekt eingefügt |
| `iterator erase(iterator first, iterator last)` | Löscht den Bereich, den die Iteratoren bezeichnen |
| `iterator erase(iterator)` | Löscht das Element, auf das der Iterator zeigt |
| `void swap(vector& vec)` | Tauscht den Inhalt zweier Vektoren |
| `void clear()` | Löscht alle Elemente und ruft deren Destruktoren |

**Tabelle 10.1** Funktionen des Containers vector

Mit der Funktion `erase()` werden Elemente aus dem Vektor entfernt. Wird nur ein Iterator als Parameter übergeben, wird das Element gelöscht, auf das der Iterator zeigt. Werden zwei Iteratoren übergeben, wird der Bereich gelöscht, den die Iteratoren eingrenzen. Der Rückgabewert von `erase()` ist ein Iterator, der auf das nächste gültige Element nach dem gelöschten Bereich zeigt.

Mit der Elementfunktion `clear()` werden alle Elemente des Vektors gelöscht. Wie auch bei `erase()` werden dabei die Destruktoren aller gelöschten Elemente aufgerufen.

Mit der Funktion `assign()` verliert der Vektor alle Elemente und erhält neue. Wird die Funktion mit zwei Iteratoren aufgerufen, werden die Elemente eines anderen Vektors, die von den Iteratoren eingegrenzt werden, kopiert. In einer zweiten Variante, werden der Funktion eine Anzahl und dann ein Element übergeben. Der Vektor wird daraufhin mit diesem Element aufgefüllt.

Die Funktion `swap()` tauscht den Inhalt des Vektors mit dem übergebenen Vektor gleichen Typs.

```
#include <iostream>
#include <vector>
using namespace std;

int main()
{
    int i=0;
    vector<int> zahlen = { 1, 5, 12, 17, 34, 42 };
    auto it = zahlen.begin();
    while (*it != 17) {
        it++;              // Positioniere it vor die 17!
    }
    zahlen.erase(it);      // Loesche die 17!
    zahlen.insert(it, 15); // Fuege hier eine 15 ein!
    for (auto zahl : zahlen) {
        cout << zahl << endl;
    }
    vector<int> zweier = { 2, 4, 6, 8, 10, 12, 14};
    // Der Bereich nach 15 bis 42 wird zweier zugewiesen.
    zweier.assign(it, zahlen.end());
    cout << "Ausgabe von zweier" << endl;

    for (auto zahl : zweier) {
        cout << zahl << endl;
    }
}
```

**Listing 10.6** Demonstration der vector-Funktionen (*vectorfunktionen.cpp*)

Im Beispiel wird zunächst der Iterator it auf die Position der Zahl 17 gesetzt. Diese wird dann durch die Funktion erase() entfernt. An gleicher Stelle wird mit der Funktion insert() eine 15 eingesetzt. Zur Kontrolle wird der vector zahl ausgegeben.

Nun wird ein neuer Vektor namens zweier angelegt, der mit geraden Zahlen initialisiert werden. Durch die Funktion assign() erhält er den Bereich vom Iterator it bis zum Ende von zahlen. Dabei verliert zweier alle bisherigen Werte. Auch der Vektor zweier wird zur Kontrolle noch einmal auf dem Bildschirm angezeigt.

Das Programm erfordert einen Compiler, der C++11 beherrscht. Das folgende Programm zeigt, wie der Umgang mit dem Vektor und seinem Iterator aussieht, wenn man auf die Neuerungen von C++11 verzichten muss.

```
#include <iostream>
#include <vector>
using namespace std;

int main()
{
    int i=0;
    int init[] = { 1, 5, 12, 17, 34, 42 };
    vector<int> zahlen;
    for (int i=0; i<sizeof(init)/sizeof(init[0]); i++) {
        zahlen.push_back(init[i]);
    }
    vector<int>::iterator it = zahlen.begin();
    while (*it != 17)
    {
        it++;               // Positioniere it vor die 17!
    }
    zahlen.erase(it);       // Loesche die 17!
    zahlen.insert(it, 15); // Fuege hier eine 15 ein!
    for (int i=0; i<zahlen.size(); i++)
    {
        cout << zahlen[i] << endl;
    }
    vector<int> zweier;
    // Der Bereich nach 15 bis 42 wird zweier zugewiesen.
    zweier.assign(it, zahlen.end());
    cout << "Ausgabe von zweier" << endl;
```

```
    for (it = zweier.begin(); it != zweier.end(); ++it)
    {
        cout << *it << endl;
    }
}
```

**Listing 10.7** Nach dem alten Standard

## 10.2 Die Container-Klasse deque

Der Container `deque` verhält sich weitgehend wie ein Vektor. Das Wort »deque« wird wie »Deck« ausgesprochen. Vermutlich wird man Sie besser verstehen, wenn Sie »double ended queue« sagen. Der Name »double ended queue« (übersetzt etwa: »Schlange mit zwei Enden«) deutet bereits an, dass der Container nicht nur am Ende wachsen kann, sondern auch am Anfang.

Sie können sich eine Deque bildlich wie zwei Vektoren vorstellen. Der eine Vektor realisiert den Anfang, der andere das Ende der Deque. Die Indexnummern werden vom ersten Element bis zum letzten durchgezählt. Kommt ein Element am Anfang hinzu, wird die Nummerierung für jedes Element um eins erhöht, und das neue Element bekommt die Nummer 0. Für den Anwender der Deque entsteht der Eindruck, als wären alle Elemente um eine Position verschoben worden.

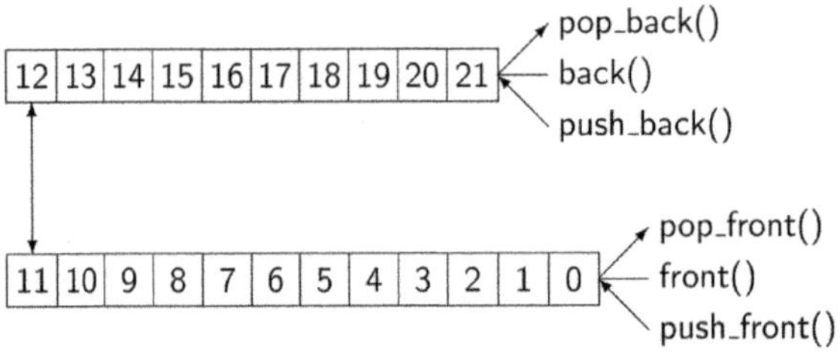


**Abbildung 10.1** Deque

Um am Anfang der Liste zu arbeiten, existieren Funktionen, die denen für das Ende der Liste entsprechen. Die Funktion `front()` ist schon beim Vektor vorhanden und liefert das erste Element. Mit der Funktion `push_front()` wird am Anfang einer Deque ein neues Element eingehängt. Die Funktion erwartet als Parameter das neue Element. Schließlich gibt es die Funktion `pop_front()`, die ein Element vom Anfang der Deque entfernt. Um die Operationen am Ende der Deque auszuführen, werden die vom Vektor bekannten Funktionen `back()`, `push_back()` und `pop_back()` verwendet.

**Beispiel**

Das folgende Beispiel zeigt einen FIFO-Puffer (FIFO: First In First Out). Jede Warteschlange ist ein FIFO-Puffer. Wer sich zuerst angestellt hat, kommt auch als Erster an die Reihe. Die Elemente erscheinen also in der Reihenfolge, in der sie hineingestellt wurden. Im Beispiel werden tausend mal tausend Elemente in den Puffer geschoben und gleich anschließend wieder herausgeholt. Die Funktion `clock()` zählt die CPU-Ticks, wird also zur Messung der Laufzeit herangezogen.

```
#include <iostream>
#include <deque>
using namespace std;
#include <ctime>

int main()
{
    clock_t start, end;
    start = clock();

    deque<int> Puffer;
    for (int i=0; i<1000; i++)
    {
        for (int j=1; j<1000; j++)
        {
            Puffer.push_front(j);
        }
        do
        {
            Puffer.pop_back();
        } while (Puffer.size());
    }
    end = clock();
    cout << start << ":" << end << endl;
}
```

**Listing 10.8** Deque als FIFO (*stl/deque.cpp*)

Wenn Sie statt `deque` den Container `list` aus dem nächsten Abschnitt verwenden, werden Sie feststellen, dass die Deque wesentlich schneller ist. Der Grund liegt in der internen Struktur. Die Messung zeigt, dass es wichtig ist, zu wissen, welcher Container für die gewünschte Anwendung optimal ist.

Mit den Elementfunktionen `insert()` und `erase()` ist es möglich, Elemente in der Mitte einzufügen und zu löschen. Das ist allerdings nicht sehr effizient. Der schnelle, direkte Zugriff erfordert, dass die Elemente direkt nebeneinander im Speicher liegen. Dieser Vorteil erweist sich beim Einfügen und Löschen als Nachteil, weil diese Speicher nun verschoben werden müssen. Sind diese Operationen häufiger erforderlich, sollte der Container `list` verwendet werden.

Gegenüber dem Vektor gibt es bei der Deque keine Möglichkeit, die Kapazität festzulegen oder zu erfragen. Die Elementfunktionen `reserve()` und `capacity()` sind

| Funktion | Wirkung |
|---|---|
| `obj& operator[]` | Ungeprüfter Elementzugriff |
| `obj& at(size_type)` | Geprüfter Elementzugriff |
| `size_type size()` | Liefert die belegte Größe des Containers |
| `size_type max_size()` | Liefert die maximale Größe |
| `void resize(size_type groesse)` | Verändert die Größe auf den Wert `groesse` |
| `bool empty()` | Prüft, ob der Container leer ist |
| `void push_back(&obj)` | Am Ende wird ein Objekt eingefügt |
| `void pop_back()` | Am Ende wird ein Objekt entnommen |
| `void push_front(obj)` | Am Anfang wird ein Objekt eingefügt |
| `void pop_front()` | Am Anfang wird ein Objekt entnommen |
| `obj& front()` | Liefert eine Referenz auf das Element am Anfang |
| `obj& back()` | Liefert eine Referenz auf das Element am Ende |
| `iterator begin()` | liefert einen Iterator auf das erste Element |
| `iterator end()` | liefert einen Iterator hinter das letzte Element |
| `iterator rbegin()` | Liefert einen Iterator auf das letzte Element |
| `iterator rend()` | Liefert einen Iterator vor das erste Element |
| `void assign(InputIterator first, InputIterator last)` | Weist dem Container die Daten zu, die durch die beiden Iteratoren eingegrenzt werden |
| `void insert(iterator, obj&)` | An der Iteratorposition wird ein Objekt eingefügt |
| `iterator erase(iterator first, iterator last)` | Löscht den Bereich, den die Iteratoren bezeichnen |
| `iterator erase(iterator)` | Löscht das Element, auf das der Iterator zeigt |
| `void swap(deque& deq)` | Tauscht den Inhalt zweier `deque` |
| `void clear()` | Löscht alle Elemente und ruft deren Destruktoren |

**Tabelle 10.2** Funktionen des Containers deque

also in der Klasse `deque` nicht definiert. Das ergibt sich daraus, dass die Klasse nicht entscheiden könnte, an welchem Ende sie den Speicherbereich bereitstellen sollte. Die Funktion `resize()` zur Vergrößerung des Containers ist davon unberührt. Sie existiert also auch für die Deque. Genauso kann mit der Funktion `size()` die aktuelle Dimension des Deques bestimmt werden.

## 10.3 Die Container-Klasse list

Während der Vektor einem Array gleicht, ähnelt der Container `list` eher einer doppelt verketteten Liste und dürfte in den meisten Fällen auch so implementiert sein. Eine verkettete Liste wurde bereits bei der Programmierung des Stacks an verschiedenen Stellen des Buches vorgestellt. Dabei zeigt jedes Element mit einem Zeiger auf das nachfolgende Element. Die Elemente können vereinzelt an beliebiger Stelle im Speicher stehen. Darum muss dieser Container auch nicht umkopiert werden, wenn er wächst. Ein neues Element wird angefordert und in die Kette eingehängt. Um an das letzte Element zu gelangen, muss sich das Programm von Element zu Element durchhangeln. Eine doppelt verkettete Liste ist so aufgebaut, dass jedes Element zwei Zeiger besitzt. Der eine Zeiger zeigt auf den Nachfolger, der andere auf den Vorgänger in der Liste. Das führt zu einem gewissen Mehraufwand beim Einhängen neuer Elemente. Dafür ist es leichter möglich, in beide Richtungen zu navigieren.

Gegenüber der Deque oder dem Vektor ist eine Liste vor allem dann im Vorteil, wenn in der Mitte der Liste neue Elemente eingehängt oder gelöscht werden sollen. In einer Liste müssen die anderen Elemente ja nicht verschoben werden, um Platz zu schaffen oder eine Lücke zu schließen. Beim Einfügen mit `insert()` wird Platz für ein Element angefordert. Es wird an der Stelle in die Kette eingehängt, die der Iterator bezeichnet. Die Nachbarelemente müssen nicht nebeneinander angeordnet sein, und darum müssen sie auch nicht verschoben werden. Das Gleiche gilt für das Löschen aus der Mitte der Liste mittels `erase()`. Die Lücke muss nicht aufgefüllt werden. Es ist allerdings nicht sehr effizient, auf ein bestimmtes Element der Liste über seine Position zuzugreifen. Um das fünfzigste Element zu erreichen, muss sich das Programm fünfzigmal weiterhangeln. Aus diesem Grund unterstützt die Liste einen Zugriff über die eckigen Klammern nicht.

Um eine Stelle in der Liste zu bezeichnen, an der neue Elemente eingefügt oder existierende gelöscht werden sollen, benötigen Sie einen Iterator. Jeder Container enthält die Definition für einen auf ihn passenden Iterator unter dem Namen `iterator`. Um einen solchen Iterator zu definieren, muss zunächst der Container-

Typ genannt werden. Dann folgen zwei Doppelpunkte, um anzuzeigen, dass der in dieser Klasse definierte Iteratortyp gemeint ist, und dann der Name des Iterators. Die folgende Zeile definiert einen Iterator für eine Integer-Liste:

```
list<int>::iterator integerListenIterator;
```

Um die Iteratoren zu benutzen, müssen sie initialisiert werden. Sie werden zunächst typischerweise auf den Anfang der Liste gesetzt. Den Anfangs-Iterator eines Containers liefert die Elementfunktion `begin()`. Um durch den Container zu laufen, wird der Iterator inkrementiert. Die Elementfunktion `end()` des Containers liefert die Iteratorposition hinter dem letzten Element. Sobald also der Laufparameter gleich dem Rückgabewert von `end()` ist, ist der Durchlauf beendet. Daraus ergibt sich folgende typische `for`-Schleife zum Durchlaufen einer Liste:

```
list<int>::iterator iter;
for (iter=liste.begin(); iter!=liste.end(); iter++)
{
    ...
}
```

### 10.3.1 Einfügen und Löschen

Wird innerhalb einer solchen Schleife eine Position gefunden, an der ein neues Element eingefügt werden soll, so wird `iter` als erster Parameter für die Elementfunktion `insert()` verwendet. Der Iterator zeigt auf das Listenelement, vor dem das neue Element eingefügt werden soll.

```
liste.insert(iter, neuesElement);
```

Zum Entfernen eines Elements aus der Liste wird die Funktion `erase()` verwendet. Ihr einziger Parameter ist der Iterator, der auf das Listenelement zeigt, das Sie löschen wollen. Da dieser Iterator durch das Löschen ungültig wird, liefert die Funktion `erase()` den Iterator, der auf das nun nächste Element zeigt. Dieser Iterator wird dann benötigt, wenn die Liste nach dem Löschen weiter durchlaufen werden soll.

```
iter = liste.erase(iter);
```

**Beispiel**

Im folgenden Listing wird ein wenig mit einer Liste experimentiert, um die verschiedenen Funktionsaufrufe zu demonstrieren.

```
#include <iostream>
#include <list>
#include <cstdlib>
using namespace std;

int main()
{
    list<int> zahlen;
    list<int>::iterator lIter; // Iterator definieren

    srand(time(0));
    // Es werden 10 zufaellige Werte in die Liste geschrieben
    for (int i=0; i<10; i++)
    {
        zahlen.push_back( rand() % 9 + 1 );
    }
    // Durchlaufen und anzeigen
    for (lIter=zahlen.begin(); lIter!=zahlen.end(); lIter++)
    {
        cout << *lIter << endl;
    }
    // vor jeder 8 eine -1 einfügen und jede 2 löschen
    lIter=zahlen.begin();
    while (lIter!=zahlen.end())
    {
        if (8==*lIter)
        {
            zahlen.insert(lIter, -1);
            lIter++;
        }
        else if (2==*lIter)
        {
            lIter = zahlen.erase(lIter);
        }
        else
        {
            lIter++;
        }
    }
```

```
    cout << "Ergebnis:" << endl;
    // Durchlaufen und anzeigen
    for (lIter=zahlen.begin(); lIter!=zahlen.end(); lIter++)
    {
        cout << *lIter << endl;
    }
}
```

**Listing 10.9** Listenspielereien

Innerhalb der letzten Schleife zeigt sich eine weitere Eigenschaft des Iterators. Er kann beim Zugriff auf das Objekt wie ein Zeiger verwendet werden. Dem Iterator wird ein Stern vorangestellt, um das Element zu erreichen, auf das er zeigt.

Sollen größere Mengen von Elementen gelöscht werden, bietet sich die Funktion `remove()` an. Sie erhält als Parameter ein Objekt. Alle Elemente, die dem Objekt gleichen, werden gelöscht.

Die Funktion `remove_if()` erhöht die Flexibilität. Sie hat als einen Parameter ein Prädikat. Ein Prädikat ist eine Funktion, die einen booleschen Wert zurückgibt. Der Parameter dieser Prädikatfunktion ist in diesem Fall vom Typ der Listenelemente. Innerhalb des Prädikats wird das Objekt geprüft und `true` zurückgegeben, wenn das Element gelöscht werden soll.

### 10.3.2 Umhängen von Elementen: splice

Mit der Elementfunktion `splice()` werden Elemente einer Liste in eine andere Liste verschoben. Derartige Vorgänge lassen sich mit Listen extrem effizient realisieren, weil die eigentlichen Daten nicht bewegt werden müssen, sondern nur ein paar Zeiger umgehängt werden. Je nach ihren Parametern führt die Funktion `splice()` leicht abgewandelte Operationen aus. So können einzelne Elemente, aber auch ganze Listen umgehängt werden.

#### Beispiel

Um die verschiedenen Varianten zu demonstrieren, werden zwei Listen vorbereitet. Die Liste `quelle` enthält die Elemente 0, 1, 2, 3 und die Liste `ziel` die Elemente 100 und 200. Der Iterator `pos` zeigt auf das Element 200 der Liste `ziel`. Der Iterator `quellAnf` zeigt auf 1, der Iterator `quellEnde` auf 3.

Die Funktion `splice()` fügt in die aktuelle Liste vor der Position `pos` die Elemente der Liste `quelle` ein.

```
void splice(iterator pos, list<T> &quelle);
```

Der Iterator `pos` muss ein Iterator der Liste sein, für die `splice()` ausgeführt wird. Den Aufruf sehen Sie in der folgenden Codezeile. Danach enthält die Liste `ziel` die Elemente 100, 0, 1, 2, 3, 200. Die Liste `quelle` ist anschließend leer.

```
ziel.splice(pos, quelle);
```

Mit der Funktion `splice()` kann auch ein einzelnes Element von einer Liste in die andere umgehängt werden.

```
void splice(iterator pos, list<T> &quelle, iterator quellAnf);
```

Mit diesen Parametern fügt die Funktion `splice()` in die aktuelle Liste dasjenige Element vor der Position `pos` ein, das an der Position `quellAnf` der Liste `quelle` steht. Dabei wird das Element `quellAnf` aus der Liste `quelle` entfernt. Der Aufruf lautet wie in der folgenden Codezeile. Danach enthält die Liste `ziel` die Elemente 100, 1, 200. Die Liste `quelle` enthält 0, 2, 3.

```
ziel.splice(pos, quelle, quellAnf);
```

In der letzten Variante werden aufeinanderfolgende Elemente der Liste `quelle` umgehängt.

```
void splice(iterator pos, list<T>& quelle,
            iterator quellAnf, iterator quellEnde);
```

In dieser Variante werden alle Elemente der Liste `quelle` von `quellAnf` bis `quellEnde` an die Position `pos` umgehängt. Wie bei den Iteratoren üblich, zeigt auch hier `quellEnde` als Endebegrenzer auf die Position hinter dem letzten Element, das mitgenommen wird.

```
ziel.splice(pos, quelle, quellAnf, quellEnde);
```

Danach enthält die Liste `ziel` die Elemente 100, 1, 2, 200. Die Liste `quelle` enthält 0, 3.

### 10.3.3 Sortierung, Zusammenführen und Umdrehen

Der Container `list` bietet eine Funktion `sort()` an, mit der die Elemente des Containers aufsteigend sortiert werden können. Um sie zu nutzen, rufen Sie einfach die parameterlose Funkton über die Liste auf.

```
list<int>zahlen;
...
zahlen.sort();
```

Aber wie sortiert man Autos? Nach Gewicht oder Geschwindigkeit? Die Liste kann das nicht wissen. Also muss die Klasse, die sortiert wird, eine Funktion zur Verfügung stellen, die einen Vergleich möglich macht. Ohne weitere Angaben verwendet sort den Kleiner-Operator, den die Klasse gegebenenfalls überladen muss (siehe Abschnitt 5.5.4).

Definiert die Klasse keinen Kleineroperator oder soll nicht aufsteigend sortiert werden, kann beim Aufruf von `sort()` auch eine Funktion als Parameter übergeben werden, die den Vergleich zweier Elemente durchführt. Die Sortierungsfunktion ruft quasi den Aufrufer zurück, wenn zwei Elemente verglichen werden sollen. Dazu muss der Programmierer beim Aufruf eine Funktion übergeben, die diese Aufgabe erledigt. Sie muss zwei Elemente als Parameter übernehmen und vom Typ bool sein. Um das Beispiel nicht zu kompliziert werden zu lassen, bleiben wir bei den ganzen Zahlen, nutzen die Möglichkeit des Funktionsaufruf, um absteigend sortieren zu können. Im Beispiel heißt diese Funktion `vergleiche()`.

```
#include <iostream>
#include <list>
#include <cstdlib>
using namespace std;

bool vergleiche(int a, int b)
{
    return a > b;
}

void zeige(list<int> zahlen)
{
    list<int>::iterator lIter; // Iterator definieren
```

```
    for (lIter=zahlen.begin(); lIter!=zahlen.end(); lIter++)
    {
        cout << *lIter << " ";
    }
    cout << endl;
}

int main()
{
    const int MAX = 6;
    list<int> zahlen;
    srand(time(0));
    for (int i=0; i<MAX; i++)
    {
        zahlen.push_back( rand() % 9 + 1 );
    }
    zeige(zahlen);
    zahlen.sort(vergleiche);
    zeige(zahlen);
}
```

**Listing 10.10** Sortierung einer Liste (*listsort.cpp*)

### C++11 Lambda

Die Funktion `vergleiche()` ist so klein, dass es sich kaum lohnt, eine separate Funktion dafür zu schreiben. Außerdem ist sie auch noch so weit weg vom eigentlich Aufruf von `sort()`, dass man leicht die Übersicht verliert. Hier greift die in C++11 definierte Lambda-Funktion. Sie wird anonym lokal definiert, wo sie eingesetzt wird. Statt des Funktionsnamens verwendet sie ein paar rechteckige Klammern. Es folgen wie bei jeder Funktion die Klammern mit den Parametern und gleich anschließend der Funktionsrumpf.

```
zahlen.sort([](int a, int b) { return a>b; });
```

### C++11 for

Auch die Ausgabe lässt sich mit Mitteln von C++11 schlanker machen. Hier kann die `for`-Schleife für Listen und Arrays verwendet werden. Anstatt einen Iterator zu Hilfe zu nehmen, kann im Schleifenkopf eine Elementvariable definiert werden.

| Funktion | Wirkung |
|---|---|
| `obj& front()` | Liefert das erste Element |
| `obj& back()` | Liefert das letzte Element |
| `size_type size()` | Liefert die belegte Größe |
| `size_type max_size()` | Liefert die maximale Größe |
| `void resize(size_type groesse)` | Verändert die Größe auf den Wert `groesse` |
| `bool empty()` | Prüft, ob die Liste leer ist |
| `void push_back(&obj)` | Am Ende wird ein Objekt eingefügt |
| `void pop_back()` | Am Ende wird ein Objekt entnommen |
| `void push_front(obj)` | Am Anfang wird ein Objekt eingefügt |
| `void pop_front()` | Am Anfang wird ein Objekt entnommen |
| `obj& front()` | Liefert eine Referenz auf das Element am Anfang der Liste |
| `obj& back()` | Liefert eine Referenz auf das Element am Ende der Liste |
| `iterator begin()` | Liefert einen Iterator auf das erste Element |
| `iterator end()` | Liefert einen Iterator hinter das letzte Element |
| `iterator rbegin()` | Liefert einen Iterator auf das letzte Element |
| `iterator rend()` | Liefert einen Iterator vor das erste Element |
| `void assign(InputIterator first, InputIterator last)` | Weist der Liste die Daten zu, die durch die beiden Iteratoren eingegrenzt werden |
| `void insert(iterator, obj&)` | An der Iteratorposition wird ein Objekt eingefügt |
| `iterator erase(iterator first, iterator last)` | Löscht den Bereich, den die Iteratoren bezeichnen |
| `iterator erase(iterator)` | Löscht das Element, auf das der Iterator zeigt |
| `void swap(list &)` | Tauscht den Inhalt zweier Listen |
| `void clear()` | Löscht alle Elemente und ruft deren Destruktoren |
| `void splice(iterator, list&)` | Verschiebt Elemente aus einer anderen Liste |
| `void merge(list&)` | Mischt eine andere Liste ein |
| `void sort()` | Sortiert die Liste |
| `void unique()` | Entfernt alle doppelten Elemente |
| `void reverse()` | Dreht die Reihenfolge der Elemente um |
| `void remove(obj&)` | Entfernt Elemente |
| `void remove_if(praedikat)` | Entfernt Elemente nach Bedingung |

**Tabelle 10.3** Funktionen des Containers list

Es folgt ein Doppelpunkt und die Liste. Bei jeder Runde wird dann das nächste Element der Liste in die Elementvariable übernommen. Als Typ kann das in C++11 neu definierte `auto` verwendet werden, sodass die Elementvariable automatisch den richtigen Typ bekommt.

```
for (auto zahl : zahlen)
{
    cout << zahl << " ";
}
```

Die Elementfunktion `merge()` erlaubt es, in eine sortierte Liste eine andere sortierte Liste einzusortieren. Die Zielliste enthält dann alle Elemente in sortierter Reihenfolge. Die eingefügte Liste ist nach dem Aufruf leer.

```
ziel.merge(quelle);
```

Der Funktion `merge()` kann als weiterer Parameter eine Funktion mitgegeben werden, die für eine Sortierung der Elemente sorgt. Die Funktion hat wie zuvor als Parameter zwei Elemente der Liste und gibt einen booleschen Wert zurück. Das ist die Gelegenheit, eine Variante nach dem Standard von C++11 vorzustellen.

```
#include <iostream>
#include <list>
using namespace std;

void zeige(list<int> zahlen)
{
    for (auto zahl : zahlen)
    {
        cout << zahl << " ";
    }
    cout << endl;
}

int main()
{
    const int MAX = 6;
    list<int> quelle;
    list<int> ziel;
    srand(time(0));
```

```
    for (int i=0; i<MAX; i++)
    {
        quelle.push_back( rand() % 9 + 1 );
        ziel.push_back( rand() % 9 + 1 );
    }
    zeige(quelle);
    zeige(ziel);
    ziel.sort([](int a, int b) { return a>b; });
    quelle.sort([](int a, int b) { return a>b; });
    ziel.merge(quelle, [](int a, int b) { return a>b; });
    zeige(ziel);
}
```

**Listing 10.11** Merge zweier Listen nach C++11 (*lambdamerge.cpp*)

Mit der Funktion `reverse()` werden die Elemente der Liste umgedreht. Hierfür braucht sie weder eine Vergleichsfunktion noch eine weitere Liste. Der Aufruf kann also parameterlos erfolgen. Interessant dabei ist, dass alle Iteratoren nach Ausführen dieser Funktion ihre Gültigkeit behalten.

## 10.4 Die Container-Klassen set und multiset

Der Container `set` stellt die eingefügten Elemente sofort in einer sortierten Reihenfolge ab. In einem `set` darf jedes Element nur einmal auftreten. In einem `multiset` dürfen Elemente dagegen mehrfach auftreten. Der Container `set` ist ein assoziativer Container. Das heißt, dass er die Elemente nach einem Schlüsselwert in einem Binärbaum sortiert.

Wenn Sie Daten nach einem Sortierkriterium in einer Struktur ablegen und schnell wieder auf sie zugreifen wollen, ist der Container `set` die ideale Struktur dafür. In einer Liste erfolgt das unsortierte Einfügen zwar sehr effizient, aber das Auffinden der entsprechenden Position kostet zu viel Zeit, und das Sortieren muss nachträglich durch den Aufruf von `sort()` erfolgen.

### 10.4.1 Einfügen und Löschen

Die Operationen für das Einfügen, `insert()`, und das Löschen, `erase()`, benötigen beim Container `set` nun keinen Iterator mehr, sondern erwarten den Wert, der eingefügt oder gelöscht werden soll. Die Funktion `insert()` liefert einen Iterator zurück, der auf das neu eingefügte Element zeigt.

Das folgende Beispiel fügt zufällige Zahlen in ein Set ein. Doppelte Zahlen werden nicht eingefügt, da es sich um ein Set und nicht um ein Multi-Set handelt. Anschließend wird die Zahl 4 aus dem Set wieder gelöscht.

```
#include <iostream>
#include <set>
#include <ctime>
using namespace std;

void show(set<int> &zahlen)
{
    set<int>::iterator iter;
    for (iter=zahlen.begin(); iter!=zahlen.end(); ++iter)
    {
        cout << *iter << " - " ;
    }
    cout << endl;
}

int main()
{
    set<int> zahlen;
    int neuzahl;
    srand(time(0));
    for (int i=0; i<10; i++)
    {
        neuzahl = rand() % 9 + 1 ;
        zahlen.insert(neuzahl);
        cout << neuzahl << " - " ;
    }
    cout << endl;
    show(zahlen);
    zahlen.erase(4);
    show(zahlen);
}
```

**Listing 10.12** Einfügen und Löschen in set (*stl/set.cpp*)

### 10.4.2 Suchen und Sortieren

Das Suchen in einem Binärbaum ist sehr effizient. Darum ist die Elementfunktion `find()` des Containers `set` auch wesentlich schneller als die allgemeine Funktion `find()`, die für alle Container gedacht ist. Die Funktion erwartet als Parameter den zu suchenden Wert und liefert als Ergebnis einen Iterator, der auf das Element zeigt. Gibt es das Element im Container `set` nicht, ist der Iterator identisch mit dem Rückgabewert der Elementfunktion `end()`.

Damit der Container `set` Elemente in der richtigen Reihenfolge einsortieren kann, muss für den Typ der Elemente das Kleiner-Zeichen definiert sein. Alternativ kann beim Anlegen eines Containers `set` ein Prädikat für den Typ angegeben werden, das die Kleiner-Relation ersetzt. Dazu wird eine Klasse als Funktionsobjekt gebildet, die den Vergleich liefert.

Im folgenden Beispiel wird ein Prädikat erstellt, das statt eines Kleiner-Vergleichs eine Größer-Relation bildet. Dadurch wird die Reihenfolge des Sets umgedreht.

```
class Anders
{
public:
    bool operator() (int a, int b)
    {
        return a > b;
    }
};

void show(set<int,Anders> &zahlen)
{
    set<int>::iterator iter;
    for (iter=zahlen.begin(); iter!=zahlen.end(); ++iter)
    {
        cout << *iter << " - " ;
    }
    cout << endl;
}

int main()
{
    set<int,Anders> zahlen;
    ...
```

**Listing 10.13** Vergleichsklasse (*stl/setsort.cpp*)

Die Klasse `Anders` wird als zweiter Template-Parameter verwendet. Dadurch werden die Elemente in diesem Fall absteigend sortiert. Bei der Klasse `Anders` handelt es sich um ein ganz typisches Funktionsobjekt. Sie sehen, dass der Aufrufoperator definiert wurde. Da der Rückgabetyp `bool` ist, handelt es sich um ein Prädikat. An der Funktion `show()` ist auch zu sehen, wie ein Container als Parameter an eine Funktion übergeben wird.

| Funktion | Wirkung |
|---|---|
| `size_type size()` | Liefert die belegte Größe |
| `size_type max_size()` | Liefert die maximale Größe |
| `bool empty()` | Prüft, ob der Container leer ist |
| `iterator begin()` | Liefert einen Iterator auf das erste Element |
| `iterator end()` | Liefert einen Iterator hinter das letzte Element |
| `iterator rbegin()` | Liefert einen Iterator auf das letzte Element |
| `iterator rend()` | Liefert einen Iterator vor das erste Element |
| `void insert(iterator, obj&)` | An der Iteratorposition wird ein Objekt eingefügt |
| `void erase(iterator first, iterator last)` | Löscht den Bereich, den die Iteratoren bezeichnen |
| `void erase(iterator)` | Löscht das Element, auf das der Iterator zeigt |
| `void swap(set&)` | Tauscht den Inhalt zweier Container |
| `void clear()` | Löscht alle Elemente und ruft deren Destruktoren |
| `key_compare key_comp()` | Liefert das Vergleichsobjekt des Containers |
| `value_compare value_comp()` | Liefert das Wertvergleichsobjekt des Containers |
| `iterator find(key_type&)` | Sucht das erste Element, das dem Parameter gleicht |
| `size_type count(key_type&)` | Zählt die Elemente, die dem Parameter gleichen |
| `iterator lower_bound()` | Sucht das erste Element, das kleiner als der Parameter ist |
| `iterator upper_bound()` | Sucht das erste Element, das größer als der Parameter ist |
| `pair<iterator,iterator> equal_range( key_type&)` | Liefert die Iteratoren der Elemente, die dem Parameter gleichen |

**Tabelle 10.4** Funktionen des Containers set

## 10.5 Die Container-Klassen map und multimap

Der Container `map` nimmt zwei Arten von Elementen auf. Die erste Art ist der Suchschlüssel, der wie bei einem Set in einem Binärbaum abgestellt wird. Die zweite Art ist das eigentliche Datenelement, das durch den Schlüssel gefunden werden soll. So werden bei der Definition eines `map`-Containers zwei Typen angegeben: der erste für den Schlüssel, der zweite für den Wert. Die eckigen Klammern werden von der Map so überladen, dass der Schlüssel dazwischen angegeben wird. Der gesamte Ausdruck bezeichnet dann das Datenelement. Auf diese Weise kann sehr anschaulich mit der Map programmiert werden.

```
#include <iostream>
#include <string>
#include <map>
using namespace std;

int main()
{
    map<string,string> kennzeichen;
    kennzeichen["HH"] = "Hansestadt Hamburg";
    cout << kennzeichen["HH"] << endl;
    cout << "Größe: " << kennzeichen.size() << endl;
    cout << kennzeichen["HG"] << endl;
    cout << "Größe: " << kennzeichen.size() << endl;
}
```

**Listing 10.14** Beispiel für Map (*stl/map.cpp*)

Wenn Sie das Programm laufen lassen, erhalten Sie die folgende Ausgabe:

```
Hansestadt Hamburg
Größe: 1

Größe: 2
```

#### Suchen in einer map

Ganz offensichtlich wird also für den Schlüssel HG allein durch die Verwendung in den eckigen Klammern ein Element angelegt. Wollen Sie lediglich prüfen, ob ein solches Element überhaupt existiert, sollten Sie die Elementfunktion `find()` verwenden:

```
if (kennzeichen.find("KI")==kennzeichen.end())
{
    cout << "Nicht gefunden!" << endl;
}
```

#### Zugriff per Iterator

Wenn Sie eine Map durchlaufen wollen und alle Elemente zugreifen wollen, können Sie auch hier einen Iterator verwenden. Wie bei anderen Containern erhalten Sie den ersten über die Elementfunktion `begin()` und prüfen, ob er gleich dem Iterator wird, den die Elementfunktion `end()` liefert.

Da eine map-Element immer aus einem Paar besteht, erreichen Sie die Elemente nicht direkt über den Iterator, sondern über die Zwischenelemente `first` für den Schlüssel und `second` für das Datenelement. Das folgende Beispiel zeigt, wie eine Liste der Kennzeichen erzeugt wird.

```
map<string,string>::iterator it = kennzeichen.begin();
while (it!=kennzeichen.end())
{
   cout << "kennzeichen[" << it->first << "]: ";
   cout << it->second << endl;
   ++it;
}
```

**Listing 10.15** Iteration über eine map (*stl/map.cpp*)

## 10.6 Container-Adapter

Container-Adapter basieren auf Containern, um spezielle Schnittstellen zu liefern. Sie werden auf Container aufgesetzt. Ein Container-Adapter verwendet immer einen bestimmten Container-Typ als Vorgabe, kann aber auch auf einen anderen Container aufgesetzt werden. So kann ein Stack beispielsweise mithilfe eines Vektors realisiert werden. Der Stack bietet dem Benutzer nur eine eingeschränkte Schnittstelle an. Ein Adapter besitzt keine Iteratoren.

Auf der Basis der sequenziellen Container `vector`, `deque` und `list` werden die Container-Adapter `stack`, `queue` und `prioritiy_queue` definiert.

| Funktion | Wirkung |
|---|---|
| `obj& operator[] (key_type&)` | Zugriff auf ein Objekt über den Schlüssel |
| `size_type size()` | Liefert die belegte Größe |
| `size_type max_size()` | Liefert die maximale Größe |
| `bool empty()` | Prüft, ob die Map leer ist |
| `key_compare key_comp()` | Liefert das Vergleichsobjekt des Containers |
| `iterator begin()` | Liefert einen Iterator auf das erste Element |
| `iterator end()` | Liefert Iterator hinter das letzte Element |
| `iterator rbegin()` | Liefert Iterator auf das letzte Element |
| `iterator rend()` | Liefert Iterator vor das erste Element |
| `void insert(iterator, obj&)` | An der Iteratorposition wird ein Objekt eingefügt |
| `void erase(iterator first, iterator last)` | Löscht den Bereich, den die Iteratoren bezeichnen |
| `void erase(iterator)` | Löscht das Element, auf das der Iterator zeigt |
| `void swap(map&)` | Tauscht den Inhalt zweier Maps |
| `void clear()` | Löscht alle Elemente und ruft deren Destruktoren |
| `iterator find(key_type&)` | Sucht das erste Element, das dem Parameter gleicht |
| `size_type count(key_type&)` | Zählt die Elemente, die dem Parameter gleichen |
| `value_compare value_comp()` | Liefert das Wertvergleichsobjekt des Containers |
| `iterator lower_bound()` | Sucht das erste Element, das kleiner als der Parameter ist |
| `iterator upper_bound()` | Sucht das erste Element, das größer als der Parameter ist |
| `pair<iterator,iterator> equal_range(key_type&)` | Liefert die Iteratoren der Elemente, die dem Parameter gleichen |

**Tabelle 10.5** Funktionen des Containers map

### 10.6.1 Der Container-Adapter stack

Ein Stack speichert seine Elemente in der Reihenfolge ihres Eintreffens und gibt sie in umgekehrter Reihenfolge wieder heraus. Er entspricht also einem Stapel, auf den nur von oben zugegriffen werden kann. Der Container-Adapter `stack` bietet als Schnittstelle die drei Funktionen in Tabelle 10.6 an.

| Funktion | Wirkung |
|---|---|
| `void push(obj)` | Das Objekt wird auf den Stack gelegt. |
| `obj& top()` | Das oberste Objekt des Stapels wird als Rückgabewert geliefert. Es wird jedoch nicht vom Stack entfernt. |
| `void pop()` | Das oberste Objekt wird vom Stack entfernt. Es gibt keinen Rückgabewert. |

**Tabelle 10.6** Funktionen des Adapters stack

Um also ein Objekt vom Stack zu lesen und herunterzunehmen, müssen die Funktionen `top()` und `pop()` nacheinander aufgerufen werden. Ein kleines Beispiel zeigt, wie ein solcher Stack verwendet wird.

```
#include <iostream>
#include <stack>
using namespace std;

int main()
{
   stack<int> stapel;
   stapel.push(5);
   stapel.push(4);
   stapel.push(3);
   stapel.push(2);
   stapel.push(1);
   while (!stapel.empty())
   {
       cout << stapel.top() << endl;
       stapel.pop();
   }
}
```

**Listing 10.16** Stack-Adapter (*stl/stack.cpp*)

Standardmäßig wird ein Stack auf der Basis einer Deque implementiert. Wollen Sie den Stack als Liste realisiert wissen, müssen Sie `list` einbinden. Bei der Definition des Stacks wird angegeben, welcher Container als Basis dient. Sie müssen folgende Änderungen vornehmen:

```
#include <list>
#include <stack>
...
   stack<int, list<int> > stapel;
```

Das Leerzeichen zwischen den beiden Kleiner-Zeichen vor dem Wort »stapel« sollten Sie nicht vergessen. Es kann Ihnen sonst passieren, dass einer der Compiler das doppelte Größer-Zeichen für einen Umleitungsoperator hält.

### 10.6.2 Der Container-Adapter queue

Analog zum Stack existiert ein Adapter, der als FIFO arbeitet: die Queue. Eine Queue besitzt zusätzlich zu den Funktionen des Container-Adapters `stack` die Funktionen `front()` und `back()`, die jeweils ein Element zurückgeben. Dafür gibt es die Funktion `top()` nicht mehr.

| Funktion | Wirkung |
|---|---|
| `void push(obj)` | Das Objekt wird hinten in den Puffer hineingeschoben. |
| `void pop()` | Das zuerst eingefügte Objekt wird entnommen. Es gibt keinen Rückgabewert. |
| `obj& front()` | Das erste Objekt wird als Rückgabewert geliefert. Es wird jedoch nicht entfernt. |
| `obj& back()` | Das zuletzt eingestellte Objekt wird als Rückgabewert geliefert. Es wird jedoch nicht entfernt. |

**Tabelle 10.7** FIFO-Funktionen des Container-Adapters queue

```
#include <iostream>
//#include <list>
#include <queue>
using namespace std;

int main()
{
   queue<int> FIFO;
//   queue<int, list<int> > FIFO;
   FIFO.push(4);
   FIFO.push(3);
   FIFO.push(2);
   FIFO.push(1);
```

```
    while (!FIFO.empty())
    {
        cout << FIFO.front() << endl;
        FIFO.pop();
    }
}
```

**Listing 10.17** Queue (*stl/queue.cpp*)

Die auskommentierten Zeilen können Sie verwenden, um die Queue auf Basis einer Liste einzusetzen. Standardmäßig wird eine Deque verwendet.

### 10.6.3 Der Container-Adapter priority_queue

Dieser Adapter unterscheidet sich vom Adapter `queue` dadurch, dass die eingeschobenen Elemente eine Priorität erhalten. Dabei sind die Funktionen mit denen eines Stacks vergleichbar. Die Warteschlange wird als `priority_queue` definiert. Der Unterschied zeigt sich im Verhalten: Die Warteschlange prüft die Elemente mit dem Kleiner-Operator auf ihre Priorität und liefert das Element mit der höchsten Priorität als Erstes wieder aus.

#### Beispiel

In dem folgenden Beispiel werden ganze Zahlen in die Warteschlange geschoben, die dann sortiert wieder herausgegeben werden. In einem realen Einsatz würden Sie natürlich eine Datenklasse definieren, die den Kleiner-Operator überlädt und damit die Prioritäten liefert.

```
#include <iostream>
#include <queue>
using namespace std;

int main()
{
   priority_queue<int> FIFO;
   FIFO.push(4);
   FIFO.push(7);
   FIFO.push(5);
   FIFO.push(1);
```

```
    while (!FIFO.empty())
    {
        cout << FIFO.top() << endl;
        FIFO.pop();
    }
}
```

**Listing 10.18** Priority-Queue (*stl/pqueue.cpp*)

## 10.7 Iteratortypen

Da auf die verschiedenen Container auf unterschiedliche Weise zugegriffen wird, liefert jeder Container den zu ihm passenden Iteratortyp unter dem Namen `iterator` mit. Die Typen der Iteratoren heißen der `RandomAccessIterator`, der `BidirectionalIterator`, der `ForwardIterator`, der `InputIterator` und der `OutputIterator`. Tabelle 10.8 zeigt die Operationen, die mit den jeweiligen Iteratortypen möglich sind.

| | Output | Input | Forward | Bidirectional | RandomAccess |
|---|---|---|---|---|---|
| **Lesen** | | =*p | =*p | =*p | =*p |
| **Zugriff** | | -> | -> | -> | ->, [] |
| **Schreiben** | *p= | | *p= | *p= | *p= |
| **Iteration** | ++ | ++ | ++ | ++, - | ++, -, +, -, +=, -= |
| **Vergleich** | | ==, != | ==, != | ==, != | ==, !=, <, >, <=, >= |

**Tabelle 10.8** Iteratoren

Hinter dem Typ `iterator`, den der Container anbietet, steckt einer der oben genannten Iteratoren. Welchen Iterator der Container zur Verfügung stellt, hängt natürlich von den Möglichkeiten des Zugriffs ab, die der Container bereithält. Tabelle 10.9 zeigt, welcher Container welchen Iterator anbietet.

| Container | Iterator |
|---|---|
| vector | RandomAccessIterator |
| deque | RandomAccessIterator |
| string | RandomAccessIterator |
| list | BidirectionalIterator |
| map | BidirectionalIterator |
| multimap | BidirectionalIterator |
| set | BidirectionalIterator |
| multiset | BidirectionalIterator |

**Tabelle 10.9** Container und Iteratoren

## 10.8 Die Algorithmen der STL

Die STL verfügt neben den Containern über eine Reihe generischer Funktionen, die auf alle Container-Arten anwendbar sind. Dazu gehört sogar das Array. Der Zugriff auf die Elemente erfolgt über Iteratoren. Bei Arrays werden gewöhnliche Zeiger verwendet. Diese Funktionen werden als die Algorithmen der STL bezeichnet. Als Informatiker stört man sich leicht daran, da Algorithmen streng genommen allgemeine Beschreibungen eines Lösungsverfahrens darstellen. In diesem besonderen Zusammenhang mag der Name vertretbar sein, da diese Funktionen generisch sind und sie auf beliebigen Typen arbeiten.

Um die STL-Algorithmen zu nutzen, müssen Sie die passende Header-Datei namens *algorithm* einbinden und den Namensraum auf `std` setzen:

```
#include <algorithm>
using namespace std;
```

### 10.8.1 Suchen: find()

Die Funktion `find()` sucht in dem Container, dessen Grenzen durch die ersten beiden Parameter angegeben werden, nach einem Element, das im dritten Parameter spezifiziert wird. Der Rückgabewert ist ein Iterator auf das erste gefundene Element. Der Prototyp der Funktion lautet:

Kapitel 10

```
template <class InputIterator, class T>
InputIterator find(InputIterator first,
                   InputIterator last,
                   const T& value);
```

**Listing 10.19** Prototyp find()

In dem einfachen Fall, in dem ein Array als Container dient, ist der Iterator einfach ein Zeiger. Der Zeiger `first` zeigt auf das erste Element, das berücksichtigt wird. Der Zeiger `last` zeigt hinter das letzte Element. Der Rückgabezeiger zeigt auf das erste Element, das dem Suchelement gleicht. Sollen alle Elemente gefunden werden, kann der zurückgegebene Zeiger inkrementiert und als Anfang der nächsten Suche verwendet werden. Ist das gesuchte Element nicht im Container enthalten, zeigt der zurückgegebene Zeiger hinter das letzte gültige Element. Er ist also mit dem Zeiger identisch, der die hintere Grenze festlegt.

#### Beispiel

Das folgende Beispielprogramm sucht in dem Integer-Array nach der Zahl 4. Das Ergebnis ist hier ein Zeiger auf einen Integer.

```
#include <iostream>
#include <algorithm>
using namespace std;
int main()
{
    int zahlen[9] = {1,2,3,4,5,6,7,8,9};
    int *found;
    int *last = zahlen+9;
    found = find(zahlen, last, 4);
    if (found!=last)
    {
        cout << *found << " - " << endl;
    }
    else
    {
        cout << "Nichts gefunden!" << endl;
    }
}
```

**Listing 10.20** Suche nach einer Zahl in einem Array (*stl/find.cpp*)

### 10.8.2 Sortieren

Die Funktion `sort()` sortiert einen Bereich eines Containers. Wieder wird der Bereich durch die Iteratoren angegeben. Als Container wird der Einfachheit halber ein Integer-Array verwendet. Als Iteratoren dienen Zeiger auf `int`.

```
#include <iostream>
#include <algorithm>
using namespace std;

int main()
{
    int zahlen[9] = {3,8,1,9,5,6,4,2,9};

    sort(zahlen, zahlen+9);
    for (int i=0; i<9; i++)
    {
        cout << zahlen[i]<< endl;
    }
}
```

**Listing 10.21** Sortieren eines Arrays

Der STL-Algorithmus `sort()` benötigt einen Direktzugriff auf die Elemente über eckige Klammern. Das heißt, er benötigt Random-Access-Iteratoren. Ferner kann die Funktion `sort()` nur für Elementtypen eingesetzt werden, für die der Kleiner-Operator definiert ist. Wollen Sie `sort()` auf einem Container mit einer selbst geschriebenen Klasse arbeiten lassen, müssen Sie den Kleiner-Operator überladen.

Die Algorithmen-Bibliothek, die oben anhand von Arrays dargestellt wurde, arbeitet ebenso auf einem Vektor.

```
#include <iostream>
#include <vector>
#include <algorithm>
using namespace std;

int main()
{
    int MaxVec = 9;
    vector<int> zahlen(MaxVec);
    srand(time(0));
```

```
    for (int i=0; i<MaxVec; i++)
    {
        zahlen[i] = rand() % 9 + 1;
    }
    sort(zahlen.begin(), zahlen.end());
    for (int i=0; i<MaxVec; i++)
    {
        cout << zahlen[i] << endl;
    }
}
```

**Listing 10.22** Sortieren eines Vektors

### 10.8.3 Binäres Suchen

Liegt ein sortierter Bereich in einem Container vor, kann mit der Funktion `binary_search()` darin nach einem Wert gesucht werden. Diese Suche ist sehr schnell, ist aber abhängig davon, ob direkt auf die Elemente eines Containers zugegriffen werden kann. Demzufolge kann die Funktion für Vektoren und auch für Arrays eingesetzt werden, nicht aber beispielsweise für Listen.

```
if (binary_search(zahlen.begin(), zahlen.end(), SuchWert))
```

Die Funktion liefert einen booleschen Wert zurück, der angibt, ob der Wert gefunden wurde.

### 10.8.4 Kopieren: copy()

Die Funktion `copy()` kopiert einen Bereich eines Containers in einen anderen Container.

```
int main()
{
    int zahlen[9] = {1,2,4,9,5,6,7,8,9};
    int ziel[5];
    copy(zahlen, zahlen+5, ziel);
}
```

**Listing 10.23** Kopieren

Hier werden die ersten fünf Elemente des Arrays `zahlen` in das Array `ziel` kopiert. Dabei kontrolliert die Funktion `copy()` nicht, ob die Kapazität des Ziels überschritten wird.

### 10.8.5 Umdrehen: reverse()

Die Funktion `reverse()` vertauscht die Elemente des Containers in der Art, dass sie nach dem Aufruf in umgekehrter Reihenfolge vorliegen. Das folgende Beispiel verwendet gleich zwei Algorithmen der STL. Zunächst wird das Argument des Programmaufrufs mit dem Aufruf von `copy()` in ein lokales `char`-Array namens `wort` kopiert. Anschließend wird auf dieses Array die Funktion `reverse()` angewendet, die die Zeichenkette umdreht.

```
#include <iostream>
#include <algorithm>
#include <string.h>
using namespace std;

int main(int argc, char **argv)
{
    char wort[80];
    copy(argv[1], argv[1]+strlen(argv[1])+1, wort);
    reverse(wort, wort+strlen(wort));
    cout << wort << endl;
}
```

**Listing 10.24** Übergabeparameter verdrehen (*stl/reverse.cpp*)

Beim Programmaufruf wird als Parameter ein beliebiger Text übergeben. Das Programm gibt diesen Text in umgekehrter Reihenfolge aus.

### 10.8.6 Füllen: fill()

Die Funktion `fill()` füllt einen Container mit Werten. Als Parameter werden der Anfang und das Ende des zu füllenden Bereichs angegeben und als dritter Parameter der Wert, mit dem der Container zu füllen ist. Im folgenden Beispiel wird jedes Element des Arrays `zahlen` mit dem Wert 4 gefüllt.

```
int main()
{
    int zahlen[9] = {1,2,4,9,5,6,7,8,9};
    fill(zahlen, zahlen+9, 4);
}
```

**Listing 10.25** Füllen

### 10.8.7 equal()

Mit der Funktion `equal()` können zwei Bereiche auf Gleichheit geprüft werden. Als Parameter werden zunächst Anfang und Ende des Ausgangsbereichs angegeben. Als dritter Parameter wird der Anfang des Bereichs angegeben, mit dem verglichen werden soll:

```
if (equal(zahlen, zahlen+3, vergleich))
```

Die Anweisung hinter `if` wird ausgeführt, wenn die ersten drei Werte des Arrays `zahlen` gleich denen des Arrays `vergleich` sind.

### 10.8.8 Funktion als Parameter: find_if()

Einige der STL-Funktionen rufen Funktionen auf, die ihnen als Parameter übergeben werden. Ein einfacher Vertreter ist die Funktion `find_if()`. Ihr dritter Parameter ist eine Funktion, deren Rückgabetyp `bool` sein muss. Außerdem muss der Parameter der Funktion dem Typ entsprechen, den der Container aufnimmt. In der Aussagenlogik wird ein boolescher Term als Prädikat bezeichnet. Diese Bezeichnung wird in der STL für Funktionen mit dem Rückgabetyp `bool` verwendet.

Die Funktion `find_if()` durchsucht wie die Funktion `find()` einen Bereich eines Containers. Dabei wird als dritter Parameter nicht ein konstanter Wert übergeben, sondern eine Funktion, die von `find_if()` für jedes Element des zu durchsuchenden Bereichs aufgerufen wird. Liefert diese Funktion den Wert `true`, endet die Funktion `find_if()` und liefert den Iterator (in diesem einfachen Fall einen Zeiger) auf den gefundenen Wert als Rückgabewert. Damit `find_if()` das zu prüfende Element an das Prädikat übergeben kann, muss dieses einen Parameter des Typs akzeptieren, deren Variablen der Container als Elemente aufnimmt.

Mit der Funktion `find_if()` kann nach Elementen gesucht werden, die nur in bestimmten Teileigenschaften gleich sind oder die aufgrund von Eigenschaften gesucht werden, die nicht durch die einfache Kombination logischer Operatoren auszudrücken sind.

#### Beispiel

Das folgende Programm verwendet die Funktion `istneun()` als Prädikat. Die Funktion muss einen Übergabeparameter vom Typ `int` haben und den Typ `bool` zurückgeben. Wie ihr Name schon andeutet, ist sie wahr, wenn der übergebene Parameter 9 ist.

```
#include <iostream>
#include <algorithm>
using namespace std;

bool istneun(int parameter)
{
    return (parameter==9);
}

int main()
{
    int zahlen[9] = {1,2,3,9,5,6,7,8,9};
    int *found;

    found = find_if(zahlen, zahlen+9, istneun);
    if (found!=zahlen+9)
    {
        cout << *found << " - " << endl;
    }
    else
    {
        cout << "nix" << endl;
    }
}
```

**Listing 10.26** Suche nach einer Zahl in einem Array

Da eine Funktion extrem flexibel ist, kann nahezu nach allen Kriterien gesucht werden. Beispielsweise könnte das Prädikat ermitteln, ob die Zahl eine Primzahl ist. In manchen Fällen ist eine Funktion aber immer noch nicht ausreichend flexibel.

Betrachten wir den Fall, dass die erste Zahl gesucht wird, die kleiner ist als der Vorgänger im Container. Im vorhergehenden Beispiel wäre dies die 5. Als Funktion könnten Sie das so formulieren:

```
bool KleinerAlsVorgaenger(int parameter)
{
    static letzter = INT_MIN;
    bool rueckgabe;
    rueckgabe = parameter < letzter;
    letzter = parameter;
    return rueckgabe;
}
```

Tatsächlich funktioniert dies beim ersten Einsatz wunderbar. Allerdings wird die Funktion direkt anschließend unbrauchbar, da sie sich in ihrer statischen Variablen `letzter` den Wert 5 gemerkt hat. Würde sie erneut für das gleiche Array verwendet, würde bereits die 1 als gesuchte Zahl gemeldet, da sie kleiner als 5 ist. Um diese Problematik zu lösen, können Sie die Variable `letzter` als globale Variable verwenden, die vor dem Aufruf von `find_if()` zurückgesetzt werden muss. Abgesehen davon, dass globale Variablen vermieden werden sollten, ist diese Lösung nicht sehr elegant.

Wenn es um Initialisierungsprobleme geht, bietet sich der Einsatz einer Klasse an. Hier kann im Konstruktor eine Variable leicht zurückgesetzt werden. Um den Anforderungen der Funktion `find_if()` gerecht zu werden, wird der Funktionsoperator überladen und ein Objekt der Klasse übergeben. Das vollständige Programm sieht folgendermaßen aus:

```
#include <iostream>
#include <algorithm>
#include <limits.h>
using namespace std;

class KleinerAlsVorgaenger
{
public:
    KleinerAlsVorgaenger() { letzter = INT_MIN; }
    bool operator()(int a);
private:
    int letzter;
};

bool KleinerAlsVorgaenger::operator()(int a)
{
    bool rueckgabe;
    rueckgabe = a < letzter;
    letzter = a;
    return rueckgabe;
}
```

```
int main()
{
    int zahlen[9] = {1,2,3,9,5,6,7,8,9};
    int *found;
    KleinerAlsVorgaenger rueckfall;

    found = find_if(zahlen, zahlen+9, rueckfall);
    if (found!=zahlen+9)
    {
        cout << *found << endl;
    }
    else
    {
        cout << "nix" << endl;
    }
}
```

**Listing 10.27** Einsatz eines Funktionsobjekts (*stl/findif.cpp*)

Es sollte allerdings nicht unerwähnt bleiben, dass für jeden Aufruf von `find_if()` ein neues Objekt der Klasse `KleinerAlsVorgaenger` verwendet werden muss, damit der Konstruktor das Datenelement `letzter` zurücksetzen kann. Alternativ kann eine Elementfunktion `Reset()` in die Klasse eingebaut werden, die das übernimmt. Sie können aber auch die folgende Variante einsetzen:

```
found = find_if(zahlen, zahlen+9, KleinerAlsVorgaenger());
```

Hier wird der Konstruktor der Klasse `KleinerAlsVorgaenger` aufgerufen, der ein temporäres Objekt an die Funktion übergibt, die dann wiederum als Prädikat aufgerufen wird. Dann kann auch die Zeile mit der Definition der Variablen `rueckfall` weggelassen werden.

### 10.8.9 for_each

Die Funktion `for_each()` führt die Funktion, die sie als dritten Parameter übergeben bekommt, für alle Elemente eines Containers aus, dessen Grenzen sie in den ersten beiden Parametern übergeben bekommt.

Das folgende Beispiel ruft für jedes Element die Funktion `show()` auf, die das Element auf dem Bildschirm ausgibt. Das Ergebnis des Programms ist also eine Ausgabe des Arrays auf dem Bildschirm.

```
#include <iostream>
#include <algorithm>
using namespace std;

int show(int a)
{
    cout << a << endl;
}

int main()
{
    int zahlen[9] = {1,2,4,9,5,6,7,8,9};

    for_each(zahlen, zahlen+9, show);
}
```

**Listing 10.28** Ausgabe per for_each (*stl/foreach.cpp*)

Der Parameter der Funktion `show()` muss ein Element des Containers akzeptieren. Der Rückgabewert sollte vom gleichen Typ sein. Die Funktion `for_each()` reicht den Rückgabewert der letzten Funktion an ihren Aufrufer durch.

## 10.9 Die Template-Klasse bitset

Die Template-Klasse `bitset` gehört ebenfalls zur STL, ist aber kein Container, denn sie nimmt keine Benutzertypen auf, um sie zu organisieren. Sie bietet vielmehr eine Möglichkeit, Bit-Strukturen zu verwalten. Der Parameter, den das Template erhält, ist kein Datentyp, sondern eine ganzzahlige Konstante, die angibt, wie viele Bits das Bitset enthält.

| Funktion | Wirkung |
|---|---|
| `bool test(size_t pos)` | Gibt `true` zurück, wenn das Bit gesetzt ist. |
| `bitset<N>& set(size_t pos, int var=1)` | Setzt das Bit an Position `pos`. |
| `bitset<N>& reset(size_t pos, int var=0)` | Löscht das Bit an Position `pos`. |
| `bitset<N>& flip(size_t pos)` | Schaltet das Bit an Position `pos` um. |

**Tabelle 10.10** Funktionen der Klasse Bitset

Sie können einzelne Bits mit der Elementfunktion `set()` setzen und mit `reset()` löschen. Die Elementfunktion `flip()` schaltet ein Bit um: Aus `true` wird `false` und umgekehrt. Als Parameter wird die Position des gewünschten Bits angegeben. Wird kein Parameter angegeben, wird die Funktion auf alle Bits des Bitsets angewandt. Die Elementfunktion `test()` liefert einen `bool`-Wert, der angibt, ob das Bit, dessen Position als Parameter übergeben wird, gesetzt ist.

Das Bitset kann mit dem Indexoperator wie ein Array behandelt werden. Dadurch werden die Zugriffe anschaulicher. Die Elementfunktion `count()` liefert die Anzahl der gesetzten Bits eines Bitsets, die Funktion `size()` dessen Größe in Bits. Die Funktion `any()` liefert den Wert `true`, wenn mindestens ein Bit des Bitsets gesetzt ist. Die Funktion `none()` wird wahr, wenn keines der Bits gesetzt ist.

| Funktion | Wirkung |
|---|---|
| `size_t count()` | Anzahl der gesetzten Bits des Bitsets |
| `size_t size()` | Anzahl der Bits des Bitsets |
| `bool any()` | Gibt `true` zurück, wenn eines der Bits gesetzt ist. |
| `bool none()` | Gibt `true` zurück, wenn keines der Bits gesetzt ist. |

**Tabelle 10.11** Weitere Funktionen der Klasse Bitset

Das Bitset kennt die Funktionen `to_ulong()` und `to_string()`, um das komplette Bitset in eine ganze Zahl oder in eine Zeichenkette zu überführen.

## 10.10 Übungen

1 Implementieren Sie die Lottozahlenziehung innerhalb eines von Ihnen gewählten STL-Containers. Wenn die Zahlen gezogen wurden, sollten Sie diese durch eine STL-Funktion sortieren lassen und ausgeben.

2 Ein Quartettspiel besteht typischerweise aus 32 Karten, die von 1A bis 8D durchnummeriert sind. Simulieren Sie ein Quartett mit Autos, das den Namen des Autos, die Leistung in kW, die Höchstgeschwindigkeit und das Gewicht aufnimmt. Erstellen Sie einen Container für dieses Quartett, sodass Sie über die Kartenbezeichnung 1B möglichst schnell an die passende Karte gelangen.

Musterlösungen finden Sie in Anhang B.

Kapitel 10

# Anhang A
# C++ für Hektiker



Wenn Sie gern schnell C++ lernen wollen oder wenn Sie schon Vorkenntnisse haben, dann ist dieses Kapitel für Sie. Hier geht es im scharfen Tempo einmal quer durch C++. Dieses Kapitel hat etwas vom Wilden Westen: Erst wird geschossen, dann wird erklärt. Die Details finden Sie in den Kapiteln des Hauptteils ausführlich besprochen. Um alles so schön zu komprimieren, mussten natürlich ein paar Details geopfert werden. Auch sind einige Beschreibungen eher anschaulich als wissenschaftlich exakt.

## A.1 Ein Programm

Das erste Programm gibt eine Meldung auf dem Bildschirm aus, fordert vom Anwender eine Zahleneingabe an, errechnet das Quadrat hieraus und gibt das Ergebnis auf dem Bildschirm aus. Nur Geschirr spülen kann es nicht.

```
#include <iostream>
using namespace std;

int main()
{
    int eingabe;
    int quadrat;
    cout << "Geben Sie eine Zahl ein: ";
    cin >> eingabe;
    quadrat = eingabe * eingabe;
    cout << "Die Quadratzahl lautet " << quadrat << endl;
}
```

**Listing A.1** Quadratzahlen

Nachdem Sie dieses Programm in einen Editor eingetippt und beispielsweise unter dem Namen *erst.cpp* gesichert haben, müssen Sie es durch den Compiler übersetzen lassen. Unter UNIX oder Linux geben Sie einfach folgenden Befehl ein:

```
c++ erst.cpp
```

Der Compiler jammert nicht, also ist er zufrieden. Nach der erfolgreichen Kompilierung kann das Programm gestartet werden. Wenn Sie eine IDE verwenden, können Sie das Programm direkt von dort starten. Auf der Kommandozeile ist das Programm unter dem Namen *a.out* gespeichert worden, und es kann gestartet werden:

```
./a.out
Geben Sie eine Zahl ein:
```

Nach dem Start wird das Programm auf dem Bildschirm die Aufforderung »Geben Sie eine Zahl ein:« anzeigen. Es wartet darauf, dass der Benutzer seine Zahl eingibt und mit der Return-Taste abschließt. Dann erscheint auf dem Bildschirm die Meldung »Die Quadratzahl lautet«, gefolgt von dem Ergebnis.

Gehen wir das Programm Zeile für Zeile durch.

```
#include <iostream>
```

Die erste Zeile enthält einen `#include`-Befehl. Dieser Befehl liest die Datei `iostream` an dieser Stelle in den Quelltext ein. Er wird gebraucht, um Informationen über Programmbibliotheken einzubinden. In diesem Fall geht es um die Bibliothek für die Ein- und Ausgabe (iostream). Die grundlegende Funktionalität dafür müssen Sie nicht selbst schreiben, sondern sie wird mit dem Compiler in einer Standardbibliothek mitgeliefert. Sie können sie einfach nutzen. Wenn also eine Ein- oder Ausgabe im Programm verwendet werden soll, muss zu Anfang der Datei dieser Befehl stehen, der die Datei `iostream` einfügt. Die Datei `iostream` enthält die Informationen, die der Compiler braucht, um mit der Bibliothek arbeiten zu können. Welche Dateien per `#include` eingebunden werden müssen, finden Sie in der Dokumentation der verwendeten Funktionen beschrieben.

```
using namespace std;
```

Hier wird der Namensraum `std` in den globalen Namensraum eingebunden. Die Standardbibliotheken setzen vor alle Namen das Präfix `std::`. Dieser Befehl bewirkt, dass auf die Bibliotheksnamen ohne dieses Präfix zugegriffen werden kann.

```
int main()
{
```

Der Name `main()` leitet die Hauptfunktion des Programms ein. Das Wort `int` bezeichnet den Typ der Funktion, den Sie aber zu Anfang nicht benötigen. Jedes C- oder C++-Programm hat genau eine Funktion `main()`. Hier beginnt nach dem Programmstart das Programm. Jede Funktion, also auch `main()`, enthält eine Reihe von Anweisungen, die in geschweiften Klammern stehen. Die öffnende geschweifte

Klammer steht in der nächsten Zeile und kündigt den Beginn des Programms an. Die dazugehörige schließende Klammer finden Sie am Ende des Listings.

Wie Sie sehen, werden die nachfolgenden Zeilen etwas eingerückt. Das ist keineswegs erforderlich. In C++ können Sie Ihren Programmtext so anordnen, wie es Ihnen Freude bereitet. Allerdings hat es sich als praktisch erwiesen, nach jeder öffnenden geschweiften Klammer etwas einzurücken und diese Einrückung beim Schließen der Klammer wieder zurückzunehmen. So stehen zusammengehörende Klammern immer auf gleicher Höhe, und Sie können schneller erkennen, ob Sie eine Klammer vergessen haben.

```
int eingabe;
int quadrat;
```

Die erste Zeile im Funktionsrumpf enthält die erste Anweisung. Eine Anweisung könnte man auch als vollständigen Befehl der Sprache C++ bezeichnen. Jede Anweisung wird durch ein Semikolon abgeschlossen. Diese Anweisung ist eine Variablendefinition. Es wird festgelegt, dass es eine Variable namens `eingabe` gibt, die ganze Zahlen aufnehmen kann. Dass die Variable ganze Zahlen aufnehmen kann, wird durch den Variablentyp `int` signalisiert, der vor dem Variablennamen steht. Das Schlüsselwort `int` steht für Integer, das ist der englische Begriff für ganze Zahlen, also Zahlen ohne Nachkommastellen. Auch die nächste Zeile ist eine Variablendefinition. Hier wird die Integer-Variable `quadrat` definiert. Die Namen der Variablen sind frei. Ich habe die erste Variable `eingabe` genannt, weil später die Benutzereingabe in dieser Variablen landen wird. Analog habe ich die andere Variable `quadrat` genannt, weil sie später das Quadrat enthalten wird. Nähere Informationen zum Thema Variablen finden Sie im Abschnitt 1.4.

Neben dem Typ `int` gibt es die Ganzzahlentypen `short` für kleinere Zahlen und `long` für größere (siehe Abschnitt 1.4.4). Für Fließkommazahlen, also Zahlen, die auch Nachkommastellen haben, gibt es den Typ `float` und für höhere Genauigkeit `double` (siehe Abschnitt 1.4.4). Für einzelne Buchstaben gibt es den Typ `char`, für Buchstaben nach UTF-16 den Typ `wchar_t`. Buchstaben erkennen Sie im Quelltext daran, dass sie in Hochkommata eingeschlossen sind (`'A'`). Dagegen schließen Anführungszeichen eine Zeichenkette, also eine Folge von Buchstaben ein (`"Programmieren macht Spaß"`). In Variablen des Typs `char` können außer Buchstaben auch sehr kleine ganzzahlige Werte gespeichert werden (siehe Abschnitt 1.4.4).

```
cout << "Geben Sie eine Zahl ein: ";
```

Bildschirmausgaben werden in C++ auf das Ausgabeobjekt `cout` gelenkt. Dieses steht immer links, es folgen zwei Kleiner-Zeichen, die man als Umleitungsoperator bezeichnet, und dann das, was auf dem Bildschirm erscheinen soll. In diesem Fall ist

| Typ | Daten |
|---|---|
| int | Ganze Zahlen |
| short | Ganze Zahlen (typischerweise –32.768 bis 32.767) |
| long | Ganze Zahlen (typischerweise –2.147.483.648 bis 2.147.483.647) |
| float | Fließkommazahlen (beispielsweise –2,5 oder 3,14159) |
| double | Fließkommazahlen höherer Genauigkeit |
| long double | Fließkommazahlen mit besonders großer Genauigkeit |
| char | Buchstaben oder ganze Zahlen von –128 bis 127 |
| wchar_t | UNICODE Buchstaben für internationale Zeichensätze |

**Tabelle A.1** Grundlegende Typen

es ein Text, der in Anführungszeichen eingeschlossen ist. Die Anführungszeichen selbst erscheinen nicht auf dem Bildschirm. Aber alles, was in Anführungszeichen steht, wird Zeichen für Zeichen auf dem Bildschirm ausgegeben. In diesem Fall zeigt das Programm dem Benutzer auf dem Bildschirm an, was es von ihm möchte.

```
cin >> eingabe;
```

Das Gegenstück ist das Eingabeobjekt `cin`. Mit den zwei Größer-Zeichen werden die Daten von der Eingabe in eine Variable umgeleitet. Auf diese Weise erhält die Variable `eingabe` ihren Wert direkt von der Tastatur. Weitere Informationen zum Thema Ein- und Ausgabe finden Sie im Abschnitt 1.6 und im Abschnitt 8.2.

```
quadrat = eingabe * eingabe;
```

Die Anweisung in der vorhergehenden Zeile berechnet die Quadratzahl. Auf der linken Seite des Gleichheitszeichens befindet sich das Ziel der Berechnung. Das Ergebnis dessen, was rechts vom Gleichheitszeichen steht, wird der Variablen `quadrat` zugewiesen. Das Gleichheitszeichen wird darum auch Zuweisungsoperator genannt. Auf der rechten Seite steht ein Ausdruck. So nennt man eine Berechnung, die ein speicherbares Ergebnis liefert. Der Stern ist das Multiplikationszeichen, also wird hier der Inhalt der Variablen `eingabe` mit sich selbst multipliziert. Das Ergebnis wird in der Variablen `quadrat` abgelegt. Da in der Variablen `eingabe` die Eingabe des Benutzers gespeichert ist, befindet sich nach der Ausführung dieser Zeile das gewünschte Ergebnis in der Variablen `quadrat`.

Neben dem Stern (*) als Multiplikationszeichen gibt es den Schrägstrich (/) als Divisionszeichen, das Pluszeichen (+) für die Addition und das Minuszeichen (-) für die

Subtraktion. Tabelle A.2 zeigt eine Übersicht der grundlegenden Operatoren. Mehr Informationen über mathematische Operatoren finden Sie im Abschnitt 1.5.2.

| Operator | Bedeutung |
|---|---|
| `+` | Addition |
| `-` | Subtraktion |
| `*` | Multiplikation |
| `/` | Division |
| `=` | Zuweisung |
| `<<` | Umleitung (typischerweise nach `cout`) |
| `>>` | Umleitung (typischerweise von `cin`) |

**Tabelle A.2** Grundlegende Operatoren

Für bestimmte Berechnungen gibt es in C++ Abkürzungen. So können Sie durch die Folge `a+=5` den Inhalt der Variablen `a` um 5 erhöhen. Dies ist demnach identisch zu `a=a+5`, und funktioniert übrigens auch mit `-=`, `*=` und `/=`. Also würde mit der Anweisung `a/=2` der Inhalt der Variablen `a` halbiert. Wenn Sie eine Variable um 1 erhöhen wollen, können Sie mit `a++` noch kürzer werden. Das funktioniert auch mit Minus. `a-` zählt die Variable `a` um 1 herunter.

```
cout << "Die Quadratzahl lautet " << quadrat << endl;
```

Nun muss das Ergebnis noch auf dem Bildschirm ausgegeben werden. Schließlich will der Anwender ja wissen, was der Computer errechnet hat. Dazu wird wieder auf `cout` zurückgegriffen. Hier wird zunächst wieder ein Text in Anführungszeichen ausgegeben. Wie zuvor erscheinen zwar die Anführungszeichen nicht, aber jedes Zeichen, das der Programmierer zwischen die Anführungszeichen gestellt hat. Der Inhalt wird also nicht interpretiert, sondern direkt ausgegeben. Danach erscheint noch einmal ein Umleitungsoperator. Es folgt das Wort `quadrat`. Da es nicht in Anführungszeichen steht, wird auf die Variable `quadrat` zugegriffen und deren Inhalt angezeigt. `endl` bewirkt, dass die Zeile abgeschlossen wird. Die nächste Ausgabe wird in einer neuen Zeile beginnen.

## A.2 Abfrage und Schleifen

Programme müssen nicht Zeile für Zeile ablaufen. Es ist möglich, Programmteile aufgrund des Zustands von Variablen zu übergehen oder zu wiederholen.

### A.2.1 Abfrage und boolesche Ausdrücke

Mit Abfragen können Sie einen Anweisungsblock unter eine Bedingung stellen. Beispielsweise können Sie prüfen, ob die Zahl, durch die Sie gerade dividieren wollen, vielleicht 0 ist.

```
if (divisor==0)
{
    cout << "Division durch 0" << endl;
}
else
{
    quotient = dividend / divisor;
}
```

**Listing A.2** Sichern gegen eine Division durch 0

#### if else

Die Abfrage beginnt mit dem Schlüsselwort `if`, und in Klammern folgt die Bedingung, unter der die nächste Anweisung bzw. der nachfolgende Block ausgeführt wird. Hier wird geprüft, ob der Inhalt der Variablen `divisor` gleich 0 ist. Dann gibt das Programm die Fehlermeldung »Division durch 0« aus. Der nachfolgende Befehl `else` leitet die Anweisung bzw. den Block ein, der ausgeführt wird, wenn die Bedingung nicht zutrifft. Die Verwendung des `else`-Zweiges ist optional, kann also weggelassen werden. Nähere Informationen zu `if` und `else` finden Sie in Abschnitt 2.1.

Das Symbol für die Gleichheit zweier Werte ist in C++ ein doppeltes Gleichheitszeichen (==), um es von der Zuweisung zu unterscheiden. Verwechseln Sie es nicht! Der Compiler wird Ihnen bestenfalls eine Warnung zukommen lassen, wenn Sie statt des Vergleichs eine Zuweisung in die Klammer setzen. Das Zeichen für Ungleichheit ist ein Ausrufezeichen, gefolgt von einem Gleichheitszeichen (`!=`). Sie können zwei Werte mit dem Kleiner-Zeichen (`<`) darauf überprüfen, ob der erste Wert kleiner als der zweite ist. Analog ermittelt das Größer-Zeichen (`>`), ob der erste Wert größer als der zweite Wert ist. Durch Anhängen eines Gleichheitszeichens kann auf kleiner oder gleich (<=) bzw. größer oder gleich (>=) getestet werden (siehe Abschnitt 2.2.2).

```
if (eingabe>=5 && eingabe<=10)
```

**Listing A.3** Programmausschnitt

Zwei kaufmännische Und-Zeichen (&&) bewirken die Und-Verknüpfung zweier logischer Ausdrücke. Im Beispiel sehen Sie, wie getestet wird, ob der Inhalt der Variablen `eingabe` größer oder gleich 5 ist und ob er kleiner oder gleich 10 ist. Beide Bedingungen müssen zutreffen, damit die Gesamtbedingung zutrifft. Mit der Abfrage wird also geprüft, ob die Eingabe zwischen 5 und 10 liegt.

**Spicker** ×

Der Gesamtausdruck einer UND-Verknüpfung wird wahr, wenn beide Teilausdrücke wahr sind.

Die Oder-Verknüpfung wird in C++ durch zwei senkrechte Striche (||) dargestellt. Der Gesamtausdruck ist wahr, wenn mindestens eine der beiden verknüpften Bedingungen wahr ist. Das Oder ist also kein »Entweder-Oder«.

**Spicker** ×

Der Gesamtausdruck einer ODER-Verknüpfung wird wahr, wenn mindestens einer der Teilausdrücke wahr ist.

Um das Gegenteil einer Bedingung ausdrücken zu wollen, können Sie sie einfach einklammern und ein Ausrufezeichen (!) davor stellen. Die Negation eines logischen Ausdrucks wird in C++ durch das Ausrufezeichen dargestellt. Wollen Sie also ausdrücken, dass die Eingabe nicht zwischen 5 und 10 liegen soll, schreiben Sie dies einfach so:

```
if (!(eingabe>=5 && eingabe<=10))
```

**Listing A.4** Programmausschnitt

Die Klammer hinter dem Ausrufezeichen bewirkt, dass der gesamte Ausdruck negiert wird und nicht nur der erste. Sie können also Klammern auch in logischen Ausdrücken verwenden, um Prioritäten zu setzen. Näheres zu den Verknüpfungen von Bedingungen finden Sie im Abschnitt 2.2.3. Zusammenfassend zeigt Tabelle A.3 die logischen Operatoren.

| Operator | Bedeutung |
|---|---|
| == | Gleichheit |
| != | Ungleichheit |
| < | Kleiner |
| <= | Kleiner oder gleich |
| > | Größer |
| >= | Größer oder gleich |
| ! | Negation eines booleschen Ausdrucks (NOT) |
| && | UND-Verknüpfung (AND) |
| \|\| | ODER-Verknüpfung (OR) |

**Tabelle A.3** Boolesche Operatoren

### A.2.2 Die while-Schleife

In Schleifen kann eine Anweisung oder ein Block von Anweisungen so lange wiederholt werden, wie die Schleifenbedingung zutrifft.

```
#include <iostream>
using namespace std;

int main()
{
    int inZahl = 0;
    while (inZahl<1 || inZahl>6)
    {
        cout << "Geben Sie eine Zahl von 1 bis 6 ein!";
        cin >> inZahl;
    }
}
```

**Listing A.5** Zahleneingabe

Das Programm wiederholt so lange die `while`-Schleife, wie die Variable `inZahl` kleiner als 1 oder größer als 6 ist. Anders ausgedrückt: Das Programm verlässt die Schleife, wenn der Wert von `inZahl` zwischen 1 und 6 liegt. (Diese Umformung wird im Abschnitt 2.2.4 über das Gesetz von De Morgan beschrieben.) Es handelt sich also um eine Prüfung der Benutzereingabe. Wie bei der Abfrage steht auch hier die Bedingung in runden Klammern direkt hinter dem Kommando `while`.

Innerhalb der Schleife wird die Anweisung gegeben, eine Zahl zwischen 1 und 6 einzugeben. Die vom Benutzer eingegebene Zahl wird in der Variablen `inZahl` gespeichert. Diese beiden Anweisungen werden so lange wiederholt, wie die Bedingung zutrifft. Damit ist sichergestellt, dass innerhalb der Schleife ein Ereignis eintreffen kann, das dafür sorgt, dass die Schleife wieder verlassen wird. Ansonsten befände sich das Programm in einer Endlosschleife – ein beliebter Fehler.

Wichtig ist auch, was vor der Schleife passiert. Durch die Zuweisung von 0 an die Variable `inZahl` ist gewährleistet, dass die Schleife überhaupt betreten wird. Sollte die Variable `inZahl` bereits vor der Schleife einen Wert zwischen 1 und 6 haben, dann würde die Schleife gar nicht erst betreten werden. Nähere Informationen zur `while`-Schleife finden Sie im Abschnitt 2.3.1.

### A.2.3 Die for-Schleife

Die Schleife `for` ist eine Sonderform der `while`-Schleife. Die Initialisierung, die Bedingung für das Verbleiben in der Schleife und die Anweisung zum Erreichen des nächsten Schritts befinden sich im Kopf der Schleife. Dadurch wird erreicht, dass keiner der wichtigen Aspekte einer Schleife vergessen wird. Die `for`-Schleife wird besonders gern verwendet, wenn Dinge abgezählt werden. Das folgende Programm erstellt eine Liste der ersten zehn Quadratzahlen auf dem Bildschirm.

```
#include <iostream>
using namespace std;

int main()
{
    int i;
    for (i=1; i<=10; i++)
    {
        cout << i << ": " << i*i << endl;
    }
}
```

**Listing A.6** Quadratzahlen

Wenn Sie das Programm starten, erscheinen in der linken Spalte die Zahlen von 1 bis 10. Darauf folgt in jeder Zeile ein Doppelpunkt, ein Leerzeichen und dann die Quadratzahl.

In der `for`-Klammer stehen drei Elemente, jeweils durch ein Semikolon getrennt. Das erste Element ist die Initialisierungsanweisung. Sie wird genau einmal vor dem Betreten der Schleife ausgeführt. Hier wird typischerweise die Zählvariable auf ihren Startwert gesetzt. In der Mitte zwischen den Semikola steht die Schleifenbedingung. Das ist die Bedingung, unter der die Schleife weiterhin durchlaufen wird. Bei Zählungen wird hier überprüft, ob die Zählvariable noch unter dem Limit liegt. Das dritte Element ist die Schlussanweisung. Sie wird in jedem Durchgang nach Ausführung des Schleifenrumpfes ausgeführt. Typischerweise sorgt diese Anweisung dafür, dass Variablen sich so verändern, dass irgendwann die Schleifenbedingung fehlschlägt und die Schleife verlassen wird. Beispielsweise wird hier die Zählvariable erhöht. Nähere Informationen zur `for`-Schleife finden Sie im Abschnitt 2.3.3.

## A.3 Arrays

Ein Array ist ein Datenverbund mehrerer gleichartiger Variablen. Dabei stehen die Variablen in einer Reihe direkt nebeneinander. Das ganze Array hat einen Namen. Um ein einzelnes Element eines Arrays anzusprechen, wird die Positionsnummer in rechteckigen Klammern angehängt.

#### Beispiel

Ein typisches Beispiel für ein Array sind die Lottozahlen. Es handelt sich um sechs völlig gleichwertige Zahlen, die nur zusammen interessant sind. Sie können in einer Array-Variablen namens `lotto` abgelegt werden. Diese Variable muss Platz für sechs ganze Zahlen haben. Um eine einzelne Zahl anzusprechen, wird der Variablenname `lotto` genannt und danach in eckigen Klammern die Position, an der die einzelne Zahl steht. Also beispielsweise `lotto[3]`. In allen Arrays steht das erste Element an der Stelle 0. Damit ist `lotto[0]` die erste Lottozahl und `lotto[3]` die vierte. Abbildung A.1 zeigt diesen Zusammenhang.

| | | | | | |
|---|---|---|---|---|---|
| 1 | 5 | 13 | 27 | 43 | 44 |
| [0] | [1] | [2] | [3] | [4] | [5] |

**Abbildung A.1** Lottozahlen in einem Array

Im folgenden Listing wird eine Array-Variable für die Lottozahlen definiert und einzeln mit den Lottozahlen aus Abbildung A.1 gefüllt. Anschließend werden die Zahlen in einer for-Schleife ausgegeben.

```
#include <iostream>
using namespace std;

int main()
{
    int lotto[6];
    lotto[0] = 1;
    lotto[1] = 5;
    lotto[2] = 13;
    lotto[3] = 27;
    lotto[4] = 43;
    lotto[5] = 44;
    int i;
    for (i=0; i<6; i++)
    {
        cout << lotto[i] << "  ";
    }
    cout << endl;
}
```

**Listing A.7** Lottozahlen

Die Definition eines Arrays ist der Definition einer Variablen recht ähnlich. Erst wird der Typ der Array-Elemente genannt, dann der Name des Arrays. Dann werden die typischen eckigen Klammern angehängt. Zwischen die Klammern wird die Dimension des Arrays, also die Anzahl der Elemente geschrieben. In unserem Beispiel wird ein Array mit sechs Elementen angelegt. Diese werden von 0 bis 5 durchgezählt.

Das geläufigste Array besteht aus Zeichen des Datentyps char. Ein einzelner Buchstabe belegt ein Byte. Nebeneinandergestellt wird ein Text daraus, beispielsweise ein Name, eine Adresse oder auch ein Passwort. Um solche Textvariablen zu bilden, wird ein Array von char erzeugt und bei Position 0 beginnend aufgefüllt. Das Ende des Textes wird dadurch signalisiert, dass das Byte 0 abgespeichert wird. Dies darf nicht mit dem Buchstaben '0' verwechselt werden.

Die Grafik in Abbildung A.2 zeigt ein Array von char, in dessen ersten drei Elementen sich die Buchstaben 'K', 'a' und 'i' befinden. Im vierten Element mit dem

Index 3 befindet sich eine 0. Der Zustand der restlichen zwei Elemente ist unbestimmt.

| | | | | | |
|---|---|---|---|---|---|
| 'K' | 'a' | 'i' | 0 | 'z' | 'M' |
| [0] | [1] | [2] | [3] | [4] | [5] |

**Abbildung A.2** Gefülltes char-Array

Das nachfolgende Programm verdeutlicht, wie Sie Texte eingeben können. Dazu wird die Funktion `cin.getline()` verwendet. Anschließend wird der Name ausgegeben und in eine andere Variable kopiert. Zum Test wird die Kopie auch noch einmal auf dem Bildschirm angezeigt.

```
#include <iostream>
using namespace std;

int main()
{
    char name[80];
    cout << "Wie heißen Sie?" << endl;
    cin.getline(name, 79);
    cout << "Guten Tag, " << name << "!" << endl;
    char kopie[80];
    int i;
    for (i=0; name[i] && i<79; i++)
    {
        kopie[i] = name[i];
    }
    kopie[i] = 0;
    cout << "Das ist Ihre Kopie: " << kopie << endl;
}
```

**Listing A.8** Begrüßung (*gruss.cpp*)

Zu Anfang wird wieder die Datei `iostream` eingebunden. Dann beginnt die Funktion `main()`.

```
char name[80];
```

Für den einzugebenden Namen wird eine Array-Variable namens `name` angelegt, die bis zu 80 Zeichen aufnehmen kann. Da aber jede Zeichenkette ihre Abschluss-Null benötigt, stehen netto 79 Buchstaben zur Verfügung.

```
cout << "Wie heißen Sie?" << endl;
cin.getline(name, 79);
```

Zunächst gibt das Programm eine Meldung auf dem Bildschirm aus, in der es den Benutzer auffordert, seinen Namen einzugeben. In der folgenden Zeile wird eine Eingabezeile entgegengenommen und in der Variablen `name` abgelegt. Es wird wieder das Eingabeobjekt `cin` verwendet. Diesmal wird aber die Eingabe nicht mit >> in eine Variable geleitet. Der Grund dafür ist, dass ansonsten die Eingabe jeweils bei Leerzeichen aufgetrennt wird. Stattdessen soll hier die ganze Zeile übernommen werden. So wird der komplette Name übernommen, auch wenn Vor- und Nachname, durch Leerzeichen getrennt, eingegeben werden. Dazu wird die Funktion `cin.getline()` aufgerufen. Zwischen den Klammern muss zunächst das Array angegeben werden, in dem die Zeile abgelegt werden soll. Als Zweites wird angegeben, wie viele Buchstaben maximal akzeptiert werden sollen. Das ist ein Schutz dagegen, dass jemand mehr Zeichen eingibt, als in das Array passen.

```
cout << "Guten Tag, " << name << "!" << endl;
```

Nun wird die Begrüßung ausgegeben. Der eben eingegebene Name wird in diese Zeile eingefügt. Man sieht das daran, dass `name` nicht in Anführungszeichen steht. Dann ist immer die Variable gemeint. Sie sehen hier, dass `char`-Arrays auch direkt ausgegeben werden können, ohne auf die Buchstaben einzeln zugreifen zu müssen.

```
char kopie[80];
int i;
```

Hier werden zwei Variablen definiert. Die erste ist ein Array, das exakt so definiert wurde wie `name`. Als Zweites wird die Integer-Variable `i` definiert, die als Zähler und Index benutzt wird.

```
for (i=0; name[i] && i<79; i++)
```

Hier beginnt die `for`-Schleife, die den Inhalt der Variablen `name` in die Variable `kopie` kopiert. Die Schleife setzt zunächst den Index `i` auf 0.

Zwischen den Semikola steht die Bedingung, unter der in der Schleife verblieben wird. Die Bedingung sieht etwas originell aus. Betrachten wir zunächst den Teil links von der UND-Verknüpfung &&. `name[i]` liefert das Zeichen, das an der aktuellen Stelle steht. Da jede Zeichenkette aber mit einer 0 endet und 0 in C++ als falsch interpretiert wird, endet die Schleife sofort, wenn im Original das Ende der Zeichenkette erkannt wird. Durch die UND-Verknüpfung reicht es aus, dass ein Teil falsch ist und die Gesamtbedingung für das Verbleiben in der Schleife nicht mehr erfüllt ist. Damit die Schleife weiterläuft, muss auch erfüllt sein, dass die Zeichenkette kleiner als 79 bleibt. Der Index auf das Array `kopie` muss kleiner als 79 sein, denn das Array ist so definiert worden, dass es maximal 80 Elemente fasst. Da das erste Element, wie in jedem Array, die Position 0 hat, darf das höchste Element nur an Position 79 stehen. Da es aber eine Zeichenkette ist, muss auch Platz für die Abschluss-Null sein. Also wird der Index bereits bei kleiner 79 abgefangen.

Im dritten Teil wird als Abschlussanweisung die Variable `i` erhöht. Damit wird garantiert, dass die Schleife eines Tages endet, sobald `i` 79 oder größer wird.

```
{
    kopie[i] = name[i];
}
```

Die geschweiften Klammern gehören zur `for`-Schleife und umschließen die Anweisungen, die in der Schleife ausgeführt werden. Das ist in diesem Fall nur eine Zeile. Hier wird der `i`-te Buchstabe des Arrays `name` in das entsprechende Element des Arrays `kopie` kopiert. Da die Schleife dafür sorgt, dass `i` von 0 bis zum letzten Buchstaben läuft, wird also der komplette Name übernommen.

```
kopie[i] = 0;
```

In dieser Zeile wird die Abschluss-Null in der Kopie gesetzt. Die Schleife kopiert nur den Inhalt. Wird die 0 des Originals erreicht, bricht die Schleife ab, und die Kopie hat die 0 nicht übernommen. Dies wird an dieser Stelle nach der Schleife nachgeholt. Der Index `i` ist nach der Schleife um 1 höher als die letzte Kopie. Zum Thema Zeichenketten finden Sie Informationen im Abschnitt 3.1.2 und zur Klasse `string` im Abschnitt 8.1.1.

## A.4 Funktionen

Mit einer Funktion können Sie mehrere Anweisungen so zusammenfassen, dass sie von beliebiger Stelle im Programm durch einen einzigen Befehl aufzurufen sind. Dadurch werden größere Programme übersichtlicher. Befindet sich in der Funktion eine Sequenz von Anweisungen, die öfter benötigt wird, wird das Programm darüber hinaus auch kürzer.

### A.4.1 Programmaufteilung

Als Beispiel wird das Programm aus Listing A.8 in drei Funktionen zerlegt. Die erste Funktion nimmt die Eingabe des Benutzers entgegen, die zweite kopiert den Namen, und die dritte gibt die Meldung aus.

```
#include <iostream>
using namespace std;

char name[80];
char kopie[80];

void gibNamenEin()
{
    cout << "Wie heißen Sie?" << endl;
    cin.getline(name, 80);
    cout << "Guten Tag, " << name << "!" << endl;
}
void kopiere()
{
    int i;
    for (i=0; name[i] && i<79; i++)
    {
        kopie[i] = name[i];
    }
    kopie[i] = 0;
}

void zeigeKopie()
{
    cout << "Das ist Ihre Kopie: " << kopie << endl;
}

int main()
{
    gibNamenEin();
    kopiere();
    zeigeKopie();
}
```

**Listing A.9** Begrüßung in Funktionen aufgeteilt (*fgruss.cpp*)

Die Anweisungen haben sich nicht verändert. Lediglich die Anordnung ist neu. Der Inhalt der Funktion `main()` ist wesentlich übersichtlicher geworden. Es stehen nur noch die drei Funktionsaufrufe darin. Betrachten wir wieder die Anweisungen im Einzelnen:

```
char name[80];
char kopie[80];
```

Die beiden Array-Variablen sind nun global. Da sie zu Anfang des Programms außerhalb jeder Funktion definiert werden, können Sie von jeder Stelle des Programms aus auf sie zugreifen.

```
void gibNamenEin()
{
    cout << "Wie heißen Sie?" << endl;
    cin.getline(name, 80);
    cout << "Guten Tag, " << name << "!" << endl;
}
```

Das ist die Funktion `gibNamenEin()`. Der Funktionsname folgt den gleichen Regeln wie der Name einer Variablen (siehe Abschnitt 1.4.3). Vor dem Funktionsnamen steht immer der Typ des Rückgabewerts. Da diese Funktion gar keinen Rückgabewert hat, ist dieser Typ `void` (Man könnte das englische Wort »void« mit »leer« oder »unbesetzt« übersetzen.). Das Klammerpaar enthält die Parameter. Diese Funktion hat keine Parameter, also ist die Klammer leer. Sie könnten auch das Schlüsselwort `void` zwischen die Klammern schreiben. Es folgt die öffnende geschweifte Klammer. Alle Anweisungen, die nun bis zur passenden schließenden Klammer folgen, werden ausgeführt, wenn die Funktion `gibNamenEin()` aufgerufen wird. Die folgenden drei Zeilen kennen Sie schon aus Listing A.8. Die erste gibt auf dem Bildschirm eine Meldung an den Benutzer, was er tun soll. Die zweite Zeile liest die Benutzereingabe in die Array-Variable `name`, und die dritte verwendet die Variable `name` für eine angepasste Rückmeldung an den Benutzer. Die folgende schließende geschweifte Klammer schließt die Funktion ab.

```
void kopiere()
{
    int i;
    for (i=0; name[i] && i<79; i++)
    {
        kopie[i] = name[i];
    }
    kopie[i] = 0;
}
```

Die Funktion `kopiere()` ist ebenfalls eine Funktion ohne Rückgabewert und Parameter. In dieser Funktion ist die Variable `i` definiert. Sie ist eine lokale Variable dieser Funktion. Außerhalb der Funktion ist sie nicht zu sehen. Würden in anderen

Funktionen ebenfalls Variablen mit dem namen i angelegt, würden sie sich nicht gegenseitig stören. Die letzte Funktion bringt nicht viel Neues, darum wenden wir uns gleich der Funktion main() zu.

```
int main()
{
    gibNamenEin();
    kopiere();
    zeigeKopie();
}
```

Der Aufruf der Funktionen kann beliebig oft an beliebigen Stellen des Programms erfolgen. Würde beispielsweise die Eingabe des Namens an anderer Stelle noch einmal erforderlich sein, bräuchte dort nur noch einmal die Anweisung gibNamenEin(); verwendet werden, und die entsprechenden Befehle würden ausgeführt. Ist es möglich, Funktionen zu bilden, die im Programm mehrfach anwendbar sind, ersparen Sie sich viel Tipparbeit. Hinzu kommt, dass Sie die Funktion beim zweiten Mal nicht noch einmal testen müssen, da sie ja bereits getestet ist.

### A.4.2 Rückgabewert

Im Beispiel benötigten die Funktionen keinen Rückgabewert. In vielen Fällen soll aber die Funktion Informationen an den Aufrufer zurückliefern. Das kann das Ergebnis einer Berechnung, aber auch eine Fehlermeldung sein.

```
float zaehler, nenner;

float teile()
{
    return zaehler/nenner;
}

int main()
{
    float quotient;
    zaehler = 26.8;
    nenner = 4;
    quotient = teile();
}
```

**Listing A.10** Parameterübergabe

Das Programm hat die Aufgabe, zwei Zahlen durch einander zu dividieren. Dabei befinden sich der Zähler und der Nenner je in einer globalen Variablen. Die Division wird in der Funktion `teile()` durchgeführt, die das Ergebnis an den Aufrufer zurückgibt. Natürlich ist das wesentlich umständlicher, als direkt an Ort und Stelle zu dividieren. Aber wenn Sie konsequent sind, dürften Sie auch kein C++-Programm schreiben, um zwei Zahlen zu dividieren. Da würden Sie einen Taschenrechner benutzen oder den Nachbarn fragen.

```
float teile()
```

Der Rückgabewert der Funktion `teile()` ist vom Typ `float`. Der Rückgabetyp einer Funktion steht immer am Anfang einer Funktionsdefinition. Es folgt der Funktionsname und die bereits bekannten Klammern. Der Rückgabewert wird durch den Befehl `return` an den Aufrufer zurückgegeben.

```
return zaehler/nenner;
```

Der Befehl `return` beendet eine Funktion sofort. Besitzt sie einen Rückgabewert, muss hinter dem `return` stehen, was die Funktion an den Aufrufer als Ergebnis liefert. Im Beispiel ist der Rückgabewert das Ergebnis der Division der Variablen `zaehler` und `nenner`.

In der Hauptfunktion `main()` werden zunächst die globalen Variablen vorbelegt, und dann wird die Funktion aufgerufen.

```
quotient = teile();
```

In dieser Zeile enthält die Variable `quotient` den Wert, den der Befehl `return` in der Funktion zurückgibt. Obwohl die Funktion keine Parameter entgegennimmt, sind die Klammern zur Kennzeichnung eines Aufrufs unbedingt erforderlich. Sollten Sie eine Funktion aufrufen wollen und ihren Rückgabewert nicht benötigen, brauchen Sie keine Zuweisung an eine Variable durchzuführen. Sie können die Funktion genau so aufrufen, als wäre sie vom Typ `void`. Im Fall der Funktion `teile()` sähe solch ein Aufruf so aus:

```
teile();
```

In diesem speziellen Beispiel wäre das zwar völlig unsinnig, weil die Funktion ja nichts mehr tut, als den Rückgabewert zu berechnen. Aber ein solcher Aufruf ist syntaktisch einwandfrei. In anderen Fällen, in denen der Rückgabewert für das Programm wirklich bedeutungslos ist, hat ein solches Vorgehen den Vorteil, dass nicht Variablen mit Werten belegt werden, die später nicht mehr gebraucht werden.

### A.4.3 Parameter

Im letzten Beispiel wurden die Werte, die in der Funktion `teile()` verwendet werden sollen, vor dem Aufruf in globalen Variablen abgelegt. Diese Vorgehensweise ist hochgradig unelegant und wirkt umständlich. Stattdessen wäre es besser, die Variablen direkt an die Funktion zu übergeben. Zu diesem Zweck gibt es Parameter. Über die Parameter werden Werte an die Funktion übermittelt.

```
float teile(float zaehler, float nenner)
{
    return zaehler/nenner;
}

int main()
{
    float quotient;
    float myfloat=26.8;
    quotient = teile(myfloat, 4);
}
```

**Listing A.11** Parameterübergabe

Die Variablen, mit denen eine Funktion arbeitet, sind nun in der Kopfzeile einer Funktionsdefinition zu sehen. Entsprechend werden die globalen Variablen nicht mehr gebraucht.

```
float teile(float zaehler, float nenner)
```

Die Parameterdeklarationen zwischen den Klammern sehen wie Variablendefinitionen aus, die durch Kommata getrennt werden. Tatsächlich haben die Parametervariablen auch das Verhalten lokaler Variablen. Die Werte, die beim Funktionsaufruf zwischen den Funktionsklammern stehen, werden in diese Variablen kopiert. Zum Thema lokale Variablen siehe Abschnitt 1.4.2.

```
quotient = teile(myfloat, 4);
```

Die Funktion `teile()` kann auf den Wert der Variablen `myfloat` über die lokale Variable `zaehler` zugreifen, weil sie beim Aufruf kopiert wurde. Die Zahl 4, also der zweite Aufrufparameter, wird beim Aufruf in die Variable `nenner` kopiert.

#### Adressenübergabe

Die Parameterübergabe an Funktionen ist eine Einbahnstraße. Der Aufrufer kann Werte an die Funktion übermitteln, aber nicht umgekehrt. Der umgekehrte Weg ist nur durch den Rückgabewert möglich. In manchen Fällen wäre es hilfreich, wenn die Funktionen über die Parameter auf Variablen des Aufrufers zugreifen könnten, zum Beispiel, wenn mehr als ein Wert von der Funktion verändert werden soll. Um aus der Funktion heraus auf Variablen des Aufrufers zugreifen zu können, wird ein kleiner Trick benutzt. Der Aufrufer übergibt die Adresse seiner Variablen an die Funktion. Durch das Kopieren wird die Adresse nicht verändert. Aber die Funktion kann über die Adresse auf die Variable zugreifen und sie so verändern.

Um die Adresse einer Variablen zu bestimmen, stellen Sie ein kaufmännisches Und vor deren Namen. Nun benötigen Sie noch eine Variable, die eine solche Adresse speichern kann. Solche Variablen nennt man Zeiger. Sie erkennen sie daran, dass bei ihrer Definition zwischen Typ und Name ein Stern steht. Der Stern hat hier etwa die Bedeutung von »zeigt auf«. Die Anweisung `int *p;` heißt also: »Die Variable p zeigt auf eine `int`-Variable.« Zuletzt müssen Sie eine Möglichkeit haben, um über einen Zeiger den Inhalt der Variablen zu verändern, auf die er zeigt. Das erreichen Sie, indem Sie der Zeigervariablen einen Stern voranstellen. Mit der Kombination von Stern und Zeigervariablen wird also die Variable bearbeitet, auf die der Zeiger zeigt.

```
void kuerzen(int *zaehler, int *nenner)
{
    int teiler;
    teiler = ggt(*zaehler, *nenner);
    *zaehler = *zaehler/teiler;
    *nenner  = *nenner /teiler;
}

int main()
{
    int z=14;
    int n=6;
    kuerzen(&z, &n);
}
```

**Listing A.12** Parameterübergabe

Die Funktion `kuerzen()` nimmt zwei Zeiger auf Integer-Variablen entgegen und kürzt die beiden Werte, auf die sie zeigen. Die Funktion verändert also die Variableninhalte von `z` und `n`, obwohl sie lokale Variablen der Funktion `main()` sind. Der Aufrufer übergibt dazu die Adressen der Variablen an die Funktion. In der Parameterdefinition sehen Sie, dass die Variablen `zaehler` und `nenner` als Zeiger auf eine Variable vom Typ `int` definiert sind. Sie nehmen also Adressen von Integer-

Variablen auf und haben selbst keinen Wert außer der Adresse. Nach der Parameterübergabe enthält `zaehler` die Adresse der Variablen `z`. In der Funktion muss nun jedes Mal, wenn auf den Inhalt von `z` zugegriffen werden soll, der Variablen `zaehler` ein Stern vorangestellt werden. Dadurch wird nicht auf die Adresse zugegriffen, sondern auf den Wert, auf den die Zeigervariable zeigt.

### ggT

Die Funktion `kuerzen()` ruft ihrerseits die Funktion `ggt()` auf. Diese soll den größten gemeinsamen Teiler der beiden übergebenen Werte zurückgeben. Falls Sie wissen wollen, wie der größte gemeinsame Teiler berechnet wird, empfehle ich Ihnen einen Blick in den Abschnitt 2.4.2. Zum Thema Zeigerparameter finden Sie weitere Informationen im Abschnitt 4.3.2, zum Thema Zeigervariablen im Abschnitt 3.2.

### Arrays als Parameter

Das folgende Programm berechnet aus einem Array von Fließkommazahlen den Durchschnitt und gibt das Ergebnis zurück. Dazu wird eine Funktion verwendet, die als Parameter ein Array hat.

```
double avg(int anzahl, double wert[])
{
    int i;
    long double summe=0;

    for (i=0; i<anzahl; i++)
    {
        summe += wert[i];
    }
    return summe/anzahl;
}
```

**Listing A.13** Durchschnittsberechnung

Der erste Parameter der Funktion `avg()` ist ein Integer, der die Größe des Arrays übergibt. Das ist erforderlich, damit innerhalb der Funktion bekannt ist, wie viele Elemente das Array hat. Die eckigen Klammern des Array-Parameters sind leer. Sie deuten an, dass es sich um ein Array handelt und dass ein Array beliebiger Größe übergeben werden kann.

Als Summenvariable wird innerhalb der Funktion eine Variable vom Typ `long double` verwendet. Dieser Datentyp ist genauer als ein `double` und gehört zum C++-Standard.

Der Durchschnitt wird ermittelt, indem innerhalb der `for`-Schleife die Summe aller Array-Elemente berechnet wird und diese durch die Anzahl der Elemente geteilt wird. Zum Thema Array-Parameter finden Sie weitere Informationen im Abschnitt 4.3.3.

## A.5 Klassen

Die meisten Objekte der Welt sind zu komplex, als dass sie allein mit einer Fließkommavariablen oder einem Array darstellbar wären. Eine Person könnte aus Sicht eines Programms einen Namen, eine Adresse, einen Geburtstag und ein Einkommen haben. Ein Auto besteht beispielsweise aus Marke, Typ, Leistung und Wert. Für die Nachbildung solcher Objekte müssen verschiedene Typen zusammengestellt werden. Dazu verwendet man in C++ Klassen. Das folgende Beispiel zeigt eine Klasse für ein Auto.

```
class Auto
{
public:
    char marke[20];
    char typ[30];
    int kW;
    float wert;
};
```

**Listing A.14** Die Klasse Auto

Mit dieser Definition wurde der Typ `Auto` angelegt. Es kann nun eine Variable vom Typ `Auto` angelegt werden. Man sagt auch, dass ein Objekt der Klasse `Auto` erzeugt wird. Man spricht bei einem Objekt auch von einer Instanz einer Klasse.

Der Variablenname könnte `meinAuto` lauten. Dieses Objekt könnte als Marke die Zeichenkette `"Renault"`, als Typ `"Espace"`, 79 kW Leistung und einen Wert von 5.000 Euro besitzen. Alle diese Informationen kann ein Objekt von Typ `Auto` aufnehmen. Über dieses Auto kann es noch viele andere Informationen geben, etwa die Anzahl der Sitze, das Herstellungsdatum, der nächste TÜV-Termin oder der Kraftstoffverbrauch. Aber nicht alle diese Daten sind für jedes Programm relevant.

So werden in einer Klasse üblicherweise nur die Informationen abgelegt, die für ein solches Objekt in diesem Programm verarbeitet werden.

#### Beispiel

Wenden wir uns einem anderen Beispiel zu. Für eine wirtschaftliche Software soll die Ware erfasst werden. Ein Artikel besteht aus einer Bezeichnung, einem Strichcode und einem Preis.

```
const int MAXBEZ=40;
const int MAXCODE=20;

class Ware
{
public:
    char bezeichnung[MAXBEZ];
    char strichcode[MAXCODE];
    float preis;
};

int main()
{
    Ware schokoriegel;
    schokoriegel.preis = 0.70;
}
```

**Listing A.15** Ware

Wir betrachten wieder die Zeilen einzeln:

```
const int MAXBEZ=40;
const int MAXCODE=20;
```

Zunächst werden zwei Konstanten, MAXBEZ und MAXCODE, deklariert. Die Deklaration von Konstanten ist identisch mit einer Variablendefinition mit Initialisierung, nur dass davor das Schlüsselwort `const` gestellt ist. Damit lassen sich die Werte später nicht mehr ändern. Die Konstanten werden weiter unten verwendet, um die Länge der Zeichenketten festzulegen.

```
class Ware
{
public:
```

Dem Schlüsselwort `class` folgt der Name der Klasse. Er kann frei gewählt werden und muss nur den Regeln der Namensvergabe entsprechen (siehe Abschnitt 1.4.3). Oft wird ein t, ein c oder ein C dem Namen vorangestellt, damit deutlich wird, dass es sich um einen Typ bzw. eine Klasse handelt und nicht etwa um eine Variable. Inzwischen hat es sich allerdings eingebürgert, Klassen mit einem führenden Großbuchstaben zu kennzeichnen, während Variablen und Funktionsnamen mit einem Kleinbuchstaben beginnen.

Mit der öffnenden geschweiften Klammer beginnt die Definition der Klassenelemente. Das Label `public:` gibt an, dass alle ihm folgenden Definitionen öffentlich sind. Das Thema wird in den nächsten Abschnitten ausführlicher behandelt.

```
    char bezeichnung[MAXBEZ];
    char strichcode[MAXCODE];
    float preis;
};
```

Dies sind die drei Datenelemente der Klasse. Sie folgen den Regeln der gewöhnlichen Variablendefinitionen. Die Klassendefinition wird durch eine schließende geschweifte Klammer und ein Semikolon abgeschlossen.

```
Ware schokoriegel;
schokoriegel.preis = 0.70;
```

Nach der Klassendefinition verfügt das Programm über einen eigenen Typ `Ware`, von dem Variablen angelegt werden können. `Ware` ist die Klasse, und `schokoriegel` ist eine Instanz der Klasse `Ware` und damit ein Objekt. Um auf das Datenelement `preis` zugreifen zu können, muss ein Punkt zwischen den Objektnamen und den Elementnamen gesetzt werden. Hier wird also der Preis des Schokoriegels auf `0.70` festgelegt.

Zu Klassen gehören aber nicht nur Datenelemente, sondern auch Funktionen. Die Erkenntnis, dass Funktionen zu Datenobjekten gehören, ist der Grundgedanke der objektorientierten Programmierung. So werden die meisten Tätigkeiten auf Objekte angewandt. Vor allem unterscheiden sie sich je nach Objekt, auf das sie angewandt werden. Fahren ist eine Tätigkeit. Aber man fährt nicht einfach. Man fährt auf einem Fahrrad, im Zug oder im Ballon. Und die Art des Objekts, mit dem man fährt, beeinflusst erheblich die Art des Fahrens.

Im Falle der Klasse `Ware` soll eine Preisänderung möglich sein. Allerdings ist es bei einer solch wichtigen Entscheidung wie der Preisgestaltung erforderlich, dass protokolliert wird, wenn der Preis geändert wird. Aus diesem Grund erhält die Klasse `Ware` eine Funktion namens `aenderePreis()`. Diese Funktion soll den Preis ändern und die Protokollierung veranlassen.

Um sicherzustellen, dass jede Preisänderung so behandelt wird, muss erzwungen werden, dass nur über die Funktion `aenderePreis()` auf das Datenelement `preis` zugegriffen werden kann. Dazu wird es vor der Außenwelt versteckt, indem es als privat definiert wird. Danach wird ein direkter Zugriff auf den Preis, wie er in Listing A.15 erfolgte, vom Compiler verhindert. Das Datenelement `preis` kann dann nur noch von Elementfunktionen der Klasse (in diesem Fall durch `aenderePreis()`) verändert werden.

```
class Ware
{
public:
    char bezeichnung[MAXBEZ];
    char strichcode[MAXCODE];
    void aenderePreis(float neuerPreis);
private:
    float preis;
};

void Ware::aenderePreis(float neuerPreis)
{
    protokolliere(preis, neuerPreis);
    preis = neuerPreis;
}

int main()
{
    Ware schokoriegel;
    schokoriegel.aenderePreis(0.70);
}
```

**Listing A.16** Preisänderung

Betrachten wir die Änderungen, die sich im Listing ergeben.

```
    void aenderePreis(float neuerPreis);
private:
    float preis;
```

Innerhalb der Klasse wird die Funktion `aenderePreis()` vorgestellt, also deklariert. Dazu wird der Funktionskopf aufgeführt und durch ein Semikolon abgeschlossen. Das bedeutet, dass damit dem Compiler nur mitgeteilt wird, dass es eine solche Funktion mit diesen Parametern gibt. Sie wird an anderer Stelle implementiert.

Danach erscheint das Label `private:`. Alle nun folgenden Definitionen und Deklarationen sind nur noch von Elementfunktionen der Klasse erreichbar. Damit ist die Variable `preis` vor direkten Zugriffen geschützt.

```
void Ware::aenderePreis(float neuerPreis)
```

Hier wird die Elementfunktion `aenderePreis()` der Klasse `Ware` definiert, also ausprogrammiert. Um sie von normalen Funktionen zu unterscheiden, die nicht zur Klasse gehören, wird dem Funktionsnamen der Klassenname mit zwei Doppelpunkten vorangestellt.

```
{
    protokolliere(preis, neuerPreis);
    preis = neuerPreis;
}
```

Es folgt der Funktionsrumpf mit den geschweiften Klammern. Zunächst wird eine Funktion `protokolliere()` aufgerufen, deren Inhalt uns nicht bekannt ist und uns auch nicht weiter interessieren soll. Gehen Sie einfach davon aus, dass sie von einem Kollegen geschrieben werden soll. Innerhalb einer Elementfunktion kann direkt auf die Datenelemente der Klasse zugegriffen werden. Machen Sie sich klar, dass die Funktion als Bestandteil eines Objekts aufgerufen wird. Greift die Funktion auf die Variable `preis` zu, dann ist das der Preis des Objekts, über das die Funktion aufgerufen wurde.

```
Ware schokoriegel;
schokoriegel.aenderePreis(0.70);
```

Der Aufruf der Funktion `aenderePreis()` erfolgt wie der Zugriff auf Datenelemente der Klasse, indem zunächst das Objekt genannt wird, auf das die Funktion angewendet wird, dann ein Punkt und schließlich der Funktionsaufruf.

### A.5.1 Konstruktor

Klassen ermöglichen es, Elementfunktionen zu definieren, die automatisch aufgerufen werden, wenn ein Objekt der Klasse erzeugt wird. Damit kann der Programmierer dafür garantieren, dass das Objekt immer korrekt initialisiert ist. Konstruktoren tragen den Namen der Klasse und haben keinen Rückgabewert, auch nicht `void`.

In der Klasse `Ware` gibt es zwei Zeichenketten, eine für den Strichcode und eine für die Bezeichnung. Zeichenketten sollten so initialisiert werden, dass sie zu Anfang leer sind. Da Zeichenketten immer mit einer 0 abgeschlossen werden, reicht es, das 0-te Element auf 0 zu setzen.

```
class Ware
{
public:
    Ware(); // Konstruktordeklaration
    char bezeichnung[MAXBEZ];
    char strichcode[MAXCODE];
    void aenderePreis(float neuerPreis);
    float bestand;
private:
    float preis;
};

Ware::Ware()
{
    bezeichnung[0] = 0;
    strichcode[0]  = 0;
    preis = 0.0;
    bestand = 0.0;
}

void Ware::aenderePreis(float neuerPreis)
{
    protokolliere(preis, neuerPreis);
    preis = neuerPreis;
}

int main()
{
    Ware schokoriegel;
    schokoriegel.aenderePreis(0.70);
}
```

**Listing A.17** Konstruktor

Die Deklaration des Konstruktors erfolgt in der Klasse als öffentliche Elementfunktion. Einige Teile des Listings sollen hier detailliert betrachtet werden:

```
class Ware
{
public:
    Ware(); // Konstruktordeklaration
```

Vor dem Namen des Konstruktors `Ware` darf kein Datentyp stehen, auch nicht `void`. Da dieser Konstruktor keinen Parameter hat, nennt man ihn Standardkonstruktor.

```
Ware::Ware()
{
```

Die Implementierung des Konstruktors erfolgt analog zu jeder Elementfunktion. Der Klassenname steht, abgetrennt durch zwei Doppelpunkte, vor dem Funktionsnamen, der in diesem Fall der Klassenname ist.

```
    bezeichnung[0] = 0;
    strichcode[0]  = 0;
    preis = 0.0;
    bestand = 0.0;
}
```

Die Anweisungen des Konstruktors sind ganz typisch. Es werden alle Datenelemente der Klasse auf einen Anfangswert gesetzt. Die Zeichenketten werden geleert, indem bereits ihr erstes Element mit der Abschluss-Null besetzt wird.

```
Ware schokoriegel;
```

Sobald die Variable `schokoriegel` angelegt wird, wird für dieses Objekt der Konstruktor `Ware::Ware()` aufgerufen. Damit sorgt der Konstruktor vor dem allerersten Zugriff dafür, dass alle Datenelemente in einem definierten Zustand sind.

#### Konstruktoren mit Parametern

Konstruktoren können mit Parametern versehen werden. Dadurch kann erreicht werden, dass das Objekt bereits beim Anlegen mit bestimmten Eigenschaften initialisiert wird. Diese Parameter werden dann beim Anlegen der Variablen in einer angehängten Klammer bedient.

#### Beispiel

Im folgenden Listing wird ein Konstruktor hinzugefügt, der als Parameter die Bezeichnung und den Strichcode hat. Dadurch können Objekte bereits beim Anlegen mit beiden Informationen belegt werden.

```
class Ware
{
public:
    Ware();
    Ware(char *bez, char *code);
```

```
    char bezeichnung[MAXBEZ];
    char strichcode[MAXCODE];
    float bestand;
    void aenderePreis(float neuerPreis);
private:
    float preis;
};

Ware::Ware()
{
    bezeichnung[0] = 0;
    strichcode[0]  = 0;
    preis = 0.0;
    bestand = 0.0;
}

Ware::Ware(char *bez, char *code)
{
    strcpy(bezeichnung, bez);
    strcpy(strichcode, code);
    preis = 0.0;
    bestand = 0.0;
}

void Ware::aenderePreis(float neuerPreis)
{
    protokolliere(preis, neuerPreis);
    preis = neuerPreis;
}

int main()
{
    Ware schokoriegel("LeckerSchlecker", "4008400404127");
    schokoriegel.aenderePreis(0.70);
}
```

**Listing A.18** Preisänderung

Der neue Konstruktor unterscheidet sich nur im Parameter von dem Standardkonstruktor.

```
public:
    Ware();
    Ware(char *bez, char *code);
    ...
Ware::Ware()
{
    ...
Ware::Ware(char *bez, char *code)
{
```

Der Konstruktor mit Parametern muss auch die Elemente `preis` und `bestand` initialisieren. Der Standardkonstruktor wird weder vorher noch nachher automatisch aufgerufen. Ein Konstruktor mit Parametern ist also ein eigenständiger Konstruktor, der alternativ zum Standardkonstruktor aufgerufen wird.

```
Ware schokoriegel("LeckerSchlecker", "4008400404127");
```

Die Klasse `Ware` hat nun also zwei Konstruktoren. Der eine initialisiert die Warenbezeichnung und den Strichcode beim Anlegen. Der andere benötigt keine Parameter und ist der Standardkonstruktor. Er wird aufgerufen, wenn bei einer Variablendefinition kein Parameter angegeben wird. Wenn Sie den Standardkonstruktor aus der Klasse `Ware` entfernen, ist es nicht mehr möglich, ein Objekt von `Ware` anzulegen, ohne ihm eine Bezeichnung und einen Strichcode mitzugeben. Sie können so erzwingen, dass alle Waren zu Anfang eine Bezeichnung und einen Strichcode besitzen. Weitere Informationen zum Thema Konstruktoren finden Sie im Abschnitt 5.2.1.

Sie sehen, dass nun zwei Funktionen mit dem gleichen Namen existieren. Das ist in C++ zulässig, sofern sich die beiden Funktionen in den Parametern unterscheiden. C++ erkennt also an den verwendeten Aufrufparametern, welche der Funktionen aufgerufen werden muss. Diese Technik nennt man Überladen von Funktionen. Das funktioniert nicht nur mit Konstruktoren, sondern mit beliebigen Funktionen. Sie müssen nicht einmal Element einer Klasse sein. Nähere Informationen dazu finden Sie im Abschnitt 4.4.

### A.5.2 Vererbung

Nicht alle Waren sind gleich. So wird auf Getränke in Flaschen beispielsweise Pfand erhoben. Soll das Pfand ebenfalls in der Ware gespeichert werden, dann könnten Sie die Klasse `Ware` um ein Datenelement namens `pfand` ergänzen. Allerdings wird nicht auf alle Waren Pfand erhoben. Sie könnten nun die Klasse `Ware` kopieren, das Pfand einfügen und umbenennen. Dann gäbe es zwei unabhängige Klassen. In C++ gibt es aber eine elegantere Lösung. C++ bietet Ihnen auch an, eine neue Klasse `PfandWare` anzulegen und zu erklären, dass sie alle Eigenschaften von `Ware` übernehmen soll. In der Klasse `PfandWare` definieren Sie dann nur das, was diese von `Ware` unterscheidet. Man spricht davon, dass die Klasse `Ware` ihre Eigenschaften an die Klasse `PfandWare` vererbt. Man sagt auch, dass sich die Klasse `PfandWare` von der Klasse `Ware` ableitet. `Ware` ist damit die Basisklasse von `PfandWare`.

Um das im Programm auszudrücken, werden bei der Definition der abgeleiteten Klasse nur ein Doppelpunkt, das Schlüsselwort `public` und der Name der Basisklasse an den Klassenkopf gehängt.

```
class PfandWare : public Ware
{
public:
    PfandWare(char *bez, char *code) : Ware(bez, code)
    {
        pfand = 0.0;
    }
    void NeuPfand(float neuesPfand)
    {
        pfand = neuesPfand;
    }
private:
    float pfand;
};
```

**Listing A.19** Abgeleitete Klasse

Betrachten wir wieder die Zeilen im Einzelnen:

```
class PfandWare : public Ware
```

Die Klasse `PfandWare` erbt alle Elemente, die die Klasse `Ware` hat. Jedes Objekt der Klasse `PfandWare` hat also eine Bezeichnung, einen Strichcode, einen Preis und einen Bestand. Darüber hinaus erbt sie auch die Funktion `aenderePreis()`.

Da sich die Klasse `PfandWare` von `Ware` herleitet, wird vor dem Starten des eigenen Konstruktors automatisch der Standardkonstruktor der Basisklasse aufgerufen. Das ist hier aber gar nicht erwünscht. Da der Konstruktor bereits Bezeichnung und Code entgegennimmt, sollen diese Informationen natürlich auch an die Basisklasse weitergeleitet werden.

```
PfandWare(char *bez, char *code) : Ware(bez, code)
{
    pfand = 0.0;
}
```

Hier wird ein sogenannter Initialisierer an den Kopf des Konstruktors gehängt. Hinter dem Doppelpunkt wird der Konstruktor der Basisklasse aufgerufen. Die vom Initialisierer verwendeten Parameter sind die, die der Konstruktor `PfandWare` selbst übergeben bekommt. Der Konstruktor `PfandWare` braucht sich also nur um die zusätzlichen Elemente zu kümmern. In diesem Fall wurde die Definition des Konstruktors nicht außerhalb der Klassendefinition durchgeführt, sondern gleich in die Klasse integriert. Das ist bei so kleinen Funktionen durchaus sinnvoll. In dem Fall wird das Semikolon der Deklaration durch einen Funktionsrumpf ersetzt, dem dann kein Semikolon folgen darf.

#### Kompatibilität zur Basisklasse

Objekte abgeleiteter Klassen enthalten alle Bestandteile ihrer Basisklassen. Aus diesem Grund können Sie ein Objekt der abgeleiteten Klasse auch einer Variablen der Basisklasse direkt zuweisen. Allerdings verlieren Sie dabei alle Erweiterungen der abgeleiteten Klasse.

```
int main()
{
    PfandWare blubberlutsch;
    Ware zielWare;
    Ware *zeigerWare;

    zielWare = blubberlutsch;     // Das Pfand ist weg.
    zeigerWare = &blubberlutsch; // Das Pfand bleibt.
}
```

Die Variable `zielWare` enthält alle Informationen der Variablen `blubberlutsch`, die die Klasse `PfandWare` von der Klasse `Ware` geerbt hat. Alle Erweiterungen, hier also das Pfand, gehen verloren. Die Variable `zielWare` hat ja auch keine Möglichkeiten, das Pfand zu speichern. Die Möglichkeit der Zuweisung macht intuitiv deutlich, dass eine Pfandware eben eine Ware ist. Eine Ware ist aber nicht immer automatisch eine Pfandware. Darum darf die Reihenfolge nicht umgedreht werden. Die Variable `zeigerWare` ist ein Zeiger auf den Typ `Ware`. Er kann auch auf ein Objekt einer abgeleiteten Klasse verweisen. Die Tatsache, dass dieser Zeiger auf `blubberlutsch` zeigt, wird das Objekt nicht verändern. Es behält sein Pfand. Ihr Compiler würde aber den Versuch, über `zeigerWare` auf das Pfand zuzugreifen, entrüstet abweisen, denn ein Zeiger auf `Ware` kennt kein Pfand.

### A.5.3 Polymorphie

Bei einer Inventur werden alle Waren bewertet, natürlich auch die mit Pfand. Hier macht es sich bezahlt, dass wir nicht eine unabhängige zweite Klasse gebildet haben, sondern die Klasse `PfandWare` von der Klasse `Ware` abgeleitet haben. Denn Sie können eine abgeleitete Klasse in bestimmter Hinsicht wie die Basisklasse behandeln. Haben Sie eine Funktion zur Bestimmung des Inventurwerts für `Ware` geschrieben, können Sie diese natürlich auch für `PfandWare` aufrufen.

Um für die Inventur den Wert der Ware zu bestimmen, schreiben Sie eine Elementfunktion `lieferInventurWert()`. Für die normale Ware liefert sie einen bestimmten Prozentsatz des Preises. Bei Pfandware kommt aber immer das Pfand hinzu. Da der Inventurwert von der Warenart abhängt, würden Sie die Funktion in jeder abgeleiteten Klasse neu implementieren, sofern die Bewertung von der des Standards abweicht.

Für die Inventur wird ein Array `artikel` gebildet, das Zeiger auf alle existierenden Waren enthält. Ein Zeiger auf `Ware` kann auf jedes Objekt zeigen, das sich von `Ware` ableitet. Das Objekt enthält aber nach wie vor seine Besonderheiten wie beispielsweise das Pfand. Es muss nur noch erreicht werden, dass der Compiler nicht vorschnell die Funktion `lieferInventurWert()` von `Ware` verwendet. Dazu muss bei der Deklaration der Funktion `lieferInventurWert()` das Schlüsselwort `virtual` vorangestellt werden. Dann wird die Funktion anhand des jeweiligen Objekts ausgewählt.

```
class Ware
{
public:
    ...
    virtual float lieferInventurWert();
    ...
};
```

**Listing A.20** `virtual lieferInventurWert()`

Mit dem Schlüsselwort `virtual` wird dem Compiler signalisiert, dass bei einem Zugriff auf diese Variable nicht vorschnell auf die Klasse `Ware` zugegriffen werden soll, sondern dass das Objekt selbst bestimmen soll, welche Funktion `lieferInventurWert()` zu ihm gehört. Wenn das einzelne Objekt festlegt, welche Funktion gestartet wird, nennt man dies Polymorphie. Im folgenden Listing sehen Sie die Schleife über das Array der Warenzeiger.

```
Ware *artikel[MaxArtikel];
int anzahlArtikel;

for (int i=0; i<anzahlArtikel; i++)
{
    Summe += artikel[i]->bestand * artikel[i]->lieferInventurWert();
}
```

**Listing A.21** Inventur

Der Pfeil, der aus dem Minus- und dem Größer-Zeichen gebildet wird, wird verwendet, wenn über einen Zeiger auf ein Element des Objekts zugegriffen wird.

Unter zwei Bedingungen kann tatsächlich erreicht werden, dass die zugehörige Funktion der Klasse aufgerufen wird, deren Instanz das Objekt ist.

1. Das Objekt bleibt als solches erhalten, und es wird darauf nur über einen Zeiger des Basisklassentyps zugegriffen.
2. Die aufgerufene Funktion wird in der Basisklasse mit dem Schlüsselwort `virtual` gekennzeichnet.

Die folgende Anweisung würde die Adresse eines Objekts der Klasse `PfandWare` in das Artikel-Array bringen, das oben für die Ermittlung der Inventur verwendet wird.

```
PfandWare Pulle("Malzbier", "")
artikel[i] = &Pulle;
```

Durch die Polymorphie wird die Verantwortung für die Auswahl der Elementfunktionen dem Objekt übergeben. Nähere Informationen zum Thema Polymorphie finden Sie im Abschnitt 5.8.6.

## A.6 Templates

Mit den Templates wenden wir uns der sogenannten generischen Programmierung zu. Man könnte die generische Programmierung fast als gegenläufigen Ansatz zur OOP bezeichnen. Denn hier werden typunabhängige Algorithmen geschrieben.

**Spicker**

Ein Template ist ein Muster, das typfrei vorgibt, wie ein Verfahren abzulaufen hat. Der Compiler stellt beim Aufruf fest, für welchen Typ eine Implementierung des Templates gebraucht wird, und erzeugt aus Template und Typ die benötigte Funktion oder Klasse.

Im Abschnitt A.4.3 wurde eine Funktion vorgestellt, die den Durchschnitt aller Werte eines Arrays ermittelt. Die Funktion arbeitet mit Variablen vom Typ `float`. Das Verfahren, das in dieser Funktion angewandt wird, gilt aber nicht nur für Fließkommazahlen. Auf die gleiche Art und Weise würde auch der Durchschnitt von ganzzahligen Werten ermittelt. Zur Verdeutlichung des Unterschieds ist hier zunächst noch einmal die Funktion vom Abschnitt A.4.3 zu sehen.

```
double avg(int anzahl, double wert[])
{
    int i;
    long double summe=0;

    for (i=0; i<anzahl; i++)
    {
        summe += wert[i];
    }
    return summe/anzahl;
}
```

**Listing A.22** Durchschnittsberechnung

Mit einer Template-Funktion können Sie den Algorithmus einmal für mehrere Typen formulieren. Sie wird mit dem Schlüsselwort `template` eingeleitet. Wenn Sie beide Funktionen miteinander vergleichen, können Sie leicht erkennen, nach welchem Strickmuster die Funktion quasi typ-anonymisiert wird.

```
template <class T> T avg(int anzahl, T wert[])
{
    int i;
    T summe=0;
    for (i=0; i<anzahl; i++)
    {
        summe = summe + wert[i];
    }
```

```
    return summe/anzahl;
}
```

**Listing A.23** Durchschnittsberechnung per Template

Am deutlichsten wird der Unterschied im Funktionskopf. Hier wird der Typ `float` durch den Ersatztyp `T` ersetzt.

```
template <class T> T avg(int anzahl, T wert[])
```

Bevor aber `T` verwendet werden kann, wird es zunächst als Template-Typ eingeführt. Vor einer Template-Funktion erscheint als Erstes immer das Schlüsselwort `template`. Danach wird in spitzen Klammern beschrieben, welche Typen anonymisiert werden. Dazu wird der bekannte Begriff `class` verwendet. Dabei hat er hier wenig mit einer Klasse zu tun, sondern ist im Sinne von »Typ« gemeint. Neuere Compiler akzeptieren auch alternativ das Schlüsselwort `typename`, das die Situation besser beschreibt. Der Name `T` steht also für den Typ, mit dem die Funktion später aufgerufen wird.

Nun erst beginnt der eigentliche Funktionskopf. Der Typ des Rückgabewerts ist `T`, also der gleiche wie für den zweiten Parameter. Dann kommt wie gehabt der Funktionsname und in Klammern die Parameter. Die Anzahl ist bei einer Durchschnittsberechnung natürlich immer ein `int`. Nur das übergebene Array soll im Typ veränderlich sein. Welcher Typ das `T` später ersetzt, ergibt sich durch die Parameter beim Aufruf der Funktion.

```
int i;
T summe=0;
```

Innerhalb der Funktion wird der Typplatzhalter `T` nur noch einmal gebraucht, um die Variable zu definieren, die die Zwischensumme aufnimmt. Beim Aufruf müssen Sie nichts weiter beachten. Der Template-Typ `T` wird an den Typ des Arrays angepasst, mit dem die Funktion aufgerufen wird.

Diese Funktion arbeitet mit `double` oder `int`. Sie kann aber auch mit jeder Klasse aufgerufen werden, die Addition, Division und Zuweisung definiert. Denn das sind die Operationen, die mit den Variablen vom Typ `T` innerhalb der Funktion durchgeführt werden. In C++ können Sie diese Operatoren auch für Ihre eigenen Klassen definieren. Wie das geht, lesen Sie im Abschnitt 5.5.

Analog zu Template-Funktionen können auch Template-Klassen gebildet werden. An dieser Stelle möchte ich den Schnelleinstieg beenden. Die Template-Klassen eignen sich nicht sehr gut, um sie in kurzen Sätzen zu erläutern. Sie finden nähere Informationen dazu im Abschnitt 7.1.2.

# Anhang B
# Musterlösungen

Eine eigene schlechte Lösung bringt Sie in Ihren Kenntnissen weiter als eine abgeschaute Ideallösung, deswegen versuchen Sie, zunächst selbst eine Lösung zu finden, bevor Sie hier nachschauen.



## Lösungen zu Kapitel 1

### 2: Fragen zu Compiler und Interpreter

Der Interpreter muss zur Programmlaufzeit auch die Übersetzung durchführen.

### 6 & 7: Programm Mehrwertsteuer

```
#include <iostream>
using namespace std;

const float MWST = 19;

int main()
{
    float netto, steuer, brutto;

    cout << "Bitte geben Sie den Nettopreis ein!" << endl;
    cin >> netto;
    steuer = netto * MWST / 100;
    cout << "MWSt: " << steuer << endl;
    brutto = netto + steuer;
    cout << "Brutto: " << brutto << endl;
}
```

**Listing B.1** Programm MWSt (*mwst.cpp*)

## Lösungen zu Kapitel 2

### 1 & 2: Mehrwertsteuer mit Eingabe-Check

```
#include <iostream>
using namespace std;

const float MWST = 19;

int main()
{
    float netto, steuer, brutto;

    cout << "Bitte geben Sie den Nettopreis ein!" << endl;
    cin >> netto;
    if (netto > 0)
    {
        steuer = netto * MWST / 100;
        cout << "MWSt: " << steuer << endl;
        brutto = netto + steuer;
        cout << "Brutto: " << brutto << endl;
    }
    else
    {
        cout << "Nur positive Beträge erlaubt!" << endl;
    }
}
```

**Listing B.2** Programm MWSt mit Eingabe-Check (*ifmwst.cpp*)

### 3: Zinseszins

```
#include <iostream>
#include <iomanip>
using namespace std;

const int jahresZahl = 2003;
const int jahre = 20;
const float zins = 5.0;
const float einzahlung = 5000.0;
```

```
int main()
{
    float kapital = einzahlung;
    for (int i=0; i<jahre; i++)
    {
        cout << setw(4)  << i+jahresZahl << " - "
             << setw(12) << kapital << endl;
        kapital += kapital * zins / 100 + einzahlung;
    }
}
```

**Listing B.3** Programm Zinseszins (*zinstab.cpp*)



#### 4: Zahlenraten

Der erste Teil der Aufgabe besteht darin, eine Zufallszahl zwischen 1 und 1.000 zu finden. Danach soll das Programm so lange wiederholt werden, bis der Benutzer die richtige Zahl findet. Da die Eingabe des Benutzers erst in der Mitte der Schleife vorliegt, sollte die Abfrage am Fuß der Schleife erfolgen. Es bietet sich eine do-while-Schleife an. Innerhalb der Schleife wird die Zahl angefordert. Um eine Rückmeldung zu geben, wird geprüft, ob die Zahl zu groß ist. Dann wird geprüft, ob sie zu klein ist. Eine Prüfung auf Gleichheit ist überflüssig, da dann die Schleife verlassen wird. Die Siegerehrung kann also am Ende des Programms erfolgen. Wer dorthin gelangt ist, hat die Zahl gefunden.

```
#include <iostream>
#include <cstdlib>
using namespace std;

int main()
{
    int geraten;
    int suchZahl;
    srand(time(0));
    suchZahl = rand() % 1000 + 1;
    do
    {
        cout << "Eine Zahl zwischen 1 und 1000!" << endl;
        cin >> geraten;
```

```
        if (geraten < suchZahl)
        {
            cout << "zu klein!" << endl;
        }
        if (geraten > suchZahl)
        {
            cout << "zu groß!" << endl;
        }
    }
    while (geraten != suchZahl);
    cout << "Das war richtig!" << endl;
}
```

**Listing B.4** Programm Zahlenraten (*ratzahl.cpp*)

## Lösungen zu Kapitel 3

### 1: Sortierte Lottozahlen

```
#include <iostream>
#include <cstdlib>
using namespace std;

const int KUGELN = 6;
const int MAXZAHL = 49;

int main()
{
    int lotto[KUGELN];
    int i, j;
    int hilf;
    bool neueZahl;

    srand(time(0)); // Mische einmal durch!
    // Ermittle sechs Lottozahlen!
    for (i=0; i<KUGELN; i++)
    {
```

```
        // Schleife prüft auf Doppelte
        do
        {
            lotto[i] = rand() % MAXZAHL + 1;
            neueZahl = true; // Positiv denken!
            // Alle bisherigen Zahlen gegentesten
            for (j=0; j<i; j++)
            {
                if (lotto[j]==lotto[i])
                {
                    neueZahl = false; // Die gab es schon!
                }
            }
        } while (!neueZahl);
    }
    // Nun werden die Zahlen sortiert (per Bubblesort).
    for (i=KUGELN-1; i>0; i--)
    {
        for (j=0; j<i; j++)
        {
            if (lotto[j]>lotto[j+1])
            {
                    hilf = lotto[j];
                    lotto[j] = lotto[j+1];
                    lotto[j+1] = hilf;
            }
        }
    }
    // Ausgabe der sortierten Zahlen
    for (i=0; i<KUGELN; i++)
    {
        cout << lotto[i] << " ";
    }
    cout << endl;
}
```

**Listing B.5** Lottozahlen sortieren (*sortlotto.cpp*)

### 2: Bubblesort optimiert

```
#include <iostream>
#include <cstdlib>
using namespace std;

const int MAX=12;

int main()
{
    int feld[MAX], hilf;
    int i, j;

    srand(time(0));
    for (i=0; i<MAX; i++)
    {
        feld[i] = rand() % 100 + 1;
    }
    bool sortiert = false;
    for (i=MAX-1; !sortiert && i>0; i--)
    {
        sortiert = true;
        for (j=0; j<i; j++)
        {
            cout << j << " - " << j+1 << endl;
            if (feld[j]>feld[j+1])
            {
                sortiert = false;
                hilf = feld[j];
                feld[j] = feld[j+1];
                feld[j+1] = hilf;
            }
        }
    }
    for (i=0; i<MAX; i++)
    {
        cout << feld[i] << " ";
    }
    cout << endl;
}
```

**Listing B.6** Bubblesort optimiert (*bubbleopt.cpp*)

### 3: Brucheingabe

```
#include <iostream>
using namespace std;
const int MAX=256;
int main()
{
    char input[MAX];
    int i=0;
    double wert = 0;
    double nenner = 0;

    cin.getline(input, MAX);
    // Lies den Nenner ein!
    while (input[i]>='0' && input[i]<='9')
    {
        wert *= 10;
        wert += input[i] - '0';
        i++;
    }
    // Wenn ein / kommt, gibt es einen Nenner.
    if (input[i]=='/')
    {
        // Den Nenner einlesen
        i++;
        while (input[i]>='0' && input[i]<='9')
        {
            nenner *= 10;
            nenner += input[i] - '0';
            i++;
        }
    }
    // Falls ein Nenner gefunden wurde, durch ihn teilen.
    if (nenner!=0)
    {
        wert /= nenner;
    }
    cout << wert << endl;
}
```

**Listing B.7** Eingabe eines Bruchs (*inbruch.cpp*)

## Lösungen zu Kapitel 4

### 1: Funktion ggt()

```
#include <iostream>
using namespace std;

int ggt(int a, int b)
{
    int hilf;
    while (b>0)
    {
        if (b>a)
        {
            // Tausche a und b.
            hilf = a;
            a = b;
            b = hilf;
        }
        a = a - b;
    }
    return a;
}

void kuerzen(int *zaehler, int *nenner)
{
    int teiler;
    teiler = ggt(*zaehler, *nenner);
    *zaehler = *zaehler/teiler;
    *nenner  = *nenner /teiler;
}

int main()
{
    int z=14;
    int n=6;
    kuerzen(&z, &n);
    cout << z << " " << n << endl;
}
```

**Listing B.8** Kürzen mit ggt()

### 2: Funktion swap

```
void swap(int &a, int &b)
{
int help;

    help = a;
    a = b;
    b = help;
}

#include <iostream>
using namespace std;

int main()
{
    int a = 4, b = 3;

    swap(a, b);
    cout << a << " " << b << endl;
}
```

**Listing B.9** Funktion `swap()` (*swap.cpp*)

### 3: Lokale Stacks

```
#include <iostream>
using namespace std;

struct ListenKnoten
{
    int data;
    ListenKnoten *next;
};

void push(ListenKnoten **anker, int data)
{
    ListenKnoten *node = new ListenKnoten;
    node->data = data;
    node->next = *anker;
    *anker = node;
}
```

```
int pop(ListenKnoten **anker)
{
int inhalt=0;

    if (*anker)
    {
        ListenKnoten *old = *anker;
        *anker = (*anker)->next;
        inhalt = old->data;
        delete old;
    }
    return inhalt;
}

int main()
{
    ListenKnoten *anker = 0;

    push(&anker, 2);
    push(&anker, 5);
    push(&anker, 18);
    cout << pop(&anker) << endl;
    cout << pop(&anker) << endl;
    cout << pop(&anker) << endl;
}
```

**Listing B.10** Stack (*stackueb.cpp*)

Etwas irritierend ist vielleicht, dass der Parameter `anker` zwei Sterne hat. Der Grund dafür ist, dass `anker` innerhalb der Funktionen verändert wird. Damit dies auch auf die Variable in der aufrufenden Funktion durchschlägt, muss sie entweder über einen Zeiger oder als eine Referenz übergeben werden.

#### 4: Bermuda: Suche nach Schiffen

Die Grundidee zur Lösung besteht darin, dass Parameter für die Suchrichtung eingeführt werden. Sie heißen hier `xdiff` und `ydiff`. Diese werden einfach innerhalb der Funktion zu den Werten von `x` und `y` addiert. Da nicht sicher ist, welche Koordinate in welche Richtung wandert, werden nun in der Bedingung der `while`-Schleife alle Randbedingungen überprüft.

```
int suche(tSchiff Schiff[], int x, int y,
          int xdiff, int ydiff)
{
    x+=xdiff;
    y+=ydiff;
    while(x<X && x>=0 && y<Y && y>=0)
    {
        if (istHierEinSchiff(Schiff, x, y))
        {
            return 1;
        }
        x+=xdiff;
        y+=ydiff;
    }
    return 0;
}
```

**Listing B.11** Diagonalsuche

Damit alle Richtungen abgesucht werden, können beim Aufruf zwei verschachtelte `for`-Schleifen eingesetzt werden, deren Indizes von –1 bis +1 laufen. Lediglich der Fall, dass beide Differenzen 0 sind, muss abgefangen werden, damit die Schleife in `suche()` nicht endlos läuft. Mindestens genauso gut wäre es, die Abfrage als erste Zeile in die Funktion `suche()` einzubauen.

```
int sucheSchiffe(tSchiff Schiff[], int x, int y)
{
int Anzahl=0;

    if (istHierEinSchiff(Schiff, x, y, true))
    {
        return MaxSchiff;
    }
    else
    {
        for (int i=-1; i<=1; i++)
        {
            for (int j=-1; j<=1; j++)
            {
```

```
                if (!(i==0 && j==0))
                {
                    Anzahl += suche(Schiff, x, y, i, j);
                }
            }
        }
    }
    return Anzahl;
}
```

**Listing B.12** Schiffsuche

#### 5: Suchen im Binärbaum

Die Aufgabe ist am einfachsten dadurch zu lösen, dass die Funktion `einfuegen()` im Listing 4.27 um das Einfügen eines Blatts gekürzt wird. Stattdessen wird einfach 0 zurückgegeben. Ferner muss dann beim Rekursionsaufruf die Zuweisung in eine Rückgabe umgestellt werden.

```
tKnoten * suche(tKnoten *blatt, int inhalt)
{
    if (blatt==0) return 0;
    if (inhalt < blatt->inhalt)
    {
        return suche(blatt->links, inhalt);
    }
    else if (inhalt > blatt->inhalt)
    {
        return suche(blatt->rechts, inhalt);
    }
    return blatt;
}
```

**Listing B.13** Binärbaum (binbaum.cpp)

#### 6 & 7: Taschenrechner für double

Im Grunde genommen ist das komplette Programm bereits für die Fließkommabearbeitung vorgesehen. Lediglich die Zahlenerkennung akzeptiert keine Nachkommastellen. Das betrifft einzig und allein die Funktion `sucheToken()`. Um die

Funktion nicht zu überfrachten, ist die Zahlenerkennung im folgenden Listing in eine separate Funktion namens `leseZahl()` ausgelagert worden.

Die Funktion arbeitet genau wie das Programm im Abschnitt 3.1.3. Sie liest erst den Vorkommaanteil, schaut dann, ob ein Punkt oder ein Komma folgt, und ermittelt dann die Nachkommastellen. Auf diese Weise interpretiert die Funktion sowohl den Punkt als auch das Komma als Dezimaltrenner.

```
void leseZahl()
{
    while (*srcPos>='0' && *srcPos<'9')
    {
        tokenZahlenWert *= 10;
        tokenZahlenWert += *srcPos-'0';
        srcPos++;
    }
    if (*srcPos==','||*srcPos=='.')
    {
        double nachKomma = 1;
        srcPos++;
        while (*srcPos>='0' && *srcPos<='9')
        {
            nachKomma *= 10;
            tokenZahlenWert += (*srcPos-'0')/nachKomma;
            srcPos++;
        }
    }
}

Token sucheToken()
// Sucht ab der aktuellen Stringposition das nächste Token.
// Hier werden auch die Zahlenkonstanten bestimmt und in
// der globalen Variablen tokenZahlenWert abgelegt.
{
    aktToken = ERROR;
    // überspringe Leerzeichen
    while (*srcPos==' ')
    {
        srcPos++;
    }
```

```
    if (*srcPos==0)
    {
        aktToken = END;
    }
    else
    {
        switch (*srcPos)
        {
            case '(': aktToken=LPAR;  break;
            case ')': aktToken=RPAR;  break;
            case '*': aktToken=MUL;   break;
            case '/': aktToken=DIV;   break;
            case '+': aktToken=PLUS;  break;
            case '-': aktToken=MINUS; break;
        }
        if (*srcPos>='0' && *srcPos<'9')
        {
            aktToken=NUMBER;
            tokenZahlenWert = 0.0;
            leseZahl();
        }
        if (aktToken != NUMBER)
        {
            srcPos++;
        }
    }
    return aktToken;
}
```

**Listing B.14** Fließkomma-Erkennung im Taschenrechner (floatcalc.cpp)

Der Umbau von `sucheToken()` ist minimal. Sobald eine Zahlenkonstante an dem ersten Zeichen erkannt wurde, wird das Token auf `NUMBER` gesetzt, die Variable `tokenZahlenWert` initialisiert und die Funktion `leseZahl()` aufgerufen.

Am Anfang der Funktion `sucheToken()` ist eine kleine Schleife, die prüft, ob Leerzeichen vorliegen, und sie dann überspringt. Beim Aufruf des Programms muss man nur darauf achten, dass der Gesamtausdruck in Anführungszeichen eingeschlossen ist, ansonsten zerlegt der Kommandozeileninterpreter die Eingabezeile an der Stelle seiner Leerzeichen.

### 8: Unterscheidung des Minuszeichens

Der Interpreter fragt an zwei Stellen nach dem Minuszeichen, zum ersten Mal in der Funktion `sucheKlammern()`. Wenn der Parser an diese Stelle herabsteigt, befindet er sich vor einem Operanden. Hier kann eine linke Klammer stehen. Befindet sich hier ein Minuszeichen, kann es nur als Vorzeichen verstanden werden, weil kein Operator »offen« ist.

Das andere Mal wird das Minuszeichen in der Funktion `suchePlusMinus()` erkannt. Hier landet der Parser, wenn er bereits einen Operanden gefunden hat und nun nach einem Operator sucht. Also kann ein Minuszeichen hier nur als Zeichen für eine Differenz interpretiert werden.



## Lösungen zu Kapitel 5

### 1: Eine Klasse für eine Kiste

Diese Aufgabe erfordert eine Klasse mit einem Konstruktor, der Parameter hat. Ein Standardkonstruktor darf nach der Vorgabe nicht existieren.

```
#include <iostream>
using namespace std;

class Kiste {
public:
   Kiste(double hoehe, double laenge, double breite) {
       this->hoehe = hoehe;
       this->laenge = laenge;
       this->breite = breite;
   }
private:
   double hoehe;
   double laenge;
   double breite;
};

int main()
{
    Kiste kasten(12.4, 4.4, 6.4);
    // Kiste box; // Compilerfehler!
}
```

**Listing B.15** Eine Klasse `Kiste` (*kiste.cpp*)

### 2: Ein Kleinerzeichen für die Kiste

Für diese Aufgabe soll ein Kleiner-Operator geschrieben werden, der sich am Volumen der Kiste orientiert. Zur Vereinfachung erstellen wir zunächst eine Elementfunktion `getVolumen()`.

```
class Kiste {
public:
   // ..
   double getVolumen() const { return hoehe*laenge*breite; }
   bool operator<(const Kiste &);
   // ..
};

bool Kiste::operator<(const Kiste &vergleich)
{
    return this->getVolumen()<vergleich.getVolumen();
}
```

**Listing B.16** Die Klasse `Kiste` bekommt einen Kleiner-Operator(*kiste.cpp*).

Im Beispiel wird `getVolumen()` als `const` definiert, sodass auch der Parameter des Kleiner-Operator ebenfalls `const` deklariert werden kann.

### 3: Der FIFO-Puffer

```
#include <limits.h>
#include <iostream>
using namespace std;

class Node
{
public:
    int d;
    Node *next;
};

class tFifo
{
public:
    tFifo();
```

```
    ~tFifo();
    void push(int);
    int pop();
private:
    Node * Head;
    Node * Tail;
};

tFifo::tFifo()
{
    Head = Tail = 0;
}

tFifo::~tFifo()
{
Node *last = Head;

    while (Head)
    {
        last = Head;
        Head = Head->next;
        delete last;
    }
}

void tFifo::push(int d)
{
    Node *node = new Node;
    node->d = d;
    node->next = 0;
    // An das Ende hängen
    if (Tail)
    {
        Tail->next = node;
    }
    if (Head==0)
    {
        Head = node;
    }
```

```
    Tail = node;
}

int tFifo::pop()
{
int inhalt=-1;

    if (Tail==Head) Tail = 0;
    if (Head)
    {
        Node *old = Head;
        Head = Head->next;
        inhalt = old->d;
        delete old;
    }
    return inhalt;
}

int main()
{
    tFifo fifo;

    fifo.push(2);
    fifo.push(5);
    fifo.push(18);

    cout << fifo.pop() << endl;
    cout << fifo.pop() << endl;
    cout << fifo.pop() << endl;
}
```

**Listing B.17** Implementierung eines FIFOs

#### 5: Fuhrpark

Natürlich erkennen Sie sofort, dass der Fuhrpark über Polymorphie gelöst wird und dass die Funktion `kostet()` als `virtual` definiert werden muss. `Cabrio` und `Laster` werden von `Fahrzeug` abgeleitet.

Das Array muss die Zeiger auf die Fahrzeuge halten, da ansonsten die VTable verloren geht und damit die Polymorphie nicht nutzbar ist.

```
#include <iostream>
using namespace std;

class Fahrzeug
{
public:
    Fahrzeug() {}
    virtual double kostet(double km, double tage) {}
};

class Cabrio : public Fahrzeug
{
public:
    Cabrio(double km) {
        this->kmPreis = km;
    }
    double kostet(double km, double tage) {
        return km * kmPreis;
    }
private:
    double kmPreis;
};

class Laster : public Fahrzeug
{
public:
    Laster(double tag) {
        this->tagesMiete = tag;
    }
    double kostet(double km, double tage) {
        return tage * tagesMiete;
    }
private:
    double tagesMiete;
};
```

```
const int FAHRZEUGZAHL = 3;
Fahrzeug *fuhrpark[FAHRZEUGZAHL];

int main()
{
    Cabrio spider(2.90);
    fuhrpark[0] = &spider;
    fuhrpark[1] = new Cabrio(3.20);
    fuhrpark[2] = new Laster(80.0);
    for (int i=0; i<FAHRZEUGZAHL; i++)
    {
        cout << fuhrpark[i]->kostet(120, 3) << endl;
    }
}
```

**Listing B.18** Der polymorphe Fuhrpark (*fuhrpark.cpp*)

Natürlich könnten Sie auch noch eine Klasse `Kombi` definieren, bei denen sowohl Kilometer als auch Tage ihren Preis haben.

## Lösungen zu Kapitel 7

### 1: Template Stack als Liste

Um den Stack von einem Array auf eine Liste umzusetzen, wird zunächst eine Klasse für jeden Knoten benötigt, die die eigentlichen Daten aufnimmt und die Verkettung auf das nächste Element enthält. Dies setzt die Klasse `Node` um. Entsprechend wird in der Klasse `Stack` für den Anker, die Hilfszeiger und die Zugriffe auf `next` der Typ `Node<T>` verwendet.

```
#include <iostream>
using namespace std;

template<class T> class Node
{
public:
    T d;
    Node<T> *next;
};
```

```
template<class T> class Stack
{
public:
    Stack() { anker = 0; }
    ~Stack();
    bool pop(T *);
    bool push(T );
private:
    const int maxStack;
    Node<T> *anker;
    int index;
};

template<class T> Stack<T>::~Stack()
{
Node<T> *last = anker;

    while (anker)
    {
        last = anker;
        anker = anker->next;
        delete last;
    }
}

template<class T> bool Stack<T>::pop(T *get)
{
    if (anker)
    {
        Node<T> *old = anker;
        anker = anker->next;
        *get = old->d;
        delete old;
        return true;
    }
    return false;
}
```

```
template<class T> bool Stack<T>::push(T set)
{
    Node<T> *node = new Node<T>;
    node->d = set;
    node->next = anker;
    anker = node;
    return true;
}

int main()
{
    Stack<int> iStack;
    int a;

    iStack.push(8);
    iStack.push(4);
    iStack.push(2);
    for (int i=0; i<3; i++)
    {
        if (iStack.pop(&a))
        {
            cout << a << endl;
        }
    }
}
```

**Listing B.19** Template-Stack als Liste (*uebtemplstack.cpp*)

### 2: Exception im Dreivierteltakt

Zur Lösung der Aufgabe wird je eine Klasse von `exception` abgeleitet. Die Funktion `what()` wird überschrieben. Sie meldet auf Basis der Polymorphie, welche Exception aufgerufen wurde. Die Funktion `durchlaufe()` zählt in einer statischer Variablen `lauf` die Anzahl der Aufrufe mit. Bei jedem dritten Durchlauf wirft sie eine `DreierAusnahme` und bei jedem vierten Durchlauf eine `ViererAusnahme`. Das Hauptprogramm wiederholt den Aufruf von `durchlaufe` und fängt die Basisklasse `exception`. Sie ruft die virtuelle Funktion `what()` und erreicht so die Klasse, die tatsächlich geworfen wurde.

```
#include <exception>
#include <iostream>
using namespace std;

class DreierAusnahme : public exception
{
public:
    virtual const char *what() const throw()
    {
        return "Dreier-Exception";
    }
};

class ViererAusnahme : public exception
{
public:
    virtual const char *what() const throw()
    {
        return "Vierer-Exception";
    }
};

void durchlaufe() throw (DreierAusnahme, ViererAusnahme)
{
     static int lauf = 0;
     ++lauf;
     if (lauf%3)
         throw DreierAusnahme();
     if (lauf%4)
         throw ViererAusnahme();
}

int main()
{
    for (int i=0; i<20; i++)
    {
```

```
        try {
            durchlaufe();
        } catch (exception& ex) {
            cout << ex.what() << endl;
        }
    }
}
```

**Listing B.20** Exception-Ableitung (*ausnahme.cpp*)

## Lösungen zu Kapitel 8

### 1: Wandle Linux- in Windows-Pfad

```
#include <string>
#include <iostream>
using namespace std;

int main()
{
    string linuxPfad = "/home/user/cpp/muster/pfad.cpp";
    // Wo ist der Pfadtrenner nach dem Usernamen. /home/ sind 6 Zeichen!
    int posHinterUser = linuxPfad.find("/", 6);
    int posVorUser = 6; // Länge von "/home/"
    string user = linuxPfad.substr(posVorUser, posHinterUser-posVorUser);
    string unterPfad = linuxPfad.substr(posHinterUser);
    // Suche in einer Schleife die "/" und setze die Unterpfade mit "\\"
    // wieder zusammen.
    int pos = 0, neupos = 0;
    string neuPfad, windowsUnterPfad;
    while (neupos!=string::npos) // solange noch ein Fund
    {
        neupos = unterPfad.find("/", pos);
        if (pos != neupos) {
            // neuPfad enthält den Pfad- bzw Dateinamen nach /.
            neuPfad = "\\" + unterPfad.substr(pos, neupos - pos);
            pos = neupos;
        }
        // Hier werden die Teile gesammelt.
        windowsUnterPfad += neuPfad;
```

```
        ++pos; // verhindert Endlosschleife
    }
    // nun nur noch zusammensetzen
    string windowsPfad = "C:\\Dokumente und Einstellungen\\"
            + user + windowsUnterPfad;
    cout << windowsPfad << endl;
}
```

**Listing B.21** Pfadwandler (*homedir.cpp*)

### 2: atof() mit Dezimalkomma

```
#include <iostream>
#include <cstdlib>
#include <cstring>
using namespace std;

double atof(const char *zahlenString, char dezimalZeichen)
{
    const int MAX=80;
    char puffer[MAX];
    strncpy(puffer, zahlenString, MAX);
    puffer[MAX-1] = 0;
    char *kommaPos = 0;
    char kommaStr[2] = "A";
    kommaStr[0] = dezimalZeichen;
    kommaPos = strstr(puffer, kommaStr);
    if (kommaPos)
    {
        *kommaPos = '.';
    }
    return atof(puffer);
}

int main(int argc, char **argv)
{
    if (argc>1)
    {
        cout << atof(argv[1], ',') << endl;
    }
}
```

**Listing B.22** `atof()` mit zwei Parametern

Da die Funktion in der Schnittstelle durch das `const` zusichert, dass der String nicht verändert wird, muss vor dem Ersetzen des Kommas eine Kopie angefertigt werden. Es könnte zwar sein, dass der Compiler diesen Zugriff über den Zeiger `kommaPos` niemals bemerkt, aber der Anwender der Routine wäre sicher verärgert, wenn die Vereinbarung nicht eingehalten würde.

Um aus dem `char`-Parameter `dezimalZeichen` einen String zu machen, wie ihn die Funktion `strstr()` als zweiten Parameter braucht, wird ein lokaler String `kommaStr` angelegt und mit einem einstelligen String initialisiert. Dieses Zeichen wird sofort durch das Dezimalzeichen ersetzt. Dann kann bereits gesucht werden.

Die Verwendung der Standardfunktion `atof()` ist nur deswegen möglich, weil unsere Funktion `atof()` andere Parameter hat. Ansonsten würde es hier zu einer Rekursion kommen. Ein reiner C-Compiler würde damit nicht zurechtkommen, da unser `atof()` die Originalfunktion überlädt. C kann Funktionen nicht überladen.

## Lösungen zu Kapitel 10

### 1: Lotto per Vektor

Um die Lottozahlen mit einem STL-Container zu implementieren, kann das Programm aus dem Abschnitt 3.1 verwendet werden, das die Lottozahlen auf der Basis des Arrays realisiert. Um weiterhin mit den rechteckigen Klammern arbeiten zu können, bietet sich hier der Vektor als Container an. Leider hat er im Gegensatz zur `list` keine eigene Funktion `sort()`. Darum greifen wir auf die Funktion aus den STL-Algorithmen zurück.

```
#include <iostream>   // die Bildschirmausgabe
#include <cstdlib>    // die Zufallsfunktionen
#include <vector>     // der STL-Container
#include <algorithm>  // die STL-Algorithmen
using namespace std;

int main()
{
    vector<int> lotto(6);
    int i, j;
    bool neueZahl;
```

```
    srand(0);
    for (i=0; i<6; i++) // Ziehe nacheinander sechs Zahlen.
    {
        do  // Wiederhole die Ziehung, bis die neue Zahl
        {   // nicht mit einer der vorigen identisch ist.
            lotto[i] = rand() % 49 + 1;
            neueZahl = true; // positive Grundeinstellung
            for (j=0; j<i; j++)
            {  // Durchlaufe alle bisher gezogenen Kugeln.
                if (lotto[j]==lotto[i])
                { // Hier wurde ein Doppelter entdeckt.
                    neueZahl = false;
                }
            }
        } while (!neueZahl);
    }
    sort(lotto.begin(), lotto.end());
    for (i=0; i<6; i++)
    {
        cout << lotto[i] << endl;
    }
}
```

**Listing B.23** Das Quartettspiel als Map (*vectorlotto.cpp*)

### 2: Das Quartettspiel

Auf die Karten des Quartetts soll über ihre Kartennummer zugegriffen werden. Das ist eine typische Anwendung für eine Map. Dabei ist der Schlüssel ein String, der als C++-String oder als `char`-Array mit zwei Elementen implementiert werden könnte.

```
#include <iostream>
#include <string>
#include <map>
using namespace std;
```

```
class Quartettkarte {
public:
    Quartettkarte(string pName, int f, int v, int m)
    {
       name = pName; kw = f; geschwindigkeit = v; gewicht = m;
    }

    string name;
    int kw;
    int geschwindigkeit;
    int gewicht;
};

int main()
{
    map<string,Quartettkarte*> kartenspiel;
    kartenspiel["1A"] = new Quartettkarte("Porsche 911", 200, 230, 1200);
    kartenspiel["1B"] = new Quartettkarte("Renault R4", 25, 130, 800);
    cout << kartenspiel["1B"]->name << endl;
}
```

**Listing B.24** Das Quartettspiel als Map (*quartett.cpp*)

# Glossar

**Algorithmus** Ein Algorithmus ist die Beschreibung eines Verfahrens. Er ist die Basis für jedes Computerprogramm. Siehe auch Abschnitt 1.1.3.

**ANSI** ANSI ist die Abkürzung für American National Standards Institute. Viele Programmiersprachen sind durch dieses Institut genormt. Dadurch ist gewährleistet, dass Programme, die dem ANSI-Standard folgen, auch von Compilern anderer Hersteller übersetzt werden.

**Anweisung** Eine Anweisung ist ein abgeschlossener Befehl der Programmiersprache. In C und C++ wird eine Anweisung immer mit einem Semikolon abgeschlossen.

**Ausdruck** Ein Ausdruck liefert ein auswertbares Ergebnis zurück. Im einfachsten Fall ist ein Ausdruck eine Variable oder Konstante, es kann aber auch eine Funktion mit Rückgabewert oder eine Berechnung sein.

**Argument** Ein Argument ist ein Parameter beim Aufruf eines Programms oder einer Funktion.

**Assembler** Assembler ist die Sprache des Prozessors. Sie wird eins zu eins in die eigentliche Maschinensprache, die nur aus Nullen und Einsen besteht, übersetzt. Dadurch sind Programme, die in Assembler geschrieben wurden, natürlich extrem schnell, aber auch schwer wartbar und nicht portabel. Siehe auch Abschnitt 1.1.1.

**Attribut** In der objektorientierten Literatur werden die Datenelemente eines Objekts oft als Attribut bezeichnet. Damit wird angedeutet, dass die Datenelemente die Eigenschaften eines Objekts beschreiben.

**Compiler** Ein Compiler übersetzt den vom Programmierer geschriebenen Quelltext in Maschinensprache. Es entsteht für jede Quelltextdatei eine Objektdatei. Oft wird auch die Kombination aus Compiler und Linker als Compiler bezeichnet. Siehe auch Abschnitt 1.1.2.

**Definition** Eine Definition ist einerseits eine Deklaration (siehe dort) und andererseits eine Umsetzung der Deklaration im Speicher. Sowohl eine Funktion als auch eine Variable wird genau einmal definiert, kann aber beliebig oft deklariert werden. Die Definition der Variablen ist mit der Reservierung des Speichers verbunden. Die Definition einer Funktion enthält die Befehle, die beim Funktionsaufruf ausgeführt werden.

**Deklaration** Eine Deklaration dient dazu, eine an anderer Stelle definierte Variable oder Funktion bekannt zu machen. Dabei werden alle Informationen über die Typen angegeben, die der Compiler braucht, um die korrekte Verwendung zu gewährleisten. Ein Unterscheidungsmerkmal zur Definition ist, dass bei der Definition Speicher bereitgestellt wird, bei einer Deklaration dem Compiler aber nur erklärt wird, womit er es zu tun hat.

**Generische Programmierung** In der generischen Programmierung werden Programmteile erstellt, die auf mehrere Datentypen anwendbar sind. In C werden zur generischen Programmierung Makros, in C++ Templates eingesetzt.

**GNU** Die Abkürzung GNU bedeutet *GNU is Not Unix*. Das Ziel von GNU war lange vor der Entwicklung von Linux, ein Betriebssystem mit allen notwendigen Werkzeugen zu schaffen, das frei weitergegeben werden konnte und dessen Quelltexte offenlagen. Der GNU-C/C++-Compiler, das GNU make und andere wichtige Tools stehen auf fast allen Plattformen zur Verfügung. Auf der anderen Seite steht GNU auch für einen bestimmten Typ von Lizenz, der garantieren soll, dass Software jedermann frei zur Verfügung steht. Im Kern enthält die Lizenz die Bedingung, dass die Software frei weitergegeben werden darf und dass auf Nachfrage alle Quelltexte zur Verfügung gestellt werden müssen. Die GNU-Lizenz erlaubt explizit die Veränderung der Software, verlangt aber, dass die Änderungen auch wiederum unter der GNU-Lizenz verbreitet werden.

**Handle** Handle bedeutet eigentlich *Handgriff* oder *Henkel*. Beispielsweise erhält man beim Öffnen einer Datei ein Handle, an dem das Betriebssystem erkennen kann, welche Datei das Programm »in der Hand« hat. In den meisten Fällen ist es wenig sinnvoll, den Inhalt des Handles näher zu untersuchen, da dieser nur für das Betriebssystem interessant ist, beispielsweise als Index auf eine interne Datenstruktur.

**IDE** (Integrated Development Environment) Insbesondere bei den Compilern für Windows oder Macintosh erhalten Sie beim Kauf eines C++-Compilers nicht mehr nur den Übersetzer, sondern ein System, das Editor, Compiler, Linker, Debugger und einige weitere Werkzeuge enthält und zu einem Programm zusammenfasst.

**Library** (engl. Bibliothek) Eine Bibliothek besteht aus mehreren thematisch zusammengehörenden Objektdateien, die bei Bedarf zum Programm hinzugebunden werden können. Bei dynamischen Bibliotheken wird nur ein Funktionsrumpf angebunden. Die Bibliotheksfunktionen werden bei Aufruf vom Betriebssystem zur Verfügung gestellt.

**Linker** Der Linker bindet mehrere Objektdateien und Libraries zu einem Programm zusammen. Siehe auch Abschnitt 1.1.2.

**Listing** Ein Listing ist eigentlich die Ausgabe eines Programmquelltextes auf dem Drucker.

**Makro** Ein Makro ist eine Technik der generischen Programmierung, wie sie in C mit dem Präprozessor und des Befehls `#define` üblich ist. In C++ stehen zu diesem Zweck die Templates zur Verfügung.

**Objektdatei** Jede Quelltextdatei wird vom Compiler separat übersetzt. Es entsteht dabei eine Objektdatei, die aus Befehlen der jeweiligen Maschinensprache besteht. Um daraus ein ausführbares Programm zu machen, müssen noch die anderen Objektdateien und die Standardbibliotheken hinzugebunden werden. Diese Aufgabe übernimmt der Linker.

**Performance** Unter Performance versteht man die Geschwindigkeit eines Systems oder Programms.

**Postfix** siehe *Präfix*

**Prozedur** Prozeduren werden in C und C++ als Funktionen ohne Rückgabewert angesehen. Andere Programmiersprachen, vor allem PASCAL, unterscheiden zwischen Funktionen und Prozeduren durch verschiedene Schlüsselwörter (`PROCEDURE`, `FUNCTION`).

**Präfix** Eine vorangestellte Zeichenfolge. Der Name einer Bibliotheksdatei beginnt beispielsweise immer mit lib. Sie hat also das Präfix lib. Der Inkrementierungsoperator kann vor oder hinter der Variablen stehen. Steht der Operator vor der Variablen, nennt man dies Präfix, steht er hinter der Variablen, Postfix.

**Präprozessor** Der Präprozessor ist Bestandteil des Compilers, also des Übersetzers. Er geht vor dem eigentlichen Übersetzungslauf durch das Programm und führt vor allem Textersetzungen durch. Die Befehle für den Präprozessor werden durch das Hash-Zeichen (#) eingeleitet.

**Prozess** Ein Prozess ist ein aktives Programm. Beim Start erhält er eine eindeutige Nummer. Er hat dann einen eigenen Speicherraum, einen CPU-Zustand und ist nach außen hin vom Betriebssystem abgesichert.

**Rekursiv** Rekursiv heißt selbstaufrufend und ist eine besondere Programmiertechnik. Daneben gibt es rekursive Datenstrukturen. Insbesondere die oft verwendete Baumstruktur gehört zu den rekursiven Datenstrukturen. Da Bäume zu durchlaufen durch rekursive Programme am einfachsten zu realisieren ist, nennt man Bäume rekursive Strukturen und das Durchlaufen der kompletten Äste eines Baumes rekursiv.

**Stack** Ein Stack ist eine Speicherstruktur, die auf Deutsch als Stapel bezeichnet wird. Wie bei einem Bücherstapel können Elemente oben aufgelegt und von oben wieder abgenommen werden. So ist das oberste Element immer das zuletzt aufgenommene. Man spricht auch vom FILO-Speicher (*First In Last Out*).

Auch beim Aufruf von Funktionen und beim Anlegen von lokalen Variablen wird ein Stack verwendet. Dort findet der Befehl `return` seine Rücksprungadresse, da immer zu dem Ort zurückgesprungen werden muss, der zuletzt eine Funktion aufgerufen hat. Dort werden auch die Parameter und die lokalen Variablen abgestellt, die beim Verlassen der Funktion wieder freigegeben werden.

**Syntax** Die Syntax beschreibt die Zusammenstellung mehrerer Befehle.

**Variable** Eine Variable ist ein benannter Speicher. Hier kann man Zahlen oder Texte ablegen, verändern und wieder auslesen.

# Stichwortverzeichnis

## C

## D



## E

## L



## M

**T**



**U**